千年古建　江南一绝

保国寺新志

保国寺古建筑博物馆　编著

文物出版社

责任印制：陈　杰

责任编辑：李　飏

图书在版编目（CIP）数据

保国寺新志／保国寺古建筑博物馆编著 . —北京：

文物出版社，2013. 11

ISBN 978 - 7 - 5010 - 3868 - 8

Ⅰ. ①保…　Ⅱ. ①保…　Ⅲ. ①佛教 - 寺庙 - 史料 - 宁

波市　Ⅳ. ①B947. 255. 3

中国版本图书馆 CIP 数据核字（2013）第 244685 号

保国寺新志

保国寺古建筑博物馆　编著

文物出版社出版发行

（北京市东直门内北小街 2 号楼　邮政编码 100007）

http：//www. wenwu. com

E - mail：web@ wenwu. com

印制　北京京都六环印刷厂印刷

经销　新华书店经销

开本　889 × 1190 毫米　1/16

印张　18. 25

版次　2013 年 11 月第 1 版

印次　2013 年 11 月第 1 次印刷

书号　ISBN 978 - 7 - 5010 - 3868 - 8

定价　200. 00 元

主　管：宁波市文化广电新闻出版局

主　办：保国寺古建筑博物馆

编辑委员会

顾　问：余红艺　张明华

主　任：陈佳强

副主任：孟建耀

策　划：舒月明

主　编：余如龙

副主编：李永法　符映红

执　笔：郑彭龄

统　稿：周时奋

编　委：（按姓氏笔画排列）

　　　　王　伟　邬兆康　应　娜　李永法　沈惠耀

　　　　范　励　翁依众　徐学敏　符映红　曾　楠

保國寺新志

選堂

序

　　在宁波这块仅占我国国土面积千分之一的地方，截至今日，耸立着 31 处规模不等、形态各异、类型丰富的国家级文物保护单位，在 122 座全国历史文化名城中，位居前列。这对于宁波来说，当然是一笔极为丰厚的历史文化遗产，也是宁波所以成为全国历史文化名城的最直观、最生动的标准之一。其中，位于今宁波市江北区洪塘街道灵山山岙的保国寺，即是被国家首批（1961 年）公布的文物保护单位，尤可珍视。

　　保国寺背枕鄞峰，左辅象鼻，右弼狮岩。宅幽而势阻，地廊而形藏。循自然山势错落有致，合人工天作朴美相间，素有"东来第一山"之称。据信史记载，保国寺肇始于东汉，扩立于唐代，兴盛于北宋，绵延相继，终成胜境，为历代文人香客寄情山水、愉悦心灵的理想场所。现存木构大殿即为北宋大中祥符六年（1013 年）的重建之物，虽然历经千年风雨侵蚀，但依旧豪迈屹立、生生不息。凡是到过保国寺的人，亲临其境，仰瞻大殿，环观周遭，总能发出几重浩叹：一叹江南台风频袭、常年潮湿之地，如此半山腰间之木构建筑居然能挡住狂风肆虐、暴雨倾倒？二叹殿内构件仅靠斗拱多变组合、相互勾连成涵空藻井，竟能撑起如此庞然大物？三叹独特的选料与构造，居然能让虫鸟不进而确保"金身不坏"？这些"谜"一般的问题，虽仍需后来者去探赜、去揭橥，但古人善于认识自然、顺应自然、利用自然的智慧，则已袒露无遗，莫此为盛。学界诸公因之盛赞其为"《营造法式》之例证"、"海内古建之孤例"、"长江以南最古老、保存最完整的木结构建筑之一"、"浙江现存年代最久的木构建筑"，是一点也不为过。

　　国有史，地有志，族有谱。这是中国传统文化不断演进所特有的载录与表达方式，且为当代所推崇和继承。保国寺之有志，历史上曾发生过两次：一次在清朝嘉庆十年（1805 年），余兆灏著有《保国寺志》；一次在民国十年（1921 年），钱三照重纂《保国寺志》。此二志，现均藏于寺内，对于今人了解保国寺的前世因缘、过程流变、人物与盛，大有裨益。民国修志以降，倏忽九十余载，世事沧桑，风云际会，何等深刻；保国寺亦随时而动、与时俱进，发生了翻天覆地的变化，这一点，单从保国寺的管理机构名称——从"寺院"到"文物保管所"再到"古建筑博物馆"——更易中就可体味一二。保国寺历史如此悠久，志书自然不能断流；保国寺在新时期青春勃发，握笔著述更应该继续。有鉴于此，原"文物保管所"的同仁们在盛世修志的情怀感召下，早在 1993 年就着手酝酿并搜罗相关史实，以图实现第三次修志。

　　后来的事情表明，真正启动实施第三次修志的时间，落在了 2008 年的 9 月。理由很简单，一则因举国上下正全面铺开二轮修志大业，情势激荡，鼓励良多；二则离保国寺古建筑精华木构大殿重建千年之日，屈指算来仅有五年，修志存世，当是最有意义的纪念礼物。职此之故，业已改名为"古建筑博物馆"的同仁们遂重拾思路、分工协作，不辞辛劳、夙夜在公，或登书府，或访寺僧、探源流，内查外调，一丝不苟。历时四个寒暑，卒成此稿。新志上续民国十年（1921年），下迄木构大殿重建千年之日（2013年），俾使前后三志在时间上紧密衔接，天衣无缝；新志以"大事记"为纵轴，以"环境"、"沿革"、"建筑"、"保护"、"研究"、"利用"、"管理"为横排，体例新颖，内容饱满，既继承历史，又反映现实，其服务当代、惠泽后世之功效，殊可期待。

值此保国寺木构大殿重建千年纪念之日，又届新志顺利付梓，内心之喜悦无以言表，真诚感谢编纂者们为读者、更为保国寺做了一件功德无上的嘉事！

成岳冲

2013 年 9 月 6 日

凡　例

1. 本志设"概述"、"大事记",正文为"环境"、"沿革"、"建筑"、"保护"、"研究"、"利用"(一、二)、"管理"、"文献"共9章39节。另附录有"浙海关"、"保护规划"、"提升规划"等。

2. 本志上继嘉庆十年(1805年)《保国寺志》,续民国十年(1921年)重纂《保国寺志》,下止于大殿建成千年的2013年。

3. 本志采用横排纵写,各章分立,纵向记述。各章记载事物不避重复交叉,然各有侧重。

4. 保国寺以古建筑为主要特色。由于中华人民共和国建立以来单位几经变迁,资料散失,本着"详今略古"的原则,重点记述建筑结构、保护维修,尽量上溯。因不是宗教意义上的寺院,故不设"先觉"、"法语"章节。

5. 大事记以时间为顺序,脉络清晰。历史年代在公元纪年后标注朝代年号等,中华人民共和国成立以后用公元纪年。

6. 采用资料来自宁波保国寺古建筑博物馆、宁波市园林处、宁波市档案馆和余姚市档案馆的档案,《保国寺调查报告》、《东来第一山——保国寺》、《保国寺砖雕与石刻》等书籍以及采访、口述资料等。

7. 引入文字,保留原句,注明出处;调查资料、采访资料、加注释说明。

8. 本志计数用阿拉伯数字。习惯用语、民国以前的朝代历史纪年的数字用汉字。

目 录

概　述

　　保国寺位于宁波市江北区洪塘街道灵山山乔。堪舆学论说以灵山为宁波城案山，山势重峦叠嶂，苍翠如画，佛寺殿堂，错落其间，楼阁高下，益然成趣，堪称伽蓝胜境。

　　前人有楹联写保国寺，谓"象峰迎日顾，蛟水带江廻"。此联对佛寺不着一笔，极写环境，却道出保国寺的气度风范。

　　寺东的象鼻峰，是保国寺之左辅，寺西有狮子岩，对应成右弼。佛寺背枕鄮峰，面向平畴，坐落在三面环山的"燕子窝"里，"宅幽而势阻，地廊而形藏"。从山脚上行，石径迂回含蓄，直到接近"燕子窝"，四周景观方豁然开朗。清晨东瞻，可见海曙，黄昏西望，以观落霞。山前慈江如带蜿蜒，曲折萦绕，为浙东运河支流。其地东接宁波，西达慈城，北联镇海，毗连三城而独拥旷达静远，当称福地。

　　保国寺建筑历经五次建置，其大体沿革尚能廓清。

　　据清嘉庆十年（1805 年）《保国寺志》记载：东汉建武年间，骠骑将军张意与其子中书郎张齐芳爱此青山秀水，遂立宅隐居。佛教传入后，舍宅为寺，初名灵山寺。《保国寺志》（民国版）称这是初次建置，但"汉魏六朝，远不可考"。

　　唐会昌二年至五年（842～845 年），武宗李炎命令废天下佛寺，史称"武宗灭佛"。灵山寺被毁。唐懿宗开始复崇佛教。僖宗广明元年（880 年），有乡人咸诣明州（今宁波）国宁寺，请寺僧可恭尊者住持恢复灵山寺。可恭带上刺史的奏请，偕檀越许标等人，寻往长安。可恭以恢复灵山寺为请求，僖宗答应了，敕赐"保国"额。又赐紫衣一袭于可恭，任为住持。可恭是为保国寺始祖。《保国寺志》（民国版）称此为二次建置。

　　宋大中祥符四年（1011 年），僧德贤、德诚住持保国寺。祥符六年（1013 年）重建大雄宝殿，"升斗昂拱，结构甚奇，为四明诸刹之冠"（清嘉庆版《保国寺志》）。德贤是为保国寺中兴之祖。其后天僖、明道、庆历诸年，寺多修筑扩充。《保国寺志》（民国版）称三次建置。

　　宋治平元年（1064 年），保国寺曾一度更名"精进院"，旋即复名。后于元丰、崇宁、绍兴年间，寺内多有修葺。历元而及明，于弘治、嘉靖、万历、崇祯诸年间亦多有修葺维护。至清顺治、康熙、雍正、乾隆四代，仍修建不断。康熙二十三年（1684 年），僧显斋、景庵重修大殿，"前拨遊巡两翼，增广重檐，新装罗汉诸天等相"（清嘉庆版《保国寺志》）。康熙五十四年（1715 年）住持显斋"鸠工庀材，培偏补陷"，"未数年而奂轮备美"（清嘉庆版《保国寺志》）。乾隆十年（1745 年），僧唯庵、体斋对大殿"移梁换柱、立磉植盈"（清嘉庆版《保国寺志》），并重修天王殿。乾隆四十六年（1781 年）"山门、大殿悉被狂风吹坏，几无完屋，常斋次第修复"（清嘉庆版《保国寺志》）。

清嘉庆元年（1796 年）起，保国寺住持敏庵逐一修缮殿堂、楼阁、台馆、井池。重修大殿，改装罗汉诸天相，且接管世尊殿，改名山灵寺，移建钟楼于大殿东首，新建鼓楼在大殿西首。《保国寺志》（民国版）称四次建置。

其后，咸丰年间、光绪年间，也有修缮。民国九年（1920 年）保国寺监院一斋建藏经楼和西侧客房楼屋十间一弄，并对主要殿堂作了维修，东侧砌好磡基，但因抗日战争爆发，未建造。《保国寺志》（民国版）称五次建置。

由于战争烽火，民生凋敝，寺院亦渐趋颓败，僧侣云散。至新中国成立后，保国寺晨钟哑暗，暮鼓肃静，青灯不续，香烟断灭。1951 年土地改革，佛像损毁，住持一斋去了上海，余六名僧人落户附近村落务农，寺产由慈溪县公安局接管，寺院作为关押犯人场所，佛像亦在此时损毁。

1953 年慈溪县公安局撤出，寺产由慈溪县民政局接管。1955 年改由余姚县民政局接管。1960 年 10 月，因县界调整，灵山属宁波市江北区，保国寺寺产由宁波市民政局接管。1972 年 3 月再由宁波市民政部门移交宁波市园林部门管理，建立革命领导小组。其间园林部门对古建筑进行保护维修，在寺外建造水库、亭台、道路，并增植林木。

在 1954 年第一次全国文物大普查时，南京工学院师生窦学智、戚德耀、方长源发现保国寺古建筑，深感惊讶，后经同济大学陈从周、南京工学院刘敦桢教授核实为北宋建筑，窦三人撰写了《余姚保国寺大雄宝殿》一文发表在 1957 年的《文物参考资料》第八期上，从此，这座深藏冷岙中的佛寺建筑闻名于世。

1961 年 3 月，国务院公布保国寺为全国重点文物保护单位，文化部门遂成立文物保护小组，派员进驻保国寺。1976 年 2 月，分别建立保国寺文物保护管理所和保国寺园林养护小组，各自作为宁波市文化局和宁波市园林处的直属基层单位，"一寺二主"相安自守。1988 年 1 月起，保国寺园林养护小组并入保国寺文物保管所，为宁波市文化局直属基层事业单位，并核定编制 13 名，担负古建文物的保护、维修工作。

保国寺之闻名于世，非因其宗教传承，而是以一千年前精湛绝伦的建筑工艺而名扬四海。

保国寺建筑辉煌，大雄宝殿是其中精粹。大殿重建于北宋大中祥符六年（1013 年），是长江以南最古老、保存最完整的建筑之一。虽经历代重修，却未失宋时原貌。保国寺大殿的创建年代虽比福州华林寺大殿晚几十年，但历史的连续性和寺院建筑的完整性，都比华林寺具有更高的价值。谓其特点，约可从六方面概述：

一是大殿平面布局进深大于面阔。保国寺大殿进深 13.38 米，而面阔仅 11.83 米。建筑采用厅堂式构架体系，内、外柱不等高，前后两根内柱也不同高，为前高后低，前内柱到上平槫，后内柱到中平槫。

二是采用瓜棱内柱。瓜棱柱为四木合成，以四根直径较小的圆形木材做成束柱，用以承重，小木间镶嵌的木材做成四瓣瓜棱为装饰，是江南地区使用小料充大材以承重载的最早遗物，而将拼接缝隙做成瓜棱外形更是匠心独运，反映了自宋代起木结构建筑朝省料方向发展的史实。

三是屋梁额采用"月梁造"，两肩皆有"卷杀"。保国寺大殿前檐阑额两端入柱处带卷杀，此是现存宋代建筑中符合《营造法式》制度的唯一孤例。

四是斗拱为"双杪双下昂单拱造"，用材粗壮，合《营造法式》之五等材。斗拱采用长达两步架的下昂，加强了构架的整体性。斗拱用材的广厚之比为 3：2，强度高而豪劲有力。藻井斗拱用材合《营造法式》之七等材。依据各处位置不同，斗拱组合方式多变，颇有创意，实为海内孤例，极富艺术魅力。

五是大殿不仅结构做法为宋代原物，且有题记留存，木装修也为宋代原物。且此种斗八藻井形式是江浙地区颇有代表性的做法。

六是阑额上留有"七朱八白"彩画遗迹，古趣盎然。

保国寺以其历史、艺术、科学诸价值，独步于中国古建筑之林。特分述要点于下①：

历史价值。保国寺在江南现存的佛寺中，虽然规模不大，但建置尚完整，现存的建筑有宋初所建大殿——祥符殿，有南宋开挖的净土池，有明末颜鲸的题字，还有清代数次改建、添建的建筑，比较连贯地显示出其发展、变迁的轨迹，也反映了天台宗寺院可兼修净土宗的佛教发展史实，成为研究佛寺建置的珍贵实例。其中大殿真实地保留着宋代遗构和木装修，更为可贵的是大殿天花装修集平棊、平闇、藻井于一身，不仅在宋代建筑中，而且在《营造法式》成书前的建筑中是仅存的实例。大殿藻井的风格简洁、粗犷，用材仍为大木作范畴，与《营造法式》规定的小木作藻井相对照，可比照出藻井正处在从大木作工种向小木作工种转换过渡的时期，是这一转变阶段的历史见证。

艺术价值。作为江南名刹的保国寺，是中国古代建筑艺术的杰出代表，其空间处理各具特色。前导空间、崇祀空间、生活空间各有不同的氛围。大殿虽规模不大，然在结构技术和建筑艺术的处理上却独具个性。江南一般三开间殿的构架以铺作为媒介，使内外柱的联络更为紧密，以此加强结构的整体性，而保国寺大殿则是将前檐柱与前内柱三间的空间放宽，同时在天花部分作装修，以强化与中部、后部的功能区隔，此为中国古代建筑设计中室内设计水平最高的一例，成为后世仿效的楷模。此外，大殿的木作工艺手法比较接近宋《营造法式》，但它比《营造法式》成书要早90年，留有唐、五代时期的建筑遗风，而阑额留有"七朱八白"彩画遗迹，其盎然的古趣，平添一段鲜明的艺术色彩。

科学文化价值。保国寺大殿代表11世纪初最先进的木结构建筑技术，不但成为产生中国优秀建筑典籍《营造法式》的基础，而且也是这个伟大创造时代的产物。在《营造法式》所吸收的保国寺大殿建造技术中，有些内容不仅指导着中国木构建筑的发展，同时也丰富了世界科学史。如用材制度采用最具科学性的结构模数制，特别是"材"的断面比例，保国寺大殿斗拱用材断面的广厚比反映了最高的出材率，也以此达到最理想的承重和受力效果。斗拱根据受力状况区分出"足材"与"单材"，布局方式合理。大殿所采用的某些技术如"小材大用"的拼合柱，柱子的侧脚，使用长达两步架的下昂以加强内外柱、槽之间的联系以保证了构架的整体性等均有独创性。此外，室内装修所采取的平棊、平闇、藻井合用，在现存的早期木构建筑中也是仅存的孤例。以上种种皆为宋代官方所编的建筑典籍《营造法式》所吸纳，在中国古代建筑发展史上占有重要的一页。

保国寺在1961年3月被国务院公布为全国重点文物保护单位以后，国家多次拨款对大殿进行维修，其中1975年一次维修规模较大，也是一次成功的古建维修案例。1995年起实施《保国寺总体保护维修方案》，包括为解决消防水源不足的引（河）水上山工程，以及白蚁防治、大殿下檐维修、疏通下水道、观音殿维修、避雷等工程，历时10年完成。其间国家拨款215万元，地方财政92万元，使千年古建再现青春。

保国寺同时又是优秀古代建筑的荟萃之地。1983年迁入明代厅堂三间，建成迎薰楼。1984年迁入唐代经幢两座。保国寺成为一个拥有唐（经幢）、宋（大殿）、明（迎薰楼）、清（天王殿、观音殿、钟楼、鼓楼）和民国（藏经楼）各时期优秀建筑的古建筑群，为古建筑博物馆的建立创造了条件。

号称"浙江古建筑第一寺"的保国寺历经千年沧桑，堪称古建瑰宝。根据宁波市政府"建设都市文化，创建文化强市"的目标，在建制上已适时地由保国寺文物保管所升格为保国寺古建筑博物馆。博物馆的陈列分基本陈列、专题陈列和临时陈列。陈列以大殿为核心，古建筑文化为主题。

保国寺的千年古建融合于自然山林之中，寺外自然山林 28.8 公顷（28.8 万平方米），松、竹、梅傲立常青，杨梅、桂花繁茂成林，绿化覆盖率达 96%，且多古树名木。空气清新，环境幽静，山林之中散落着灵龙泉、桂园、杨梅园、梅园、竹园、叠锦台、枫树坪、青幛亭、望日亭、吉祥亭、慈江亭、揽翠亭、祖师亭、祥符园、朝元阁等景点，满山姹紫嫣红，处处鸟语花香，景色美不胜收。1992 年辟为保国寺公园，是江北区野生动植物保护中心。

保国寺是国家二级博物馆、国家 AAAA 级旅游风景区、浙江省爱国主义教育基地，同时又是宁波市文明单位、科普教育基地、浙江省最值得去的 50 个旅游景区（点）之一。

自 2006 年建立保国寺古建筑博物馆以来，坚持以"抢救为主、保护第一、合理利用、科学管理"的文物保护方针和"以人为本"的科学发展观，确立以世界文化遗产发展目标定位，努力建成中国宋代《营造法式》教学研究基地，积极筹建中国古建筑科技保护江南中心。在真实性、完整性，保护文物古建筑本体的前提下，为实现事业发展的总体目标，博物馆又致力于文化遗产保护、古建筑文化研究、弘扬传承和组织宣传文化活动等多种职能于一体，充分利用自然、人文资源，整合文化资源和自然生态资源，积极发展博览、文化旅游产业，合理建设服务配套设施，逐步把保国寺建成为自然环境优美、基础设施完善、服务能力一流的专题性博物馆、城市休闲健身生态区和观光旅游胜地。

保国寺收藏有清嘉庆十年（1805 年）编《保国寺志》和民国十年（1921 年）重纂《保国寺志》。本志上续民国版《保国寺志》，下止于大殿建成千年的 2013 年，以构成一部真实生动、脉络鲜明、编排科学、体例创新的佛寺建筑的历史。

这正是：骠骑山高万丈松，祥符殿阁郁葱茏；

　　　　登临徒觉心神旷，信是东来第一峰。

注释

① 本章有关保国寺历史、艺术、科学价值内容引自清华大学建筑学院郭黛姮、保国寺文物保管所编《东来第一山——保国寺》，文物出版社，2003 年版。

第一章 环 境

"象峰迎日顾，蛟水带江廻"。此联对大殿、寺院不着一字，但在极写的环境中，映出保国寺的森森气象，赫赫声名。

第一节 地理位置

保国寺为第一批全国重点文物保护单位，位于浙江省宁波市西北洪塘街道鞍山村，东经 121°30′54″，北纬 29°58′27″。寺院坐落在灵山山岙。甬西荪湖之东、黄杨桥之西北，属灵山、马鞍山地界。灵山、马鞍山为浙东丘陵四明之余脉，东西走向。清嘉庆版《保国寺志》云："古灵也、鄮峰也、马鞍也、骠骑也，实一山而四名焉。推其脉发之祖，乃从四明大兰而下至陆家埠，过江百余里，凸而为石柱山，为慈邑之祖山，转南折东，崔嵬而特立者，鄮山之顶也。顶之下复起三台，若隐若伏越数百丈为寺基，虽无宏敞扩豁之观，而有包涵盘固之势，千百年来，香灯悠远，法系绵延，其他名山巨刹，莫有过于斯者。又名八面山，堪舆家谓是山乃西来之结脉处耳"。

灵山为保国寺之坐山。寺东有象鼻峰，被称为保国寺之左辅，那里旧有望日台，可供人们观赏日出。寺西有狮子岩，被称为保国寺之右弼。保国寺就在三面环山的"燕子窝"内，"宅幽而势阻，地廓而形藏"。入寺者从山脚上行，直到接近"燕子窝"，周围景观才豁然开朗，清晨东眺，可见海上的曙光，傍晚西望，可观落日晚霞。保国寺所在的环境既有深山藏古寺的隐蔽性，又有院中观海曙的开阔性，甚为难得。

寺院在灵山南面半山腰，海拔 85 米，占地面积约 2 万平方米，建筑面积 7000 余平方米。28.8 万平方米自然山林风景区，西与鞍山、东与灵山接壤。与鞍山村、灵山村居民点相距各 0.5 公里。南面山脚下一条慈江河，西经慈城到余姚、丈亭，与姚江汇合，东经骆驼到镇海，入海。

第二节 地质地貌植被

马鞍山最高峰曰望海尖，海拔 250 米。"卓立望之，大海混茫无际，海中诸岛皆在指顾间"[①]。岩石为花岗岩。土壤为棕黄色黏土，呈酸性。寺院四周，植被茂盛，腐殖质积累大于分解，表土层深厚，土色深，质地疏松。寺西山林内景点"黄泥浆潭"因此而得名。除西面吉祥寺山土层较薄外，其他山脉土层厚约0.3～0.5米。

植被状况良好。山上绝大多数为松树，"古松无恙鸟频啼"，"长松绕寺绿围环"（民国版《保国寺志》）。郁郁葱葱，空气无比清新。抗日战争时期，日军在马鞍山打炮洞，驻扎保国寺，期间，建筑、山林遭到严重破坏，合抱大树绝大部分被毁。近年来，由于松材线虫病的危害，松树亦减少很多。其次是竹。"乍来入古寺，景物何萧森，一路皆松磴，千湾半竹林"。"古寺多修竹，清芳超众林"（民国版《保国寺志》）。另有古树名木，如青枫、香樟、银杏，树龄皆在500～800年间。近年种植的桂花、杨梅、腊梅、红梅等，更使寺院四季花香不断，姹紫嫣红。野芳发而幽香，佳木秀而繁荫，丹桂红枫相映成趣，踏雪寻梅另辟蹊径，使保国寺成为世外桃源，旅游胜地。

第三节　气　候

宁波位于东海之滨、长江三角洲的东南隅，地处宁波平原，纬度适中，属北亚热带季风区，温和湿润，冬夏季风交替明显，但由于所处纬度常受冷暖气团交汇影响，加之依山靠海，特定的地理位置和自然环境使各地天气多变，差异明显，灾害性天气相对频繁。

一年四季分明。冬夏季长达四个月，春秋季仅约二个月。春季，冷暖空气交汇频繁，天气变化无常，时冷时热。因为地处灵山山岙，高温高湿的梅雨季期就显得特别潮湿，相对湿度能达到98%。夏季，受太平洋副热带高压控制，盛东南风，除局部雷阵雨外，多连续晴热天气。南面山峰挡住了南风进入，显得特别闷热，气温能达到36℃以上。有时受台风影响，多台风雨。秋季，阴雨绵绵的日子减少，气候相对凉爽，但有时会出现闷热的"秋老虎"天气，后阶段是秋高气爽的十月小阳春。冬季，由于冷空气不断补充南下，天气干燥寒冷，此时盛行西北风。与山北相比，向阳南坡就比较暖和，腊梅都提前开放。年平均气温16.5℃，月平均气温以七月份最高，为28.1℃，一月份最低，为4.9℃。无霜期230～240天，作物生长期300天，全年年均日照时数1850小时。年平均降水量1400毫米左右，主要雨量有3～6月的春雨连梅雨和8～9月的台风雨和秋雨。

附：气象谚语

行得春风有夏雨。

月晕发风。

大殿石板潮湿，础润而雨。

天要落雨山头毛。

秋雷扑扑扑，大水没上屋。

早晨有大雾，尽管洗衣裤。

春霜勿露白，露白要赤脚。

浓霜猛日头。

春雾雨，夏雾热，秋雾凉风冬雾雪。

早看东头夜看西。

干净冬至邋遢年，邋遢冬至干净年。

雷响惊蛰前，七七四十九日不见天。

东闪（电）风，西闪空，南闪火门开，北闪有雨来。

第四节　水　文

灵山"僻处海隅，古名人罕至，山又不甚高广，无大奇异"[②]，山身不远，为吞不深，无源长流远之溪，但蕴藏着丰实的水源，或溪、或涧，曲折盘旋，关锁分明；或泉、或潭，明澈清辉。保国寺前后共有八支水脉：

第一支：从后山西北隅——关房——禅房——禅堂——鼓楼——云水堂——净土池。

第二支：从西南角新云水堂——东流入净土池。

第三支：自净土池出——东流至客堂。

第四支：从后山东北隅——过祖堂经斋堂——钟楼——念佛堂——客堂——左折出墙外——仙人桥——大溪坑。

第五支：从天王殿前水池——山门右边直出——折而经文武殿前——斜落凉亭下至仙人桥——入大溪坑。

第六支：从寺外西清坑——瀑布——仙人桥。

第七支：从寺外东清坑——瀑布——仙人桥。

第八支：从寺外白虎山——斜穿横山路——仙人桥。

净土池，又名荷花池，在天王殿后。宋绍兴年间（1131～1160年）僧宗普开凿，长14米，宽6米。当时曾栽四色莲花。明时，御史颜鲸题"一碧涵空"四字。清康熙二十三年（1758年），池四周立石栏，将颜鲸题字刻上，两旁又刻"天光开图画，山翠入波纹"五字句一联。寺内水脉以荷花池为总汇，与寺外水脉总汇于仙人桥下之大溪坑。

骠骑井：以附东汉骠骑将军张意舍宅为寺之说而名，在大雄宝殿前左首。井口径0.44米，深10米。水从石隙缝中源源渗出，特别清冽，以此沏茶，味格外醇厚。此井大旱不涸，大涝不盈。

消防池：长13米，宽9米，深3米。山下河口慈江河水经高压泵，径直注入此池。再通过寺前泵房的高压泵与寺内各消火栓接通，确保寺内消防用水。

寺后水库：1973年，宁波市园林部门在寺后东北隅建小水库一座，1975年竣工。容积500立方米，供全寺生活用水与消防用水[③]。现与消防管道相连通。

第五节　灾　害

剧烈的强对流、强降雨天气偶然出现，但由于山不是很高峻，林木茂盛，尚未出现泥石流等地质灾害。七、八月间的强台风对古建、林木造成损害。有记载的最严重的一次为清乾隆四十六年（1781年），大殿等被狂风吹坏，现在大殿柱子后倾，其残留变形估计为这次风灾造成。

近几年来雷暴天气比往年为多。雷霆万钧的雷暴对建筑物、设备设施造成严重的危害，如：1993年9月18日，一个雷暴使大殿西北角整条垂脊、戗脊遭毁，南面上檐西首个别瓦陇也被打碎。雷电未击穿屋顶引起火灾，实乃不幸中之大幸。1999年8月25日，雷电竟然打在天王殿东首办公室区围墙外一棵芙蓉树上。芙蓉树高仅2米，低于建筑物。树下铸铁水管震裂，空调、程控交换器等电器设备因遭到雷击而瘫痪。2005年5月13日，寺东首办公室区服务网络遭雷击，计算机主板损坏。2006年6月27日，办公室区遭雷击，监控线、有线电视线、网络线、程控电话线遭雷击受损。2008年以来，监控线连续遭到雷击损坏。而实际情况是一期避雷工程已于2002年完成，以大殿为中心，已经安装四支12米高的主动式预放电避雷针，还是避免不了遭雷击。

附：有关灾害的记载

1. 清乾隆四十六年（1781年）大殿等悉被狂风吹坏，全寺几无完屋，僧常斋次第修复（民国版《保国寺志》卷五）。

2. 清乾隆五十八年（1793年）七夕，大风拔树毁屋，损失较重（民国版《保国寺志》卷七）。

3. 清嘉庆十三年（1815年）是岁荒，武生苏凤和等纠抢寺前大树，僧永斋讼于官，胜（民国版《保国寺志》卷七）。

4. 清宣统二年（1910年）十月间，天王殿、东客堂同时毁于火，次年重建，到民国三年落成（民国版《保国寺志》卷二）。

5. 清宣统三年（1911年）六月间，天王殿之西南隅新南房平屋20余间毁于火，未建复（民国版《保国寺志》卷三）。

6. 1962年3月17日，尼姑郭式灯使用木炭火熄煨烧糯米块不慎失火，25分钟烧掉大殿西北侧距大殿8米的偏屋三间[④]。

7. 1971年8月4日上午，尼姑张玉如的亲戚徐志康不慎将烟蒂丢到大殿西侧楼板上，使楼板着火，火焰上窜一米左右，幸及时发现扑救，除楼板烧去一个洞外，未造成损失[⑤]。

8. 1973年8月13日，修建灵龙泉，炮眼爆炸，把塘师傅陈志松炸死，工人林志清受伤，修建工程一度暂停。

9. 1978年4月，寺西邻近山林失火（鞍山大队山林），烧毁山林30亩（约2万平方米）左右。

10. 1982年4月7日中午，寺西约150米的青幛亭附近失火，烧毁山林30平方米左右。

11. 1982年4月16日中午和下午，各发生一次山林火警。第一次在寺北面50米处，烧毁山林30平方米左右。第二次在寺西100米处，及时扑灭。

12. 1982 年 5 月 26 日上午九时，寺东南 300 米处发生火警，烧毁山地面积约 700 平方米，烧毁烧伤树苗 50 余棵，经济损失 100 元左右。经查是牧童史雪伟（14 岁）等二人玩火所致[6]。

13. 1982 年 10 月 19 日晚 7 时半，在退休工人邬文照居住的天王殿东首一间，因停电使用矿烛照明，人偶然离开，矿烛倒而引起火警，幸及时发现扑灭，仅烧掉窗帘布一块，桌面与窗帘被烧焦，未酿成灾。

14. 1986 年 1 月 8 日晚 8 时，钟楼前廊南侧小门头天盘倒塌。

15. 1986 年 3 月 2 日下午，天王殿西南隅上山公路边山林起火，烧毁山林约 1 亩（约 666.7 平方米）。

16. 1986 年 3 月 3 日下午 4 时，青幛亭西边山林先后发生两次火警，烧毁山林面积约 2 亩（约 1333.4 平方米）。

17. 1986 年 3 月 4 日下午 3 时，寺西望景洞附近发生火警，烧毁山林面积约 10 亩（约 6667 平方米）（属鞍山大队）。据查是庄桥中学学生玩火造成。

18. 1986 年 8 月 27 日，受 15 号台风影响，天王殿屋脊倒塌一段，其余房屋亦有不同程度损坏，估计损失在 1000 元左右。

19. 1986 年 10 月 1 日下午 2 时，青幛亭附近山林失火，随即扑灭。

20. 1986 年 11 月 2 日，望日亭西边下山小路旁发生火警，烧毁山地面积约 20 平方米，随即扑灭。

21. 1988 年 7 月 20 日下午 3 时半，天王殿东侧第二重厢房北首一间平屋前半间横梁倒坍。

22. 1988 年 8 月 7 日晚 12 时，强台风吹倒寺西边围墙 20 余米，其余房屋、树木、毛竹等损失较重。

23. 1989 年 2 月 4 日，望日亭附近山林失火，烧毁山地面积 400 平方米。

24. 1990 年 4 月 5 日下午 4 时，寺西黄泥浆潭西南隅山林失火，毁林面积 400 平方米。

25. 1990 年 12 月 26 日中午，吉祥亭东首上下两条上山公路之间发生山林火警，毁林约 2 亩（约 1333.4 平方米），据查为宁波市福利院一人集柴烤火取暖造成的。

26. 1993 年 9 月 18 日，一个雷暴使大殿西北角整条垂脊、戗脊遭毁。

27. 1999 年 8 月 25 日，雷电打在天王殿东办公区围墙外一棵芙蓉树上，造成铸铁水管震裂，空调、程控交换器等电器设备遭雷击而瘫痪。

28. 2000 年 9 月 13 日，继"派比安"之后，"桑美"风暴袭来，降大到暴雨，造成灾难，损失严重。

29. 2002 年 7 月 4 日，五号台风"威马逊"登陆，造成灾情：

① 寺内：东厢房与钟楼接柱桁条断裂，坍塌相邻房屋 3 间，压坏楼梯等构件，危及钟楼；其他房屋不同程度受损，门窗玻璃破碎严重。

② 寺外：园林及花圃受损严重，竹林受灾面积 2 亩（约 1333.4 平方米），大批毛竹倒伏；杨梅受灾面积 4 亩（约 2666.8 平方米），桂花、樱花、腊梅、雪松等均有多棵被大风连根拔起；山体滑坡两处；花木大棚倒坍一座，部分花木受损。估计直接经济损失 15 万元。

30. 2005 年 5 月 13 日和 2006 年 8 月 27 日，办公室区遭雷击，计算机主板损坏，有线电视线、网络线、程控电话线等遭损。2008 年以来，监控线等仍遭雷击受损。

第六节　交通通讯

保国寺景区位于宁波市区北面，距市中心 13 公里，距宁波客运轮船码头、宁波客运中心（火车南站）14 公里、宁波市栎社国际机场 22 公里，杭（杭州）甬（宁波）高速公路大朱家和段塘入口、甬（宁波）台（台州）温（温州）高速公路大朱家入口、金（金华）甬（宁波）高速公路与宁波市区相接，附近有 61 省道、329 国道、骆（骆驼）观（观庄）线、东（东邵）保（保国寺）公路、育才路延伸段、绕城高速公路等相互交错，交通便捷。332 路公交车从保国寺经东邵、庄桥到第三医院。东邵站可转车至慈城、余姚。338 路公交车从骆驼经保国寺到洪塘，换乘 330 路公交车可从洪塘到市中心第一医院。绕城高速保国寺出口距寺下山脚售票房 1 公里。从杭州湾跨海大桥下来经绕城高速公路来寺游玩相当便捷。

宁（宁波）慈（慈城）公路南侧有萧（萧山）甬（宁波）铁路同全国铁路网连接。

盘山公路从山脚至天王殿门口，全长 1127 米，块石路面。

山下慈江河，河宽 60 米，东通长石、骆驼，西通慈城，相距各 7.5 千米。新中国成立前有航船，为香客进寺重要通道。从河埠上岸经石柱牌、山脚道路、仙人桥，到山门。今废。

洪塘邮电所距保国寺 3 公里，开展有电报、电讯、邮电业务。骠骑山顶设置有电台转播站，区域内布置网络、通讯、有线电视等线。行政中心连接区域内各景点，以程控交换电话和无线对讲设备随时互通。

注释

① 清嘉庆版《保国寺志》。

② 同注①。

③ 宁波市园林处档案。

④ 1972 年宁波市委组织宁波市内务局、市园林处、市文化局办公室抽调人员组成调查组，对保国寺问题进行调查即《1972 年 1 月 30 日关于保国寺问题调查报告》。

⑤ 同注④

⑥ 1982 年 7 月 22 日宁波市公安局关于保国寺山林火警情况的调查。

第二章 沿 革

保国寺并不是以其宗教寺庙闻名于世，而是因为 1000 年前我们祖先那令人叹为观止、精湛绝伦的建筑技艺。

第一节 东汉至唐时期

据清嘉庆十年（1805 年）版《保国寺志》记载：东汉建武年间，骠骑将军张意与其子中书郎张齐芳隐居于灵山，今之寺基即其宅基。因在灵山上，初名灵山寺。民国版《保国寺志》称初次建置。但"汉魏六朝，远不可考"。唐武宗会昌二年至五年（842~845 年）灭法，官府下命拆毁寺宇，勒令僧尼还俗。据统计，当时拆毁大寺 4600 余所，小寺 4 万余所。灵山寺在这次灭法活动中亦被废。至唐广明元年（880 年），原国宁寺（今天宁寺）僧可恭偕檀越许标、王球等人，持明州刺史奏请恢复灵山寺文书，寻往长安。"时值关东大旱，尊者跪诵莲典，未终，霖雨大澍，禾黍旆穟，民气获甦，有司以其状闻，遂得召见，因以恢复灵山寺为请，僖宗许之。赐保国寺额"[①]。灵山寺遂改为保国寺。又赐紫衣一袭于可恭，命主持。可恭是为保国寺始祖，民国版《保国寺志》称为二次建置。

第二节 宋至明时期

宋真宗大中祥符四年（1011 年），南湖十大弟子之首的德贤尊者，"复过灵山，见（保国）寺已毁，抚手长叹，结茅不忍去"（清嘉庆版《保国寺志》）。由此出任寺院住持，迎来了保国寺第一次中兴。

"德贤与弟德诚与徒众，募乡长郑景嵩、徐仁旺、吕遵等，鸠工庀材，山门大殿，悉鼎新之"（清嘉庆版《保国寺志》）。其中大殿于"大中祥符六年（1013 年）建成，昂栱星斗，结构甚奇，为四明诸刹之冠"[②]。因此，德贤尊者被尊为保国寺的开山鼻祖。民国版《保国寺志》称为三次建置。

宋英宗治平元年（1064 年），官方曾赐保国寺"精进院"额，表明其在当时的佛教寺院中已经具有一定的地位。

精进院之名也被载入史册，如宋《宝庆四明志》卷一七记载："精进院，县东三十里，旧名灵山，保国唐广明元年置，皇朝治平二年改赐今额。"元《延祐四明志》卷一八也有记载："精进院在县南（注：应为东）三十里，唐广明初赐额保国，宋治平初改今额"。另大殿西侧前进的补间铺作下昂后尾至今留有墨书题记"甲子元丰七年"字样，查此年为宋神宗年号（1084年），说明大殿在此时有过一次较大的修缮活动。

宋高宗绍兴年间（1131~1160年），僧仲卿建法堂。僧宗普开凿净土池，栽四色莲花。今莲池仍在。

宋代还增建了方丈殿、朝元阁、十六观堂等。

元代建设活动已不可考。

明弘治年间（1488~1505年），僧清隐重建祖堂，更名云堂。又建清隐堂。明时，僧元衍在大殿西建迎薰楼。

第三节　清至民国时期

一、清代前期

至清初，寺内除大殿外，其他建筑均被毁坏。现存的建筑大都是清康熙以后重建或增建的。

保国寺在清代出现了以下几处较大的变化：

1. 殿貌改观

自康熙二十三年（1684年）"前拨游巡两翼，增广重檐"（清嘉庆版《保国寺志》）之后，虽对中部宋代构架未做大变动，但四周添加了柱梁，本来面宽三间、进深三间，仅有一重屋檐的殿宇，变成了面宽五间、进深五间的重檐歇山顶建筑，外立面面貌出现了较大变化。大殿向四面扩充后，与周围建筑的空间关系发生了变化，从而引起了对大殿两侧建筑的改建。

2. 建置变异

大量增建新的建筑，使寺院建筑的建置"脱宋入清"，平面格局出现较大变化。中轴线格局虽在，但山门变成了天王殿；在乾隆五十二年（1787年）重建法堂的同时，在其两厢建造了两栋楼屋，供方丈使用；大殿两侧配置的建筑与以前有所不同，把钟楼从寺院东侧的青龙山嘴移到了天王殿东，后又移到大殿东厢，两年后在大殿西侧配上鼓楼，使寺院格局从此开始向明清寺院模式靠拢。

3. 楼堂对列

在清代建设活动中，大殿两厢位置的建筑增多，各以钟楼或鼓楼为核心，向南北一字排开两列建筑，形成所谓东西轴线，东轴线有东客堂、钟楼、斋楼、厨房等，西轴线有云水堂、鼓楼、禅堂、僧房等。因地理位置所限，东西轴线的建筑均南北长、东西狭，面向中轴线，大都互相紧贴，随着地势自由布局，并以围墙与中轴线的主要建筑相分隔。

乾隆十年（1745 年），僧唯庵、体斋对大殿"移梁换柱，立磉植楹"（清嘉庆版《保国寺志》），并重修天王殿。乾隆十九年（1754 年）新建钟楼、铸大钟。乾隆四十六年（1781 年），山门、大殿悉被狂风吹坏，几无完屋，常斋次第修复。

乾隆五十二年（1787 年），僧常斋、敏庵重建法堂（民国十年即 1921 年改称观音殿，前悬方丈额）有楼屋五间两弄。

乾隆年间的建设活动逐步向今天所存的寺院建筑格局靠拢，但布局仍是表现出唐宋时期寺院形制有钟楼无鼓楼的遗痕。

乾隆五十八年（1793 年），敏庵、永斋新建祖堂三间在青龙尾，又右首附近另建一间，为兰斋医室，后作库房。

乾隆六十年（1795 年）开光筑磉，重新建天王殿，改造佛座，新装天王。

二、清代中后期

嘉庆元年（1796 年）重修大殿。嘉庆六年（1801 年）竣工，改装罗汉诸天等相。

嘉庆七年（1802 年），西房泯灭无存。敏庵升任方丈，接管世尊殿，当时仅破屋三间。先后重修大殿、廊庑及山门，改名山灵寺，拨田 70 亩（约 4.67 万平方米），命胜庵守之。

嘉庆十三年（1808 年），移建钟楼于大殿东首，并在此前后陆续改建石砮房在钟楼后。重建叠锦亭。新建东客堂楼房三间在青龙头。改建斋堂为楼屋五间，与厨房相连。厨房原系平屋三间，改建为楼屋四间，一弄一披，与法堂东楼通。

嘉庆十五年（1810 年），新建禅堂五间二弄在大殿西首。新建鼓楼在大殿西首。民国版《保国寺志》称为四次建置。

咸丰八年（1858 年），耕斋主持院事，陆续增建新南房，达到平房 20 间。新建祖堂。

宣统二年（1910 年），天王殿、东客堂被焚毁。宣统三年，僧一斋重建。宣统三年（1911 年）六月间大火烧去天王殿之西南隅新南房平屋 20 余间，后作菜园。

三、民国时期

民国二十二年（1933 年），僧一斋建藏经楼五间（下层为法堂），及西侧客房楼屋十间一弄，并对主要殿堂作了维修。民国版《保国寺志》称为五次建置。东侧砌好磉基，因抗日战争爆发，未建造。

藏经楼五间楼房民国二十三年（1934 年）完成，由镇海叶澄衷妻苏氏助以巨资、一斋监造。西厢十一间楼房建成。

1941 年，山门被国民党 194 师部队拆除[③]。

第四节　中华人民共和国时期

新中国成立前夕，有寺僧10名，一斋仍为住持。在1951年土改时，保国寺内的土地、山场分给当地农民。僧人回家或在附近务农。宁波专员公署公安处劳改队进驻寺院，将保国寺作为关押犯人的场所。

1953年，浙江省慈溪县公安局撤出，保国寺寺产移交给浙江省慈溪县民政局管理④。

1955年，保国寺寺产由浙江省慈溪县民政局移交给浙江省余姚县民政局管理⑤。

1960年7月，保国寺寺产由浙江省余姚县民政局移交浙江省宁波市民政局管理，在寺内继续举办僧尼参加的福利工场⑥。

1961年，国务院公布保国寺为全国重点文物保护单位，同时成立文物保护小组。

1963年开始，宁波市文物管理委员会着手负责保国寺文物保护与维修工作。

1972年，保国寺寺产由宁波市民政部门移交给宁波市园林部门管理后，成立保国寺革命领导小组，在三年时间内建设了灵龙泉、叠锦台、望日亭、青幛亭、吉祥亭等景点并对外开放，在寺后建库容500立方米的水库，盘山公路通到山上。

1974～1975年，重修大殿。由宁波市文物管理委员会办公室负责，对大殿三十余陇筒瓦进行试验，采用南方一套方法重修，调换东北角角柱和东南面的前内柱及西北角斗拱等，屋面全部换成老瓦，做到不渗不漏，是一次成功的维修。

1976年2月，根据浙革发〔1976〕21号文件精神，分别建立保国寺文物保管所、保国寺园林养护小组两个单位，各自作为宁波市文化局和宁波市园林处的直属基层单位⑦。王子庆为第一任保国寺文物保管所所长，人员编制、财务属宁波市文物管理委员会办公室。

1978年10月起，保国寺正式对中外游客开放。

1978年11月，为协调保国寺文物保管所与保国寺园林养护小组的关系，建立保国寺领导小组，作为保国寺安全保卫及其周围园林绿化服务设施的统一领导机构，由保国寺文物保管所所长王子庆任组长，宁波市园林处朱根宝任副组长，洪塘公社、费市公社、庄桥派出所都派人参加。

1982年2～10月，宁波市园林处会同洪塘公社、费市公社等有关部门调整保国寺山界，征用鞍山大队山林41.8亩（2.79万平方米），补偿山林费14212元，征用灵山大队山林26.2亩（1.75万平方米），补偿山林费2588元。至此，保国寺共有山林397亩（26.5万平方米），立界石40块（1999年7月办的土地证有0.3公顷已划归福利院所有，范围为吉祥寺以东，溪坑以西，上至盘山公路、涵洞、下至马路。市政府批文郊区林字第91号，傅加兴签字1982.11）⑧。

1983年12月，从宁波迁入明代建筑三间，建在藏经楼西客房南首，亦即1962年失火烧毁的明代建筑迎薰楼处。

1984年，安置从宁波慈城普济寺迁入的唐开成四年（839年）经幢和宁波市中山公园迁入的唐代经幢。

至此，保国寺已成为一个拥有唐（经幢）、宋（大殿）、明（迎薰楼）、清（天王殿、观音殿、钟楼、鼓楼）和民国（藏经楼）等各个时期建筑的古建筑群。

至 1986 年 1 月建筑普查登记结束，总建筑面积 5477 平方米，其中平房 1967 平方米，占 36%；楼房 3510 平方米，占 64%。围墙周长 391 米，均高 3 米。

1988 年 1 月，根据市政发〔1987〕192 号精神，保国寺文物保管所（编制 6 名）与保国寺园林养护小组（编制 7 名）合并，仍名保国寺文物保管所，编制 13 名，为宁波市文化局直属基层单位。

1992 年，保国寺公园命名、挂牌。

根据宁波市政府办公厅文件处理单（市政公管〔1991〕156 号文件）批复：同意建立保国寺公园。公园与文物管理所实行两块牌子，一套班子，属宁波市文化局领导。公园建设住房由宁波市政公用局承担，建成一个单体移交一个单体，归公园管理。

宁波市计委（甬计社〔1996〕254 号文件）批复同意扩建保国寺公园。

2006 年 4 月 26 日，宁波市政府机构编制委员会办公室批准宁波市保国寺文物保管所更名为宁波市保国寺古建筑博物馆，编制 13 名。

2012 年 1 月，宁波市政府机构编制委员会办公室批准宁波市保国寺古建筑博物馆编制增加 2 名，即 15 名。

注释

① 民国版《保国寺志》卷五。

② 清嘉庆版《保国寺志》。

③ 摘自宁波市档案馆 1954 年 1 月 16 日中共慈溪县委统战报，慈委统字第三号《关于慈溪报国寺调查情况和今后处理意见报告》。

④ 保国寺代管资产移交清册。

⑤ 慈溪县人民政府民政科移交给余姚县民政科保国寺物质清册。

⑥ 余姚县福利草席厂移交清册。

⑦ 浙江省文物局 1976 年 2 月 24 日给浙江省革命委员会的报告。

⑧ 审定保国寺风景区山界林权意见书。

第三章 建 筑

　　保国寺大殿的价值不仅由于它的历史长久，而且在屈指可数的早期木构建筑中，就其保存的历史信息之丰富，特别是在印证《营造法式》方面，更是无与伦比。它所采用的木构技术，成为 11世纪最先进、最有代表性的范例。这样的技术作法为建成 90 年后产生的中国第一部建筑典籍《营造法式》奠定了基础，其木构建筑的科学理念在书中得到提炼，在世界建筑史上闪烁着智慧的光辉。

　　全寺现有北宋迄今 600 余间房屋组成的建筑群。建筑面积约 7500 平方米，其中寺院建筑 6000平方米，风景区建筑 1500 平方米。

　　整个寺院占地面积约 2 万平方米。在山门东西两侧到藏经楼后山坡峭壁两边建有围墙，总长391，均高 3 米。2008 年 12 月起，围墙范围又扩大，从寺东首沿溪坑，经枫树坪向上，包括水库在内，墙长 150 米，均高 3 米。整个建筑群东南向微偏东，处在半山腰的一块凹地"燕子窝"内，东南低，西北高，各建筑物随地形高低错落，鳞次栉比。南端山门海拔 59.6 米，西北端藏经楼却为 73.9 米。寺院坐落山岙两侧平均高程为 85 米，藏经楼后山坡峭壁与围墙衔接处顶端高程西北角为 90 米，东北角为 97 米。

　　现中轴线上为山门、天王殿、大殿、观音殿、藏经楼。其两侧并无配殿和走廊，而是以墙壁与两旁的钟鼓楼、僧房相分隔。两侧建筑不是南北向，而是东西向，东西狭、南北长，紧贴于上述墙垣的外侧，形似四合院。

第一节　大殿建筑

　　保国寺大殿又称大雄宝殿、无量殿和祥符殿。坐北朝南，偏东 36 度，地坪高程 65.4 米。大殿原为单檐九脊殿，清康熙二十三年（1684 年）在东、南、西三面加了下檐，成为重檐歇山顶形式。

　　据清嘉庆版《保国寺志》记载，大殿建于宋真宗大中祥符六年（1013 年）。1975 年维修大殿时，在西南角檐柱补间铺作上方挑斡侧面发现"甲子元丰七年"（1084 年）墨书，字迹清晰可辨；而嵌在佛座后面束腰部的《造石佛座记》碑刻有"……时壬午崇宁元年五月囗日谨记"（1102 年）等字，这二者说明大殿在此前就存在。1981 年 12 月对大殿斗拱、昂的用材经国家文物局科学技术研究所用碳 14 测年法测定，经树轮法纠正，距今为 1100±70 年，并从大殿的梁架、斗拱等主要构件的建筑特色分析，除保留某些唐代建筑和地方建筑特色外，主要是保存了宋代官式建筑做法，它与晚 90 年出现的北宋将作监李诫编著的《营造法式》所载若干条目基本相似，这不仅说明《营造法式》的出现不是偶然的，而是中国木构建筑发展的必然结果，而且也证明，原大殿确为北宋时期建筑。斗拱、昂等材质为黄桧，柏科花柏（扁柏）属。树高 40 米，胸径 3 米。树含精油（芳香油）。

一、平面

现大殿面阔七间，进深六间，面阔 22.6 米，进深 19.95 米。台基高 1.1 米。中间与东西两侧各设有踏跺，中间 10 级，两侧各 8 级。大殿平面有两个特点：殿的正面设前廊，但其余三面皆包以墙壁；前廊各间的面阔与殿内不一致。原大殿面阔、进深均为三间，进深（13.38 米）大于面阔（11.83 米），呈纵长方形。此种平面布局在佛寺殿堂中较为罕见。

二、柱额

原大殿施用檐柱 12 根，柱头以阑额联系，构成一框架结构，即外槽；殿内用四根内柱与内额、襻间枋及顺栿串组成内槽；在前内柱缝的四根柱间置阑额，与前檐四柱形成前槽。

原大殿所用 16 根柱都作瓜棱状，其瓜棱瓣数因柱的位置不同，分作三种：一种是周围做成瓜棱八瓣，用于前檐四柱，殿内四根内柱及内柱缝两檐柱；其二作四瓣棱，用于后檐两角柱和前内柱缝东侧檐柱；第三为二瓣状，用于后檐二平柱。后两种柱皆是朝外一面有瓣，向殿内部分作圆柱状，无瓣。从瓜棱柱的截面看，两种做法：一是在一根较细的木料周围，根据实际需要用木料包镶而成较粗的柱子，称"包镶作"；二是一根柱子用同样大小的四根细木料用横向穿钉（细木棍）成井字形穿合起来，四根木料之间的间隙用通长的木条镶嵌，使柱外形成八瓣瓜棱状。既可小材大用，又美观大方，是国内已知的最早拼合柱实例。

柱础有四种：鼓形础，较高大，平面圆状；直筒形础，平面圆状；须弥座式础，有雕刻花纹，亦圆状；覆盆状栌式础，平面为圆形的栌上加一六边形石板。

阑额：正面及山面靠南一间，阑额作月梁形状。《余姚保国寺大雄宝殿》[1]称："在黄河流域的宋、辽、金木建筑中，尚未发现此种式样，异常宝贵。"对阑额施以"七朱八白"的彩绘，《保国寺调查报告》[2]称："它盛行于五代到宋这段时期。"而山面第二、第三间及后檐用两层阑额，两额间在补间铺作位置下方施一短木垫撑，额在隅柱外侧并不出头，额上亦不施普柏枋，系唐代建筑遗法。

三、斗拱

大殿斗拱系用黄桧木制成。斗拱用材分两类：一类材广 21.5 厘米，厚 14.5 厘米，两者之比 3：2，相当于《营造法式》五等材。用于外槽、内槽斗拱之中；一类材广 17 厘米，厚 11 厘米，两者之比为 3.2：2，相当于《营造法式》七等材。用于藻井、平棊。

1. 外檐斗拱

有柱头铺作、补间铺作、转角铺作三种。其布置方法，前檐和后檐当心间各二朵，次间各一朵。山面自南端起第一、第二间各用二朵，第三间用一朵。所有斗拱外跳均作双杪双下昂单拱造。斗拱的正心部分，除前槽因设天花藻井稍有不同外，其他均为单拱素枋，分别与华拱、华头子及昂相交，最上施重拱承替木及槫。斗拱后尾因铺作不同与位置各异，亦有所区别。特别是：华拱前后出跳距离不一致；补间铺作下昂长一步架，柱头铺作则长二步架，两种不同的处理反映出两者受力性能的差别。

2. 内槽斗拱

有柱头铺作、补间铺作、乳栿上辅作三种。其中乳栿上辅作的形制特殊在栿上施驼峰，上施栌斗，斗内出华拱四跳，其上承替木及下平槫或采步金。槫下辅作有单拱支替木或重拱支替木的形式。柱头铺作在柱上施栌斗，斗内十字相交，施拱以承梁栿或替木及槫。

四、藻井

由平棊方围合成方井，然后于四角加四条抹角方构成八角井，于八角井各角置一小栌斗；自小栌斗口出隐刻于木枋上的泥道拱及华拱一跳，此华拱被其下一条更短的假华拱承托，插于平棊方的八个交角处。上一条华拱跳头承令拱，令拱身长向作圆弧形，以承圆井，令拱的齐心斗承阳马，八条弧形阳马汇于明镜，阳马背上依弧线形势施木环七圈，大藻井圆井直径185厘米，穹窿部分高90厘米。

小藻井作法相似，只是阳马上施木环五圈，圆井直径128厘米，穹窿高度75厘米。

五、梁架

大殿宋构部分梁架结构，前檐柱与前内柱间采用三椽栿，前后内柱间也用三椽栿，后内柱与后檐柱间用乳栿，上托劄牵。上为平梁，平梁中点立侏儒柱，柱前后施叉手。二内柱间施襻间枋。其中平梁以上，蜀柱及以上槫、椽，都是清代修理时所换。出际于山面下平槫上设一木枋，类似清代的采步金上其两端立柱以支承平梁，梁上施蜀柱、叉手、襻间等构成草架。

大殿阑额上留有七朱八白彩画遗迹。在平棊和藻井上也留有卷草纹彩画遗迹。

六、屋顶装修

大殿现在为重檐歇山顶，灰色筒、板瓦覆盖。下檐为清代所加空间的屋面，仅存前部及两侧，后檐的下檐利用后檐墙的升高而被遮掉，仅存上檐。屋顶举高约1∶3，坡度较陡。下檐把原大殿的斗拱、柱额全部隐藏在内部。上下檐的比例、位置不匀称，两檐距离过近。

殿的上檐前后坡分别有75陇筒瓦，前面下檐91陇，两山面上檐的筒瓦各89陇，下檐90陇。此为施工误差所致。上下檐的筒瓦上各有一排帽钉。檐口置勾头滴水，施檐椽而无飞子，椽头钉护椽板。翼角高翘，采用老戗、嫩戗的发戗做法。

山面作山花板，施排山勾滴，勾头坐中。槫两外端安槫风板，并置垂鱼惹草。

屋面所用脊分别是正脊、垂脊、岔脊、戗脊、槫脊，均为瓦条垒砌。除戗脊皆透空做球纹格眼等纹式。多数脊上未安走兽装饰，仅正脊两端置鸱尾。

第二节 中轴线建筑

一、山门

原山门东向微偏南，1941 年被拆除。1989 年 8 月重建③，面阔三间 7 米，进深二间 4 米。悬山式屋顶。悬"东来第一山"匾额，沙孟海题。1999 年在山门两旁又建值班房两间。

二、天王殿

现存天王殿为宣统三年（1911 年）建，面宽五间、进深四间，通面宽 19.05 米、通进深 10.60 米，为重檐歇山式建筑。各间开间宽度不等，逐间递减，当心间宽 5.80 米，次间宽 3.85 米，梢间宽 2.75 米。进深方向当心间采用七檩附加前后廊类型的抬梁式构架，用四柱。彻上露明。前后金柱间作七架梁。前后廊部作月梁式单步梁。次间及梢间添加一中柱，将七架梁换成两段三步梁。檐柱高 4.4 米，室内地平至脊檩中心高 10.34 米。上檐椽架长 1.25 米。彻上露明。五架梁之上檐与上檐顶部蜀柱间的单步梁、下檐穿插方皆用月梁，上下各层梁间施带有雕刻成花篮形大斗式驼墩。七架梁与随梁枋之间施隔架科，隔架科的木雕尤为考究。另外在下檐柱外部还有向前挑出的牛腿，上承挑檐檩，以托屋檐，牛腿本身也作了人物故事浮雕加透雕花卉。

此殿下檐和上檐四周皆施斗拱，明间作平身科六攒，次间三攒，皆无出跳重拱造，梢间仅于下檐施一攒，无出跳单拱造。柱头科自大斗中挑出带有雕刻的异形构件，直至挑檐檩下，与牛腿上的花篮形斗相交后继续挑出，至檐椽头。

三、观音殿

现存观音殿，原名法堂，清乾隆五十二年（1787 年）重建。明间脊檩上有"大清乾隆伍拾贰年岁次捌月暨望特调慈溪县正堂李光，本山住持方丈常斋、监院比丘敏庵重建"墨书。殿的左右前端建有东西偏庑。中有天井，四周砌围墙，前墙正中开门，上覆有屋顶，构成一个独立的"三合院"。这里的地坪比天王殿抬高了 6.3 米，比大殿抬高了 2.9 米。门前设踏跺 24 级通大殿。

殿与东西偏庑建在一个凹字形的台基上。法堂通面宽 24.8 米，七开间，通进深 13.4 米，六间。采用单檐歇山顶，带前廊和附加后檐，从正面和背面看，皆有两重屋檐。当中三开间室内仅有一层空间，两端的梢间、尽间内部为两层，楼下辟出宽 1.3 米的一条窄廊，多立了一排柱。这座建筑的柱网布局极不规则。当心间两缝前后布置七根柱，次间两缝除与当心间对位的柱之外，在柱间又增加了四根，前后布置十一根柱，梢间两缝楼下廊子前后有四根柱，到了梢间与尽间之间的一缝只有三根柱，前廊处利用两厢楼房柱，且与当心间、次间不对位，而与两厢楼房柱网连通，山墙处的柱子也如此。从其不规则的柱网和梁架形式，可看出经过多次修缮、不断扩建的痕迹。

法堂前部附加的一道前廊，将前廊构架与装修相结合，做成船篷轩的形式，轩架作月梁，其上的荷包梁梁端带有精美的雕刻，前檐轩柱柱头带有垂莲柱等装饰，使这道前廊成为法堂建筑的点睛之笔。

东西两侧偏庑均为二楼三开间建筑。底层面阔 8.2 米，进深 6 米。楼上面阔同底层，进深 4.4 米，屋顶硬山造。

法堂与东西楼构成的院落，宽 10.6 米，深 7.9 米。由于地形所限，法堂与大殿之间的空间受到限制，因此，古代匠师只好依据地形条件进行相应处理，法堂一区做成尺度较小的院落空间，与其功能使用要求也是相适应的。

四、藏经楼

藏经楼建于民国二十二年（1933 年），位于观音殿之后的台地上，两者相差 5.6 米，原底层为法堂，楼上藏经。明间前端有踏跺 38 级通观音殿。该楼为五开间，上下两层，硬山顶建筑。通面宽 24 米，通进深 16.6 米，前廊深 2.2 米。

该楼主体结构为抬梁式构架，前后 11 檩，4 柱，楼上下皆做通柱造。另于后檐增加一缝通柱，支撑加大的后檐，随之于檩下和下层顶板下施短梁。前檐于檐外也另加一缝，下层柱前出披檐，柱顶设月梁，檩承托楼板。前檐上层施一排细细的立柱，柱顶设有前后坡不等长的小屋顶，顶下设轩式天花及垂莲柱、月梁等构件，与立体梁架拉接。

两山构架与立体构架不同，于山柱两侧的上金脊下各立一柱，使原有主体构中的大体缩短，以改善山面结构的受力状况。

该楼底层共用柱 44 根，除前廊外，其余皆为木柱。前廊用 6 根梅园石石柱，每根重 2.5 吨。明间柱身正面和侧面有楹联。正面双钩刻大篆："从者个地方下几斧头功凿开混沌；是什么伎俩于一弹指顷见此楼台"。内侧双钩刻："秀气挹灵山说法讲经能动物；清心饭宝刹续镫持钵有传人"。楹联上端浮雕和合，下端浮雕花卉，柱下端立花篮形础，础肩部上侧浮雕一圈花、果、虫、鸟图案纹饰。前廊东西两侧设双扇门，石制门框雕以青竹。

第三节　东厢建筑

大殿两厢设有客堂，僧房，钟、鼓楼，斋堂，厅堂等，与中轴院落间有墙相隔，在这几座建筑前均有窄窄的小天井，建筑本身大小、广窄各不相同，高低错落，烘托着宏伟的中轴线建筑群。

一、东厢第一幢建筑

东厢第一幢建筑原称东客堂。宣统二年（1910 年）毁于火，宣统三年（1911 年）重建。坐东朝西，一楼一底，三开间。楼底层通面宽 13.8 米，通进深 13.4 米。楼上面宽同底层，通进深 11 米。硬山屋顶，阴阳瓦屋面。南面为山墙，朝向天王殿前院落，北山面同第二幢建筑衔接。

二、东厢第二幢建筑

东厢第二幢建筑原为僧房。明间脊檩上有纪年款"大清嘉庆十三年岁次戊辰春日谷旦本山住持方丈敏庵和尚监院永斋建"墨书。露明造平房，面宽三间，通面宽 14 米，通进深 11 米。明间梁架抬梁式，次间山面梁架为穿斗式。硬山屋顶，用望砖，上覆阴阳合瓦，正脊上有元宝状风孔。

三、东厢第三幢建筑

东厢第三幢建筑为钟楼，移建于嘉庆十三年（1808 年），重檐歇山顶建筑。楼下面宽三间，通面宽 9.2 米，通进深 11.4 米。外廊北端有踏跺 3 级通第四幢建筑，南次间前檐有踏跺 10 级通大殿前廊。二楼仅一间面宽 6.6 米，北侧设耳房一小间，作两坡顶，正脊连接第四幢建筑山面，宽 2 米。南侧与第二幢建筑山面相接，做单披屋面。楼上进深 7 米。钟楼随脊枋上悬挂一口大铜钟；钟高 1.8 米，口径 1.35 米，重 1.5 吨。随脊枋下皮有两行纪年款："大清乾隆年间更建于关圣殿东首、嘉庆十三年岁次戊辰春月谷旦本山住持方丈敏庵和尚移建于老地"。屋面铺阴阳合瓦。建筑外观四角翘起，造型生动。

四、东厢第四幢建筑

东厢第四幢建筑原称斋堂。现存建筑为嘉庆十三年（1808 年）改建。该堂五开间，通面宽 15.8 米，通进深 11.4 米。前廊北端有踏跺 13 级通第五幢建筑。楼上面宽同底层，进深 9 米。山面梁架为穿斗式，明间二缝为抬梁式。屋面用望砖，阴阳合瓦，硬山顶，屋脊有元宝状风孔。

五、东厢第五幢建筑

东厢第五幢建筑原为厨房。现存建筑为嘉庆十三年（1808 年）改建，将平房三间改成楼房，为四间一弄一披。但北侧的两间一弄已毁，仅存完整的前廊及南次间、南梢间。现存二间面宽 8.6 米，进深 6.2 米，北面有偏屋二间，深 2.4 米。楼上面宽同底层。屋面采用阴阳合瓦，硬山顶。前廊北端有踏跺 37 级通德贤堂。原北梢间前廊有东西向短廊与观音殿前廊衔接。

第四节　西厢建筑

一、西厢第一幢建筑

西厢第一幢建筑系僧房，为清代重建，在天王殿西侧的山坡上，一楼一底。楼上四间，其中内室三间。南端一间设踏跺 26 级，通天王殿。楼上通面宽 13.4 米，通进深 7.6 米，其中宽阔的后廊进深 4.4 米，内室仅深 3.2 米。西向开门出入。底层面宽 9.4 米，进深 8.8 米。前廊南端设门，可通南端踏跺。北端有踏跺 9 级通第二幢建筑。北次间前端亦有踏跺 9 级通天王殿后檐下。该建筑采用硬山顶阴阳瓦。屋脊有一排元宝状风孔。

二、西厢第二幢建筑

西厢第二幢建筑亦为僧房，清代重建，楼屋三间，底层通面宽 11 米，三间地形高低不等。南侧与第一幢建筑相接，北次间与鼓楼底层相通。通进深 10.4 米。于北次间底层后部设木梯，通往明间及南次间。楼上面宽同底层，进深 4.2 米，硬山式屋顶，明间与南次间打通成一大间与北次间隔开。屋顶采用阴阳合瓦，无脊饰，不用望砖，南侧山墙完整显露，北侧与鼓楼接。

三、西厢第三幢建筑

西厢第三幢建筑是鼓楼。建于清嘉庆十五年（1810 年），位于大殿月台西侧，其位置与钟楼对称。建筑外观与钟楼相同，面宽三间，采用重檐歇山顶。该楼下层夹在第二幢、第四幢建筑之间。前廊为南北通道，上设披檐，因周围的建筑随地势高低错落，所以屋顶做法也产生变化。北次间不做转角，与第四幢建筑以封火山墙间隔。南次间地势高于南侧建筑，作转角发戗。正脊延伸到鼓楼二楼腰部。底层不设楼梯，其后檐地坪与二楼地坪齐平。一层后面建厕所二间。底层面宽 9 米，进深 7 米。室内地坪高出前廊 35 厘米，楼上南北次间低于明间，明间面宽 4.25 米，进深 4.24 米，置大鼓一只。屋顶翼角起翘，采用老戗作法。与钟楼相同。椽上施望砖，以阴阳合瓦盖顶。

四、西厢第四幢建筑

西厢第四幢建筑为清嘉庆十五年重建，1980 年曾进行落架大修，柱、枋改成钢筋混凝土材料。此房建在不等高的山坡上。楼上面宽六间，通面宽 19.8 米，通进深 12.4 米。南端附加一间为楼梯间，宽 2.07 米，有踏跺 16 级通楼下外廊。楼下亦为六间，但进深仅为 6.4 米。西侧和北侧紧贴山体，最北端的一间嵌入山体，致使外观似为五间。南端一间为弄，设踏跺 18 级，通往鼓楼与鼓楼后面小屋及厕所。此弄下端有踏跺 10 级通大殿前廊。北端一间为弄，面宽 2.06 米，亦作踏跺 20 级，通往后面的厕所。

五、西厢第五幢建筑

西厢第五幢建筑为明代厅堂，面宽三间，通面宽 12.9 米，通进深 9 米。梁架采用抬梁式与穿斗式相结合做法。此堂采用硬山屋顶，上覆小青瓦。这座建筑为 1983 年由宁波明代旧宅拆迁重建，其坐落在第四幢建筑北侧偏西的较高地段，前设有月台和大台阶。

六、西厢第六幢建筑

西厢第六幢建筑原为客房，建于民国二十二年（1933 年）。俗称十间一弄楼屋，为二层楼，十开间带楼梯间。底层通面宽 42.8 米，通进深 13.3 米。自南次间（即楼梯间）前廊有短廊可通藏经楼，楼梯间内设木楼梯通二层前内廊。梯宽 1.55 米，有踏跺 22 级。由于屋建在山坡上，北端二间进深仅 9 米。该建筑采用硬山顶，上覆小青瓦。

第五节　经　幢

石刻经幢④，中国古代宗教建筑物的一种，创始于唐。作柱状，柱上有盘盖，大于柱径，刻有垂幔、飘带等图案。柱身多刻陀罗尼或其他经文和佛像等。

本寺所存经幢有两座：一座建于唐开成四年（839 年），幢顶为圆柱状，八角形盘盖上翘似屋檐，柱身为八面形，每面高 1.9 米，宽 0.25 米。柱上各面分别刻有隶书：唵、摩、尼、达、哩、吽、哱、吒，字下刻有佛顶尊胜陀罗尼，在吒字面有"开成四年"字样。座基为莲花瓣，饰六尊佛像。幢下部有"谯国奚虚已书（楷书）江夏黄公素刻石"。该幢保存完好。1963 年浙江省人民委员会公布其为第二批省级文物保护单位，1981 年浙江省人民政府，根据《关于调整和重新公布省级重点文物保护单位的通知》（浙政 ［1981］ 43 号）文件精神，撤销其省级文物保护单位，经幢并入保国寺。原在慈湖中学（慈城普济寺）内，1984 年 3 月，根据浙江省文物管理委员会（83）浙文管考字 201 号文件《关于在保国寺安置经幢问题的批复》，将其安置在天王殿前。

另一座经幢建于唐大中八年（854 年），八角形石筑结构，顶无盘盖，柱身高 1.7 米，宽0.22 米，座基饰莲花瓣和四尊佛像。为鄞县令崔幼昌于明洪武二十四年（1391 年）立。崇祯九年（1636 年）重立，剧赜之书。现字迹已漫漶风化。原在宁波市中山公园内，1984 年迁入保国寺。

附：佛顶尊胜陀罗尼经

佛顶尊胜陀罗尼经序　谯国奚虚已书　鄞人江夏黄公素刻　佛顶尊胜陀罗尼经者婆罗门僧佛陀波利仪凤元年从西国来至此土到五台山次遂五体投地向山顶礼曰如来灭后众圣潜灵唯有大士文殊师利于此山中汲引苍生教诸菩萨波利所恨生逢八难不睹圣容远涉流沙故来敬谒伏乞大慈大悲普覆令见尊仪言已悲泣雨泪向山顶礼礼已举首忽见一老人从山中出来遂作婆罗门语谓僧曰法师情存慕道追访圣踪不惮劬劳远寻遗迹然汉地众生多造罪业出家之辈亦多犯戒律唯有佛顶尊胜陀罗尼经能灭众生恶业未知法师颇将此经来不僧曰贫道直来礼谒不将经来老人曰既不将经空来何益纵见文殊亦何必识师可到向西国取此经来流传汉土即是遍奉众圣广利群生拯济幽冥报诸佛恩也师取经来至此弟子当示师文殊师利菩萨所在僧闻此语不胜喜跃遂裁抑悲泪至心敬礼举头之顷忽不见老人其僧惊愕倍更虔心系念倾诚回还西国取佛顶尊胜陀罗尼经至永淳二年回至西京具以上事闻奏大帝大帝遂将其本入内请日照三藏法师及敕司宾寺典客令杜行顗等共译此经施僧绢三十匹其经本禁在内不出其僧悲泣奏曰贫道捐躯委命远取经来情望普济群生救拔苦难不以财宝为念不以名利关怀请还经本流行庶望含灵同益遂留翻得之经还僧梵本其僧得梵本将向西明寺访得善解梵语汉僧顺贞奏共翻译帝随其请僧遂对诸大德共贞翻译讫僧将梵本向五台山入金刚窟

于今不出今前后所翻两本并流行于代小小语有不同者幸勿怪焉至垂拱三年定觉寺主僧志静因停
在神都魏国东寺亲见日照三藏法师问其逗留一如上说志静遂就三藏法师咨受神咒法师于是口宣
梵音经二七日句句委授具足梵音一无差失仍更取旧翻梵本勘校所有脱错悉皆改定之其咒初注云
最后别翻者是也其咒句稍异于杜令所翻者其新咒改定不错并注其音讫后有学者幸详此焉至永昌
元年八月于大敬爱寺见西明寺上座澄法师问其逗留亦如前说其翻经僧顺贞见在住西明寺此经救
拔幽显最不可思议恐学者不知故具录委曲以传未悟佛顶尊胜陀罗尼经　罽宾沙门佛陀波利奉
诏译　如是我闻一时薄伽梵在室罗筏住誓多林给孤独园与大比丘众千二百五十人俱又与诸大菩
萨僧万二千人俱尔时三十三天于善法堂会有一天子名曰善住与诸大天游于园观又与大天受胜尊
贵与诸天女前后围绕欢喜游戏种种音乐共相娱乐受诸快乐尔时善住天子即于夜分闻有声言善住
天子却后七日命将欲尽命终之后生阎浮题受七返畜生身即受地狱苦从地狱出希得人身生于贫贱
处于母胎即无两目尔时善住天子闻此声已即大惊怖身毛皆竖愁忧不乐速疾往诣天帝释所悲啼号
哭惶怖无计顶礼帝释二足尊已白帝释言听我所说我与诸天女共相围绕受诸快乐闻有声言善住天
子却后七日命将欲尽命终之后生赡部洲七返受畜生身受七身已即堕诸地狱从地狱出希得人身生
贫贱家而无两目天帝云何令我得免斯苦　尔时帝释闻善住天子语已甚大惊愕即自思惟此善住天
子受何七返恶道之身尔时帝释须臾静住入定谛观即见善住当受七返恶道之身所谓猪狗野干猕猴
蟒蛇乌鹫等身食诸秽恶不净之物尔时帝释观见善住天子当堕七返恶道之身极助苦恼痛割于心谛
思无计何所归依唯有如来应正等觉令其善住得免斯苦　尔时帝释即于此日初夜分时以种种花鬘
涂香末香以妙天衣庄严执持往诣誓多林园于世尊所到已顶礼佛足右绕七匝即于佛前广大供养佛
前胡跪而白佛言世尊善住天子云何当受七返畜生恶道之身具如上说　尔时如来顶上放种种光遍
满十方一切世界已其光还来绕佛三匝从佛口入佛便微笑告帝释言天帝有陀罗尼名为如来佛顶尊
胜能净一切恶道能净除一切生死苦恼又能净除诸地狱阎罗王界畜生之苦又破一切地狱能回向善
道天帝此佛顶尊胜陀罗尼若有人闻一经于耳先世所造一切地狱恶业皆悉消灭当得清净之身随所
生处忆持不忘从一佛刹至一佛刹从一天界至一天界遍历三十三天所生之处忆持不忘天帝若人命
欲将终须臾忆念此陀罗尼还得增寿得身口意净身无苦痛随其福利随处安隐一切如来之所观视一
切天神恒常侍卫为人所敬恶障消灭一切菩萨同心覆护天帝若人能须臾读诵此陀罗尼者此人所有
一切地狱畜生阎罗王界饿鬼之苦破坏消灭无有遗余诸佛刹土及诸天宫一切菩萨所住之门无有障
碍随意游入　尔时帝释白佛言世尊唯愿如来为众生说增寿命之法尔时世尊知帝释意心之所念乐
闻佛说是陀罗尼法即说咒曰　那谟薄伽跋帝＿啼隶路迦夜钵罗底毗失瑟咤耶＿勃陀耶薄伽跋底三
怛侄他四唵五毗输驮耶毗输驮耶娑摩三漫多皤婆娑六娑破罗拏揭底伽诃那娑婆缚代输第七阿鼻说
者漫苏揭多伐折那八阿蜜栗多毗晒鸡九阿诃罗阿诃罗十阿瑜散陀罗尼十一输驮耶输驮耶十二娑缚羯
磨缚罗拏你弭努婆罗伽伽那鞞输提十三乌瑟尼沙毗逝耶输提十四娑诃娑啰喝啰湿弭珊珠地帝十五萨
婆怛他揭多地瑟咤耶頞地瑟耻帝慕侄隶十六跋折罗迦耶僧诃多那输提十七萨婆伐罗拏毗输提十八钵
啰底你伐怛耶阿瑜输提十九萨末那阿地瑟耻帝二十末你末你摩诃末你二十一怛闼多部多俱胝钵唎输
提二十二毗萨普咤勃地输提二十三社耶社耶二十四毗社耶毗社耶二十五萨末罗萨末啰罗勃陀頞地瑟耻多
输提二十六跋折罗揭鞞二十七跋折滥婆伐都二十八摩摩萨婆萨埵写迦耶毗输提二十九萨婆揭底钵唎输
提三十萨婆怛他揭多三摩湿婆娑遏地瑟耻帝三十一勃陀勃陀蒲驮耶蒲陀耶三漫多钵唎输提三十二娑婆
怛他揭多地瑟咤那頞地瑟耻帝三十三慕帝唎娑婆诃三十四　佛告帝释言此咒名净除一切恶道佛顶尊

胜陀罗尼能除一切罪业等障能破一切秽恶道苦天帝此大陀罗尼八十八殑伽沙俱胝百千诸佛同共
宣说随喜受持大日如来智印印之为破一切众生秽恶道苦故为一切地狱畜生阎罗王界众生得解脱
故临急苦难堕生死海中众生得解脱故短命薄福无救护众生乐造杂染恶业众生得饶益故又此陀罗
尼于赡部洲住持力故能令地狱恶道众生种种流转生死薄福众生不信善恶业失正道众生等得解脱
义故佛告天帝我说此陀罗尼付嘱于汝汝当授与善住天子复当受持读诵思惟爱乐忆念供养于赡部
洲与一切众生广为宣说此陀罗尼印亦为一切诸天子故说此陀罗尼印付嘱于汝天帝汝当善持守护
勿令忘失天帝若人须臾得闻此陀罗尼千劫已来积造恶业重障应受种种流转生死地狱饿鬼畜生阎
罗王界阿修罗身夜叉罗刹鬼神布单那羯吒布单那阿波娑摩啰蚊虻龟狗蟒蛇一切诸鸟及诸猛兽一
切蠢动含灵乃至蚁子之身更不重受即得转生诸佛如来一生补处菩萨同会处生或得大姓婆罗门家
生或得大刹利种家生或得豪贵最胜家生天帝此人得如上贵处生者皆由闻此陀罗尼故转所生处皆
得清净天帝乃至得到菩提道场最胜之处皆由赞美此陀罗尼功德如是天帝此陀罗尼名为吉祥能净
一切恶道此佛顶尊胜陀罗尼犹如日藏摩尼之宝净无瑕秽净等虚空光焰照彻无不周遍若诸众生持
此陀罗尼亦复如是亦如阎浮檀金明净柔软令人喜见不为秽恶之所染着天帝若有众生持此陀罗尼
亦复如是乘斯善净得生善道天帝此陀罗尼所在之处若能书写流通受持读诵听闻供养能如是者一
切恶道皆得清净一切地狱苦恼悉皆消灭佛告天帝若人能书写此陀罗尼安高幢上或安高山或安楼
上乃至安置窣堵波中天帝若有苾刍苾刍尼优婆塞优婆夷族姓男族姓女于幢等上或见或与相近其
影映身或风吹陀罗尼上幢等上尘落在身上天帝彼诸众生所有罪业应堕恶道地狱畜生阎罗王界饿
鬼界阿修罗身恶道之苦皆悉不受亦不为罪垢染污天帝此等众生为一切诸佛之所授记皆得不退转
于阿耨多罗三藐三菩提大帝何况更以多诸供具华鬘涂香末香幢幡盖等衣服璎珞作诸庄严于四衢
道造窣堵波安置陀罗尼合掌恭敬旋绕行道归依礼拜天帝彼人能如是供养者名摩诃萨埵真是佛子
持法栋梁又是如来全身舍利窣堵波塔尔时阎摩罗法王于时夜分来诣佛所到已以种种天衣妙华涂
香庄严供养佛已绕佛七匝顶礼佛足而作是言我闻如来演说赞持大力陀罗尼故来修学若有受持读
诵是陀罗尼者我常随逐守护不令持者堕于地狱以彼随顺如来言教而护念之尔时护世四天大王绕
佛三匝白佛言世尊唯愿如来为我广说持陀罗尼法尔时佛告四天王汝今谛听我当为汝宣说受持此
陀罗尼法亦为短命诸众生说当先洗浴着新净衣白月圆满十五日时持斋诵此陀罗尼满其千遍令短
命众生还得增寿永离病苦一切业障悉皆消灭一切地狱诸苦亦得解脱诸飞鸟畜生含灵之类闻此陀
罗尼一经于耳尽此一身更不复受佛言若人遇大恶病闻此陀罗尼即得永离一切诸病亦得消灭应堕
恶道亦得除断即得往生寂静世界从此身已后更不受胞胎之身所生之处莲华化生一切生处忆持不
忘常识宿命佛言若人先造一切极重恶业遂即命终乘斯恶业应堕地狱或堕畜生阎罗王界或堕饿鬼
乃至堕大阿鼻地狱或生水中或生禽兽异类之身取其亡者随身分骨以土一把诵此陀罗尼二十一遍
散亡者骨上即得生天佛言若人能日日诵此陀罗尼二十一遍应消一切世间广大供养舍身往生极乐
世界若常诵念得大涅槃复增寿命受胜快乐舍此身已即得往生种种微妙诸佛刹土常与诸佛俱会一
处一切如来恒为演说微妙之义一切世尊即受其记身光照曜一切刹土佛言若诵此陀罗尼法于其佛
前先取净土作坛随其大小方四角作以种种草华散于坛上烧众名香右膝着地胡跪心常念佛作慕陀
罗尼印屈其头指以大母指押合掌当其心上诵此陀罗尼一百八遍讫于其坛中如云王雨华能遍供养
八十八俱胝殑伽沙那庾多百千诸佛彼佛世尊咸共赞言善哉希有真是佛子即得无障碍智三昧得大
菩提心庄严三昧持此陀罗尼法应如是佛告天帝我以此方便一切众生应堕地狱道令得解脱一切恶

道亦得清净复令持者增益寿命天帝汝去将我此陀罗尼授与善住天子满其七日汝与善住俱来见我
尔时天帝于世尊所受此陀罗尼法奉持还于本天授与善住天子尔时善住天子受此陀罗尼已满六日
六夜依法受持一切愿满应受一切恶道等苦即得解脱住菩提道增寿无量甚大欢喜高声叹言希有如
来希有妙法希有明验甚为难得令我解脱尔时帝释至第七日与善住天子将诸天众严持华鬘涂香末
香宝幢幡盖天衣璎珞微妙庄严往诣佛所设大供养以妙天衣及诸璎珞供养世尊绕百千匝于佛前立
踊跃欢喜坐而听法尔时世尊舒金色臂摩善住天子顶而为说法授菩提记佛言此经名净除一切恶道
佛顶尊胜陀罗尼汝当受持尔时大众闻法欢喜信受奉行　佛顶尊胜陀罗尼经　序七百二十八言
经文二千六百五十五言　陀罗尼三百二十六言　开成四年十一月十四日建　勾当檀越传凤　募
缘重修　尊胜宾幢比丘□圆永光不朽

附　录

一、现存主要建筑统计

表 3 - 1 　　　　　　　　　　现存主要建筑年代统计表

	名称	建成年代
中轴线上主要建筑	山门	1989 年 8 月重建
	东首经幢	唐开成四年（839 年）建，1984 年迁入
	西首经幢	唐大中八年（854 年）建，1984 年迁入
	天王殿	清宣统三年（1911 年）重建
	观音殿	清乾隆五十二年（1787 年）改建
	观音殿前两厢房	清乾隆五十年（1785 年）重建
	藏经楼	民国二十二年（1933 年）建
东厢建筑	第一幢建筑	清宣统三年（1911 年）重建
	第二幢建筑	清嘉庆十三年（1808 年）改建
	第三幢建筑	清嘉庆十三年（1808 年）改建
	第四幢建筑	清嘉庆十三年（1808 年）改建
	第五幢建筑	清嘉庆十三年（1808 年）改建
西厢建筑	第一幢建筑	建于清代
	第二幢建筑	建于清代
	第三幢建筑	清嘉庆十五年（1810 年）改建
	第四幢建筑	清嘉庆十五年（1810 年）改建
	第五幢建筑	1984 年由宁波拆迁来寺
	第六幢建筑	民国二十二年（1933 年）新建

表 3 - 2 　　　　　　　　　　　　　现有建筑面积统计表

中轴线建筑

名称	间数			建筑面积			备注
	宽	深	合计	面宽（米）	进深（米）	合计（平方米）	
山门	3	2	6	7	4	28	
大殿	7	6	42	22.6	19.95	450.87	顶高 12 米
天王殿	5	明 3 附 4	19	19.05	10.6	206.7	顶高 12.5 米
观音殿一层	7	6	42	24.8	13.4	332.32	顶高 10.8 米
观音殿二层	7	5	29	19.2	12.85	246.72	
二偏庑一层	6	6	18	8.2	6	98.4	
二偏庑二层	6	4	12	8.2	4.4	72.16	
藏经楼一层	5	明 5 附 6	29	24	16.6	398.4	顶高 12 米
藏经楼二层	5	明 5 附 6	29	24	16.6	398.4	
藏经楼后东一层	1	2	2	4.6	8.2	37.72	
藏经楼后东二层	1	2	2	4.6	8.2	37.72	
藏经楼后厢房	1	2	2	5	8.2	41	藏经楼明间后
短廊	1	1	1	3.6	2.2	7.92	西客房藏经楼
合计			233			2356.39	

东厢建筑

名称	间数			建筑面积			备注
	宽	深	合计	面宽（米）	进深（米）	合计（平方米）	
第一幢僧房一层	3	5	15	13.8	13.4	184.92	
第一幢僧房二层	3	4	12	13.8	11	151.8	
办公室一层	4	2	8	7.9	6.18	48.82	
办公室二层	2	2	4	7.6	5.3	40.28	
第二幢僧房	3	5	15	14	11	154	
第三幢僧房（钟楼）一层	3	3	9	9.2	11.4	104.88	
第三幢僧房二层	1	1	1	6.6	7	46.2	
第四幢僧房一层	5	明 3 附 6	21	15.8	11.4	180.12	
第四幢僧房二层	5	5	13	15.8	9	142.2	
第五幢僧房一层	2	2	4	8.6	8.6	73.96	

续表

名称	间数			建筑面积			备注
	宽	深	合计	面宽（米）	进深（米）	合计（平方米）	
第五幢僧房二层	2	1	2	8.6	4.23	36.38	
木材仓库	2	1	2	8.6	4.23	36.38	
北前廊（朝西）	2	1	2	6.4	2.4	15.36	
短廊（连观音殿）	2	2	4	5	5.2	26	
骠骑堂	5	2	10	19.4	6.4	124.16	
后山门	1	1	1	3.6	2	7.2	
门卫房	1	1	1	3	2	6	
汽车库	2	2	4	6.34	5.29	33.54	
合计			128			1412.2	
第一幢僧房一层	3	3	9	9.4	8.8	82.72	
第一幢僧房二层	4	4	16	13.4	7.6	101.84	
第二幢僧房一层	3	3	9	11	10.4	114.4	
第二幢僧房二层	3	2	6	11	4.2	46.2	
第三幢僧房鼓楼一层	3	明 2 3	9	9	7	63	鼓楼底
第三幢僧房鼓楼二层	3	明 1 2	5	9	5	45	鼓楼
短廊	1	5	5	2.12	13.87	29.4	
侧廊	1	3	3	4.10	11.58	47.48	
第四幢僧房一层	8	4	32	22.68	6.4	145.15	含南端弄
第四幢僧房二层	6	3	18	19.8	12.4	245.52	
北端走廊			1	1.8	14.7	26.46	
文物室后厕所	2	1	2	4.9	5	24.5	
第五幢僧房（西客房）一层	11	明 3 5	49	明 32 10.8	明 13.3 9	明 425.6 97.2	
第五幢僧房二层	11	5	55	42.8	13.3	569.24	
迎薰楼	3	明 5 6	17	12.9	9	116.11	
合计			236			2082.62	

东厢建筑

续表

风景区建筑							
名称	间数			建筑面积			备注
	宽	深	合	面宽（米）	进深（米）	合计（平方米）	
朝元阁	5	6	30	22	12	264	
公园管理房	1	1	1	7	13	91	
山脚入口大门	6	1	6	23.7	6	142.2	
山脚游客服务中心	明7	1	7	30	6.1	183	
	4	1	4	13.5	6.1	81	
山脚入口头门	3	3	9	8.37	8.3	69.47	由卢家巷迁建
售票房	4	1	4	14.5	3.5	50.75	
叠锦台长廊	13	1	13			164.78	
叠锦台长廊厨房	2	1	2	8.82	3.60	32	
叠锦台长廊餐厅	4	1	4	13.38	7.60	48.17	
叠锦台服务部	7	1	7	24.1	2.35	56.64	
文武殿	3	2	6	7.5	5.53	41.63	胡家拆来
叠锦台长廊厕所	2	1	2	6.10	3.90	23.79	
青幛亭厕所	2	1	2	6	4	24	
山脚厕所	2	1	2	7.81	6.38	49.83	
灵龙亭	1	1	1	3	2	6	
揽翠亭	1	1	1	4.33	4.33	18.75	六角
吉祥亭						15	圆形
慈江亭							八角
青幛亭						25.55	八角
望日亭						29.3	
祖师亭				2.6	2.8	7.4	四角方形，高3米
骠骑廊				2.5	30	75	
竹牌门楼、亭子							
合计						1499.26	

表3-3　　　　　　　　建筑面积统计

名称	间数			建筑面积			
	面宽	进深	合计	面宽	进深	合计（平方米）	备注
中轴线建筑			233			2356.39	
东轴线建筑			128			1412.2	
西轴线建筑			236			2082.62	
风景区建筑			101			1499.26	
总计			698			7350.47	

二、寺外建筑

1973～1974 年间，宁波市园林部门在山脚营建园林管理房、茶室、停车棚、盘车道、上山公路，在叠锦台修建长廊、望日亭、青幛亭、吉祥亭、叠锦台公厕等。1987 年拆迁胡家祠堂三间旧房，在叠锦台原文武殿位置复建。1988 年 10～12 月新建山脚公厕一座。1994 年 9 月拆迁宁波江北卢家巷清"大夫第"建筑，复建在山脚头门，为山脚大门入口处。1999 年在上山石阶左首杨梅山复建揽翠亭，双层六角石亭。2001 年在大殿以西寺外的毛竹园内建造祖师亭，旁边为德贤尊者墓塔遗址。1998 年复建仙人桥。

2002 年 7 月 15 日，抢救性维修加固叠锦台磡墙。由于年久失修，平台石磡因风霜雨雪，石质风化剥落坍塌，石磡高而陡直形成多处凸肚，下首东磡（游步道西面）长 35 米、磡高 5 米。上首东磡（路边）长 22 米，磡高 3～5 米石质风化碎裂，个别出现空洞、凸肚、摇摇欲坠，海曙海发建筑装潢工程公司修建清除原有土石方，加固基础，浆砌块石建造，耗资 30450 元。

2002 年 6 月 22 日，委托江北区水利建筑有限公司，对水库进行防渗加固。原石磡内墙面用钢筋网防水细石砼，全面粉刷封面；针对渗漏部位，彻底加固，防渗处理，耗资 7.87 万元。

2002 年叠锦台扩建，在长廊下面贴山面处建造管理用房屋和服务性餐馆，往南向拓展平台，建造公厕等，方便游客用餐、休憩。

2009 年 2 月，在藏经楼东首沿山坡（竹园内原园林管理房）改造复建朝南平房五间，名作"骠骑堂"。

2010 年，拆迁复建宁波狮子街吴宅，2011 年在藏经楼西首外围墙边朝元阁遗址旁复建朝南楼房五间，名"朝元阁"。

2011 年，叠锦台区域进行环境整治。

2012 年 11 月至 2013 年 5 月，委托宁波新樟塘建设有限公司，实施保国寺古建筑博物馆周界防火防盗隔离墙工程。清理山林周界标志牌周边杂草；围墙根据地势实际，依山势而建，以 5 米为段，高 2.5 米，并加固块石挡土墙用混凝土灌浆；对围墙脊按古建筑园林式样进行建设，陡秃山坡开凿基础并用钢筋水泥连接加固。

注释

① 1954 年，第一次全国文物大普查，南京工学院师生窦学智、戚德耀、方长源发现了保国寺古建筑，撰写了学术文章《余姚保国寺大雄宝殿》，发表在 1957 年《文物参考资料》第 8 期上，从此这座深藏冷岙中的佛寺建筑被公之于众。

② 浙江省考古所沈力耕、张书恒、黄滋、杨新平四人为文物保护单位（保国寺）的"四有"之———有科学的档案记录进行调查编写的。时间 1981 年 9～10 月间，1983 年夏完稿。

③ 据民国二十四年（1935 年）入寺的僧人净峰回忆，山门于 1941 年被拆除。现存山门经国家文物局批准，浙江省古建筑维修中心（浙江省文物考古研究所）设计，1989 年复建。

④ 幢，梵名驮博若的译音。最初在竹竿上饰种种丝帛，以制魔众，后易木为石，由须弥座、幢身、仰覆莲、宝珠组成。

第四章 保 护

第一节 建筑维修

一、唐至北宋时期的维修①

（一）唐武宗至僖宗时期的维修

唐武宗会昌五年（845 年），诏毁天下佛寺，灵山寺废。

唐僖宗广明元年（880 年），明州刺史奏请建复，僖宗李儇赐保国额，寺始恢复。国宁寺僧可恭来寺主持。

（二）北宋时期的维修

宋大中祥符四年（1011 年），德贤和尚返灵山，见寺毁，结茅而居，凡六年，山门、大殿悉鼎新焉。大中祥符六年（1013 年）建成大雄宝殿②。

1975 年维修大殿时，在西山南次间西面，补间铺作昂后尾侧面发现墨书"甲子元丰七年"（1084 年）字样，应为此次维修时所书。

宋崇宁元年（1102 年）维修大殿时立造石佛座记，现在大殿佛座后面束腰部位。刻有"时壬午崇宁元年五月□日谨记"字样。

二、南宋时期的维修

宋高宗绍兴年间（1131～1162 年）僧宗普开凿净土池。

三、明嘉靖时期的维修

明世宗嘉靖年间，西房僧世德重修大殿③。

四、清代前期的维修

（一）清康熙时期的维修

康熙九年（1670 年），西房僧石瑛重修大殿。

康熙二十三年（1684 年）僧显斋偕徒景庵重修大殿，拨开前游巡，升高屋面，扩地基五尺，新增重檐，变换柱础，新装罗汉诸天等相。

（二）清乾隆时期的维修

乾隆十年（1745 年）僧唯庵偕徒体斋重修大殿，移梁换柱，立礩植楹，次年落成。

乾隆三十年（1765 年）重修天王殿殿基、铺石板，修殿前明堂。

乾隆三十一年（1766 年），僧常斋重修大殿，内外殿基，悉铺以石。

乾隆四十六年（1781 年），大殿等被狂风吹坏，僧常斋修葺之。乾隆五十年（1785 年）重建法堂东西楼（两厢各两间一弄，楼下为客厅）④。

五、清代中后期

（一）清嘉庆时期的维修

嘉庆元年（1796 年），僧敏庵重修大殿，嘉庆六年竣工，改装罗汉诸天等相。

嘉庆十三年（1808 年）僧敏庵、永斋重建钟楼。

（二）清道光至宣统时期的维修

道光八年（1828 年），住持永斋、监院珂庵重修大殿，换大殿石地栿。

咸丰五年（1855 年），僧兰斋重修大殿，铸铜鼎、云板。

宣统三年（1911 年）僧一斋重修天王殿。

六、民国时期的维修

民国七年（1918 年）住持一斋发出《募化重修大殿缘起》，劝善男信女种植福地敢劝布施。

民国二十二年（1934 年）僧一斋建藏经楼。

七、新中国成立以来的维修

（一）大殿维修

1956 年浙江省余姚县民政局曾维修大殿，柱子和额枋间架支撑加固⑤。

1963 年浙江省宁波市民政局曾维修大殿，调换了部分斗拱等木构件⑥。

1966 年 9 月，宁波市文物管理委员会维修大殿后围墙。

1970 年国家拨款重修大殿，采用一套北方施工方案，即先在望板上涂桐油，上盖油毛毡，再铺一层厚的桐油石灰，其上覆盖板瓦和筒瓦，并于筒瓦表面涂上沥青。由于瓦陇不严密，雨天雨水从瓦陇两侧渗进，又由于桐油石灰加工粗糙，像是海绵体，渗进雨水全部吸收，结果造成雨天不漏，晴天滴水的怪现象。完工不到二年，屋面全部渗漏，望板、椽子等霉烂80%以上。

1973 年宁波市文物管理委员会采用一套南方的维修方法，分别在屋面东西两侧，换上明清时期的老筒瓦和大板瓦，使用自己制作的壳灰，每边作了三十余陇试验，经二冬一夏一雨季考验，效果很好，为1975 年大修积累了经验⑦。

1975 年 4 月，国家拨款 4.2 万元重修大殿。此次重修在国家文物局、浙江省文物管理委员会、宁波市政府的直接领导下进行。成立了重修大殿领导小组，由宁波市副市长陈阿翠任组长，地区文化局长于一民、宁波市文化局长张辛良任副组长，成员有王清珠（宁波市园林处处长）、翁维卓（宁波市建设委员会）、王士伦（浙江省文物管理委员会）、李竹君（国家文物局）、虞逸仲（宁波市文物管理委员会）、郭忠甫（宁波市宁建二公司）等部门负责同志组成。下设办公室（王士伦、李竹君、虞逸仲）、政工组（王士伦、林士民）、施工组（李竹君、郭忠甫、洪可尧）、后勤组（虞逸仲、胡厚庆）、安全保卫组（王清珠、静苗尼姑）。1975 年 4 月 20 日，召开动员大会，5 月份正式动工。维修施工期间，国家文物局、浙江省文物管理委员会、宁波市文物管理委员会负责同志长驻保国寺。宁波市市政府主要领导（副市长陈阿翠、陈铁山等）、地区和宁波市文化局领导经常听取汇报，深入现场，具体指导和帮助解决实际问题。

此次维修发现，由于整座大殿已经往北倾斜，导致在扶脊木、上平槫、中平槫、下平槫、牛脊槫等部位的椽子都严重脱位；西北次间后檐柱与内柱之间的乳栿脱开 7 厘米；补间铺作和柱头铺作逐级向北歪斜；转角铺作也逐级向外歪斜，许多构件脱位。经过维修，对上述构件作了拉正归位，糟朽严重的，作了更新或局部接新；槫上的椀木全部换新，对衔接的两根昂重做榫头，并用环氧树脂黏合。屋面东北角和西北角的戗脊也作了更新。

具体做法如下：

（1）屋面部分

① 更换全部老瓦。收集明、清时期老瓦，由一名有经验的老工匠挑选，在下面分类整理，弹上墨线，编上号码。盖顶时，对直瓦陇线条，照号码依次上瓦，结果整齐美观，保证了质量。

② 壳灰加工时拌入麻筋、桐油。灰背务求不要太厚，以免增加屋面荷载。

③ 屋面用清水作法，不加沥青，也不施彩。除鸥尾外，未再恢复其他脊兽。

（2）梁架部分

① 对于北宋的木构件，尽量保留原件，个别榫头糟朽严重的，局部更新。

② 对过去维修过程中不合理的更换部分，进行了改正。

③ 对构架构件进行校正归位，去掉了大量的"蚂蟥攀"和木条等附加物。

④ 更换了东北角柱，对东南面前内柱和北面檐柱，柱心糟朽部分，灌注环氧树脂加固。

⑤ 采取防腐防虫措施，木构件表面喷洒 1.5%氯丹乳剂，地面、佛坛等喷洒 2%氯丹乳剂。

此次维修经验和教训：

① 要由文物部门自己挑选有经验的工匠和精通古建筑的工程技术人员相配合，组成古建队进行施工，省工省料保质量。

② 制定正确维修方案，全面细致的检查和质量监督很重要。此次对糟朽柱子的检查，就不仅是凭榔头敲击听声音，而且采用钻探方法看本质。

③ 调换大构件或修补小构件要慎重考虑，如东次间后檐柱的加固和东北角柱的更换。

④ 灌注环氧树脂，事先经过试验。

⑤ 文字记录资料，如墨书"甲子元丰七年"字样，有十分重要的研究价值，应加以特殊保护。

⑥ 白蚁防治工作必不可少。维修工程从1975年5月开工到年底完工，费用4.2万元，是一次成功的案例⑧。

1988年对大殿梁架进行防腐、防糟朽处理时，由于没有经验，采用青桐油将斗拱涂刷，形成了保护膜，虽然起到了一定的防腐作用，但是依附在斗拱表面的水分子也被包裹，无法散发，久而久之，斗拱表面材质发黑，无法清洗复原。

1993年9月，保国寺大殿西北角垂脊、戗脊被雷击损毁，南面上檐西首等个别瓦陇也被打碎。国家文物局拨款1.1万元，立即修复。同年制定《保国寺总体保护维修方案》。

1997~1998年，更换断裂、霉烂、虫蛀的柱子、桁条等木构件。更换破瓦件，修复破损屋脊。所有维修部位治蚁、防腐处理。

2002年6月，在钟楼东、德贤堂东、迎薰楼西、鼓楼西安装四支法国产预放电避雷针，建立起以大殿为中心的整个古建筑群的避雷系统。

2006年建立起包括寺内所有古建筑群的消防系统。

2007年5月，《宁波保国寺北宋大殿保护信息采集与展示方案设计》通过专家评审，年底安装温湿度传感器等，为大殿维修保护积累基础数据。同年建立文物安防系统，主要包括闭路电视监控系统、防盗报警系统和巡更系统。

（二）其他建筑及附属物维修

1982年7月寺西侧砖砌围墙115米，均高3米。

1984年11月寺东侧砖砌围墙100米，均高3米。

到1986年1月止，修复和新建围墙周长391米，墙高3米，开后山门一扇，使安全工作有了保障。

1987年维修藏经楼。部分楼板及柱、枋霉烂，金柱前半部基础下沉，柱础石、天盘石断裂，东西两山墙倾斜，造成榫卯跳出断裂，屋面瓦片松动，漏水严重。经浙江省文物局（86）浙文物考字97号文件报国家文物局。文化部文物事业管理局（87）文物字第634号批复同意保国寺藏经楼等维修工程设计方案。拨款20万元，藏经楼落架大修。内容：前廊部分、基础部分下沉，榫卯结构拔出，天盘石断裂，大墙部分拆修，水泥地坪拆修，前廊倾斜复位，包清工形式。由浙江省临海古建工程队施工。

1989年6月至7月底，新建山门，在原址恢复。该建筑仿明清江南民居建筑风格，采用悬山式屋顶，但所用材料为同治时期祠堂木料、石料，仅有三小间，尺度偏小，与寺院原有建筑不相匹配。

2002 年 2 月，修复因台风损毁造成的钟鼓楼戗角。

2003 年东西僧房因拉榫、漏雨、桁椽腐烂，次第修复。

2004 年 9 ~ 12 月，西厢房 11 幢楼房维修。

新中国成立后，由于管理使用机构的更迭，西厢房建筑使用空间混乱，地面大部分被改为水泥地坪，门窗、隔断多处丢失和破坏。此建筑过去用材较小，椽、檩挠曲变形严重，尤其是西面后檐柱二层楼板部位已经全部向外倾斜折断，柱根亦全部为墩接；屋面大面积渗漏，造成柱、檩、椽、楼板大部分霉烂，局部断裂；山墙明显倾斜，外倾宽度为墙高的 2.0%，裂缝较大；靠近墙体的柱子被白蚁蛀蚀一空；地下水长年泾流，带走泥沙，以及周边放炮采石，震动效应积累，造成地基松动，建筑下沉（最大达到 263 毫米），整幢厢房已岌岌可危。

由浙江省古建筑设计研究院设计，浙江省临海市古建筑工程公司施工，宁波市天正工程咨询有限公司监理。修缮工程遵守"尽可能减少干扰"、"保护现存实物原状与历史信息"的原则。主要内容有：修缮已残损屋面和歪闪墙体；规整歪闪、下沉、错乱的梁架及其他构件；修补、墩接残损柱子，清除近代添加的水泥地坪；恢复原有门、窗制式；对木构件进行白蚁防治及防腐处理，全面清除隐患，保存各时期有价值的痕迹。中途曾作过一次验收。施工结束后，保国寺会同设计单位、施工单位、监理单位进行初验，并请国家文物局进行最终验收，合格。

表 4 - 1　　　　　　　　　　　　　　　经费使用情况

拨入日期和凭号	金额（万元）	备 注	工程款 82 万元 其他 11 万元
行 04. 10. 29	50	浙文计［2002］18 号	
行 05. 6. 67	40	浙财教字［2005］34 号	
合计	90		合计 93 万元

2005 年 11 月，在天王殿东首扩建办公区用房 100 平方米。

2006 年 9 月，对迎薰楼、藏经楼进行抢救性维修：

（1）地基部分：藏经楼东边、迎薰楼南边局部位置地基泥沙杂物清理，块石浆砌、混凝土加固。

（2）石作部分：藏经楼一层梢间木地板改石板地坪。

（3）木作部分：对一般构件的薄弱环节，用镶补、拼接和铁件加固等方法处理。对糟朽蛀蚀残损的柱、梁、枋等采用同质材料更换或拼接方法修补，拼接材料均选用干燥旧料。如藏经楼东山墙后檐柱、迎薰楼南侧山墙五根立柱，局部残损的桁条，椽子脱榫归位或更换，更换糟朽的木地板，拆除后加的门窗等。

（4）翻盖屋面，门窗断白，墙面抹灰粉刷等。

合计人民币 35 万元，由浙江省临海古建工程公司承包，2006 年 11 月维修工程结束。

2005 年，浙江省古建筑研究设计院勘察设计的《保国寺第二期修缮工程（东西僧房维修以及寺内排水系统整治）》方案获国家文物局批准。2006 年 8 月，东厢房维修（南向起第一、二幢）；2007 年 8 ~ 9 月，东厢房二期 B 楼 C 楼及钟楼维修（钟楼及钟楼以北厢房）；2008 年 10 月 ~ 2009 年 1 月，东厢房、后山门管理房（东客房 4）维修；2009 年 8 ~ 10 月，鼓楼抢救性维修工程；2009

年 8 ~ 10 月，寺内排水系统维修整治工程；2009 年 10 ~ 12 月，西客房（2）维修工程；2011 年 9 ~ 10 月，保国寺后厢房及附属建筑维修工程，由临海古建筑工程公司施工。

2006 年 8 ~ 11 月，藏经楼、附房、迎薰楼连廊维修工程，由浙江省临海市古建筑工程公司施工。

2008 年 10 月 ~ 2009 年 1 月，周界围墙工程，由宁波新樟塘建设有限公司江北分公司施工。

2010 年 10 ~ 11 月，保国寺古建筑博物馆建筑维修和陈列改造工程中的保国寺古建筑博物馆公园林区监控摄像系统工程，由宁波市蓝盾技术开发公司施工。2010 年 12 月 ~ 2011 年 3 月，保国寺古建筑博物馆建筑维修和陈列改造工程中的西厢房（西轴线鼓楼以南）、消防通道改造和南房修缮，由临海市古建筑工程公司施工。

2010 年度，国家下拨消防专项经费 130 万元。2011 年 4 ~ 5 月，保国寺消防系统电气线路配电系统改造工程，由浙江宁腾建设有限公司施工；2011 年 6 ~ 7 月，保国寺消防用水泵房改造建设工程，由临海古建筑工程公司施工；2011 年 7 ~ 8 月，保国寺消防引水系统更新工程，由宁波市华立建筑安装有限公司施工。

2011 年 9 ~ 10 月，保国寺围墙维修工程，由临海古建筑工程公司施工。

2011 年 10 ~ 11 月，保国寺古建筑博物馆寺外排水系统整治工程，由宁波宏城装饰艺术有限公司鄞州分公司施工。

2012 年 12 月 ~ 2013 年 5 月，保国寺山林周界围墙工程，由宁波新樟塘建设有限公司施工。

第二节　总体保护

1992 年 9 月，鉴于白蚁祸及大殿等建筑，1995 年 2 月，委托中国文物研究所编制《保国寺总体维修保护方案》上报国家文物局。

1996 年底，国家文物局立项下拨启动经费 15 万元。

一、隐患情况简析

保国寺整体建筑布局基本保持原建时风貌，从各个时代的建筑单体看，其主体木结构基本完好，但也存在若干隐患：

1. 屋面漏雨

保国寺总建筑面积 6000 多平方米，一半以上严重漏雨，面积大，残损程度重。漏雨的主要建筑有大殿、天王殿、观音殿、藏经楼、东西厢房、文物库房等。

2. 雷击情况

寺院四周树木高大，雷雨时，这些树木引雷击率大；大殿后侧至藏经楼，地下岩石分布，前侧多为碎石泥土，土壤电阻率前后不一致，容易引雷。1993 年雷击大殿，西北角一条垂脊和一条戗脊全部被毁，上檐、下檐局部屋面受损。

3. 消防设施不完善

寺院地处灵山山腰的山洼里，只能靠自然界降水和山泉水。净土池存水25立方米，寺外洗菜池存水15立方米，寺东北角水库容量约500立方米，依靠积蓄雨水。水库所提供的消防用水，依靠水库与寺院间自然落差所产生的压力。水量充足时，自然压力不足2公斤，消火栓喷水所达到最高点不及大殿屋顶，高温少雨季节就更成问题。寺院因山就势的布局，没有一条通畅的消防通道，消防车只能开到天王殿前。宁波市消防支队距保国寺十几公里，就算及时赶到，没有充足水源补给，也无济于事。所以，从自身的消防安全保护考虑，需重新布置消防点，利用并改造现存的消防设施，加强消防水压，确保充足水源，是非常必要的，也是可行的。另外，照明线路不规范、陈旧、老化、混乱、简陋，存在隐患，需进一步解决。

4. 白蚁木蜂危害

保国寺地处灵山山岙，山上白蚁数量非常之多。寺内下水道堵塞，排水不畅，特别潮湿，更利于白蚁孳生繁殖。据市白蚁防治所专家检查，整个建筑群凡是靠墙的、落地的和比较潮湿的建筑木结构部分均不同程度地遭到白蚁蛀蚀危害。比较严重的几处为：大殿佛龛沿墙及周围走廊；观音殿及东西厢；钟楼北侧；藏经楼后。部分木构件已被严重蛀蚀，有坍塌危险，如不及时防治，势必进一步扩散、蔓延，危及大殿的斗拱、梁柱等承重结构。观音殿柱桁，表面油饰一新，里面却是空的。木蜂，俗称嗡嗡虫，危害举目可见。春暖花开时，木蜂数量多，钻洞繁殖，钻洞速度快，到处木屑飞扬，使木材失去应有的支撑、承重能力。

5. 下水道年久失修

寺内共有五条下水道，二条主道，三条辅道，总长600余米，有的沟沿坍塌，泥沙淤塞，排水不畅或根本堵塞。大雨过后，造成雨水穿堂而过。水沟堵塞，水位升高，潮湿，加速白蚁孳生繁殖。

二、全面保护工程的实施

（一）引水上山工程

慈江河宽约30米，水深3~4米，上游还有水库之水可随时补充，常年不干。此河距保国寺水平距离400米，到天王殿前海拔高度70米（到藏经楼95米），需要分为两级泵站进行增压处理。首先把水提升至天王殿前蓄水池。改造蓄水池，使其容量达到100立方米。然后将此水加压到寺内各个消火栓。

在慈江河口建造一座60多平方米的泵房，安装两台37千瓦电机，配IS100—65—250水泵两台（1台备用），φ150毫米水管600米接到寺前蓄水池。再在池旁建一40平方米的泵房，安装两台25千瓦电机，配IS100—65—200水泵两台，敷设φ100毫米水管400米。寺内装消火栓12只，将蓄水池内的水加压到寺内各消火栓。此项工程于1997年5月开始，年底竣工。

（二）大殿维修

保国寺大殿在20世纪70年代修过几次。但是二十几年来，因长期受冰霜雪雨侵袭，大殿上檐局部、下檐大部筒瓦开裂，底瓦局部破损，屋面黏结材料及个别瓦件表面的蓝色装饰性灰皮风化剥落严重。维修工程于 1997 年 10 月 21 日开始。屋面部分上檐更换破损的底瓦、筒瓦，修复屋脊及垂脊破损开裂处，局部铲除修补风化剥落的黏结石灰及装饰蓝灰；下檐屋面全部起底重做。

1. 木构部分

西南角柱、东南角柱断裂；正面东西两边连接过廊处桁、椽被白蚁蛀空；东西两边墙头椽被白蚁蛀蚀，全部霉烂；正面西边檐口桁条挠曲。采取的措施是：

（1）更换两根断裂的正面东西两边转角老檐柱；

（2）更换正面西边檐口桁条 1 根；

（3）更换挠曲霉烂的桁条 4 根；

（4）更换殿内两边罗汉座前白蚁蛀蚀方柱 6 根；

（5）更换殿内两边墙头桁条 8 根，霉椽 200 余根及望板；

（6）重做下檐两边戗角；

（7）更换东西过道桁条 3 根、椽子 80 余根，椽头用沥青防腐；

（8）用新型涂料（长寿油漆）对新更换的木构件及南侧立面进行涂刷。

2. 治蚁、防腐处理

对所有建筑维修部位的墙体及木构件均委托宁波市白蚁防治所进行白蚁防治处理。

（1）屋面处理：下檐长椽、明沿板、风沿板及椽花用 1.5% 氯丹乳剂全面上、下喷洒，防止白蚁孳生；

（2）木构件处理：檐口墙头桁条、串栅、支梁等用 10% 氯丹油剂涂刷，防止各种白蚁从墙体蔓延，危害上部木结构；

（3）外围毒土处理：大殿外面四周（除正面外）沿墙下部及泥土结合处施以 2% 氯丹乳剂，设置毒土带；

（4）里围毒土处理：大殿内东西两侧高台同墙体结合部用 2% 氯丹乳剂喷洒，高台同地上石板接合部用 2% 氯丹乳剂喷洒，断绝白蚁从地下向上蔓延；

（5）地面处理：室内地坪及沿墙外地坪石板翻起后施以 2% 氯丹乳剂，并于佛坛上喷施 2% 氯丹乳剂；

（6）大殿内直柱处理：所有接触地面的直柱用 10% 氯丹油剂涂刷。

3. 其他部分

对大殿东西两侧通道、西侧附属房屋一间也进行了霉烂构件更换，屋面翻修等工作。该工程于 1998 年 6 月 28 日结束。

（三）观音殿维修

观音殿为乾隆五十二年（1787 年）建筑。由于地下排水受阻，潮湿，大殿屋顶高过观音殿，通风不畅，白蚁孳生特别严重，一直没有大修过，屋面杂草丛生，严重漏水，椽、桁等木构件多处霉烂，经勘查有 1/5 椽子需要更换，北面窗框及窗扇需要重做，楼板及长椽需要调换，东西厢房边柱也被白蚁蛀空。

1. 维修范围

观音殿及左右配殿，建筑面积约 780 平方米。

2. 维修内容

（1）屋面部分：拆除原有屋面，重新铺盖；调换破损瓦件，重做屋脊，恢复勾头滴水，保持清代建筑原貌。

（2）木构部分：更换观音殿西首间中柱、后柱、楼梯边柱，东首间后柱及桁条；更换霉烂椽子和部分砖墙，更换楼板及楞栅；北首窗及窗框部分因严重腐蚀重做；更换两厢房边柱及被白蚁蛀蚀的桁椽。

（3）防虫防腐的处理：在翻盖屋面及更换柱子和地板的同时，喷洒防治白蚁药物，涂刷桐油作防腐处理。屋面处理：下檐长椽、明檐板、风檐板及椽子用 1.5% 氯丹乳剂全面上、下喷洒，防治白蚁孳生；木构件处理：檐口墙头桁条、串栅、支梁等用 10% 氯丹油剂涂刷，防止各种白蚁从墙体蔓延危害上部木结构；外围毒土处理：殿面四周（除正面外）沿墙用 2% 氯丹乳剂进行毒土施药；殿里围四周用 1.5% 氯丹乳剂喷洒；殿内所有接触地面立柱用 10% 氯丹油剂涂刷。

（4）疏通地下水管道，降低地下水位。

（5）殿内和东西楼下全部铺上石板。

工程于 1999 年 8 月 10 日开始，1999 年 12 月底结束。

（四）其他建筑白蚁等防治

1987 年起对寺内主要建筑有蚁害的部位曾进行过防治，但未能根治。另外还有一种专门在木构件上钻洞栖居的赤足木蜂，也是古建筑的一大虫害。

整个建筑群中凡是靠墙的、落地的和比较潮湿的房屋木构件均不同程度地遭到白蚁、木蜂蛀蚀。如果以幢为单位统计，则每幢建筑都存在白蚁蛀蚀、木蜂栖居的情况。对此，采取以下一系列必要的防治措施：

1. 寺外设置隔离带

（1）在距围墙 20 米范围内投放诱杀包，包中药物配方为灭蚁灵、食糖、木糠，按 1：1：4 比例混合均匀。

（2）在距围墙 0.6 米处向内挖掘一条深 0.8 米、宽 0.5 米的壕沟，沟底喷洒 2% 的氯丹乳剂，每次回填 0.2 米土后喷洒一次 2% 的氯丹乳剂。

（3）围墙四周开辟宽 2 米以上的无植皮杂草带，使山林与寺院相隔离，既可以防火，又防止白蚁入寺。

2. 对每栋建筑物的白蚁防治作法

（1）基础处理：内地坪及沿墙处全面喷洒 2% 的氯丹乳剂。

（2）木构件处理：结合全面整修，对全寺木构件进行药物处理：对拆下和新换上的木构件用氯化钴或磷化铝等药剂膜覆盖后熏蒸；对于不便熏蒸和没有拆下的木构件用 2% 氯丹乳剂涂刷；对木构件的沿土墙、落地、受潮部分及榫卯交接部位须重点处理。

（3）对寺内的花木用灭蚁灵粉剂喷杀。

3. 木蜂的防治

（1）人工捕杀：随处放上网兜，发动全所员工，一见到就捕杀，效果显著。

（2）药浆灌注、封口，堵塞栖息孔洞等。

（五）疏通下水道

保国寺内600多米下水道一直以来没有疏通过，存在坍塌、堵塞情况，需进行全线清理。对倒塌部位进行疏通、砌磡，有些部位更需加固砌磡；明沟部位、消防水管上面全部加盖石板，更换全部（包括道路）破碎石板，在岔道口安装窨井，以方便检查，达到排水顺畅、水位降低、检查修理方便、水管得到保护和水流自如之目的。

该工程共完成疏通沟道600余米，更换石板200余平方米，浆砌块石排水沟170立方米，干砌块石排水沟120立方米，浇捣水泥基础100立方米。

工程于1998年11月开工，于1999年2月底结束。

（六）避雷工程

1. 一期工程

经浙江省文物局、宁波市文化局、上海防雷中心、浙江省防雷中心、宁波市防雷中心领导、专家论证后，于2002年6月启动避雷一期建设工程。

以大殿为中心，防雷范围涵盖整个保国寺古建筑群，安装4支主动预放电避雷针，分别在寺东面钟楼旁、藏经楼东围墙内侧、寺西鼓楼旁、迎薰楼旁围墙边。该款避雷针针头产品采用法国"卫星"牌产品，提前放电避雷针Satelit，符合法国国家NFC17 - 102标准。

避雷针杆高12米，每根杆子下有垂直接地体与水平接地体，接地体铁条长3～5米，以利雷电传导入土。

为了便于积累雷击资料，了解保国寺周围雷电活动情况，掌握研究雷击规律，安装两台雷击计数器。

一期工程主要防直接雷击。

2. 二期工程

二期工程应是在各主要建筑上装饰避雷带。避雷带按规范的规定沿屋角、屋脊、屋檐和檐角等易受雷击的部位敷设。引下线沿四个屋角引下。针对保国寺地质复杂，且以岩石为主，土壤电阻率变化大的特点，接地系统采用新型降阻材料及网络布置结构，以实现较低的接地电阻和均压作用。

地网分内外两圈设置，沿寺庙中轴线上五座主体建筑外围设一圈（距建筑物1米左右）；沿寺庙围墙外围设一圈（各处距围墙3.5米），两圈地极相互连通。避雷针、避雷带引下线与接地网可靠连接。

由于对二期方案存在争议，避雷不当容易迎雷，二期工程避雷带没有实施。

（七）配套工程

（1）安装电压专变设施

原来保国寺所使用电源从远距离的鞍山村民用电线引入，电压低于180伏。在河口建造三间变、配电房及泵房，安装了 100KVA 变压器，消防用电有了保障，消除电压偏低引起的事故隐患。

（2）改造进入保国寺东段 1.2 千米坑坑洼洼的砂石路为水泥路面。从宁波市区到保国寺（有 332 路公交车）水泥路面基本完成，仅剩下从灵山村到保国寺一小段砂石路面，有待与其他开发项目配套后完成。

（3）在寺院周围开辟永久性防火隔离带，宽 8~10 米，长 500 米，刨去柴根，平整路面，在寺院西、南面路段铺上红石板，使山林与寺院隔道分离。

（4）局部危房进行抢救性维修，并恢复原貌。

（5）改装寺内电器线路，使其符合规范要求。

（6）文物库房及展厅安装防盗设备。

三、经费使用情况

专项经费国家拨款 215 万元，地方财政拨款 92 万元，利息所得 3.86 万元，合计 310.86 万元。详见表 4-2 至表 4-6：

表 4-2 　　　　　　　　　　　　　　资金使用情况表

一期	工程名称	资金 （万元）
1996 年 7 月 ~ 1998 年 9 月	引水上山工程	78.1
	大殿下檐维修及白蚁工程	36
	抢救维修及防火隔离带	43.4
	其他	4
小计		161.5
二期		
1998 年 10 月 ~ 2001 年 4 月	下水道工程	18.7
	观音殿维修	25.9
	抢救维修及备用材料	14.4
	其他	2
小计		61
三期		
2001 年 5 月 ~ 2006 年 3 月	避雷工程	42.3
	抢救维修及备用材料	33.8
	其他	12
小计		88.1
总计支出		310.6

表 4 – 3 国家拨款 215 万元

序号	拨入日期凭号	金额（万元）	内容	备注
1	基　97.8.35	15	启动经费	财文字〔1996〕501 号
2	基　97.10.17	80	总体保护维修工程	财文字〔1997〕262 号
3	基　98.9.3	20	总体保护维修工程	财文字〔1998〕208 号
4	基　99.2.1	40	疏通下水道、白蚁	
5	基　99.12.28	30	总体保护维修	
6	基　00.12.19	30	避雷装置及扫尾工程	
	合计	215		

表 4 – 4 地方财政拨款 92 万元

序号	拨入日期凭号	金额（万元）	内容	备注
1	行　96.7.13	30	东保公路连接工程	文物经费
2	行　96.8.28	5	引水上山工程	文物经费
3	行　96.10.15	5	引水上山工程	文物经费
4	行　97.8.12	2	白蚁防治	文物经费
5	行　97.5.23	30	专变工程	文物经费
6	行　02.4.49	20	避雷装置	文物经费
合计		92		

表 4 – 5 保国寺总体保护维修方案修缮记录

维修时间	国拨经费（万元）	维修内容	批准文号
1997 年 2 月	15	引水上山，解决消防用水不足。在河口建泵房，装专变购二台 37 千瓦水泵，敷设直径 150 毫米水管 600 米，寺门口建泵房，装二台 25 千瓦水泵，敷设直径 100 毫米水管 400 米，安装 12 只消火栓。	财文字〔1996〕501 号
1997 年 10 月	80	大殿上檐局部、下檐全部翻修，调换东南、西南角柱，正面西边檐口桁、霉烂桁条 4 根、罗汉座前方柱 6 根，重做戗角、大部分椽子、风檐板更换，重做东西过道。	财文字〔1997〕262 号
1999 年 8 月	30	观音殿五间二弄，屋面重做、调换西间中柱、后柱、楼梯边柱，东首间后柱及桁条、椽子、楼板、窗框、格栅等。	1999 年
1998 年 11 月	40	凡木构件上都喷洒治白蚁药物，建筑物周围设毒土带、围墙内设毒土沟，大殿为重点。 疏通下水道 600 米、加固砌礓 170 立方米、干砌块石 120 立方米、换石板 200 平方、建窨井。	财文字〔1998〕208 号
2002 年 6 月	50	安装 4 支主动式预放电避雷针。	浙文计〔2002〕18 号

表4-6					历年专项保护经费及地方财政拨款资金使用情况 （单位：万元）

历年经费情况					
年度	合计	中央	地方	本单位	用途
1996	45	15	30		大殿维修、排水系统整治、道路建筑
1997	115	80	35		白蚁防治、消防建设、引水上山、专变安装
1998	45	40	15		疏通下水道、白蚁防治、引水上山、仙人桥修建
1999	50	30	20		观音殿维修、白蚁防治
2002	126.79	50	52	24.79	避雷工程

配套资金使用情况：

1. 安装专项变压器：在河口建造三间变配电房及泵房，安装100KVA专变后，保证消防用电的供给，消除电压偏低引起的事故隐患。
2. 道路改造：改造进入保国寺车段1~2公里坑坑洼洼的砂石路面为水泥路面。
3. 永久性防火隔离带：寺四周开辟永久性防火隔离带，宽8~10米，长500米，使寺院与山林隔道分离。
4. 局部危房进行抢救性维修，并恢复原貌。
5. 寺内电器线路改装、规范。
6. 文物库房及展厅防盗技防设备安装等。

四、保护效果

保国寺总体维修保护方案报经国家文物局批准实施。先后进行了引水上山、大殿维修、观音殿维修、白蚁防治、疏通下水道、避雷等工程项目，既解决了消防用水，又维护了这座千年古寺的安全。

（1）引水上山工程河口泵房水泵启动后，2分钟出水到山上，流量为120立方米/小时。寺门口水泵启动后，1分钟水到达消防火栓，流量为100立方米/小时。寺内4只消火栓同时打开，管内水压达到3.5公斤，喷水扬程超过大殿屋脊，符合消防安全设计要求，极大地提升了自救能力；并且寺前蓄水池内蓄满水，也可供消防车使用，为确保消防安全创造了有利条件。

（2）大殿维修及其他建筑维修后，屋顶未发现漏水情况。

（3）采取防治白蚁措施后，寺内没有发现白蚁。几年来采用网兜捕捉木蜂后数量已大大减少。白蚁防治所约定有效保质期为15年。

（4）下水道疏通后排水畅通，无积水，减轻霉气、潮湿程度。

（5）避雷工程一期（防直接雷）工程，在大殿四周安装四根主动式预放电避雷针，防直接雷击。于2002年8月启动，现在已经完成，避雷网带连接安装有待二期建设。

第三节　保护实践

一、保护范围和建设控制地带的划定

（一）1976 年浙江省文化局划定，浙江省革命委员会批复，保国寺的保护范围

（1）离保国寺建筑群（包括中轴线上的四殿及东西两侧房子）四周外边五公尺（米）以内，为绝对保护区，其中大雄宝殿为保护重点。

（2）保国寺四周外边，南至山脚，东、西、北三面的平面离建筑群外边五十公尺（米）以内，为影响保护区。

（二）1996 年浙江省人民政府公布的保护范围和建设控制地带

（1）甬文物〔1991〕156 号，宁规字〔1991〕38 号文件，调整和补充文物保护单位保护范围和建设控制地带。如下：

保国寺围墙保护范围：东、西、北面以保国寺目前形成的围墙为界，南面至国家文物局批准的山门为止。

建设控制地带：东、西、北面以 1988 年划归的山林界线为界，南到河塘沿线（包括 332 路汽车终点站）。

（2）1991 年 11 月 11 日，宁波市政府批复同意，甬政发〔1991〕205 号。1996 年浙江省人民政府批复同意，浙政发〔1996〕175 号。如下：

保护范围：东、西、北面以保国寺围墙为界，南面延伸至新建山门为界。

建设控制地带：东、西、北自保国寺的山林界向外延伸 100 米，南到塘河沿线。

（三）现保护范围和建设控制地带

2012 年 4 月 20 日，浙江省人民政府，浙政函〔2012〕63 号，《浙江省人民政府关于全国重点文物保护单位宁波保国寺文物保护规划的批复意见》文件精神，要严格按照《规划》（《保国寺总体保护规划》）确定的保护范围和建设控制地带实施管理。

保护范围：将保护范围从寺院围墙适当向外扩大至陡坎之上。总面积 1.77 公顷（万平方米）。

建设控制地带范围北至大茅峰山脊线，东至青冈山－王家安山－灵山村一线，西至鞍山山坳－慈江老河道拐弯一线，南至慈江南岸的规划保荪路以南 30 米。按照此范围所包含的不同地段性质、未来发展前景、可能对文物造成的影响，将控制内容分成三类。

（四）保护标志碑设立情况

1993 年在山门前立保国寺标志碑，碑宽 150、高 100 厘米，石质须弥座。2007 年在山脚头门又

立一块标志碑。

二、保国寺地面、建筑物振动观测

1987 年 7 月，由于当时在保国寺东西两侧（约 370 米与 850 米处）分别有两个采石点——即鞍山、灵山采石场，为了解采石场爆破队保国寺地面、建筑物振动影响情况，保国寺委托浙江省地震局对保国寺地面、建筑物振动进行观测。浙江省地震局于 7 月 18～25 日进行实地振动观测与考察，25 日出观测报告。结论如下：通过科学的观测确认目前鞍山采石场所进行的爆破对寺院的影响程度，相当于爆破地震烈度 2～3 度。目前寺院已存在的建筑物受损情况，究其原因，主要应属地基问题，尽快设法加固；其次，对爆破震动效应的积累作用不能低估。应在修缮时考虑抗震因素，建议有关部门加强对采石场的科学管理，限制单次爆破药量。规模不能任意扩大，并掌握好开采方向，共同做好文物保护工作。现灵山、鞍山采石场已经关闭。

三、唐代经幢保护实践

1991 年，对两座唐代经幢采用物理保护方法修建了八边形须弥座石围栏。

四、大殿倾斜与沉降测量

1993 年 2 月 20 日，委托宁波市江北区土地管理局勘察设计室对大殿内柱子的倾斜进行测量，要求连续工作三年，每年 2 月、6 月、10 月三次进行测量，采用经纬仪及自动测距仪。

1996 年，委托冶金工业部宁波勘察院对大雄宝殿进行变形观察，对主要支柱进行坐标测量和沉降测量。从 1996 年 7 月 4 日首次，到 2002 年 3 月 16 日共进行七次观察和测量（1996 年 7 月 4 日、1996 年 10 月 5 日、1997 年 9 月 21 日、1998 年 11 月 22 日、2000 年 8 月 20 日、2002 年 3 月 16 日、2002 年 11 月 30 日）。

2007 年以后委托宁波冶金勘察设计研究股份有限公司每年 1～2 次定期检测。

五、保国寺空气质量检测

2002 年 11 月 4～5 日，委托宁波市环境监测中心对保国寺大气、噪声进行监测。经监测，保国寺文物保管所二氧化氮、二氧化硫、一氧化碳、可吸入颗粒物、总悬浮颗粒物符合环境空气质量二级标准；环境噪音符合城市区域环境 I 级标准。

六、大殿木结构材质

2003 年 5 月 15 日，邀请中国林科院木材工业研究所对保国寺木结构材质做了初步勘查，并提出修缮和保护对策。

（一）一般情况

（1）木构件含水量偏高，一般在 20% 左右。

（2）木构件腐朽和虫蛀均较严重，尤以虫蛀危害更为突出。虫蛀以蠹虫类为主，也发现白蚁蛀蚀。表面呈蜂窝状或片状，手按感觉松软。

（3）由于空气潮湿，未见干裂和扭转裂。

（4）大殿已有向后倾斜趋势。

（5）树种鉴定，大多为杉木、黄桧

（二）木材害虫

（1）鞘翅目的蠹虫类。这类害虫幼虫蛀入木材内取食为害，有分布不均的虫眼。繁殖开来，直至将木材蛀空。

（2）等翅目害虫——白蚁，我国重要的木材害虫。白蚁畏光，所经之处必然用泥做成泥路，为查找发现白蚁提供了线索。防白蚁的有效办法是对木材做防腐防虫处理，五氯酚和林丹是防治良药。

（3）膜翅目的蜂类，较多的是红足木蜂，在木材中钻洞、产卵。捕杀有一定难度。

（三）对策和建议

（1）根据目前大殿木构件腐朽和虫蛀状况，需进行一次防虫、防腐处理的修缮。

（2）针对不同的对象采用不同药剂和方法。

（3）针对害虫的习性，加强平时的保护。

（4）防治白蚁还必须做好建筑物周围的毒土处理。

2008 年 11 ~ 12 月，再次委托中国林科院木材工业研究所对大殿木构件进行勘察。目的在于通过勘查，为古建筑大木构架建立长期、系统的健康档案，使古建筑的保护工作走向科学化、系统化。全面健康档案建立之后，古建筑的保护工作就可以有重点、有序的开展。勘查中对主要大木构架所做的树种鉴定为古建筑的研究提供科学佐证，同时也为古建筑维修中木构件的替补和更换提供树种选择的参考和依据。

七、大殿保护监测系统

2007 年与同济大学合作编制《宁波保国寺北宋大殿保护信息采集与展示设计方案》通过古建筑专家评审。

与河南大学合作开发的专用软件有设备管理、数据处理分析、用户操作、展示互动四大模块。科技保护的主要工作将分为文物建筑的环境信息采集、信息管理及信息分析等部分组成。

（一）保护监测系统的构建

保国寺大殿保护监测系统主要由文物建筑信息采集、信息管理分析和信息展示三个部分组成。

采集的文物建筑信息包括文物建筑相关环境信息、文物建筑主要材质（木材）相关信息和文物建筑主要结构和构造相关信息。根据各个信息的特点及变化率，将信息采集频率可分为一次性测定、周期性检测、持续实时监测三种（详见表4－7）。

表4－7

环境信息	空气与水	温度、湿度、风向、风速、地表水、地下水	实时监测（室内温湿度多点监测）
	地基与地震	地震、地基沉降与位移、震动	地震数据由地震监测部门获取，地基沉降与位移周期性观测、震动实时监测
材质（木材）信息	木材种类调查	木材种类、纹理方向、强度	木材种类、纹理方向一次性检定、建立数据库模型、木材强度周期性检测
	木材霉变及虫蛀状况监测	霉变、虫蛀、腐烂、腐朽	检测并输入数据库模型、治理维修以后周期性检测
	木材干缩状况监测	含水率	先期一次性检定并输入数据库模型，以后周期性检测
	木材结构受力破损监测	开裂、折断、坍缩	先期一次性检定并输入数据库模型，以后周期性观测
结构构造信息	木材构件应力与强度	结构静力的采集、建模、计算	先期构件静力模型、分析计算、实时监测应力变化，修正计算参数
	结构关键点位移与变形	沉降、倾斜	长期周期性观测与实时监测结合（特殊条件时：大风、大雪、震动等）

信息管理与分析部分首先将采集的大量信息存储于数据库中，便于长期保存和积累数据；然后是运用专业知识并应用专业技术对各个信息进行处理，如数据预处理、数据挖掘（比较、统计与分析）等等。

（二）大殿保护监测系统建设与初步结果

初步监测结果（2007年9月～2008年5月）：

（1）温度监测结果　最高温度29.4℃（2008年5月3日13时13分）。

最低温度－2.6℃（2008年2月13日7时6分）。

（2）湿度监测结果　最高湿度达到100%；

最低湿度达24.1%。

（3）沉降与变形监测结果　设检测二级平面控制点2个；

检测二级基岩水准点4个；

沉降点测量32个；

变形点测量18个。

沉降最大的接近2毫米。

八、白蚁及虫害防治

2008 年 6 月 22 日，委托宁波江东东胜有害生物防治中心建立有害生物防治长效机制来防治白蚁。

以前的方法没有把白蚁的蚁巢清灭掉，治标不治本，而且药物污染环境。

为使防治工作有的放矢，首先引进最先进的白蚁探测器 Termatrac 微波型白蚁探测仪，探测白蚁的活动痕迹；其次采用美国引进的"新居康"白蚁族群灭治系统施工，包括地上型和地下型。

注释

① 清嘉庆版《保国寺志》卷上。
② 民国版《保国寺志》。
③ 同注②。
④ 同注②。
⑤ 1975 年大殿维修情况及体会。
⑥ 1972 年 1 月 30 日关于保国寺问题的调查报告。
⑦ 虞逸仲访谈录。
⑧ 虞逸仲 1975 年大殿维修情况及体会。

第五章 研 究

第一节 研 究

一、科技保护研究

（一）科技保护项目的设计目标

1. 为文物建筑的保护提供依据

保国寺文物建筑群虽然多年来被不断地进行着保护和维修，但是由于文物建筑的特殊性，使其必然暴露在户外，所以周围的自然环境对其影响很难避免。

为了能够更有效和有预见性地做好文物保护工作，贯彻"抢救第一、保护为主、合理利用、加强管理"的文物保护方针。采用先进的科技手段对保国寺古建筑群及其环境进行全方位的信息采集、管理、分析。通过分析经一段时间积累的监测数据，既可以了解文物建筑变化的规律，确定检测值的安全，又可以警戒行动的临界点，为文物保护维修提供丰富的理论和实践依据，为文物建筑的可持续保护提供科学的对策、措施和数据支撑，做到尽可能及时清除隐患，同时还可以了解周围自然环境的变化与文物本体变化之间的关系，以寻找出影响文物的主要环境因素，然后进行有针对性的防护，做到标本兼治，防患于未然。

2. 为中国传统木结构建筑保护研究提供基础数据

对保国寺文物建筑的监测与研究不仅能为文物建筑本身的保护提供依据，也能为那些与保国寺的地域、形制、结构构造具有相似性的历史建筑的研究与保护提供借鉴。如对木材的研究、木构数据库的建立、构件受力与变形的分析更是对中国传统木构建筑的研究具有普遍意义上的价值。

通过对保国寺文物建筑的监测与研究还能够提炼出对木构建筑遗产具有通用性和可行性的信息采集方法，并通过进一步处理和分析监测的数据，确定出建筑破坏临界点，以确定修复的必要性，使之对保护措施的实施产生直接的指导作用。在一定时期的实践以及数据积累和分析以后，最终能够找出江南木构文物建筑科学监测和预测的方法，推广和普及到其他众多类似的文物建筑的保护中去。

3. 为历史建筑保护技术推广起到范例的作用

历史建筑的信息量大而复杂，现代信息技术的发展为文物建筑及其环境信息的采集提供了可能性。如，数码图像技术是一种比原来传统的目视检测更加便捷的视觉信息的采集、处理与存储检索手段；无法目视检测的信息（如微小变形、内应力等）也可以通过各类相应的传感器非常精确地获取。通用的现代信息采集技术很多，但大多数都不专门用于文物保护，通过对现有的相关信息采集技术手段进行调查研究，设计和实施合理的实验，寻找出适合用于文物保护的信息采集技术，是十分必要的。利用相关的计算机技术以实现对这些信息的长期存储积累、统计处理及各种信息之间的相关性研究。为此，本项目还将研究如何充分应用各种现代信息技术手段，为科学保护文物建筑，特别是如何在江南特有环境中保护古代木构文物建筑探索出一套系统的方法。

（二）信息分类采集、处理及分析方法

经查阅国内外大量文物建筑保护相关技术文献，再结合实际保护工程实践经验，确定本项目需要采集分析的信息包括：文物建筑相关环境信息、文物建筑主要材质（木材）相关信息和文物建筑主要结构和构造相关信息。且根据各个信息的特点及变化率，将信息采集频率分为一次性检测、周期性检测、持续实时监测三种。

按照信息采集的目标与类型，可将预采集的信息分为建筑环境信息、建筑材质信息和建筑结构信息。以下将分别详细介绍每一类信息的具体采集内容、意义、信息数据采集方式。

1. 文物建筑环境信息

将所需采集的信息归纳为空气与水、地震与振动两大部分。

（1）空气与水

① 监测意义与监测内容：

温度、湿度：自然环境中的温度变化对文物建筑有很大影响。其日夜、四季温差使得建筑产生热胀冷缩，由于材料和位置不同，这种胀缩变形并不均匀，由此产生的内应力和位移长期循环往复，对建筑有一定的损害作用。

保国寺文物建筑的主要材料是木材，自身含有一定的水分。环境干燥时，木材中水分减少，木材会发生收缩和干裂；而环境湿度高时，木材吸收水分会产生一定膨胀。长期胀缩变形所产生的内应力和位移，对建筑也有一定的损害作用，湿度高还容易使木材发生霉烂。

风速、风向：目前保国寺大殿明显后倾，据说是由于清乾隆四十六年（1781 年）风灾引起。风力垂直作用于建筑且为水平方向力，对文物建筑危害极大。保国寺地处江南东部沿海，夏季台风时有发生，其风力强劲，会使得文物建筑产生变形，如果变形超出文物建筑的弹性范围，就会发生永久性的位移，从而损害文物建筑。

降水：江南雨水充沛，大量降雨对于采用传统瓦屋面的文物建筑十分不利，容易使屋面发生渗漏，从而进一步影响文物建筑内部木质构件。另外，如果冬季降雪过多，使得建筑屋面荷载增加，也会对文物建筑产生影响。

空气污染：保国寺位于宁波市北部偏西，宁波夏季主导风向为东南风，宁波市位于上风，市内被污染的空气可能影响保国寺的文物建筑。

② 信息采集方式

采用目前国际上较先进的数字化网络生态环境监测系统，由传感器、数据传输网络、数据存储处理等各部分构成，可自动进行监测和分析处理。

③ 采集的气候环境信息和参数

空气温度：−20 ~ 50℃，精度 ±0.2℃；相对湿度：0 ~ 100%，精度 ±0.2%；

风速：0.2~40 米/秒；精度 2%；风向：0~360°，精度 2%；

降水（雨、雪）：0.005~250 毫米/小时；粒径 0.16~0.8 毫米。

（2）地震与振动

① 监测意义与监测内容

地基数据监测：地基是承载建筑物、与建筑物的基础直接接触的土壤，其稳定性与承载力对建筑的影响非常大，由于历史建筑存在的时间长，地基缓慢变化，在长时间的积累后也会产生较大的变化。

地震数据监测：地震的影响可分为两类，是地震能量对建筑物与地基形成的直接破坏；二是地震引起的山体滑坡、地基变形、地下水位变化对建筑物造成的间接破坏。

环境振动监测：与地震相比，环境振动如开矿、机床等的影响范围更为局部，但因其持续性和针对性，对地基和建筑物的损害也不可忽视。

② 信息采集方式：

地震数据的获取采用地震局提供的数据；地基特征勘测与土力学测试由专业机构进行一次性检测；环境振动情况的监测采取自购仪器长期自动持续监测，并记录数据。

2. 文物建筑材质信息

主要采集及监测信息包括：木材种类调查、木材霉变及虫蛀状况监测、木材干缩状况监测及构件受力破损监测。

（1）木材种类与强度

中国传统建筑在建造过程中，往往是在经验的指导下完成，对木材的受力特点缺少理论体系的指导，面对保国寺大殿专业的重要文物建筑，应针对特定对象选择合适的方式来保护。

① 检测内容主要包括：

木材种类分析：文物建筑各建筑构件所使用木材的树木种类、构件纹理方向。

木材特征分析：对文物建筑各建筑构件使用的木材类别进行力学测试、化学测试。

② 信息采集方式：

采用文献调查和与实物直观比对的方式，对文物建筑使用木材进行种类调查、并取样在相关实验室进行特征指标分析。属一次性检测。

（2）木材霉变与虫蛀

① 监测意义与内容

保国寺大殿的建筑材料为木材，其本身也具有成为生物、食物生态链之一部分的可能性。其中以昆虫虫害、真菌引起的霉变为主。

除昆虫之外，霉变也是威胁木质建筑构件的重要因素。霉变不仅会影响木制构件的色彩，还会改变木制构件的体积与强度。

② 信息采集方式

采用以无损检测为主，有损检测为辅的原则，使用数码图像技术将传统肉眼观察与现代数字化信息技术结合起来，对所有观察部位进行数码图像采集。

（3）木材含水率监测

① 监测意义与内容

木材的含水率是评价木材干缩的重要指标。干缩是木材固有的性质，这使得木制品尺寸不稳定，同时带来木材强度的变化。含水率过高还可能意味着木构构件的病虫害发生的可能性较高。

②　信息采集方式

对文物建筑结构构件的含水率检测应采用无损或近似无损检测的方法与设备。

3. 文物建筑结构信息

文物建筑结构信息的采集包括木构构件应力与强度信息与构件位移与变形信息。

（1）木构件应力与强度

①　监测意义与内容

本项目将针对保国寺大殿这个特定对象，对其结构进行更为全面的静力学分析，并建立完整的计算模型。保国寺的木构自身具有鲜明的特征，这些特征本身构成了其结构的优势与缺陷。在近千年的建筑生命中，后续的修缮、加建与结构与材料的破损也对其结构产生了重大的影响。其中主要考虑以下几点：竖向荷载作用下力的传递；地震等水平荷载作用下力的传递；传统工艺做法条件下结构特征与计算方式；材质破损条件下结构构件承载力折减系数的计算。

对保国寺大殿结构进行静力学分析所需要采集的信息包括：构件应力与强度信息采集，位移与变形信息采集。以这些信息为基础建立大殿木构结构静力学模型。

②　信息采集方式

应力波技术是对木材强度进行检测的最常用的方法之一。其中的声应力波技术是通过冲击或用给定的应力使被检测物体产生振动，根据应力波的传播速度进行木材弹性模量的检测。

采用 DynaTim（R）多功能传感器固定于文物建筑的主要结构构件之上，还可以实时监测这些构件的位移变形与应力变化。

（2）结构关键点位移与变形

①　监测意义与内容

大殿目前有明显的后倾现象，这种明显的变形如果持续发展下去，将会最终破坏大殿的结构平衡，造成大殿的倾覆。因此十分有要对大殿变形进行持续监测。

监测内容包括沉降监测和倾斜监测两类。沉降监测主要是为了获取古建筑的沉降数据以及沉降趋势，倾斜监测是为了获取立柱的倾斜数据及倾斜趋势。

②　信息采集方式

激光技术的全自动全站仪（测量机器人）和光纤传感等技术已经大量应用于结构、地形等的测量、监测工作当中。

（三）科技监测数据结果分析

1. 环境信息数据分析

（1）温度、湿度及降水量变化

保国寺大殿内共布设了 9 处温湿度监测器，经过一年的监测发现，大殿内的年平均温度为16.5℃，最高温度为 38.5℃，最低温度为 - 2.6℃，监测数据输出形成的 3D 温度波形图显示：大殿内的温度分布并不均匀，其中位于大殿南侧中间外檐下的 2 号监测点全年温差变化较大，年最高温度和最低温度都由它测得。

检测结果表明，保国寺大殿内的环境湿度一直较高。由 9 处监测器测得的年平均湿度为 70%，最高湿度达到100%，最低湿度为24.1%。专家们对此的意见是：保国寺四周有茂密的山林，地处山腰，通风不畅，湿度自然十分高，而梅雨季节空气更加潮湿。保国寺作为木结构建筑在如此高湿度的环境下能够保存千年，实属不易。

保国寺地区的年降水量达到1400毫米，略高于宁波市其他地区，这也导致了大殿周围的环境更加潮湿。

（2）地震与振动测量结果

1987年7月，浙江省地震局对保国寺附近鞍山、灵山采石场的放炮采石作业对保国寺振动影响程度做过测试。测得采石场的爆破震动对保国寺建筑群（特别是藏经楼）的影响相当于地震烈度2～3度，该情况直接导致了1987年藏经楼的落架大修。

2. 文物建筑材质信息数据分析

（1）木材种类和含水率检测结果

2008年11月15日至22日，中国林业科学院木材工业研究院，对大殿做了部分勘查，采用多种方法，共取312块木构件试样，经切片、制片和光学显微镜观察，查阅大量的相关资料，最终鉴定结果是，在所取样的范围内，宁波保国寺大殿结构材由8个树种构成，松木（硬木松）（*Pinus* sp.），水松（*Glyptostrobus pensilis*），云杉（*Picea* sp.），杉木（*Cunninghamia lanceolata*），龙脑香（*Dipterocarpus* sp.），锥木（*Castanopsis* sp.），黄桧（Chamaecyparis Gormosensis），板栗（*Castanea* sp.）。由此可见大殿使用的木材种类并非单一的黄桧木。

所测定的含水率也是四季中相对较低的，本次勘查将大殿分成9个区域，分别为东部区域、东南角部区域、南部区域、西南角部区域、西部区域、西北角部区域、北部区域和东北角部区域。勘查结果表明，大殿木构件含水率整体偏高，尤以西南角偏东和东北角偏南的两个区域为最。最高的达26%。在木构件含水率达到26%的条件下，可造成木构件的腐朽、虫蛀、开裂等诸多问题。

（2）木材霉变与虫蛀检测结果

在2003年5月对大殿主体部分勘查中，发现其木构件腐朽和虫蛀均较严重，尤以虫蛀危害更为突出。大殿的斗拱及乳栿表面见到多是腐朽与虫蛀伴生，其中虫蛀以蠹类为主，还发现有白蚁蛀蚀，严重时表面呈蜂窝状或片状，手按感觉松软；有时木构件腐朽还伴生着木蜂的蛀蚀，在已经腐朽的木件上有着明显的被木蜂蛀蚀的大孔洞。2008年没有作为重点。从整体勘查结果看，虽然大殿个别木构件部分严重腐朽，但总的印象，木构件虫害情况严重于腐朽。

3. 结构位移与变形信息数据分析

从2007年到2012年共由宁波冶金勘察研究院观测6次，完成检测二级平面控制点2个，检测二级基岩水准点2个，沉降变形点测量48个，位移变形点测量18个，地面沉降点测量16个。

（1）大殿内柱倾斜监测数据

大殿主要是由16根柱子支撑的，所以要对这16根柱子中主要的8根柱子进行变形监测。在每根柱子的上下各设置一个变形观测点，点位采用徕卡小号反光镜，其布设要求是保证在不损坏建筑物的前提下，使反光镜能长期固定保存在各个点位处，反光镜直径为20毫米，中心十字线宽度为0.2毫米。变形监测点编号为1，2……32（中间有14个断号），柱子下面的点是单号点，上面的点为双号点，其中20号和22号各设有两个点，为提高观测资料的准确性，布设变形观测点时必须保证仪器与反光镜中心的视线尽量垂直，观测夹角必须大于60度。

六次监测数据显示，26 号位移量较大。累计位移量最大的是 26 号点，东西方向累计位移量为 3.8 毫米，累计位移量最小的是 2 号和 19 号点，南北方向，累计位移量为 0.3 毫米。

（2）大殿地面沉降监测数据

沉降测量是用美国产天宝 DINI12 型精密电子水准仪配进行观测。根据大雄宝殿的实际情况，共布设沉降观测点 32 个点，其中有 10 个在墙体上，有 22 个点需固定在柱子上。

六次监测数据显示，8 号点沉降量较大，累计沉降量达 4.3 毫米；累计沉降量最小的为 20 号点，累计沉降量为 −0.2 毫米。

从六次监测数据可以看出，沉降和倾斜数据是比较一致的，大殿东侧沉降比较明显，有总体向东北方向倾斜的发展趋势。

二、大殿岩土工程勘查

（一）2010 年勘查情况

1. 勘察目的和技术要求

（1）查明建筑范围内岩石的类型、深度、分布、工程特性、分析和评价地基的稳定性、均匀性和承载力；提出详细的岩石工程资料和设计、施工所需的岩石参数；对建筑物地基做出岩石工程评价，并对地基类型、基础形式、地基处理提出建议。

（2）如存在不良地质，应查明不良地质作用的类型、成因、分布范围、发展趋势和危害程度，提出整治方案的建议。

（3）查明埋藏的河道、沟滨、墓穴、防空洞、孤石、溶洞等对工程不利的埋藏物。

（4）查明地下水的埋藏条件，提供地下水位及其变化幅度；判定水和土对建筑材料的腐蚀性。

（5）提供地基变形计算参数，预测建筑物的变形特征。

（6）提供场地的抗震设计参数，查明是否存在液化土层。

2. 勘察方法及质量评述

本次勘察采用钻探取样及相应原位测试等勘探手段，结合室内土工试验，准确、全面地获得各项技术参数。

3. 完成工作量

钻孔定位 6 个，取土样原状 1 件，扰动 6 件，标准贯入试验 7 次。

（二）2012 年再次做了补充

1. 勘察目的和技术要求

在原有的基础上，稍作调整，需提供岩石的饱和抗压强度和初步判断倾斜原因。

2. 完成工作量

总共布置钻孔 7 个，孔间距控制在 20 米以内，4 个为取土控制性孔，2 个为鉴别孔，孔深要求到达基岩 3 米以上。

3. 地基土承载力的确定及工程性能分析与评价

（1）地基土承载力确定

根据本次勘察结果及室内土工试验成果，并结合本地区经验，将场地内各层地基土的承载力特征值 fak 及压缩模量 Es1 – 2 列于下表：

表 5 – 1

层号	土名	压缩模量 Es1 – 2（MPa）	承载力特征值 fak（Kpa）
②	含砾砂粉质黏土	7.0（E0）	180
③1	熔结凝灰岩		300
③2	熔结凝灰岩		600
③3	熔结凝灰岩		1000

注：（E0）为变形模量

（2）地基土工程性能分析与地基土均匀性评价

根据场地内地基土的物理、力学性质指标及承载力情况结合拟建建筑物特征，对场地内各层地基土的工程性能分析、评价如下：

②层含砾砂粉质黏土：承载力一般但埋深较浅，可考虑作为修缮建筑物的基础持力层。

③1 层、③2 层、③3 层熔结凝灰岩：承载力好，是修缮建筑物的良好基础持力层。

（3）地基土均匀性评价

根据野外勘探结果并结合室内土工试验结果进行场地地层划分（划分结果见工程地质剖面图，物理力学指标统计表），对场地内地基土的均匀性进行综合评价：

场地内地层①层杂填土为新近填筑，密实度及承载力受土体中粗粒组成影响很大，其均匀性一般；②层在场地分布均稳定，仅在 ZK2 缺失，其均匀性较好；③层为基岩其状态较为稳定，厚度变化亦相对较小，土体均匀性一般。

总体而言，场地地层的平面及空间分布规律性较为明显，地层相对稳定，但厚度变化较大，综合评价场地内地基土均匀性一般。

4. 倾斜初步判断

根据对地下稳定水位的观测，水位一般是西北高，东南较低，水力梯度较大，有利于地下水流动。碰到大雨，洪水时期，水流增大，容易带走①层素填土及②层含砾砂粉质黏土的黏粒成分，长久会使地基土骨架松动，导致不均匀沉降，会往东南方向发生倾斜。

5. 结论及建议

（1）通过本次勘察，查明了建筑范围内岩土层的类型、深度、分布、工程特性，达到了勘察目的。

（2）场地内无不良地质作用，适宜建筑。

（3）各地基土承载力特征值及压缩模量参见表对应各值。

（4）根据纠偏建筑物的类型、结构形式及本场地的地质情况建议如下：

① 在保国寺大殿周围设置排水沟，减轻山间汇水对基础的影响；

② 建议采取钻孔灌注桩或树根桩托换，灌注桩宜进入强风化岩层一定深度；

③ 如大殿基础采用桩基托换有一定难度，建议采用大殿柱及四周注浆加固，隔水。

（5）该地下水对混凝土结构具微腐蚀性，对钢筋混凝土结构中的钢筋在长期浸水环境下具微腐蚀性；在干湿交替环境下具有微腐蚀性。

（6）场区的设计基本地震加速度为 0.10g，设计地震分组为第一组，抗震设防烈度为 7 度，场地土的类型为中硬土，建筑场地类别为 $I_1 \sim II$ 类。

第二节　综合研究

一、研讨论坛

（一）纪念宋《营造法式》刊行 900 周年暨保国寺大殿建成 990 周年国际学术研讨会

1. 会议目的

为纪念保国寺大殿建成 990 周年和宋《营造法式》刊行 900 周年，进一步挖掘保国寺的文化内涵，明确保国寺大殿在古建筑中的重要地位和价值，以及弘扬宋《营造法式》在中国和世界建筑史上的独特地位和对后世的影响，加强同国家重点院校、科研机构等联系和交流，推进文物保护研究和开发利用，通过书籍出版、论文发表、专家论证、公众参与和媒体宣传等活动，树立保国寺新形象。

通过举办此次国际学术研讨会，弘扬宋《营造法式》在中国和世界建筑史上的独特地位和对后世的影响，探讨 21 世纪古建筑保护工作面临的新形势，做好保护工作，同时提出保国寺研究的最新成果，确立保国寺大殿与宋《营造法式》的密切联系，明确保国寺大殿在古建筑中的重要地位和价值，并对今后保国寺大殿保护提供科学依据。

我们借助清华大学建筑学院等全国各地的科研力量和国内外专家云集的良机，召开此次盛会，深度挖掘保国寺的历史文化内涵，树立保国寺新形象，寻找保国寺今后对外宣传新定位，并与高等学院、科研单位建立长效合作机制，探索发展实践新模式，发挥文物资源效益最大化，并对正在开展的"海上丝绸之路"申报世界文化遗产工作，都将产生积极、深远的推动作用。

2. 会议成员

会议由清华大学建筑学院、浙江省文物局、宁波市文化局、浙江省古建筑设计研究院主办，山西省文物局、河南省文物局、浙江省匀碧古建筑工程公司协办，保国寺文物保管所承办。

特邀嘉宾：傅熹年、李相海、潘谷西、杨鸿勋、王世仁、刘叙杰、杜仙洲、戚德耀。

组委会主席：罗哲文。

组委员成员：浙江省文物局陈文锦、杨新平；山西省李福民、柴泽俊；河南省孙英民、张滨远；宁波市文化局孟建耀、董贻安；清华大学建筑学院秦佑国、郭黛姮；浙江省文物考古研究所李小宁。

参会者有国际和中国港台地区专家 3 名，大陆专家学者 60 余名。

3. 前期筹备

统一思想，制订方案，成立筹备组。邀请清华大学师生对大殿及附属建筑进行一周的测绘和观测。邀请中国林科院木材工业研究所专家对木构件进行勘测、取样，完成《保国寺木结构材质状况及对策》调研文章。这些工作为会议期间专题研究提供了实践依据。与清华大学建筑学院联合编写的《东来第一山——保国寺》作为大会资料分发给与会代表，是扩大保国寺在学术界的影响力和价值的有效途径。

4. 会议期间交流

2003 年 8 月 16 日至 18 日，安排主题发言、分组论文交流、实地考察，

为国内古建筑界学者相互交流提供了平台和难得的机会，还举行了《建筑史丛刊》和《东来第一山——保国寺》的首发式。会上发表了建立"唐宋建筑研究论坛"的宁波宣言。

5. 会议成果

（1）论文情况：会议共收到论文 90 余篇，内容涉及宋《营造法式》研究、保国寺研究、唐宋早期建筑研究、斗拱与材分制度研究、文物建筑保护研究、建筑文化及综合研究等八个专题。

（2）明确了一个地位：通过了《关于建立"唐宋建筑研究论坛"的宁波宣言》确立了保国寺大殿在古建筑中的地位与价值，从而形成了"北看五台佛光寺，南看宁波保国寺"的学术共识。

（3）树立一个新形象：各新闻媒体作了广泛而深入的报道。《人民日报》、《中国文物报》、《浙江日报》、《宁波日报》等累计报道 24 次，中央教育台、浙江电视台、宁波电视台等播放 9 次以上，人民广播电台、宁波电台报道 4 次，人民广播网、中国宁波网等累计网页 18 个，媒体采访参会专家 24 人次。

（4）确立了一种联系：推动了我国古建筑界的学术交流，架起了与清华大学、同济大学、东南大学、天津大学等院校和古建筑同行联系的桥梁和纽带，为今后工作创造了一个高起点的平台。

（5）锻炼了一支队伍。

（6）积累了一套经验。

6. 《营造法式》简介

《营造法式》——古典建筑之规范。它刊行于北宋崇宁二年（1103 年），是北宋官方颁布的一部设计、施工的规范书，是中国古籍中最完整的一部建筑技术专书。《营造法式》是宋匠作监奉敕编修的。北宋建国以后百余年间，大兴土木，各种营造此起彼伏，建筑追求豪华、精美，铺张浪费比比皆是。负责工程的大小官吏虚报、冒领、贪污成风，因而，建筑的各种设计标准、施工定额、指标急待制定，在王安石变法期间曾令匠作监编修一部法式。这部《法式》于元祐年间（1086～1094 年）编出，但因"徒为空文，难以行用"后于绍圣四年（1097 年）哲宗皇帝命匠作监官员李诚重新编修，于 1103 年刊行。《营造法式》全书分 5 个部分，即释名、制度、功限、料例和图样 34 卷，前面还有"看样"和目录各 1 卷。

保国寺大殿的诸多建筑做法与《营造法式》制度中所论及内容相同，这说明保国寺大殿的木结构、木装修是北宋时代有代表性的案例，是绝无仅有的《营造法式》实物例证，在中国现存古代木构建筑中具有无可替代的重要价值。

7. 建立"唐宋建筑研究论坛"的《宁波宣言》

中国历史的演进，滥觞于三代，勃兴于秦汉，鼎盛于隋唐，造极于两宋。中国的建筑作为"石头的史书"，一砖一瓦都在谱写着历史的篇章，一梁一柱都在诉说着历史的变迁。唐代建筑气势宏大，辽承唐风，体态遒劲，宋代建筑绚丽秀美，金续宋韵丰资多彩。佛光寺、独乐寺、保

国寺、隆兴寺，至今仍熠熠生辉。一部《营造法式》虽然经几代人的努力，至今仍有很大的研究空间。一座保国寺大殿不仅是一座江南宋代建筑杰出范例，而且代表了一个时代、一个地域的优秀技艺，代表着唐宋时期的鼎盛文化，也需要从更广阔的视角持续研究。唐宋时期是新的建筑类型、新的建筑设计思想层出不穷，推动着建筑发展的巨轮快速前进的时代。这一切都等待着我们去作进一步的研究。与此同时，对现有的古城池、古建筑等进行保护并且研究，更是责无旁贷。为此，我们建议成立"唐宋建筑研究论坛"，定期举办学术研讨会，交流研究心得，展示研究成果，并在清华大学主办的《建筑史》丛刊中开辟"唐宋建筑研究专栏"，为推动建筑历史科学的发展做出贡献。

大会发起的《宁波宣言》成为我国古建筑尤其是宋代建筑的研究、保护、利用方面具有重要指导意义的文献，同时，大会明确保国寺大殿在我国古建筑史上的地位，确立其与《营造法式》的密切联系，最终形成"北看五台佛光寺，南看宁波保国寺"的共识。

（二）保国寺大殿科学保护与研究学术研讨会

1. 指导思想

认真学习贯彻有关文化文物工作的指导精神，深入贯彻落实科学发展观，宣传《文物保护法》、《中国文物古迹保护准则》和文物工作方针，普及文化遗产保护知识，提高公众对文化遗产保护意识，使保国寺这座江南珍贵的木构建筑文化遗产的保护工作为广大群众所感知、所认同、所接受，营造全社会参与文化遗产保护的良好氛围。

2. 基本方针

认真贯彻文物保护法律法规和落实国务院《关于加强文化遗产保护的通知》，坚持"保护为主，抢救第一，合理利用，加强管理"的文物基本工作方针，推进科学保护工作的落实。

3. 总体目标及成果

通过对保国寺大殿木结构监测数据的收集、积累、分析、研究，从中寻求规律，为制定相关的技术标准，特别是对我国南方建筑的保护、维修提供实践和理论依据，为建立我国古建筑类文化遗产的科学保护体系做出贡献。

（1）对保国寺大殿科技保护监测系统的实施考察，就其运行一年结果进行初步评估；

（2）保护大殿科技保护项目与今后发展方向达成共识；

（3）通过主旨发言和专题研讨"保国寺大殿的科技保护与研究"形成若干前沿性学术成果，并组织出版《东方建筑遗产》2008年卷。

4. 组织实施

主办单位：宁波市文化广电新闻出版局

承办单位：宁波市保国寺古建筑博物馆

时间：2008年6月21~22日

地点：保国寺古建筑博物馆

5. 邀请人员名单

故宫博物院晋宏魁，中国文物报社彭常新，中国林科院刘秀英、陈允适，清华大学王贵祥、郭黛姮、肖金亮，同济大学路秉杰、李浈、汤众，华南理工大学吴庆洲，东南大学朱光亚，河南大学路扬，浙江省文物局杨新平，浙江省文物考古研究所李小宁，浙江省古建设计研究院黄滋，宁波市文化广电新闻出版局局长柴英、副局长孟建耀等领导，宁波冶金勘察研究测绘院史玉成，宁波市地震台邱永平，宁波市东胜有害生物防治中心总经理董雅琴以及各有关单位代表，各新闻媒体记者。

6. 主要议程

（1）同济大学汤众介绍保国寺大殿的科技保护与监测系统实施情况；

（2）河南大学路扬介绍保国寺大殿科技保护软件开发的有关情况；

（3）宁波冶金勘察研究院史玉成就保国寺大殿实施二次监测情况进行汇报；

（4）宁波地震台邱永平介绍宁波地区地震活动特征和地质环境分析研究；

（5）与会代表对保国寺大殿科技保护监测系统建设与初步结果作系统评估。

2008 年 6 月 21～22 日，为期两天的"保国寺大殿科学保护与研究学术研讨会"在保国寺古建筑博物馆举行，来自故宫博物院、中国文化遗产研究院、清华大学、同济大学、东南大学、华南理工大学、中国林科院木材工业研究所等科研院所的 20 余名专家学者及省市相关部门领导参加了会议。

为了使保国寺大殿的保护工作能够更有效、更有预见性，2007 年保国寺古建筑博物馆开始尝试与高校合作，联合同济大学建筑与城市规划学院和河南大学计算中心，运用科技保护的理念和方法，研发设计了保国寺大殿科技保护监测系统，在原状保护的前提下，应用现代的计算机数字化信息技术，对保国寺大殿木结构的材质变化、结构受力状况、位移变形及生态、地质环境等可能影响文物安全方面的信息展开监测，希望通过积累分析足够的监测信息，运用数据建模的手段，探知周围自然环境与文物建筑变化的关系，找出影响文物建筑的主要环境因素，及时清除隐患，进行有针对性的预防性保护；并且能够进一步制定相关的技术标准，通过系统管理和分析，为保国寺大殿及其他中国南方木构文物建筑的保护、维修工作提供依据。

保国寺大殿科技保护系统监测信息系统投入运行近一年，通过持续不断地对这座近千岁的古建筑进行实时"CT扫描"，积累了大量有效实用的要素信息，形成了初步研究成果。此次研讨会的主要议题正是相关领域的专家学者基于监测系统的初步成果，对大殿主体结构进行"会诊"，并对信息系统的建设和完善提出合理建议。

会上，同济大学、河南大学代表介绍了保国寺大殿科技监测系统的建设和实施情况以及软件开发的相关情况，来自宁波勘查部门、地震部门的专家分别就大殿的二次检测情况和该地区的地质构造作了介绍并提出专业意见，相关机构汇报了保国寺的白蚁勘察结果和已展开的防治工作。与会专家经过两天实地勘察和充分交流，达成共识。认为建立科技保护监测信息系统进行信息采集、管理和分析，提供可靠的依据和必要的数据，是科学保护文化遗产的必由之路；而保国寺古建筑博物馆率先在全国范围内把多系统、跨学科的数据信息采集技术集中应用于文物建筑保护，开创了利用高科技手段、多学科共同进行监测与保护的新阶段，在国内属于领先之列。与会代表经过两天的实地踏勘、充分交流和热烈讨论之后，达成共识。

7. 会议交流情况

（1）打造有害生物防治长效机制

以前的白蚁防治工作由宁波市白蚁防治所进行。方法是在建筑物及周围的土地放置大量的杀白蚁化学药水，形成化学品屏障阻隔带，使白蚁无法侵入，但却无法阻止白蚁的扩张。这种方法施工时还要钻孔、灌药水，破坏危害周遭的环境，只是短时间控制住，治标不治本。并且药物污染环境，花钱又不环保。

2008年3月起，宁波江东东胜有害生物防治有限公司在保国寺现场开展一系列统计、勘察调研工作，勘察结果表明白蚁活动目前仍然存在，危害在继续。

为了科学有效地做好白蚁防治工作，重点做了以下工作：

① 创新理念，深化认识，增强防治工作使命感。

② 创新技能，丰富载体，提高科技对防治工作的贡献率。引进使用目前世界上处于领先地位的白蚁探测仪器 Termatrac 微波型白蚁探测仪，利用微波原理，准确探测固体介质诸如混凝土、砖材、木材等材料下隐存的白蚁，并且保证不使其受袭击而逃离。其次是采用美国引进"心居康白蚁族群灭治系统"施工。该系统是世界上目前最有效、最环保的唯一能消灭白蚁巢的专利品，可以将整个族群的白蚁消灭，并可持续侦测白蚁是否再侵入。心居康白蚁族群消灭系统供应含氟铃脲的饵剂，由工蚁取食，并带回巢内喂食兵蚁、蚁王、蚁后及幼蚁，饵剂中含的氟铃脲将抑制工蚁新表皮的形成，使工蚁无法完成脱皮过程而死亡，工蚁死亡后，依赖工蚁喂食的蚁后、蚁王、兵蚁、幼蚁会陆续饿死，最后导致整个白蚁族群完全消灭。

③ 创新方法，有的放矢，确保保国寺白蚁防治的有效性。建地上型饵站7个，每隔四个星期检查饵站内饵剂被白蚁取食的情况。如果饵剂只剩一半时，要不断补充，直到没有白蚁取食为止。建地下型饵站84个。饵站内有两枝美国进口的侦测木材作为白蚁取食侦测木材，就将这些白蚁收集后倒入地下型饵剂内，再将饵剂放入饵站内。工蚁取食饵剂后会将食物带回巢内，喂食兵蚁、幼蚁。不断补充饵剂，直到没有白蚁取食饵剂为止。

（2）宁波地区地震活动性特征及对保国寺古建筑的影响

宁波地区主要有四条区域断裂带，即：

① 宁波——庆元东北向大断裂；

② 镇海——温州北北东向大断裂；

③ 余姚——五乡北西向隐伏断层，该断裂直线距离保国寺仅5公里；

④ 昌化——普陀东西向断层，该断裂直线距保国寺仅10公里。

据历史记载，至今该地区历史上发生的最大地震是1523年8月14日镇海4级地震，（直线距保国寺20公里），属于历史地震活动性强度较弱、数量较少的地区。近代20世纪90年代的地震活动水平达到了历史的高潮。特别是1993年鄞州区章水镇蛟口水库库区发生的最大震级为3.3级的小震群，震级不大，但对当地社会生活、经济和百姓心理造成了较严重的影响，人心恐慌，人员外流，部分企业停产，学校停课，造成的间接损失远远大于地震的直接损失。但历史地震没有对保国寺造成破坏。鉴于此，认为本地区地震工作应以预防为主，做好四方面工作：

① 进一步建立健全地震监测预报体系；

② 普及防震减灾基本知识；

③ 新建建筑物必须按有关规定进行抗震设防；

④ 为保护好保国寺古建筑，应该先从查清地基的不坚固入手，尽快设法加固。在建筑修缮时考虑抗震设防，达到当地标准，或高于当地标准。

8. 会议共识

（1）采用先进的科技手段对保国寺建筑及其环境进行较为系统的信息采集、管理和分析，为科学制定保国寺维护方案提供可靠的依据和必要的数据，是科学保护文化遗产的必由之路。保国寺古建筑博物馆率先在全国范围内把多系统、跨学科的数据信息采集技术集中应用于文物建筑保护，开创了利用高科技手段、多学科共同进行监测与保护的新阶段，在国内属于领先之列，进一步完善之后具有示范和推广价值。

（2）通过积累分析足够的监测信息，运用数据建模的手段，以期探知周围自然环境与文物建筑变化的关系，找出影响文物建筑的主要环境因素，及时清除隐患，进行有针对性的预防性保护，做到标本兼治，防患于未然，代表了文物建筑保护工作的发展方向。

（3）希望把科技监测系统的建设和完善与文物保护工作的要求更紧密地联系起来，补充扩展监测系统的监测内容，将建立安全值、预警值、行动值作为该系统的工作目标，建立多学科专家的合作机制，并能及时将研究成果转化为保护措施的实施。

（4）该项目可以进一步扩展，作为文化遗产保护科学和技术研究课题向相关部门申报。希望本项目继续按计划实施，得到上级部门的积极支持，取得预期成果，为以后他地文物建筑的保护提供理论支撑和实践借鉴。

专家组组长：郭黛姮

专家组成员：晋宏魁、彭常新、王贵祥、路秉杰、朱光亚、吴庆洲、杨新平、陈允适、刘秀英
　　　　　　李　浈、黄　滋

9. 后续工作计划，即确定需继续监测内容

（1）环境监测

① 降水、文物建筑周围的降雪、冰雹的强度与总量；

② 地表、地下水：文物建筑周围地表水的流速与流量和地下水位高度与变化情况；

③ 空气污染：影响文物建筑的空气污染状态；

④ 生态环境：监测保国寺周围的灵山及其周边的生态气候环境；

⑤ 地震与振动：监测保国寺大殿及周围的地震与振动。

（2）建筑材质监测

在原来监测基础上尽快对文物建筑所有木质构件的霉变与虫蛀状态进行一次检测，根据检测结果进行治理保护，还需要周期性地定期采集其现状信息。

本次湿度监测也证实保国寺长期湿度偏高，需对木材的含水率进行监测。

1975 年维修大殿采用高分子工艺修补糟朽柱子，至今过了 30 年，十分有必要对当时修补的部分进行检测，了解高分子材料的耐久性，为以后采用相同做法修补文物建筑提供科学依据。

（3）建筑结构监测

① 竖向荷载作用下力的传递；

② 地震等水平荷载作用下力的传递；

③ 传统工艺做法条件下结构特征与计算模式；

④ 材质破损条件下结构构件承载力折减系数的计算。

（4）对大殿结构进行静力分析所需采集信息包括

① 构件应力与强度信息采集；

② 位移与变形信息采集。

（三）白蚁及其他有害生物防治国际研讨会

2009 年 4 月，保国寺古建筑群白蚁及其他有害生物防治国际研讨会，吸引来自马来西亚、香港、台湾的白蚁防治专家学者会聚一堂。会上，他们向代表们介绍古建筑白蚁危害现状的同时，也对保国寺古建筑群采用的新型白蚁防治系统"良方"予以充分肯定。这也是当年宁波国际古迹遗址日"遗产与科学"系列活动取得的重要成果之一。

与会专家认为，这一"馆企合作，共促文化遗产科学保护"的新模式，达到了双赢的社会经济效益：一方面采用先进无污染的白蚁防治技术，在很大程度上消除了白蚁对保国寺千年大殿的潜在危害，且没有对文物周边环境造成大的破坏，既有效延长了文物遗产的寿命，又完整保留了其历史文化价值；另一方面国外先进的技术得以实地应用，积累了丰富的工作经验，取得了显著的成效，更便于向国内众多古迹遗址或一般木构民居进行推广。

会上宣读了《宁波保国寺古建筑白蚁综合防治研究》、《浅析保国寺古建筑群虫害的防治》、《保护您的房产免受地下白蚁之灾》、《心居康白蚁族群灭治系统应用案例分析》、《白蚁危害之驱除与防治作业研究等》等论文。

（四）2013 年中国建筑史学会年会暨纪念保国寺大殿重建 1000 周年与《营造法式》刊行910 周年学术研讨会

1. 会议主旨

保国寺大殿是我国南方现存最完整的宋代木构建筑之一，在构造和做法上与《营造法式》的诸多规定最为接近，保存了一些比《营造法式》更早的相同做法，对《营造法式》的成书产生了深刻影响，是研究《营造法式》弥足珍贵的实物例证，具有极为重要的历史科学价值。

为弘扬保护我国传统建筑文化、深入研究中国建筑史和《营造法式》的联系、进一步挖掘保国寺大殿历史、科学、艺术和文化价值，以保国寺大殿建成 1000 周年为契机，特举办本次国际性学术会议。

2. 组织实施

主办单位：中国建筑学会建筑史学分会、浙江省文物局、清华大学建筑学院、宁波市文化广电新闻出版局

承办单位：浙江省文物考古研究所、宁波市保国寺古建筑博物馆

时间：2013 年 8 月 23～24 日

地点：浙江省宁波市

3. 会议主题

（1）中国古代建筑营造与法式研究；

（2）中国古代建筑文化与思想研究；

（3）建筑遗产保护与利用研究；

（4）建筑史学教育、研究与出版；

（5）区域（历史街区、古城镇、古村落）建筑文化遗产保护与研究；

（6）分类型建筑遗产及建筑个案实证研究。

4. 参会人员

特邀嘉宾：联合国教科文组织前文化助理总干事、国际文化财产保护与修复研究中心前总干事、联合国教科文组织特别顾问布什纳吉先生（法国），国际文化财产保护与修复研究中心建筑部嘎米涅先生（斯里兰卡），日本东京大学藤井惠介教授，香港中文大学饶宗颐学术馆学术部主任郑炜明先生，台湾华梵大学教授萧百兴先生，中国建筑学会建筑史学分会理事长、清华大学国家遗产中心主任、中国古迹遗址保护协会副主席吕舟，中国文物学会副会长、中国文化遗产研究院原总工程师付清远，清华大学建筑学院教授王贵祥，中国建筑史分会副理事长、哈尔滨工业大学建筑学院教授刘松茯，中国建筑史分会原副理事长、东南大学古建筑研究所教授刘叙杰，保国寺大殿文物价值发现者之一、原江苏省文化厅古建筑专家组组长、江苏省文物专家组组长戚德耀，东南大学建筑学院教授朱光亚，中国建筑史分会副理事长、东南大学建筑学院教授陈薇，同济大学城市规划与建筑学院建筑系主任、教授常青，同济大学城市规划与建筑学院教授路秉杰，华南理工大学建筑学院中心主任、教授吴庆洲，浙江省文物局副局长吴志强，浙江省文物局博物馆与社会文物处处长杨新平，浙江省文物考古研究所所长、研究员李小宁，浙江古建筑设计研究院院长黄滋等。

国内有关高校教授，研究生和宁波市文保专家学者等 180 余人出席了开幕式。

5. 会议成果

（1）纪念保国寺大殿建成 1000 周年的《宁波倡议》

时值宁波保国寺大殿建成 1000 周年，我们，中国建筑学会建筑史学分会 2013 年年会的代表齐聚宁波，考察保国寺等建筑遗产并就中国建筑文化遗产的历史与保护研究问题开展了热烈讨论，与会代表一致倡议：

①保国寺大殿是中国南方地区硕果仅存的几处早期木构建筑遗存之一，是中国建筑文化遗产中的旷世遗珍，是古越地区高度发达建筑文化的历史佐证，是东方建筑智慧、技艺的结晶。反映了宋《营造法式》的刊行在中国古代建筑史上久远与深厚的基础。必须珍惜这一历经千年沧桑而留存至今的珍贵遗产，相关管理部门和决策者以及社会公众要承担起这一历史责任，保护好保国寺大殿及其承载信息的真实性与完整性，将它们尽可能完好地传承给后代。

②作为全国重点文物保护单位，保国寺古建筑群近年来以古建筑博物馆的方式，依法保护、合理利用、有效展示，是对这一遗产的最佳保护与利用方式，且已形成了国内一处有影响的建筑历史研究、建筑文化教育基地。博物馆开展的预防性勘察、监测和基础研究奠定了有效保护基础，博物馆联合各个具有技术优势的高校、科研单位开展未雨绸缪的保护研究，为开拓我国建筑遗产预防性保护道路做出了重要贡献，积累了宝贵经验，具有示范推广意义。

③对于像保国寺这样一些有着重要历史、艺术、科学、文化价值的建筑遗产，建筑史学界应该给予充分重视，纳入一个更为广阔和久远的时空范围内，不断深化研究，探索中国建筑文化，特别是早期木构建筑形成的丰富性和相关性，认识中国各地建筑文化遗产的多样性及其在中华文明和人类文明中的贡献、地位和价值，为积极推动具有突出普遍价值的中国早期木构建筑申报世界文化遗产，做出努力。

（2）论文情况

会议共收到论文 120 余篇，内容涉及中国古代建筑营造与法式研究、中国古代建筑文化与思想研究、建筑遗产保护与利用研究等六类。

（3）8 月 24 日下午保国寺大殿考察纪要

① 嘎米涅先生（Mr. Gamini）国际文化财产保护与修复研究中心建筑部主任（斯里兰卡）

a. 保国寺大殿的存在是中国劳动人民智慧的结晶和象征，这样的案例在世界范围内也是不多见的，因此具有世界级的价值。将利用每年至少在 50 个国家教讲学时传播保国寺案例。

b. 从木构遗产监测和保护的角度看，管理方对保国寺进行的温湿度监测，风荷载监测，防雷等方面可谓非常专业。如果一定要有建议的话，我的建议对其防火等方面需再下一些力气。

② 布什纳吉先生（Mr. Bouchenaki Mounir）联合国教科文组织前文化助理总干事、国际文化财产保护与修复研究中心前总干事、联合国教科文组织特别顾问（法国）

a. 保国寺大殿具有重要的价值，这不仅体现在其文物价值本身，也体现在其与周边环境的融合上。

b. 从实地参观的感受看，保国寺管理方在铭牌的中英文注释、各重要遗构的阐释等方面也非常的清晰，对于参观者获取相关历史信息非常的方便，令人印象深刻。

c. 管理方对其进行的高效的管理工作，特别是关于温湿度、风荷载等实时监测与数据整理，保证了保国寺大殿极其良好的保存，这为保国寺大殿做进一步保护和研究工作形成了坚实基础。

d. 与世界其他相似木构遗产相比，例如日本的许多世界遗产级的木构建筑相比，保国寺大殿并不逊色，因此我建议保国寺大殿在做好仔细的价值研究，相关保护管理工作的总结，以及其他必需的资料基础上，可以考虑按照规定的申请世界文化遗产的步骤，完成从中国申请世界遗产暂定名单——提交到联合国教科文组织成为申遗暂定名单－提交世界遗产大会审定等工作。

e. 保国寺大殿申请世界遗产暂定名单，现在看还有一个先天的优势，就是它现在的选址及周围环境形成了一个天然的缓冲区，非常清晰，现在环境保护也很好。因此我也建议在今后的保护工作中，关注这一周边区域，避免各种开发行为，特别是大体量建筑的出现。

二、出版《东方建筑遗产》

为了促进东方建筑文化和古建筑博物探索与研究，由宁波市文化广电新闻出版局主管，保国寺古建筑博物馆主办，清华大学建筑学院为学术后援，文物出版社出版的《东方建筑遗产》正式出版发行。

本丛书以东方建筑文化和古建筑博物馆研究为宗旨，依托全国重点文物保护单位保国寺，立足地域，兼顾浙东乃至东方古建筑文化，以多元、比较、跨文化的视角，探究东方建筑遗产精粹。其中涉及建筑文化、建筑艺术、建筑美学、建筑伦理学、古建筑营造法式与技术；建筑遗产保护利用的理论与实践；东方建筑对外交流与传播，同时兼顾古建筑专题博物馆的建设与发展等。

本丛书每年出版一卷，每卷约 20 万字。每卷设计以下栏目：遗产论坛，建筑文化，保国寺研究，建筑美学，佛教建筑，历史村镇，中外建筑，奇构巧筑。

2007 年卷共收文章 23 篇，其中有罗哲文的《文物古迹也"有形有神""有声有韵"》、杨鸿勋的

《建筑文化丛谈——其一：建筑·建筑美·建筑艺术》、郭黛姮的《"海上丝绸之路系列讲座"之保国寺的价值与地位》、杨新平的《宁波保国寺的历史地位及其保护利用专家座谈会综述》、王贵祥的《宁波保国寺大殿礼赞》、张十庆的《关于五山十刹的年代考析》、徐建成的《保国寺与日本东大寺》。

2008 年卷共收文章 22 篇，其中有罗哲文的《古建维修与新材料技术的应用》、张十庆的《部分与整体——中国古代建筑模数制发展的两大阶段》、朱光亚的《中国古代木结构谱系再研究》、郭黛姮、肖金亮的《必须重视保国寺周边环境的保护》、肖金亮的《宁波保国寺大殿复原研究》、潘谷西的《〈营造法式〉小木作制度研究》。

2009 年卷共收文章 21 篇，其中有肖金亮的《历史建筑的系统属性——文化遗产保护哲学思想的一点小探索》、杨新平的《〈关于乡土建筑遗产的宪章〉与历史村镇保护》、余如龙的《论保国寺北宋大殿的特点与价值》、张十庆的《南宋江南禅寺布局的形式与特点》。

2010 年卷共收文章 20 篇，其中有朱光亚的《东南大学建筑遗产保护工作及其传承》、徐建成的《历代名人与保国寺·民国篇》、王天龙等的《宁波保国寺大殿木构件含水率分布的初步研究》。

2011 年卷共收文章 22 篇，其中有朱光亚、吴美萍的《建筑遗产的预防性保护研究初探》、杨新平的《浙江乡土建筑保护与再利用的实践》、曾楠的《保国寺晋身"国保"年五十 宋遗构甬城"国宝"传千载》。

2012 年卷共收文章 18 篇，其中有肖金亮等的《郑州大河村仰韶遗址数字化考古辅助系统概述》、张十庆的《斗拱的斗纹形式与意义——保国寺大殿截纹斗现象分析》、余如龙的《析叙中国古建筑发展与形制》、符映红等的《光纤传感技术在保国寺结构健康监测中的应用》等。

三、课题研究

2009 年 8 月至 2011 年 8 月保国寺与东南大学联合开展保国寺大殿测绘分析与基础研究。测绘分析包括大殿编号编码分析，测绘技术准备；设备测绘与手工测绘相结合，三维激光扫描测绘，手工测绘、补测校验，程度要求紧密测绘，深度测至单个构件；编制测绘数据表；测绘数据分析；勘查照片图库；残损状况调查分析；数字化三维模型与效果演示。学术研究包括大殿测绘数据的扩展分析与研究；大殿现状分析与保护研究；大殿的意义与价值研究；大殿木构技术专题研究；大殿复原研究等。2012 年 12 月出版《宁波保国寺大殿——保国寺大殿勘测分析与基础研究》专著一本。

2011 年至 2012 年与浙江大学联合开展物联网应用。撰写《宁波市保国寺结构健康检测报告》和"海葵"影响下的保国寺结构健康检测报告。报告指出鉴于保国寺的长期安全性，建议考虑安装更为系统的结构监测系统。并建立保国寺有限元模型，通过在极端环境及其结构响应修正有限元模型，获取精确的保国寺有限元模型，并利用该模型对保国寺进行仿真分析，从而评估保国寺稳定性。2013 年至 2014 年与浙江大学计算机学院、浙江大学宁波理工学院、浙江省古建筑设计研究院联合开展国家文物局创新联盟课题——《木构古建筑健康状态分析评估方法》。

第三节　研究出版

一、保国寺研究专著、专文存目

表 5 - 2

书　名	出版时间	编著者	出版单位	定价（元）
《保国寺》	1996 年 4 月	余如龙、郑彭龄	浙江摄影出版社	5
《保国寺规章制度汇编》	1998 年 1 月		内部刊物	
《保国寺画册》	1999 年 9 月	宋兴国摄影	中国摄影社	精 98 简 78
《保国寺砖雕与石刻》	2001 年 11 月	余如龙 郑彭龄	文物出版社	18
《保国寺》	2002 年 12 月	余如龙 郑彭龄	文物出版社	5
购入清嘉庆版《保国寺志》	2002 年 5 月		上下合订本	2000
《古今名人〈咏保国寺诗联选〉》	2003 年春	陈启元等	明州广告公司	20
《东来第一山——保国寺》	2003 年 8 月	郭黛姮 保国寺文物保管所	文物出版社	精 220 简 180
《东方建筑遗产》2007 年卷	2007 年 11 月	余如龙 等	文物出版社	60
《纪念宋〈营造法式〉出版 900 周年暨保国寺大殿建成 990 周年》论文集	2003 年 8 月			
《东方建筑遗产》2008 年卷	2008 年 12 月	余如龙等	文物出版社	80
《东方建筑遗产》2009 年卷	2009 年 12 月	余如龙等	文物出版社	100
《东方建筑遗产》2010 年卷	2010 年 11 月	余如龙等	文物出版社	118
《东方建筑遗产》2011 年卷	2011 年 11 月	余如龙等	文物出版社	120
《宁波保国寺大殿》	2012 年 12 月	东南大学建筑研究所 保国寺古建筑博物馆	东南大学出版社	390
《东方建筑遗产》2012 年卷	2012 年 11 月	余如龙等	文物出版社	120
《带你走进博物馆——保国寺古建筑博物馆》	2012 年 12 月	余如龙等	文物出版社	28
《宁波保国寺大殿建成 1000 周年学术研讨会几座古建筑是学会 2013 年会》论文集	2013 年 8 月			
《精进丹青》	2013 年 10 月	余如龙等	中国民族摄影出版社	220
《摄影集》	2013 年 10 月	余如龙等	中国民族摄影出版社	220
《保国寺新志》	2013 年 11 月	余如龙等	文物出版社	200
《东方建筑遗产》2013 年卷	2013 年 11 月	余如龙等	文物出版社	120

二、相关著述

表 5 - 3

文　章	作　者	所刊刊物
《浙江省的纪念性建筑调查情况》	黄涌泉	《文物参考资料》1956 年 3 月
《浙江省连续发现古代木构建筑》	原件刊登于 1955 年 2 月 18 日浙江日报，转摘自《文物参考资料》	1955 年第 3 期第 159 ~ 160 页
《余姚保国寺大雄宝殿》	窦学智、戚德耀、方长源	《文物参考资料》，1957 年第 8 期，中国建筑研究室
《建国以来发现的古建筑》	陈明达	《文物》，1959 年第 10 期
《第一批全国重点文物保护单位中的古建筑》	文物博物馆研究资料室	《文物》，1961 年第 4 ~ 5 期
《保国寺和六和塔》	王士伦	《浙江日报》，1961 年
《浙江古建筑调查记略》	陈从周	《文物》，1963 年第 7 期
《谈谈保国寺大殿的维修》	宁波市文物管理委员会文物考古组	《文物与考古》，1979 年第 102 期
《祥符招提永留名浙东古刹保国寺》	李林等	《宁波工艺美术》，1981 年第 2 期
《保国寺大殿建筑形制分析与探讨》	杨新平	《古建园林技术》，1987 年第 2 期
《宁波保国寺大殿》	傅熹年	《中国百科大全书》，《考古学》，第 353 页
《保国寺》	林士民	《文物》，1980 年第 2 期
《江南古建之瑰宝——保国寺》	余如龙	2007 年《中国文化遗产》第六期
《探索文保所转型博物馆的成功之路》	余如龙	2010 年《中国文物报》
《宁波保国寺大殿瓜棱柱内部构造初探》	陈勇平、王天龙等	2011 年 04 期《林业科学》
《构建科技监测体系，加强古建科学保护》	余如龙	2008 年《东方建筑遗产》
《浅析宁波保国寺古建筑博物馆的特点和功能》	余如龙	2006 年《浙东文化》
《保国寺的馆藏砖雕》	余如龙	2007 年《浙江文物》
《浅谈保国寺古建筑遗产的保护与维修》	余如龙	2007 年第四届建筑史学会论文集
《浅析浙江宁波保国寺大殿科技保护项目及其应用研究》	余如龙	2008 年中国民族建筑研究会论文集
《宁波保国寺大殿构造特点与地理环境研究》	余如龙	2013 年中国建筑史学会论文集
《保国寺大殿的研究、保护利用与可持续发展》	余如龙	2013 年中国建筑史学会保国寺大殿 1000 周年大会主讲

三、有关文献目录

表 5 - 4

书　名	作　者	出版年月
《保国寺志》两本	敏庵编	清嘉庆十年
重篡《保国寺志》四本	钱三照编	民国十年
《保国寺调查报告》一本	杨新平等	1983 年
《宁波府志》		清康熙版节选
《慈溪县志》	文物博物馆研究资料室	光绪二十五年版节选

第六章　利　用（一）

第一节　概　述

保国寺本身具有多个历史时期建筑，故成为得天独厚的古建筑博物馆，这种自身独具的特色区别于其他博物馆。

2005 年 12 月 8 日，一个以弘扬古建筑文化为专题的博物馆开馆了。保国寺古建筑博物馆定位为"在完整性地保护文化遗产的前提下，真实地展示建筑本体，以大殿为核心，以建筑历史、文化、艺术为主题，反映宁波地区乃至全国、世界优秀建筑成果为办馆方针，传承、弘扬浙东地域和全国优秀灿烂的建筑文化，用建筑的符号和语言诠释建筑历史、艺术、科学价值，打造成具有影响力的古建筑专题博物馆。"

为此，从 2004 年开始对保国寺古建筑群原有陈列体系进行重新规划和大幅调整。经过近两年时间的筹划和准备，完成中轴线的基本陈列 1800 余平方米，专题陈列 2000 余平方米，该陈列在多次征求古建筑和博物馆专家、学者、社会人士意见的基础上，由上海博物馆研究员、中国博物馆协会陈列艺术委员费钦生先生担任总设计师，上海博物馆研究员、原副馆长李俊杰先生监制陈列设计和布展工作。

第一展厅（天王殿）

介绍保国寺的历史沿革、外部环境和古建筑群的整体布局。

第二展厅（大殿）

大殿本身是一座原汁原味的极其珍贵的文物极品，作原真性的展示。

第三展厅（观音殿）

该展厅在原有建筑基础上布置展线，展示千年木构祥符殿的文化、技术成就。

第四展厅（藏经楼）

大殿与《营造法式》。通过大殿与中国现存古代官方对建筑最规范的典籍之间的联系，揭示其是我国 11 世纪初最先进木构建筑技术的代表范例。

西厢建筑陈列

作为古建筑构件配套陈列的三雕——石雕、砖雕、木雕也同时开放。三雕的点缀、藻饰作用具有撷美与"画龙点睛"之妙，使疏朗、单调、框架式的建筑主体顿时因之而富丽堂皇，充满生气。

东厢建筑陈列

东厢建筑按功能分为科技保护中心、钟楼和临时陈列三大块，作为固定陈列的补充。

第二节　馆　藏

一、器物（大钟，编钟、编磬，龙洗，碑碣，三雕）

（一）大钟

保国寺钟楼随脊枋上悬挂一口大铜钟，高 1.8 米，口径 1.35 米，重 1.5 吨，为清咸丰四年（1854 年）僧兰斋重铸。钟上部一圈有 36 尊佛像，中间腰部一圈 48 尊佛像，有八卦图、"…捐钱…"字样。及保国寺二十四世住持方丈醇如撰有《铸钟记》。

（二）编钟、编磬

同治十二年　编钟 18：

大吕	夹钟	信南吕	應钟	林钟	夷则
黄钟	太簇	无射	钟吕	信夷则	南吕
信應钟	蕤宾	姑洗	信无射	镈钟	镈钟

编磬 14：

夹钟	夷则	无射	仲吕	林钟	夷则	大吕
應钟	蕤宾	特磬	姑洗	特磬	信无射	姑洗

2003 年 11 月，从湖北随州购入编钟 38 只，编磬 32 块等乐器一套。

（三）龙洗

"洗，承盥洗者弃水器也"，是我国古代日常盥洗用的一种青铜器皿，犹如今天的洗脸盆。一般铸成圆形，敞口，平腹或敛腹，平底，内底常用双鱼或双龙作装饰，并铭吉祥语或纪年。

喷水洗是我国明代工匠的杰出创造。

保国寺收藏的这只喷水龙洗因其腹内铸有两条青铜蛟龙，故名。腹内铭有"子子孙孙宝用"六个字。此洗浅腹（10 厘米）、平底（上口径 35 厘米，底径 25 厘米）、口沿宽边（5 厘米），边上立有两只对称的半环形铜耳（耳高 6 厘米、长 7 厘米）。

玩此洗时，先用肥皂洗去手上的油腻，以增加摩擦力。然后双手摩擦器耳，很快铜洗会发出悦耳的蜂鸣声，随着音响的增长，原先洗内平静的水面渐渐产生振荡激烈的波纹，最后从洗壁的四个方向喷溅出无数水珠，上下交错。水高盈尺，犹如喷泉。仔细观察，还会发现，这不停喷溅的水珠好像是从两条青龙口中轻轻吐出；悉心玩味，又会感到器耳的转角处最灵敏，最易激起振荡。

龙洗喷水，是利用物理学上的共振原理。当人手施加在器耳上的摩擦力的作用力频率与龙洗的固有频率相同或接近时，就出现共振，产生最大振幅。振动波传到铜盆体周壁，由于入射波与反射波的相互叠加，形成驻波，就发生水珠飞溅不歇的现象。

另外，由于摩擦能刺激手心诸穴位，龙洗还有明显的健身功能，所以它一直是宫廷推崇的健身器械之一。

（四）碑碣

古人结绳而为文字，有象形、形声、会意、指事（转注、假借）。文字出现后，记尽繁荣昌盛、衰落颓败。文字刊刻在碑碣上，得以长久流传，或表扬先贤德行，或垂示后辈，或者树立田园之疆界以防别人之侵蚀，或记功德之姓名，使后人钦仰。

保国寺石碑石刻流传至今所剩不多，但弥足珍贵。或历史悠久，或书法秀劲。兹将唐、宋、明、清、民国各时期碑碣择其完好者记录如下。

1. 造石佛座记

在保国寺大殿佛座后面须弥座束腰部有一块碑，名为"造石佛座记"碑，长52厘米，宽23厘米。碑刻全文如下：

> 明州管内都僧正国宁寺传天台教观，赐紫智印大师，约之同弟子陈延咏、延绍，妻孔十四娘，弟新妇夏十一娘，男世卿、世清，弟子丁彦隆、彦昌，寿母徐念五娘，妻陈小二娘，弟新妇龚小五娘，男公明、公升等，同施净财，制造精进院。大殿内石佛座一所，式衰巨利，奉答四恩，用资三有，仰乞玉相垂明，诸天昭鉴。时壬午崇宁元年五月□日谨记。石匠许明礼、住持沙门约文。

2. 一碧涵空

净土池位于天王殿后、大殿月台前，长14米，宽6米。池开挖于南宋绍兴年间，当时种四色莲花，两支地下水脉流归于此。明代，御史大夫颜鲸题"一碧涵空"四字，笔力遒劲，气势恢弘，两边直联"天光开图画"、"山翠入波纹"。清代，三边加石栏杆。

3. 培本事实碑

碑文记录了保国寺背枕鄮峰，左辅象鼻，右弼狮岩，钟灵毓秀的地理环境和保国寺的历史沿革。骠骑将军隐居，舍宅为寺，初名灵山寺。唐会昌灭佛，寺废。广明元年，可恭尊者为恢复灵山寺前往长安，求雨解除旱灾，此事惊动皇上，唐僖宗李儇赐保国寺额。重建殿宇，巧构奇筑。及至建叠锦亭，筑茅洲闸，泽及百姓。这就是保国寺的本源。作者洋洋洒洒作文，认为要正本固源，希望后继有人，法席弘兴。

此碑在净土池西首壁间，碑高2米，宽0.9米，个别字迹已风化。

碑文如下：

> 盖闻事必有本，本固则安，丛刹之与名门一也。为其忧深虑远，载笔垂言，均之一培本之思而已。兹山亘号灵山，其曰骠骑山者，汉隐骠骑将军故名。为观鞍峰挺峙，象山献盘旋，其毓秀舍光，森然凝结，不可谓非灵异也。若夫寺所由来，缘张侯舍宅开基，名灵山寺。美哉始基，此其本矣。传历六朝，废唐之会昌。吾祖可恭尊者至，见瑶华吐岫，知为复兴之征，偕檀

越许标等鸣之刺史，遂往长安。值关东大旱，民饥，吾祖为跪讽莲典未终，澍雨夹旬，禾黍稑稑，食足民安，随征窈发之芝巢，北奔遏鄘，缘四方奏闻召对，遂请命恢复，许之。俄诏于宏福寺，讲五大部经，越三月而弘法大振。彻讲之诘朝，纶章甫下，祷林有秋，得以苏民保国，是所以报国者也，敕词部以保国之额并紫衣一袭给赐还山，时唐广明元年秋九月也。旋即庇材鸠工，重新殿宇，营构有槐林之柱，罙恩绝布网之尘，巧夺公输，功侔造化，此前祖恢复之事实也。逮宋治平间，更为精进院，仅二百十四年，岂其隆替若斯哉，自是而胜迹衰残，能无感叹？顾自揣荒陋，庇饬良难，幸遇康熙甲子春王始以收缡弛榷，海道遂通，又兼吾资祖辉者佐理，乃敢浮海伐木购材。始葺山门，继修正后两殿，重增檐木角，石布月台，栏围碧沼，左个培陷，右翰峥嵘，凡诸法象，金碧崇辉。起衰救敝，其庶几乎。他若文武帝祠及建叠锦亭，以文记之，诗言"何有何亡，黾勉求之"，即此谓矣。至莫茅洲覆□之患，自是开河剚闸以来，舟子歌风，篙师卧月。郡侯尚公赠额，以功高千古；邑主樊公文序，以禅宿罕俦。乃辞而不受，顾念利济本吾分内而资力出于众输，其又何德以堪？独忆累世梵宫必资理葺，千年胜地代有重兴，慨夫籍毁祖龙，古碑毁没，致失宗系，莫辨灯传。如宋明道间中兴祖赐号德贤尊者，无可考核，不亦悲夫！爰立王贞　珉，略陈颠末，非敢诞词诗功，实则申严后禁。后山来脉，关乎盛衰，但此山亘属东房地师，窥觊者众，神护幸存。余今买作公山，立议勒禁，严培固守，凡我后人，毋鬻葬，毋建塔，毋代荫侵址，违者按清规黜逐，慎之哉！载念殿仪缺略，冷淡香灯，捐赡土腴，永为资斧，庶使琉璃映月，玉篆腾云，凡此皆正本培源事也。其有条例典章开列碑阴，使后者□有据，吾年耄矣，事在来贤，克绍前谟，弘兴法席，亦见予言之立意云尔。时在大清雍正十年岁次壬子九月庚戌朔乙酉上浣吉旦，古灵沙门继法识，孙果一摹勒上石。

4. 灵山保国寺志序碑

序言由光禄大夫费淳所撰。镇海陈尚书丹，其书法秀劲，最为可观。

此碑高1.8米，宽0.93米，在净土池东首壁间。

碑文如下：

城东二十里，有山名灵山，山上有寺，名保国，我邑之名胜也。相传是山又名骠骑山，东汉世祖时，张侯名意者，为骠骑将军，其子中书郎，名齐芳，隐于此山，今之寺基即其宅基，土人因本其父之官以名其山。其实骠骑山为是山之东峰，现有骠骑坪，坪上有骠骑将军庙，离寺二里，众谓是山宜因其旧，而骠骑山从此仍为灵山矣。寺创建于唐，名灵山寺，广明元年始赐今额，而灵山寺从此遂为保国寺矣。宋祥符年间，叔平大师精于禅学，旁及儒书，多所著述。同时南湖十大弟子，推为首领，性刚直，遇事敢言。时郡守郎公谓使其得用于时，可比古汲黯、魏徵，则其人可知矣。师本披剃于此，旋司主席，山门大殿皆以赤手营造，阖郡称为高僧，至今法嗣奉为鼻祖焉。自元迄明，寺之兴废不一，至本朝而圮坏。康熙五十四年，住持显斋大师蘉焉，伤之。鸠工庇材，培偏补陷，未数年而奂轮备美，故寺重新，此皆大有造于保国者也。余凤闻兹山之名胜，而复尝慕叔平、显斋两大师之所为，乾隆丙午冬，奉慈命归骠骑山阴。谒祖墓毕，过灵山保国寺，晤主僧敏庵上人。上人精明端朴，其气象殆于叔平、显斋相侣，因从而询陵谷之变迁、刹宇之兴废，与夫高僧游士之故迹，上人一一陈述如流，余固意其必能畅宗风而恢先绪也，既而出一编以示予，云此古寺志，得之古石佛中，文多残缺，恐久而遂失之也。重加编辑，将付剞氏，以垂不朽，恳护法赐一言以重之。嗟乎！宇内名山古刹莫不有志，以为后人考古之籍、吟咏之资，灵山保国为我邑之名胜，而独可听其寂寂乎？顾今世僧人多以此为不急之务而忽之，而敏庵独慨然有志于斯，是果能恢叔平、显斋之绪，而为兹山光也，爰不辞而为之序。惟志出顾石佛中，人多以为疑，予谓河出图，洛出书，古文尚书五十三篇出自孔壁，周书十卷出自汲冢，阖闾之素书得之包山，子房之兵书得之圯上，事固有怪怪奇奇而不得执常理以相疑者，寺志云乎哉。嘉庆十三年岁次戊辰春月谷旦赐进士出身诰授光禄大夫经筵讲官太子少保体仁阁大学士加三级费淳撰，方丈敏庵和尚监院徒永斋镌石，蛟门陈尚书丹。

5. 山灵寺碑记

镇海任于宗撰写，陈尚书丹。记录山灵寺的来历，山灵寺原为世尊殿，敏庵对其修缮，又拨保国寺田数十亩，命徒守护等。

碑文如下：

山灵寺旧为世尊殿，敏庵上人之所改名也，世尊殿为慈邑东乡古刹，其建置无从详考，殿内向有东岳残碑载。唐天佑二年建，至今供奉东岳神像，盖系道者所居，其后释者居之，增塑佛像，因称为世尊殿耳，尔来殿宇倾颓阒无居人，过之者有世尊尘埃之叹，保国寺敏庵上人徇山下众檀越之请，慨然以兴废为己任，不数年重建大殿、廊屋山门次第修葺庭宇恢拓法像庄严，荒秽之区，焕然一新，又拨保国常住之田数十亩，命其孙胜庵守之，以供香火之资，因具呈具主，请示勒碑，垂诸不朽，其用意亦已勤矣，余闻上人之名已久，岁在壬申偕东乡诸同人游保国寺访上人，适上人主天童方丈，未之见也。见其法嗣永斋自言山灵寺之兴复，实由其师经理之力，暇日，永斋邀余过山灵寺，茶话久之，遂求余作记曰，此吾师之命也，余诺焉，而未遑作，按郡志保国寺为汉张骠骑隐居之地，后遂舍宅为寺，林泉之胜甲于东乡，其寺之东为灵山庙，乃里人所建，以奉骠骑尊神者，而世尊殿在灵山之山阴，故上人改名为山灵寺，云钟鱼梵呗晨夕相闻抑香火因缘亦有待其人而复兴者乎，独念敏庵上人居保国四十余年崇饰殿阁，广置田产具大法力而又能出其馀力以兴复兹寺，绝不存彼此畦域之见，洵有契乎，法门不二之旨者，今上人已圆寂矣，而永斋能继其师之志以蒇成事，又屡请余记而不倦，是其志识有过人者矣，余乃不获辞而为之记。

嘉庆二十五年岁次庚辰仲春上浣谷旦

敕授文林郎原任命武府建宁县知县前充镶白旗觉罗官学教习加三级记录五次镇海任于宗撰

蛟川陈尚书丹

保国寺方丈永斋同徒山灵寺住持胜庵刊立

6. 保国寺斋田碑记

保国寺通南海，僧众参拜普陀大多途经此地，地处偏僻，豫庵尊者为方便僧众，开始置田，经过几代积累，到敏庵有田二百五十余亩。为免田荒废而记。

碑文如下：

乾隆甲寅正月，保国敏庵上人诣余而请曰：敝寺在灵山山下，路通南海，凡僧众之随斋戒
牒而参学于普陀者多从此经过，地处荒僻，既少逆旅，饥无觅食之区，夜乏投宿之处，行路之
难殊为可悯，时衲之始祖豫庵尊者发愿接众，创置地亩，厥后静庵尊者，质庵尊者、明庵尊者
莫不以豫祖之志为志，至本朝显斋尊者暨景庵尊者、体斋尊者、常斋尊者、理斋尊者，又凡六
世继增其事，田亩渐次扩充。岁之癸卯，衲接司主持之事，不敢忘祖德，积岁经理，统计历代
及衲所置，共得斋田二百五十余亩，其册呈明县尹钟公、太守克公、观察左公，并批免派役，
自是过此山而赴南海者，食息无虞，而敝寺之留单应供不致竭蹶，第恐后之主是山者不知创业
之难，以致田有废失，则历祖与衲之心力为徒劳矣。因恳一言勒诸贞珉，永垂后禁。噫异矣，
夫博施济众虽尧舜所病，然圣贤之教未有不施济为事者，乃我观世之业，儒者为身家谋，莫不
至详且悉而存心施济者则千百不一得，保国寺先世既志在置田接济其徒而上人又克丕光前业用
汇厥成，虽所济止于其徒，然使业儒者咸能各济其徒，天下岂有失所之人哉，是何圣贤之所教
业儒者失之而业佛者反得之也，盖自佛法盛于中国，而仁义材智之民多归彼学我道中遂鲜其人
焉，岂不惜哉，岂不惜哉，既书以与上人复不胜感慨系之云。

　　乾隆五十九年岁次甲寅正月谷旦

　　钦赐翰林院检讨加一级以斋冯全修撰

　　住山敏庵和尚徒永斋立石　蛟门陈尚书丹

7. 又斋田碑

乾隆年间斋田碑没记的 220 亩田，以及敏庵时新增的 54 亩余田，字号、亩分等一一刻录
于上。

碑文如下：

　　今将豫祖及历代创置并我师所置田亩除元览斋山灵寺拨归外存田二百五十余亩，其二十九
亩九分零，前已勒石，今复勒未刻入之田二百二十亩零及我师并予所增之田五十四亩八分零其
土名字号亩分，逐一开列于后（字繁不具列）以上开勒之碑田，系本寺法乳堂历代渐次所置，
务农耕作，以保佛火，以济僧众，传诸不朽，毋得荡费，后嗣务要勤俭谨守，不可放逸怠惰，
其田有增无减，恒念先人之创业，必待后人之继承，如有不遵我嘱，任意轻废者，凡我寺一脉
三房须当群聚理斥，追复完全，庶不负我之所嘱也。

　　道光元年岁次辛巳春王月

　　住持方丈永斋同曾孙舟庵监院元孙峰斋镌石

8. 府示禁砍树木碑

嘉庆年间发生苏凤和等哄抢保国寺树木一案，经府衙审理，得到处理。为防止此类事件再次上
演，请府衙发文，禁止无赖前来砍树，否则依法处理。

碑文如下：

　　特授浙江宁波府正堂加五级又军功加二级记录十次姚　为吁恳示禁以保古刹事嘉庆二十二
年八月十八日奉钦命浙江等处提刑按察使司按察司魏　宪札案据慈溪县僧永济遣徒孙峰济赴京

控苏凤和等纠抢一案业经委据杭州府讯明分别问拟徒杖解司审转在案兹据僧永济呈称窃僧控苏凤和等纠抢一案已蒙讯明惟保国寺为慈东名刹门前天大树荫护佛火被苏凤和等纠抢殆尽余剩无几有关风水现欲插秧培养虽一时不能助长冀其日后复茂恐被此案漏究之犯故智复萌呈叩出示永禁等情前来除批示外札府即行出示严禁无赖棍徒毋须再赴该寺强砍滋扰如敢故智复萌许该住持及地保人等指名禀究无稍轻后切速等因奉此合亟出示严禁为此示仰军民人等知悉尔等当思该寺山木荫护佛火嗣后务须恪遵宪示安分守法毋得再赴该寺强砍滋扰如敢悫不畏法仍往砍砟许该住持及地保人等指禀以凭敢拿按律惩办决不姑宽各宜凛遵毋违特示

嘉庆二十二年八月二十六日给　发保国寺宝贴

方丈永济监院孙舟庵嗣孙峰济勒石

9. 永禁寺后营造伐木开凿等碑

由于清乾隆、嘉庆年间在寺后西侧开山辟石，发生风灾。为保护其风水，禁止后人在寺后西侧伐木开凿，道光元年方丈永济立碑。

碑文如下：

寺后西侧系本寺来脉之所乾隆四十一年间偶凿陇石本寺即遭无妄之灾葵丑七夕大风拔树未几又罹讼累嘉庆十八年间围山筑墙移徒木石讼端尤甚斯陇之动静与本寺风水攸关前鉴不远用最后人　再禁寺山毋得出卖茔葬以免后累计开本吞寺山字号趾界

道光元年岁次辛已孟春月

方丈永济再孙舟庵监院峰济镌石

10. 保国寺义塚碑记

盖闻泽及枯骨古圣之仁也能充其类而行之则为义我释氏以慈悲为教即昆虫草木莫不切怜悯之心而况于死无所归之人乎礼曰掩骼埋胔义塚之设盖仿诸此方今圣天子仁风远播四海之遥无一物不得其所履降恩诏凡一乡一邑间皆乡风慕义共捐资以为掩埋之费名曰同善会本寺前此住持当有志于是矣而力有未逮今衲年逾六旬恐不克成其志因除济田外另立册户其田四十一亩开列于后岁收租息捨棺立义塚自后倘有赢余毋须续置田亩是田愈增则所施愈广也后之人继继承承永守勿替庶不负先人之志云尔

道光元年岁次辛已二月穀旦

住山方丈永济同曾孙舟庵监院元孙峰济立石

蛟门陈尚书丹

11. 附古残碑文并跋

一直列一方仅二百余字皆古篆籀文或谓李兆海所撰张侯碑也

一斜截二尺许刊有施财出于一时施田则存记永远之句

一横泐半幅引东林寺记云灵运杂心马迹杳渊明载酒虎溪来之句此必善终修莲社之碑也

一侧断尖底一方刊云五夜峰头望日出平明海底看曦腾云云此乃象鼻峰头望日碑也

旧志跋云右古残碑文四件旧有序不知何人所作序中不详是碑为何代物且并得碑年月日不载但言出碧池底碧池在大殿前前明颜御史鲸题以一碧涵空四字因号其池为碧池则是碑之得非明季则国初也而改碑中辞句唐宋时始有此文法唐以前无之则是碑为唐以后物又无疑旧序又云未出之前就视之池水莹莹有光远望之郁郁葱葱有佳气因遂得碑四比之丰城宝剑光冲牛斗云云则是碑信我寺之宝子孙其敬守之今查残碑亦无存焉惜哉

12. 四明保国寺大殿千年纪念碑

四明有山，名曰灵山，初有骠骑将军庙，故又名骠骑山。山上有峰，名曰象峰，其间有寺，后汉时名曰灵山寺，则释教或已入浙东矣，然终不可考。至唐会昌灭佛，寺遂圮废。尔后广明元年明州国宁寺僧可恭求复，僖宗感其至诚，乃赐紫衣，并敕赐寺额曰保国，此其今名之由来也。

保国寺于北宋间有名僧德贤、德诚等，尝重建大雄宝殿，以中兴寺运，旧志云："星斗昂拱，结构甚奇，为四明诸刹之冠"，盖指此也。其时在大中祥符六年，迄今适已千年矣。德贤尊者，亦奇人也；又名则全，为天台宗山家派四明尊者法智知礼大师亲传弟子之一，向称台教南湖十大弟子之冠。其人性直气刚，敢言人失，平生风节凛然，有如儒者。又传僧义海之琴艺，着有《则全和尚节奏指法》，今尚见录于《琴苑要录》中，或谓乃宋人所辑，明正德时抄，历有铁琴铜剑楼、周梦坡、冯若海、民族音乐研究所等藏抄本。

世道千年，沧桑变幻，莫可名状者，不知几许，而旧时胜迹，淹埋倾颓者，又何止万千，此中盖多天意人力，互为因果，亦未可尽说。今保国寺大殿，梵音早已渺远，檀香久未缭绕；建国以来，已发展为古建筑博物馆，此所谓因时因事而制宜，自有客观必然之道也。今寺内中轴线，皆历代旧构，而宋代大殿居其要中，无非千载因缘所系，益以结构相对完整，几无残缺耗损之处，亦不可谓不奇，其间固多有人为之努力，想亦不乏天道酬勤之应验；盖天人互益，实乃中华文化之精萃也。

大殿建筑，名闻遐迩，今得以垂范千古，足以映衬盛世；上世纪五十年代初窦学智、戚德耀、方长源等发现在先，稍后乃有著名古建筑园林学家刘敦桢、陈从周二教授论证为北宋之木结构殿宇，自此乃成定论，诸先生之功莫大焉。殿之古构，首以无梁见称，而实以镂空之藻井及天花等遮掩之，全殿竟无一落钉之迹，奇技巧思，乃至于斯，力学与美学浑一，后世观者无不赞叹。至若殿内前槽横置斗八藻井者三，或乃吾国最早之例；殿内外用两周铺作，外低内高，正合《营造法式》五等材之意。前檐阑额两端入柱处带有卷杀，亦宋代建筑中唯一吻合《法式》者。柱作瓜棱，或全或半，或四份一；或包镶，或拼合，又或拼料联固之以榫卯，其式或乃吾国之孤例，甚或有出乎《法式》者，宜哉国人其永宝之。大殿之建，固早于奉敕编修之《营造法式》，然大抵可为该书之实证，殆无异议。近读梁思成先生之《营造法式注释》，见其未及于此，若有所憾；适门人自四明考察归，告以大殿后之观音殿，近有宋式莲瓣状带铭柱础出土，或竟为清乾隆十年大殿移梁换柱之遗存也，故尔益信其所更易者，必有宋础在焉。

余廿九年前尝登保国寺，流连于大殿者良久。而建国之后，开放以来，政府尽力保全，其功绩尤可感佩；今该馆余如龙馆长，一再托之以大殿千年纪念碑事，乃敢以勇猛精进一语为之祝。保国寺宋治平间尝名精进院，盖取台教修行五法中之精进义也。《无量寿经》云"志愿无倦"，谨以此与四明诸君子共勉。是为记。

　　癸巳夏至后七日

　　潮安九十八叟饶宗颐撰，门人鄞县郑炜明助撰。鄞县九十三叟高式熊书。

（五）三雕

1. 砖雕

砖雕是建筑装饰形式之一。

　　根据砖雕所处的建筑部位，将建筑砖雕分为砖门楼、影壁；槛头、墙饰；瓦当、瑞兽；砖塔、牌坊及其他五类。

　　门楼是建筑的脸面，砖门楼往往是砖雕集中的部位。影壁是院内外视线较为集中的地方，多以砖、石雕刻加以装饰。墙壁是建筑的围合部分，砖雕相对放置在比较突出、醒目的部位。屋顶的砖饰多集中于瓦垄末端的瓦当、正脊的宝顶及正脊、垂脊、戗脊的脊兽上。砖雕还广泛应用于砖石牌坊及砖塔等单体建筑中。

　　"砖雕"，作为古建筑中装饰性构件，虽非建筑的主体，但是它的点缀、藻饰作用却对建筑内涵的揭示起到了撷美与"画龙点睛"之妙，使疏朗、单调、框架式的建筑主体因之而富丽堂皇、充满生气，成为在古典建筑中工艺性最强的一项专门技艺。

　　（1）砖雕陈列——清·大夫第人文画砖屏

　　保国寺古建筑博物馆内所收藏的16幅大型人文画砖屏内容以"景德、仰才、慕风和亲乡"为主，系"景德"范畴的有"贤母教勤"、"伯牙操琴"、"圯桥授书"、"北海牧羊"、"君子慕莲"、"倪迂洗桐"；系"仰才"范畴的有"博士传经"、"神通特慧"、"东坡读砚"；系"慕风"范畴的有"商山四皓"、"竹林七贤"、"写经换鹅"、"东篱采菊"、"冒雪寻梅"、"孤山放鹤"；熔乡土史地与海防思想于一屏的"候涛题壁"。

　　砖屏规格每幅高2.33米，宽0.51米，仿六抹头木制格扇门形式，分为上、中、下三部分。总面积达19平方米。是清朝盛世——乾嘉时期的大型砖雕艺术精品。

　　此16幅砖屏，雕刻技艺精湛，文化内涵深厚，以中华数千年古贤德行为题材，娴熟运用文史知识，以"君子之德、君子之才、君子之风"为总纲，寓教育于美学鉴赏之中。

贤母教勤

　　铭文：鲁有敬姜，能辨劳逸；子为大夫，不废纺织。

　　图解：敬姜中坐教子，捧持茧筐的儿媳旁侍，公父歜躬身听训。地上的筐或盛茧，或盛丝，榻架上堆积许多织成的绢帛。

　　注释：春秋时期（前770～前476年），鲁国有位大夫，姓公父，名歜；他母亲姓姜，史称"敬姜"。敬姜不因儿子身居高位，却还勤于纺织。公父歜很不以为然，恐怕别人说他不孝顺，不让老母安享清福。儿子从家庭着眼，劝慰母亲该"安逸"了，母亲却从社会考虑，告诫小辈要"勤劳"。敬姜认为，整个国家自上而下人人都应勤于职守。勤则思，思则善心生，可以长久永安；逸则忘，忘则恶心生，大祸即将临头矣！

　　敬姜昼夜勤劳，不敢懈怠，以身作则，垂范后辈；自己以德治家，教子以德治国，在我国历史上被誉为"母仪第一人"。

伯牙操琴

铭文：汗漫归来理七弦，怡情海上学成连；知音独有钟期子，流水高山记昔年。

图解：俞伯牙坐船头即景弹奏琴曲，樵者钟子期坐岸上细听欣赏；所处环境为高山流水，亦即琴曲主题。按：根据记载，钟子期年龄比俞伯牙小十岁，图像所示，则钟子期反显苍老了。

注释：俞伯牙，相传生于春秋时期，善弹琴，其高超琴艺乃长期苦学而成。初，从师成连先生，三年未得其窍。后随成连先生到东海蓬莱山，听闻海潮澎湃、群鸟鸣啼之声，顿有所悟；自此琴艺大精，作曲甚多。钟子期（款识题诗因求押韵，写作"钟期子"）善于听琴，一日，遇俞伯牙，听出他当时所奏琴曲寓意分别是高山和流水。后世遂称知己朋友为"知音"或"高山流水"。他俩人既成知己，相约明年此时此地再见。届期，伯牙至，而子期已去世。伯牙因已失去知音，遂将琴摔破，不复弹奏。这是誉交友之贵在于相知。

圯桥授书

铭文：一卷奇书受，勋成万户侯。曾将黄石订，漫与赤松游。

图解：圯桥之旁，黄石公倚杖授书，张良躬身相接。

注释：张良（前？～前186年），青年时结交刺客，狙击秦始皇未中，逃亡至下邳（今江苏睢宁北），游于圯桥。一位隐姓埋名的老人，深知张良刚强有余而谋略不足，极感可惜，打算狠狠挫折他的锐气，教育他"忍小忿而就大谋"。于是老人故意将自己穿的鞋掉落到桥下，傲然命张良替他拾上来，继而又命他为自己穿上。张良很气愤，但看他年老，强忍着受差遣、做低贱事。老人笑着说"孺子可教！"并嘱咐张良五天后黎明时桥上相会。到约定日期，张良因来迟受责备。重约后，第三次张良先于老人到达。老人于是授以奇书《太公兵法》，嘱张良好好研读，辅助"王者"平天下。老人自称济北谷城山下的黄石即我，后世遂称他为"黄石公"。秦末农民战争中，张良聚众归依刘邦，为其重要谋士，"运筹策帷帐中，决胜千里外"，与萧何、韩信合称"汉三杰"。当秦朝覆灭，刘邦统一之时，张良辞三万户的封赏，而愿就封于户数极少的留（今留坝县），为留侯。后又扬言"愿弃人间事，欲从赤松游"。这是效力邦国、功成身退、不争个人名利的杰出范例，同时也免得帝王猜忌，从而保全了自己。

商山四皓

铭文：商山四皓图

图解：山中二老对弈，另俩观战。其旁石台上置小炉，备烹茶。全然隐士闲适情景。

注释：商山，又名商阪、楚山，在陕西商县东南，地形险阻，景色幽胜。公元前3世纪末，秦皇暴虐，天下大乱。道不行，则君子隐。四位才智卓绝的老人入商山隐居，年皆八十余岁，有盛名，因须发俱白，时称"商山四皓"，也称"雪髯客"。

四位老人是：庾宣明，号东园公；周术，号甪里先生；崔广，号夏黄公；以及姓名不详的绮里季。

西汉之初，高祖（刘邦）敦聘四皓出山，不应。吕后用张良所献之计，令太子刘盈卑辞安车，招得四皓与之同游，因而使高祖认为太子羽翼已丰，消除了改立赵王如意为太子的意图。

博士传经

铭文：老博士九十余。遭秦火壁藏书。帝王典谟天地久，石飞海生终不朽；济南道上存一叟。

图解：伏胜坐，口授《尚书》，旁一少年侍立，弟子晁错等伏案缮录。

注释：伏胜，亦称伏生，济南人，曾任秦博士。秦并六国，建立大一统帝国，为巩固统治，采取了一系列措施，出于钳制思想、达到愚民目的，焚毁了先前六国的史书和民间所藏的儒家经典及诸子书籍。后来，秦末农民战争中，项羽打到咸阳，秦宫官藏的典籍又被他付之一炬。至此，公私图书尽毁无存。过了三四十年，汉文帝即位，礼聘幸存的学者，请他们用记忆背诵的办法来重缮典籍。当时年已九十多岁的伏胜亦被请去，《尚书》共二十八篇都由他背诵出来而录存，晁错等西汉专攻《尚书》的学者都出于他门下。又过半世纪，在孔子旧宅的墙壁中发现《尚书》一部，与伏胜所口传的《尚书》得相印证。

北海牧羊

铭文：丁年奉使向穹庐，皓首完名返虎居；大窖无粮唯仗节，上林有雁可传书。

图解：苏武在风雪中持"汉节"牧羊；旁两胡装小儿嬉戏，空中大雁回首与苏武相视作交语状。

注释：苏武（前？～前60年），字子卿，于汉武帝天汉元年（前100年），以丁壮之年奉命出使无屋宇居穹庐的匈奴地域，被扣留。匈奴统治者多方威胁利诱，并配以胡妻，劝他归降，他意志坚定拒不投顺。先被囚禁在大地窖中，不给饮食，他就窖中积雪解渴，毡毛充饥。后被罚到北海（今贝加尔湖）无人区放牧公羊。十九年中，受尽饥寒折磨，苏武始终拿着汉朝的"使节"（作为国家代表所持的凭证节仗，饰有悬旄）。汉昭帝始元六年（前81年），匈奴与汉和好，汉诓称皇帝于上林苑狩猎，得大雁传来苏武的书信，匈奴无法隐瞒真相，方始遣返苏武，其时他已须发俱白。苏武忠贞不贰的情操，后世歌颂不绝，千古流芳。

竹林七贤

铭文：作赋箦管万个，寄怀潇洒一蓑；竹下嵇王并集，平分衫袖清风。

图解：竹丛之中，竹篱之旁，七位名士正在观赏以竹为题材的画轴。

注释：魏晋之间（3世纪后半期），名士嵇康、阮籍、山涛、向秀、阮咸、王戎、刘伶，因友善而常游于竹林，人称"竹林七贤"，是为清谈家的代表人物。这七人，都擅长文学、精于音乐，蔑视传统的儒家烦琐礼法，主张自然，崇尚老庄哲学。当时统治阶层政治斗争激烈，社会动荡不安，骄奢淫逸风气弥漫。他们为了表示超脱，常借酒醉故作放浪，举止颇多怪诞，以此来保全自己身家。

写经换鹅

铭文：笼得山阴道士鹅，白毛红掌向天歌。只因一册黄庭换，云费羲之墨已多。

图解：王羲之中坐，一侍童捧鹅呈观，另一侍童正纵鹅入池。

注释：王羲之（321～379年），字逸少，山东临沂人，官至右军将军、会稽内史，人称"王右军"。辞官后定居会稽山阴（今绍兴）。东晋大书法家。书法博采众长，推陈出新，一变汉魏质朴的书风，成为妍美流便的新体，为后世书法家所崇尚，史称"书圣"。羲之爱鹅。传说山阴地方有个道士，求王羲之书法不得，特地养了一群肥硕的白鹅，诱王羲之来观赏。王看了不肯离去，提出要买鹅。道士说，您若肯为我写一部《黄庭经》（道教经典），我愿意以群鹅相赠。王羲之答应了，兴意酣畅地写了给道士，笼鹅而归。这本《黄庭经》法帖，成了著名的书法传世名作。

东篱采菊

铭文：解组归来不折腰，葛巾盘旋自逍遥。闲时倚仗门前望，不许春风折柳条。

图解：竹篱旁，置酒具，陶渊明席地坐，侍童采菊插瓶。

注释：陶渊明（365～427年），归隐后更名潜，字元亮，世称"靖节先生"。宅前植有柳树五棵，因自号"五柳先生"，东晋大文学家。曾任彭泽令，鉴于官场黑暗腐败、又不愿卑躬屈膝迎奉上级（所谓"折腰"），辞职归故里柴桑。诗歌多写自然景色，以《归去来辞》最著名。散文则以《桃花源记》影响最大，文中描绘了没有压迫、和平生产、欢乐生活、美景如画的理想社会。田园耕读，爱菊，名句"采菊东篱下，悠然见南山"脍炙人口。典故"不为五斗米折腰"，即出自于陶渊明，不事权贵，为后世所赞誉。文章则推为晋代第一人。

冒雪寻梅

铭文：谁貌风流诗叟形，步随六出索梅英，一支安放奚童背，已有春风到孟亭。

图解：孟浩然冒风雪出游，两家僮随侍，其一背囊中插有梅枝。按实情，孟浩然应是骑驴的。

注释：孟浩然（689～约740年），襄阳籍，唐玄宗时著名诗人，与王维齐名，并称"王孟"。其诗清淡，长于写景，多反映隐逸生活；每无意求工，而清超越俗，正复出人意表。早年隐居鹿门山。年四十，游长安，常于太学赋诗，一座叹伏！后去东南各地游历。曾冒雪以寻梅，说："吾诗思正在风雪中驴背上。"自他始，"踏雪寻梅"也就成了文人雅士的惯例。孟浩然后患疽去世，王维为他画像于郢州（武昌）刺史亭，称之为"浩然亭"，后更署名曰"孟亭"。

神童特慧

铭文：常敬忠年十五，一览万言惊宰辅。右赞神童图。

图解：唐玄宗于便殿召见常敬忠情景。

注释：唐玄宗开元初年，潞州（今山西长治及其附近地区）有位少年常敬忠，十五岁就通晓《五经》，考中了"明经"科，上书皇帝荐举自己，说："一遍诵千言"（千言的文章，读过一遍就能背诵出）。皇帝让他到中书省考试验证。中书令燕国公张说之（即款识中指称的"宰辅"）亲自接见了他，问道："学士一遍诵千言，十遍能诵万言乎？"他答道："未曾自试。"张燕公找了一册罕见的书，要常敬忠读十遍后背诵出来。常敬忠正坐而读，每读一遍便在地上画一划，记读了七遍，起立道："背得出了！"张燕公拿着书，跟着常敬忠流畅清晰的背诵，逐字逐行审查。背诵完毕，结果一字不差。见者莫不嗟叹其记忆力如此之强！即日奏报皇帝。唐玄宗召见了常敬忠，任命为东宫卫佐、直集贤院，侍讲《毛诗》，百余日中三次升迁职务。

孤山放鹤

铭文：林逋，字君复，钱塘人。少孤，刻志为学，喜吟诗，多奇句，不存稿。结庐西湖小孤山，种梅养鹤二十年，足不履城市。仁宗时卒，赐谥和靖先生。不娶无子。教兄子宥登进士。宥子大年为侍御史。

图解：林逋作呼鹤状，两童子随侍；双鹤和鸣，一翔舞，一正振翅。按：据最近考证，林逋系宁波奉化杨林乡黄贤村人，四十多岁才去杭州孤山结庐隐居。

注释：林逋（967～1028年）北宋诗人。长期隐居杭州西湖孤山，吟诗作画、种梅养鹤，终身不仕，也不婚娶，人称他"梅妻鹤子"。当他外出时，纳鹤入笼。有客来访，家僮开笼放鹤。他望见鹤飞，知有客到，便返棹回家。其诗风格淡远，咏梅绝妙佳句"疏影横斜水清浅，暗香浮动月黄昏"（《山园小梅》），最为欧阳修称赏。他的绝笔诗写道："湖上青山对结庐，坟前修竹亦萧疏。茂陵他日求遗稿，犹喜曾无封禅书。"颇以没有做过御用文人，没有为封建帝君歌功颂德而自傲。今孤山"放鹤亭"与"宋处士林和靖墓"为一名胜景点。

东坡读砚

铭文：苏东坡爱研。

图解：苏轼堂前踞坐，一侍童持砚呈观，几上亦置有砚。

注释：苏轼（1037～1101年），字子瞻，号东坡居士，四川眉山人。北宋著名文学家，与父洵、弟辙，合称"三苏"。嘉祐进士，曾出知密州、徐州、湖州、杭州等地，为翰林学士，官至礼部尚书，历仁宗、英宗、神宗、哲宗四朝。因政治见解关系，亦曾两度遭贬至黄州（今湖北黄冈一带）及海南岛等地，最后北还，病死常州，追谥"文忠"。他对书法、绘画、诗、词、散文无一不精，都有创新。书法擅长行、楷，丰腴跌宕，在书法史上为"宋四家"苏、黄（庭坚）、米（芾）、蔡（襄）之首。文章汪洋恣意、明白畅达，在文学史上地位很高，为"唐宋八大家"之一。民间流传着许多关于他的故事，癖爱砚台即为其一。

君子慕莲

铭文：周茂叔性爱莲，作《爱莲说》，以莲比君子。

图解：水榭中周敦颐执扇倚桌，观荷池，一童子凭栏传话，另一傍池采莲插瓶。

注释：周敦颐（1017～1073年），字茂叔，人称濂溪先生，湖南道州人。北宋哲学家、文学家。著作有《太极图说》及《通书》等。他的散文中，以《爱莲说》最为著名，借物咏志抒情，对社会有极大的教育意义。文中说："晋陶渊明独爱菊。自李唐以来，世人甚爱牡丹。予独爱莲之出淤泥而不染，濯清涟而不妖，中通外直，不蔓不枝，香远益清……"把菊花比喻为隐士，暗讽了喜爱牡丹贪图富贵之人，热情地赞颂莲花是君子。特别是"出淤泥而不染"一句，在社会风气不正之时，警示君子们应保持其廉洁品德。

倪迂洗桐

铭文：孤桐百尺挹萧森，疏雨欹斜滴未成，盆水呼童镇日洗，清霜癖染景迁生。

图解：倪瓒执扇坐，指使两童洗拭庭桐。

注释：倪瓒（1301～1374年），初名珽，字元镇，号云林，无锡人。著名画家，与黄公望、吴镇、王蒙史称"元四家"。家境富裕，筑"清閟阁"以藏古书。工画山水，多以水墨为之。所作多取材于太湖一带景色，好作小山竹树、疏林坡岸、汀渚遥岑等平远景色，意境幽淡萧瑟。他的画风，似嫩实苍，简中寓繁，给文人山水画以新的发展。当时江南人以家中有无倪画判雅俗。倪瓒性好洁而迂僻，人称"倪迂"，而自亦如此称。居家时，庭中植有青桐，每日命童仆汲水洗涮桐树，务使不沾尘垢、洁净光鲜，其洁癖由自身而推及庭桐，成为传世韵事。

候涛题壁

铭文：王安石宰鄞，尝书十字于候涛山仙人洞石壁，句云：六国连王处，平倭第一关。

图解：一士子洞壁题句，两童子随侍。

注释：王安石（1021～1086年），字介甫，号半山，封荆国公，世称荆公，江西抚州人。北宋政治家、文学家。庆历进士。神宗时拜相，积极推行新法、倡导改革。初，任鄞县县令，于青黄不接时借官谷给农民，试图免除其受高利贷剥削之苦，有成效。王安石宰鄞时间虽然不长，却是他远大抱负、锐意改革、励精图治思想的实践开始。候涛山题壁十字，则实非王安石所书。按：候涛山即招宝山旧称，王安石生活时代早此五百年，当时尚未有"倭寇"一词及其侵扰。据《镇海县志》："仙人洞……内石门通大海，门外两壁夹峙，左勒'六国来王处'，右勒'平倭第一关'，嘉靖已未卢铠书勒。"卢铠是当时的都督，亦即威远城的主建者。明朝卢铠筑城防倭题壁之事，被移植到宋朝王安石头上，张冠李戴，看似荒唐，实则反映了宁波人民对曾任父母官，爱国爱民，勤政廉政的王安石的感激与缅怀之情。

附：现存保国寺砖屏拆迁工程回顾

现存保国寺的 16 幅砖屏来自乍山乡黄山村的"大夫第"，宅主王严理，字守一。该宅由台门、前厅、后厅等建筑组成，前厅和后厅之间有砖墙分隔，墙中间设一门，门两侧面向后厅的朝北墙体上各嵌有砖屏 8 幅，共计 16 幅。当时该宅由多户农民居住，分隔墙等属公共财产，不属任何个人，因此，能逃过"文革"一劫。得以完整保存实为不易。但这些砖屏均露天嵌在墙上。遭受雨打日晒等自然损坏，再加上常受外来观赏者触摸、拓印等人为损伤，砖屏的表面已开始风化，特别是其下部已出现苏碱现象，如不及时采取保护措施，这些幸存的艺术精品可能会在岁月的风霜中湮灭。因此约在 1983 年上半年时，当时市文管会办公室主任虞逸仲、保国寺文保所所长王子庆及林士民和我研究决定：将其拆迁到保国寺保护。

因是公产，必须征得当地政府的同意、支持。王子庆同志原是洪塘公社的领导成员，与乍山公社的领导等熟悉。因此我们分工，由虞、王二位负责做好乍山公社和当地生产队领导及群众的工作。由我具体负责拆迁工作。

干部与群众的工作进行得比较顺利，得到了当地公社及大队干部的大力支持。并谈妥因拆砖屏必须拆分隔墙，待砖屏拆卸后，分隔墙须修复，修复的经费由保国寺负责，所需经费 120 元，交给当地的生产队，再由生产队派人修复。

接下去是我的任务了。我到现场，仔细观察了砖屏的结构，发现每扇砖屏的上下部从裙板上侧横档处平直分离成上下二大块，而砖屏的芯子部位和裙板部位则按图案内容由不规则形砖块拼接而成，如果一不小心搞乱则很难复原。我仔细丈量了砖屏的尺寸后，回到保国寺，经反复思索，拿出了一个方案：将每扇砖屏分成上下两部分，根据两部分不同的尺寸定制木盒各一只；16 扇共计 32 只木盒，并编上号。

1983 年上半年（具体时间记不清）的一天，拆迁工程动工，拆迁施工由洪塘建筑队承担（负责人为赵阿财师傅），为了保证拆迁施工的顺利进行，我对施工人员进行具体分工，何人拆卸、何人装箱，要求每块砖雕按墙上的位置放置于木盒内，等等，由于准备工作充分，拆卸工程比较顺利，于当日下午完成，并按原计划车运至保国寺。

原市文物管理委员会许孟光

2010 年 6 月

（在全国第二次文物大普查中发现了此屏，并了解到工艺美术部门翻模复制，有损原作，决定迁移保护。）

（2）砖刻十八罗汉

保国寺藏有砖刻十八罗汉，共 9 块，每块高 30 厘米，阔 35 厘米，线条流畅自然。上方刻罗汉名，即：

① 宾度罗跋罗堕阇；迦诺迦伐蹉；

② 迦诺迦跋厘堕阇；苏频陀；

③ 诺距罗；跋陀罗；

④ 迦理迦；伐阇罗伐多罗；

⑤ 戍博迦；半托迦；

⑥ 罗怙罗；那迦犀那；

⑦ 因揭陀；伐那安斯；

⑧ 阿氏多；注荼半托迦；

⑨ 庆友（降龙）；宾头卢（伏虎）。

2. 木雕

根据木雕所处的建筑环境，建筑木雕主要分为以下三类：

① 梁架木雕，包括梁托、瓜柱、坨墩、藻井、天花等构件雕刻。所谓"雕栋画梁"说明了梁架装饰的丰富；

② 檐下雕刻，包括斗拱、额枋、花板、雀替、撑拱、挂落、垂花、栏杆、匾联等构件雕刻；

③ 门窗雕刻，包括门、窗及其细部构件雕刻；另外，与建筑砖雕、石雕不同，建筑木雕在注重雕刻技术的同时，还注重雕刻表面的彩绘装饰，除了木质本色外，彩绘装饰使建筑木雕更为富丽堂皇。

（1）宁波三金

宁波三金指宁波的传统工艺品"三金"：金银彩绣、泥金彩漆、朱金木雕。

朱金木雕

朱金木雕又称漆金木雕，以樟木、椴木、银杏木等优质木材做原料，由浮雕、透雕、圆雕等形成。运用了贴金饰彩，结合砂金、碾金、碾银、沥粉、描金、开金、撒云母、铺绿、铺蓝等多种工艺手段，并涂以中国大漆而成。木雕构图饱满，造型古朴典雅，雕刻精美，内容多是喜庆吉事、民间传说等，具有宁波独特的地方风格。

金银彩绣

原称"金银绣"，即以金银丝线与其他各色丝线一起，在丝绸品上绣成的带有不同图案的绣品。其题材取自民间喜闻乐见的龙凤、如意、百鸟等吉祥图案。其传统特色针法为刺绣"盘金"、"盘银"。宁波金银彩绣风格独特，色彩浓郁，表现力丰富，应用广泛，广受海内外人士欢迎。

宁波泥金彩漆

宁波泥金彩漆以中国生漆为主要原料，制作手法上与汉墓出土的内朱红髹漆、外黑漆描金的木胎漆器有共同之处。生漆"白如雪、红似血、黑似铁"。天然漆液呈乳白色，遇到空气后成为血红色，最后结成黑色的漆膜，达到耐磨、耐蚀、越陈越亮的特性。泥金彩漆的制作技法可分为"浮花"、"平花"、"沉花"三种。所谓"平花"指的是在透明的漆膜下面绘制的花纹，"平花"和"沉花"的工艺手法有贴金、上彩、罩漆、推光、描金、沥粉、拔朱、饰云母罗甸、雨雪、砂金、碾金、泥金、细金等。

（2）千工床

做一张床要花工一千，床内四周雕刻绘画，床外层层楼阁挂画，贴金朱漆极其富丽，而且梳妆台、点心盒、文具箱以及马桶等生活用具一应俱全，床内床外犹如一座小型宫殿。保国寺展出的千工床，制作于清道光七年，是宁波古代镶嵌雕刻的代表作品。

（3）万工轿

"宁波花轿"已成珍稀文物，原镇海"老德昌"贳器店的一座超级"宁波花轿"更推中国独一。

这座金彩炫目、华丽高贵、十六人轮班抬的"宁波花轿"，其上饰有精雕妆金吉庆故事人物三百多个；轿顶四向及中央雕饰重重叠叠的金彩楼台亭阁，称为"五岳朝天"，形成大花帽，"魁星"跃立正中顶尖，独占鳌头；轿全高2.9米。花轿抬起，众多的雕像个个晃动、铮铮作响。花板煌煌，明镜熠熠，宫灯围照，排穗映彩，漂亮！威风！哪个姑娘不想坐一坐！"我是花轿抬来的"自然成为往日媳妇们的豪语。"宁波花轿"的豪华气派，与皇家花轿相比，有过之，无不及。这般规格，在等级制度森严的封建社会里，岂不犯"僭越"之罪？没事，原来这是皇帝敕封给宁波姑娘的殊荣。

（4）宁波传统家具

宁波传统家具，以用材讲究、造型优美、结构紧密、隽永耐看等特点为人们所喜爱。

宁波传统家具大多使用雕刻、镶嵌等手法，雕刻材料多用黄杨、紫檀、红木、花梨、黄榉等高级木材；镶嵌用象牙、螺钿、骨、黄杨木等色泽鲜明的材料，因而在我国家具中独树一帜，驰名中外。

保国寺陈列的这套家具包括千工床、桌、橱、梳妆台等，材料全用红木、紫檀木等硬木制成。红木雕刻，豪华艳丽，有富贵气派；黄杨木嵌，刀工圆浑，典雅大方，文绮清新；镶嵌图案虽十分繁缛，但匀称而有规律，整体效果好，无繁琐之感。

3. 石雕

石雕是指用石头作为雕刻材料，制作成的石像、图案等等。石雕按用途分为石窟和摩崖石雕；宫殿、宅第和园林石雕；碑书石雕等等。保国寺所藏的大多为建筑构件或建筑物附属体的石碑等。

二、著作（含寺志、藏经）

（一）寺志

嘉庆版《保国寺志》，方丈敏庵辑，清嘉庆十年（1805年）付梓。本志分上、下两册，线装合订一本，包括形胜、寺宇、碑文、古迹、艺文及先觉（含先觉言行）等。

民国版《保国寺志》，皈佛弟子钱三照纂，民国十年（1921年）成。本志分四册，宣纸手写线装，包括卷首：山寺全图、预修职名、总目、凡例，卷一至卷一〇：山水、建置、古迹、遗珍、先觉、法语、碑碣、艺文（上、下）、辖院，卷尾：遗唱。本志不见著录，不传于世。

（二）钦赐龙藏

保国寺藏经楼收藏着一部清雍正十三年（1735年）印刷的《大藏经》，至今保存完整，实为珍贵难得。

这部《大藏经》木板印刷，共7173册（原7240册，由于乾隆三次撤经毁版，缺67册）。分藏20橱，橱门有"钦赐龙藏"四个金字。每橱36函，共720函，函套系紫红花梨木匣。每函大都10册。按千字文排列，从天、地、玄、黄到两、疏、见、机止。经卷上、下为黄色银杏薄板做封面封底，白熟宣纸，宋体黑字，折叠成册。每册纵33厘米、横12.5厘米，每页5行，每行17字。每册卷首有"佛说法"白描图，图后为御制前言，前言之后为经卷正文。

《大藏经》是汉文佛教经典的总称，由经、律、论三部分组成，又称《三藏经》，另外还有密藏和撰述。

经藏是佛为指导弟子修行说的理论，从"天"字到"言"字，共284函，主要内容为《大乘》、《宝积》、《阿含》、《般若》、《华严》、《涅槃》、《小乘》。

律藏是佛为他的信徒制定的日常生活所应遵守的规则，从"辞"字到"受"字，共53函，合大乘律、小乘律为一部。

论藏是佛弟子为阐明经义而作的论述，从"傅"字到"通"字，共128函，内容有《释经》、《宗经》。

余下255函为密藏，综合《金刚顶》、《胎藏》、《苏悉地》、《杂咒》；撰述包括西土圣贤撰述（印度）和土著高僧撰述（中国）。

这些佛教经典大多由玄奘、鸠摩罗什、真谛等著名中国佛教翻译家翻译。

这部清刊刻的佛教经典自雍正年间第一次印刷后，全国印刷不到150部，至今保存完整者屈指可数。这部《大藏经》对研究佛学经典和藏经版本有重要的价值。

三、书画楹联

表6-1 保国寺馆藏书画名录

编号	书画	名　称	是否装裱	作者	时间	备注
1	绘画	灵山烟云	裱	朱开益	1985年	
2	绘画	劲松	裱	朱开益	1985年	
3	绘画	天香玉露	裱	吴昌卿	1985年	
4	书法	落花深一尺不用带蒲团	裱	陈从周		
5	书法	春季桃花夏季荷	裱	马济川	1983年	
6	书法	重游播誉岂中土	裱	陈从周	1980年	挂出楹联
7	书法	山门寂寂难留风月	裱	徐园园	1983年	挂出楹联
8	书法	真谛总涵华海露	裱	石惠僧	1987年	
9	书法	竹影松声传道趣	裱	吴　木	1987年	挂出楹联
10	书法	脉发四明中书	裱	吴进贤	1987年	挂出楹联
11	书法	一尘不染　四大皆空	裱	陈　嘉	1984年	
12	书法	薄暮登临景物殊	裱	施南池	1984年	
13	书法	墙角数枝梅	裱	承名世		
14	书法	港城多胜迹　名山含灵光	裱	李庆坤	1987年	
15	绘画	报春（写意）	未装裱	吴昌卿	1985年	
16	绘画	保国寺	裱	王利华	1980年	
17	绘画	灵龙泉	裱	王利华	1980年	

编号	书画	名　称	是否装裱	作者	时间	备注
18	绘画	保国寺（横）	裱	王利华	1980 年	
19	绘画	灵山生云	裱	王利华	1980 年	
20	绘画	山呑藏得古招提	裱	王利华	1980 年	
21	绘画	千年佛殿	裱	王利华	1980 年	
22	绘画	灵山览胜	裱	王利华	1980 年	
23	书法	保国寺题咏	裱	王利华	1980 年	
24	绘画	灵山晚秋	裱	王利华	1980 年	
25	绘画	叠锦台	裱	王利华	1980 年	
26	绘画	春酣	裱		1979 年	
27	绘画	秋山春雨	裱	如　望	1979 年	
28	绘画	风和日暖	裱	邵洛羊	1989 年	
29	绘画	花开红带粉	裱	金鸣秋		
30	绘画	花好月圆	裱	金鸣秋	1963 年	
31	绘画	无题	裱	吴昌卿	1985 年	
32	书法	山呑藏得古招提	未装裱	沈元魁	1988 年	挂出楹联
33	书法	升斗昂拱人巧极	未装裱	沈元魁	1988 年	挂出楹联
34	绘画	雨后青山	未装裱	坚　青	1979 年	
35	书法	风月无比	未装裱	金建扬	1987 年	
36	书法	渊深鱼乐	未装裱	于玉昆	1987 年	
37	书法	古代建筑之瑰宝	未装裱	千家驹	1987 年	挂出楹联
38	书法	钟楼 鼓楼 编钟 编磬	未装裱	沈元魁	1987 年	挂出楹联
39	书法	重游播誉岂中土	裱	陈从周	1980 年	
40	书法	升斗昂拱人巧极	未装裱	张二村	1987 年	
41	书法	东来第一山	未装裱	陈从周	1987 年	
42	书法	迎薰楼	未装裱	陈从周	1980 年	
43	书法	山门	未装裱		1980 年	
44	书法	汉骠骑泉	未装裱	祝　嘉	1988 年	
45	书法	保国寺	未装裱		1988 年	
46	绘画	秋酣	未装裱	陈林干	1985 年	
47		阿育王寺常住田碑	未装裱		1985 年	
48		妙喜泉铭	未装裱		1985 年	
49	拓片	阿育王寺宸奎阁碑	未装裱		1985 年	
50		佛顶尊胜陀罗尼经（东幢）	未装裱		1985 年	
51		妙法莲华经（西幢）	未装裱		1985 年	

编号	书画	名　称	是否装裱	作者	时间	备注
52	绘画	富春江风景	未装裱	施明德	1979 年	
53	绘画	双龙外望	未装裱	施明德	1979 年	
54	绘画	仿红叟	未装裱	施明德	1979 年	
55	绘画	严有光钓台	未装裱	施明德	1979 年	
56	绘画	无题	未装裱	履　光	1979 年	
57	绘画	无题（菊）	未装裱	张华鑫	1979 年	
58	绘画	无题（荷）	未装裱	张华鑫	1979 年	
59	绘画	无题	未装裱	张华鑫	1979 年	
60	绘画	满目青山夕照明	未装裱		1979 年	
61	绘画	笔底山香水香	未装裱	施明德	1979 年	
62	绘画	鳜鱼	未装裱	晴　宇	1979 年	
63	绘画	无题	未装裱	晴　宇	1979 年	
64	绘画	无题（好木）	未装裱	晴　宇	1979 年	
65	绘画	无题（内寿）	未装裱	晴　宇	1979 年	
66	书法	东来第一山	未装裱	沙孟海	1989 年	挂出楹联
67	绘画	帆影落江天	裱	承名世	1984 年	
68	绘画	黄山奇观仙人翻桌	裱	朱开益	1985 年	
69	绘画	风火雷霆	裱	凌　虚	1983 年	
70	绘画	秋晨	裱	朱开益	1985 年	
71	绘画	无题（牵牛花）	裱	林　干	1985 年	
72	书法	大悲阁	裱	徐园园	1987 年	挂出楹联
73	绘画	无题	裱	朱开益	1985 年	
74	绘画	无题（葡萄）	裱	林　干	1985 年	
75	书法	词一首	未装裱	陈　嘉	1984 年	
76	书法	古刹山音志在高远	未装裱	汪道涵	1990 年	
77	书法	宝殿神构留有千古哑谜	未装裱	钱法成	1993 年	挂出楹联
78	绘画	无题	未装裱			
79	书法	桂苑	未装裱	董永芳	1996 年	挂出楹联
80	书法	石蕴玉而山辉	未装裱	陈启元	1997 年	
81	书法	松竹秀而古山水清且闲	裱	陈启元	1997 年	
82	书法	保国之寺	裱	童英强		
83	绘画	保国胜景	未装裱	王利华	1980 年	
84	书法	月桂飘香	未装裱	周节之	2000 年	
85	书法	山灵物秀	未装裱	周律之	2000 年	

编号	书画	名　称	是否装裱	作者	时间	备注
86	书法	石蕴玉而山辉	裱	陈启元	2000 年	
87	书法	仙人桥	未装裱	陈启元	2000 年	挂出楹联
88	书法	清虚法界	未装裱	沈元魁	2000 年	
89	书法	静观自得	未装裱	沈元魁	2000 年	
90	书法	人间清福	未装裱	沈元魁	2000 年	
91	书法	银钩铁画名臣笔	未装裱	沈元魁	2000 年	
92	书法	芳草春回依旧绿	未装裱	李忠庆	2000 年	
93	书法	巍巍古刹	未装裱	李忠庆	2000 年	
94	书法	藏经楼	未装裱	周律之	2000 年	
95	书法	灵龙泉	未装裱	陈启元	2000 年	
96	书法	咀红沁馨	未装裱	陈启元	2000 年	
97	书法	唐代经幢	未装裱	陈启元	2000 年	
98	书法	青楼翠嶂登叠锦以舒啸	未装裱	陈启元	2000 年	
99	书法	既窈窕以寻壑	未装裱	陈启元	2000 年	
100	书法	智化阁	未装裱	陈　醉	2001 年	挂出楹联
101	书法	身心宝典七千册	未装裱	陈　醉	2001 年	挂出楹联
102	书法	北宋德贤塔遗址	未装裱	洪丕谟	2001 年	挂出楹联
103	书法	祖师亭（墓）	未装裱	洪丕谟	2001 年	
104	书法	报本崇德越世纪千年	未装裱	洪丕谟	2001 年	
105	书法	保国禅院	未装裱	洪丕谟	2001 年	挂出楹联
106	书法	头山门	未装裱	洪丕谟	2001 年	
107	书法	观音殿	未装裱	洪丕谟	2001 年	挂出楹联
108	书法	浙东佛教文化博物苑	未装裱	洪丕谟	2001 年	挂出楹联
109	书法	中兴之祖	未装裱	洪丕谟	2001 年	
110	书法	红酥手黄藤酒	未装裱	陆　游	2001 年	
111	书法	揽翠亭	未装裱	陈　醉	2001 年	
112	书法	藏经阁	未装裱	陈　醉	2001 年	
113	书法	智化阁	未装裱	陈　醉	2001 年	
114	书法	青幛翠萝	未装裱	陈　醉	2001 年	
115	书法	咀红沁馨	未装裱	陈　醉	2001 年	挂出楹联
116	书法	巍峨古刹一木擎	未装裱	徐大卫	2001 年	
117	书法	雪里溪头	未装裱	陆　游	2001 年	
118	书法	灵山寺神奇显灵	未装裱	徐大卫	2001 年	
119	书法	华林严清月	未装裱	林邦德	2002 年	

编号	书画	名　　称	是否装裱	作者	时间	备注
120	书法	院内名花互放	未装裱	裘成源	2002 年	
121	书法	巍巍古刹翠微中	未装裱	石军海	2003 年	
122	书法	营构有槐林宝柱巧夺天工	未装裱	王志远	2003 年	
123	书法	梅苑	未装裱	史小华	2005 年	
124	书法	保国寺古建筑博物馆	未装裱	罗哲文	2006 年	
125	书法	三秋独秀	未装裱	陈启元	2008 年	
126	书法	桂花留晚色	未装裱	陈启元	2008 年	
127	书法	石雕	未装裱	陈启元	2008 年	
128	书法	竹园	未装裱	陈启元	2008 年	
129	书法	丹桂飘香	未装裱	陈启元	2008 年	
130	书法	湖山秀美冠	未装裱	李忠庆	2008 年	
131	书法	梅园	未装裱	李忠庆	2008 年	
132	书法	函泉鸣瘦石	未装裱	李兴祥	2008 年	
133	书法	香凝保国	未装裱	李兴祥	2008 年	
134	书法	中华建筑	未装裱	潘云鹤	2008 年	
135	书法	宁波保国寺大殿	未装裱	田宇原	2008 年	
136	书法	浙海关博物馆	未装裱	邹大鸣	2008 年	
137	书法	精进为禅	未装裱	谈锡永	2008 年	
138	书法	名声垂远	未装裱	陈启元	2009 年	
139	书法	幽竹宜居	未装裱	陈启元	2009 年	
140	书法	人寿年丰	未装裱	陈启元	2009 年	
141	书法	国泰民安	未装裱	陈启元	2009 年	
142	书法	烟消松间月	未装裱	方向前	2009 年	
143	书法	经无纬天	未装裱	方向前	2009 年	
144	书法	结茅六年宗风畅	未装裱	余翰东	2009 年	
145	书法	桂馨	未装裱	邹大鸣	2009 年	
146	书法	千年古韵	未装裱	邹大鸣	2009 年	
147	书法	胜日寻芳泗水滨	未装裱	陈启元	2009 年	
148	书法	古风雅韵	未装裱	陈启元	2010 年	
149	书法	千年古建	未装裱	胡茂伟	2010 年	
150	书法	墨香雅集	未装裱	邹大鸣	2010 年	
151	书法	国宝	未装裱	邹大鸣	2010 年	
152	书法	宋代遗构	未装裱	胡茂伟	2010 年	
153	书法	古寺新韵	未装裱	邹大鸣	2010 年	

编号	书画	名　称	是否装裱	作者	时间	备注
154	书法	丹桂飘香	未装裱	陈启元	2010 年	
155	书法	一壁涵空	未装裱	胡茂伟	2010 年	
156	书法	灵谷光影	未装裱	邹大鸣	2010 年	
157	书法	江南一绝	未装裱	余翰东	2010 年	
158	书法	香凝保国	未装裱	胡茂伟	2010 年	
159	书法	千年古建	未装裱	陈启元	2010 年	
160	书法	松秀古水且	未装裱	胡茂伟	2010 年	
161	绘画	背池翠羽	未装裱	王德惠	2011 年	
162	绘画	凌昌	未装裱	吴昌卿	2011 年	
163	绘画	浙江烟雨	未装裱	吴昌卿	2011 年	
164	书法	江南国宝	未装裱	邹大鸣	2011 年	
165	绘画	山水画	裱	王葱葱	2011 年	
166	书法	春色怡人	未装裱	陈林干	2011 年	
167	绘画	东风何时归	未装裱	应硕莽	2011 年	
168	书法	翔远	未装裱	吴朝霞	2011 年	
169	绘画	江南牧牛图	未装裱	何业琦	2011 年	
170	绘画	壮	未装裱	陈林干	2011 年	
171	绘画	品读报国寺	未装裱	盛欣夫	2011 年	
172	绘画	保国寺秋意	未装裱	铁　足	2011 年	
173	绘画	灵山雨后秀保国寺	未装裱	王利华	2011 年	
174	书法	祥符经典	未装裱	盛欣夫	2011 年	
175	绘画	偶然值林	未装裱	王大平	2011 年	
176	书法	云居楼	未装裱	周律之	2011 年	
177	书法	德贤亭	未装裱	沈元魁	2011 年	
178	书法	远上石径斜	未装裱	胡靖磊	2011 年	
179	书法	海纳百川	未装裱	张元瑾	2011 年	
180	书法	精进开先历五世	未装裱	陆爱国	2011 年	
181	书法	精进开先历五世钦承褒	未装裱	沈元魁	2012 年	
182	书法	德贤堂	未装裱	沈元魁	2012 年	
183	书法	千年古刹保国寺	未装裱	胡国光	2012 年	
184	书法	建筑瑰宝千年魂古风	未装裱	陆爱国	2012 年	
185	绘画	灵山藏英	未装裱	邵　冠	2012 年	
186	书法	山吞藏得古招提	未装裱	蒋勇生	2012 年	
187	绘画	古梅新枝闹春开	未装裱	蒋勇生	2012 年	

续表

编号	书画	名 称	是否装裱	作者	时间	备注
188	绘画	萌春	未装裱	应硕莽	2012 年	
189	绘画	桂老香古	未装裱	张 勤	2012 年	
190	绘画	荷枯生佛	未装裱	朱开益	2012 年	
191	绘画	万古英华	未装裱	王承天	2012 年	
192	绘画	建筑瑰宝千年魂	未装裱	王水铨	2012 年	
193	绘画	林泉高致图	未装裱	蒋 勇	2012 年	
194	绘画	新	未装裱	董根友	2012 年	
195	绘画	我爱	未装裱	王 琛	2012 年	
196	绘画	梅鹤同丰	未装裱	潘 敏	2012 年	
197	绘画	甬江秋色	未装裱	金林观	2012 年	
198	绘画	保国寺无题	未装裱	王葱葱	2012 年	
199	绘画	德贤	未装裱	盛元龙	2012 年	
200	绘画	禅宗胜地千年古刹	未装裱	杨浩毅	2012 年	
201	绘画	古刹春霄	未装裱	应伟建	2012 年	
202	绘画	保国寺览胜	未装裱	王复才	2012 年	
203	书法	翠竹誉松	未装裱	王复才	2012 年	
204	绘画	三学法师小像	未装裱	翟万杰	2012 年	
205	绘画	庄周梦蝶	未装裱	顾明辉	2012 年	
206	绘画	灵龙泉	未装裱	黄茂富	2012 年	
207	书法	灵龙泉	未装裱	黄茂富	2012 年	
208	书法	灵龙泉	未装裱	黄茂富	2012 年	
209	绘画	灵山古刹沐春雨宝殿	未装裱	张嗣平	2012 年	
210	书法	古寺闲门	未装裱	姚松奇	2012 年	
211	绘画	无题（亭）	未装裱	胡云泉	2012 年	
212	绘画	桐白云山即景	未装裱	吴宇鸿	2012 年	
213	绘画	古刹重辉	未装裱	蔡肖穆	2012 年	
214	绘画	云烟	未装裱	陈全尧	2012 年	
215	绘画	古寺春晓	未装裱	陈明纲	2012 年	
216	绘画	东来第一山	未装裱	王国瑞	2012 年	
217	绘画	无题（荷）	未装裱	余明海	2012 年	
218	绘画	灵山秋早	未装裱	铁 足	2012 年	
219	绘画	香闻十里迎客来	未装裱	刘文选	2012 年	
220	绘画	馥锦千载	未装裱	贺圣思	2012 年	
221	绘画	幽林梵宇	未装裱	蒋旭峰	2012 年	

编号	书画	名　称	是否装裱	作者	时间	备注
222	绘画	绵　佛	未装裱	金尚斌	2012 年	
223	绘画	紫藤	未装裱	陈　龙	2012 年	
224	绘画	无题（花）	未装裱	罗建民	2012 年	
225	绘画	保国寺处一景	未装裱	郑晓峰	2012 年	
226	绘画	一杆清风	未装裱	吴平安	2012 年	
227	绘画	保国寺藏经楼即景	未装裱	陈林干	2012 年	
228	书法	望日亭	未装裱	陈林干	2012 年	
229	绘画	纪念东来第一山	未装裱	颜亚培	2012 年	
230	绘画	古刹云霭	未装裱	张凌凌	2012 年	
231	绘画	金栗花开	未装裱	李羡唐	2012 年	
232	书法	清隐堂	未装裱	李忠庆	2012 年	
233	绘画	屹立千秋	未装裱	王利华	2012 年	
234	书法	达观	未装裱	胡朝霞	2012 年	
235	书法	猛将碑	未装裱	胡朝霞	2012 年	
236	绘画	灵龙泉	未装裱	陈国飞	2012 年	
237	绘画	品茗萌	未装裱	陈亚非	2012 年	
238	绘画	君风千里	未装裱	何叶琦	2012 年	
239	绘画	双羡图	未装裱	何月桂	2012 年	
240	绘画	君不见黄河	未装裱	叶文夫	2012 年	
241	绘画	繁霜冻雪见清贞	未装裱	潘　华	2012 年	
242	绘画	和风满灵山	未装裱	胡云炳	2012 年	
243	绘画	灵山古刹	未装裱	陈承豹	2012 年	
244	书法	清净山色清净地般若境	未装裱	罗　波	2012 年	
245	书法	飞扬佛头	未装裱	钱建忠	2012 年	
246	绘画	青霞紫雪点青风	未装裱	陈国泰	2012 年	
247	书法	青幛亭	未装裱	赵　翔	2012 年	
248	书法	创业最难今日毋忘前人	未装裱	俞伟文	2012 年	
249	书法	吉祥亭	未装裱	李兴祥	2012 年	
250	书法	楠木科	未装裱	罗超阳	2012 年	
251	书法	象鼻峰	未装裱	杨象富	2012 年	
252	书法	古柏苍松会露面目	未装裱	谭大庆	2012 年	
253	书法	祥云缭绕佛光普照藏经	未装裱	王三五	2012 年	
254	书法	德贤堂	未装裱	宋汉光	2012 年	
255	书法	聚龙隐溪	未装裱	毛燕萍	2012 年	

续表

编号	书画	名　称	是否装裱	作者	时间	备注
256	书法	枫树坪	未装裱	卢文明	2012 年	
257	书法	文武殿	未装裱	马霞维	2012 年	
258	书法	朝元阁	未装裱	林　敏	2012 年	
259	书法	香樟	未装裱	徐鸿辉	2012 年	
260	书法	功德堂	未装裱	裘　颖	2012 年	
261	书法	佛老不受五行束缚	未装裱	鲍宗献	2012 年	
262	书法	河边淑气迎芳草	未装裱	沈洪飞	2012 年	
263	书法	象峰迎日顾	未装裱	施文浩	2012 年	
264	书法	云水堂	未装裱	徐德云	2012 年	
265	书法	海近生云易	未装裱	吕　亮	2012 年	
266	书法	石破亭磐松顶出	未装裱	陈信才	2012 年	
267	书法	訇轰震动觉路开	未装裱	陈炼焦	2012 年	
268	书法	竹径盘行青嶂合松门深	未装裱	夏军寅	2012 年	
269	书法	响石阶	未装裱	陈　炬	2012 年	
270	书法	香灯影息人烟静	未装裱	方向前	2012 年	
271	书法	骇人啼怪鸟	未装裱	张　阳	2012 年	
272	书法	青峦翠嶂叠锦台高朋雅	未装裱	方仲元	2012 年	
273	书法	世外凭临绕户竹风翻妙	未装裱	曹国庆	2012 年	
274	书法	云居楼	未装裱	沈师白	2012 年	
275	书法	白云笼鼓楼	未装裱	石军海	2012 年	
276	书法	膳堂	未装裱	霍旭文	2012 年	
277	书法	骠骑井	未装裱	胡晓东	2012 年	
278	书法	来访灵踪识三宝	未装裱	陆爱国	2012 年	
279	书法	信念虔虔通天阙	未装裱	金巨剑	2012 年	
280	书法	境寂无声洵是西方法界	未装裱	刘　捷	2012 年	
281	书法	怪石不移僧自老古松无	未装裱	徐宏波	2012 年	
282	书法	放大光明	未装裱	吕益军	2012 年	
283	书法	法雨洒禅林莫道人间无	未装裱	黄岳洲	2012 年	
284	书法	螭头回岫生云气	未装裱	罗杰忠	2012 年	
285	书法	叠锦台	未装裱	周律之	2012 年	
286	书法	东厢楼	未装裱	卓珍儿	2012 年	
287	绘画	探幽图	未装裱	王大平	2012 年	
288	绘画	梅花	未装裱	赵建波	2012 年	
289	绘画	山水画	未装裱	童中焘	2012 年	

表 6 - 2　　　　　　　　　　**保国寺现存碑额、匾额和题字**

作者	碑额、匾额或题字
陈从周	重游播誉岂中土　初见相惊已卅年
徐园园	山门寂寂唯留风月　觉路迢迢不到尘嚣
吴羖木	竹影松声传道趣　鸟语花香逗禅机
吴进贤	脉发四明 中书旧址 喜卓锡留光普照大千世界　德宗三学 法相新模 欣传镫永耀 共推第一灵山
李庆坤	港城多胜迹　名山含灵光
王利华	山岙藏得古招提　宫殿岿然结构奇
沈元魁	升斗昂拱人巧极　祥符千载永留名
千家驹	古代建筑之瑰宝　东方文化之精华
汪道涵	古刹山音　志在高远
胡立教	古建名粹　国之瑰宝
钱法成	宝殿神构 留有千古哑谜　灵山精气 护持一方净土
陈启元	松竹秀而古　山水清且闲
郭黛姮	祥符古刹　独放异彩
陈醉	身心宝典七千册 共入真谛海　昼夜弥陀十万声 同登解脱门
王志远	营构有槐林宝柱 巧夺天工　罘罳绝布网凡尘 功侔造化
徐白	精进开先历五世 钦承褒赐　灵峰端拱祝万寿 永籍鸿庥
张性初	古代丛林留瑰宝　东方文化称精华
曹厚德	世外凭临 绕户竹风翻妙偈　阶前伫立 当空水月涤尘襟
王矫	秀气抱灵山 说法讲经能动物　清心皈宝刹 续镫持钵有传人
志园	法雨洒禅林 莫道人间无净土　慈云拥古寺 当知此处即灵山
颜鲸	天光开图画　山翠入波纹
钱三照	从者个地方下几斧头功凿开混沌　是什么伎俩于一弹顷见此楼台
	象峰迎日顾　蛟水带江廻

第三节　陈　列

一、主题陈列

（一）第一展厅（天王殿）

主要介绍保国寺的历史沿革、外部风貌和古建筑群的整体布局。

1. LED 屏

播放保国寺宣传片（如发现保国寺）。

2．模型

陈列品：沙盘，表现了保国寺所处地形地貌、寺院建筑及四周风景名胜等。

3．衬托主题的陈列品

木线刻画和版面，描述了保国寺从汉、唐至清的建置史及营造过程。

左壁：以骠骑将军舍宅为寺、唐僖宗赐额和北宋时期重建大殿为主题，两幅合在一起。

右壁：由宋英宗赐额"精进院"和明清时期保国寺两大部分内容组成。

后壁线刻画主题：保国寺山水形势图，采自《保国寺志》。

4．标识向导

包括参观指南、机构设置、服务项目等。采用触摸屏形式。

（二）第二展厅（大殿）

大殿本身是一座原汁原味的极其珍贵的文物，作原真性展示。为了使观众能直接观赏祖国的优秀文化遗产，在大殿内设置移动式触摸屏及灯架。采用 LED 射灯、显示屏、音响三位一体，对大殿的建筑特点、结构部件等进行互动讲解和灯光照射、图片同步显示。

提示内容：大木结构；当心间大藻井、次间小藻井、补间铺作、转角铺作、柱头铺作、昂、斗拱等，作原物展示。

（三）第三展厅（观音殿）

在原有建筑基础上布置展线 100 余米，主要介绍千年木构祥符殿，通过实物、模型、虚拟展示等形式展示保国寺大殿结构解剖、组合多变等。

1．前言

大殿建于北宋大中祥符六年（1013 年），依据确实，代表着我国乃至世界 11 世纪初最先进的木结构建筑技术。平面布局进深大于面阔。内柱为"四段合"的拼合柱，外形作瓜棱状。大梁用"月梁造"，两肩皆有"卷杀"。斗拱为"重杪双下昂单拱造"，用材粗壮，豪劲有力。铺作中使用长达两椽架的下昂，加强了构架的整体性，根据部位不同，组合方式多变，颇有创意，堪称海内之孤例，极为珍贵，富有艺术魅力。阑额上留有"七朱八白"彩画遗迹，古趣盎然。其科学理念被官方所编的建筑典籍《营造法式》所认可，至今在世界科学史上闪烁着光辉。

2．陈列品

大殿构筑年代：

（1）《宁波府志》、嘉庆版《保国寺志》、光绪时期《慈溪县志》中关于保国寺大殿建造年代的记载。

（2）保国寺目前保留的雍正时期《培本事实碑》、嘉庆时期《保国寺志序碑》。

（3）具有墨书纪年"甲子元丰七年（1084 年）"的补间铺作下昂构件，1975 年维修大殿时发现（实物）。

（4）1981 年，国家文物局科学技术研究所现对大殿斗拱、昂等构件进行碳 14 测定和树轮校正的结果。

大殿的特点：

（1）大殿现状平面图。

（2）大殿复原平面图、大殿复原剖面图、大殿复原立面图。

（3）大小藻井仰视图、剖面图。

（4）斗拱、铺作、昂照片、彩图。

大殿与《营造法式》：

（1）结构布局图。

（2）七等材、五等材实物。

（3）单材、足材实物。

（4）拼合柱、"包镶作"柱子、虾须拱实物。

（5）"七朱八白"彩绘、阑额卷刹实物。

（6）蝉肚绰幕实物。

3. 360 度全景展示

触摸屏配合 360 度全景展示，内容为大殿搭建、骠骑将军和德贤建造大殿的情景。游客动手参与互动虚拟搭建，以加强对古建筑的探索和研究。

4. 结束语

保国寺大殿建造年代比《营造法式》成书年代早 90 年，但它的许多结构作法、斗拱做法乃至装修技法，却与《营造法式》所列之制同出一辙，有的甚至成为《营造法式》之孤例。保国寺大殿不但是编修《营造法式》的基础，而且其营建作法成为见证《营造法式》之典范。

（四）第四展厅（藏经楼）

1. 前言

宋代是我国最伟大的创造时代，工技发明、物质生产、建筑水平达到新的高度，成为我国古代建筑发展的高峰时期。宋代建筑一般较唐代建筑小，但比唐代更为秀丽、绚烂，技艺日益标准规范。本展厅集中再现了那个伟大创造时代的建筑成就，制作了以浙江宁波保国寺大殿为代表的多个现存的宋代及其同时期建筑模型，如同一本中国建筑史的教科书，揭开了最为辉煌的一页。而保国寺大殿正是这页辉煌篇章中承上启下的建筑精品，领衔中国古建筑体系在宋代的宏大转变，为中国建筑史写下浓墨重彩的一笔。

2. 模型

（1）应县木塔模型

应县木塔，全名为应县佛宫寺释迦塔，位于山西省应县城内。1961 年，国务院公布其为全国重点文物保护单位。

建于辽清宁二年（1056 年）。塔高 67.31 米，底层直径 30.27 米，总重量约 7400 吨，在建筑技艺上它与法国的艾菲尔铁塔、意大利的比萨斜塔齐名，被世人称为"世界三大奇塔"。

（2）独乐寺观音阁模型

独乐寺，又称大佛寺，位于天津蓟县城内。1961 年，国务院公布其为全国重点文物保护单位。

始建于唐贞观二年（628 年），据传安禄山起兵叛唐并在此誓师，因"思独乐而不与民同乐"而得名，辽统和二年（984 年）重建。独乐寺现存辽代建筑有山门、观音阁。其梁柱接榫的高超木构手法，成为我国古代木构建筑的代表作而著称于世。

（3）晋祠圣母殿模型

晋祠，位于山西省太原市西南郊悬瓮山麓，因晋水源头而得名。1961 年，国务院公布其为全国重点文物保护单位。

圣母殿创建于北宋天圣年间（1023～1032 年）。正面八根下檐柱上有木制雕龙缠绕，即《营造法式》所载的缠龙柱，这种柱是现存宋代孤例。圣母殿内部采用"减柱法"营造，没有一根柱子，说明宋代在建筑上已掌握了力学原理。

（4）奉国寺大殿模型

奉国寺，又名七佛殿，位于辽宁省义县城内。1961 年，国务院公布其为全国重点文物保护单位。

奉国寺始建于辽开泰九年（1020 年），"宝殿崔嵬，法堂宏敞，飞楼高撑，危阁对峙"描绘其规模宏大。后经历代战火的破坏，今存大雄宝殿（无量殿）碑亭、牌坊等建筑。是今仅存的辽代木结构单层建筑。

（5）华林寺大殿模型

华林寺，位于福建省福州市屏山南麓。明正统九年（1444 年），御赐匾额"华林寺"，并沿用至今。1982 年，国务院公布其为全国重点文物保护单位。

华林寺建于北宋乾德二年（964 年），现存大雄宝殿，虽经后代屡屡修葺，其建筑风格对日本镰仓时期（12 世纪末）的建筑风格如"大佛样"、"天竺样"等有着巨大的影响。

（6）初祖庵大殿模型

初祖庵，位于少林寺西北约一公里的五乳峰下，是宋代为纪念初祖达摩面壁而修建的一座庵院，又称"达摩面壁之庵"。1996 年，国务院公布其为全国重点文物保护单位，2010 年，联合国教科文组织将其作为少林寺建筑群之一，列为世界文化遗产。

初祖庵大殿创建于北宋宣和七年（1125 年），无论是建筑历史、建筑结构、时代特征及石雕装饰艺术，都为中原木石结构建筑之冠。

（7）保国寺大殿模型

保国寺位于宁波江北灵山山岙。大殿重建于北宋大中祥符六年（1013 年），1961 年，国务院公布其为全国重点文物保护单位。

大殿建筑的特点平面布局进深大于面阔，厅堂式构架体系、斗拱用材断面高宽比为 3：2 的结构模数制、以小拼大的四段合瓜棱柱等实例，这些技术作法都与《营造法式》相符，有的已成为海内孤例，其高超结构与艺术，增强整体稳定性，为宋《营造法式》所载记。

（8）镇国寺万佛殿模型

镇国寺，原名京城寺，位于山西省平遥城郝洞村，明嘉靖年间（1522～1566 年）改名为镇国寺，沿用至今。1988 年，国务院公布其为全国重点文物保护单位。

镇国寺始建于五代的北汉时期，后颓圮，仅存万佛殿后一座，建于北汉天会七年（963 年），是中国现存五代时期木结构建筑之典范。

（9）隆兴寺摩尼殿模型

隆兴寺，俗称"大佛寺"，位于河北省正定县城内，始建于隋开皇六年（586 年），初名龙藏寺，唐改龙兴寺，康熙四十九年（1710 年）赐额"隆兴寺"，并沿用至今。1961 年，国务院公布其为全国重点文物保护单位。

隆兴寺摩尼殿建于北宋皇祐四年（1052 年），明、清两代虽有修葺，但主要结构仍与宋《营造法式》相近。梁思成先生曾四次探访，誉其为"重叠雄伟，可以算是艺臻极品。"

（10）东大寺大佛殿模型

东大寺，又称大华严寺，位于日本奈良县奈良市杂司町，始建于 751 年，后毁于战乱，经多次重建。1998 年，与"古都奈良的文化财"组成部分被列为世界文化遗产。

1180 年，南宋明州匠师陈和卿等东渡日本，担任东大寺复建，其建筑结构和风格留有宋朝痕迹，建筑式样更与保国寺大殿具有很深"血缘关系"。

现存东大寺大佛殿于 1709 年建成，为世界最大的古代木结构建筑。

（11）修德寺大雄殿模型

修德寺，位于韩国忠清南道礼山郡德山面德崇山，创建于百济时代（公元前 18 ~ 660 年）。

修德寺大雄殿，建于高丽忠烈王三十四年（1308 年），是韩国现存最早的大造建筑，被列为第 49 号国宝（韩国的最高文物保护等级）。大雄殿的构架与我国南方的建筑十分相近，建筑体系也与保国寺大殿非常相似，说明以保国寺为代表的江浙一带建筑对韩国具有相当的影响，是宁波通过古代"海上丝绸之路"与海外文化交流交往的见证。

3. 李诫塑像

李诫（1035 ~ 1110 年），字明仲，北宋郑州管城（今河南新郑）人。中国古代土木建筑家、《营造法式》一书的编纂者。

宋元祐七年（1092 年）起从事宫廷营造工作，历任将作监主簿、丞、少监等，官至将作监。监掌宫室、城郭、桥梁、舟车营缮事宜。在任期间曾先后主持五王邸、辟雍、尚书省、龙德宫、棣华宅、朱雀门、景龙门、九城殿、开封府廨、太庙、钦慈太后佛寺等十余项重大工程。

二、专题陈列

配合主题陈列的专题陈列有先贤大师雕像陈列，西厢房的三雕——石雕、砖雕、木雕陈列，木作工具展和东厢房的科技保护馆。

（一）观音殿前两厢房的先贤大师雕像

分别是：

建筑鼻祖　鲁班

规划大师　宇文恺

造塔之父　喻皓

中兴之祖　德贤

鲁班（公元前 507 ~ 公元前 444 年），姓公输，名般，春秋时期鲁国人。又称公输子、公输盘、班输、鲁般。中国古代著名的建筑工程家，被建筑工匠尊为祖师。生于一个世代工匠的家族，是我国古代有史书记载的最早的能工巧匠和创造发明家之一。鲁班特别注意对客观事物和自然现象的观察研究，强调实践，在建筑、机械等方面做出了很大贡献。据《事物绀珠》、《物原》、《古史考》、《世本》、《墨子》等古籍记载，鲁班发明了木工用的曲尺、墨斗、钻子、凿子、铲子，生产生活用的石磨、锁、机动木马车，舟战用的钩强，借助风力飞行的木鸟，攻城用的云梯等等。

宇文恺（555～612年），是隋代有名的城市规划、建筑设计大师。复姓宇文，名恺，字安乐，祖上是鲜卑人，出生于长安城（今西安市西北部）。宇文恺长期担任隋朝主管建造方面的官员，主持新建了许多大型建筑项目。他设计督造的工程中以两都的营建及广通渠的开凿最有影响，尤其是他主持建造的隋朝新都大兴城和东都洛阳城，令后代学者为之倾倒，并为后代王朝所仿效，为邻近国家所学习。宇文恺著有《东都图记》、《明堂图议》、《释疑》，除《明堂图议》流传于世外，其他均已失传。此外他还发明了比例尺和模型。

俞皓（？～989年），中国五代末、北宋初建筑工匠，又作预浩、喻浩、喻皓，五代时吴越国西府（杭州）人，生年不详，卒于宋太宗端拱二年（989年）。擅长造木塔。五代末年，修筑杭州梵天寺木塔时，塔身木构架颤动，众工束手，经喻浩指出，把楼板钉在梁架上形成整体后，塔即稳定，说明他对木构架受力情况和加强整体刚度的概念有深刻理解。宋初，他主持修建汴梁（今开封）开宝寺木塔，塔高36丈，八角，11级，先做模型，然后动工，历时八年于989年竣工。相传喻浩曾考虑到汴梁地处平原，多西北风，建造时使塔身略向西北倾斜，以抵抗主要风力。喻浩著有《木经》三卷，是中国古代重要的建筑学专著，在《营造法式》成书前曾被木工奉为圭臬。惜已失传，仅在沈括《梦溪笔谈》中略见梗概。

德贤，尊者施姓，名则全，号德贤，又号叔平。落发于保国寺法智大师门下，为南湖十大弟子之首，旁通诗书，善著述，性直气刚，敢言人失。祥符辛亥复过灵山，居凡六年，山门大殿悉鼎新焉，尊者实为保国中兴之祖。以后殿宇日盛，宗风大畅，尊者之功不亦伟哉！

（二）西厢房的三雕——石雕、木雕、砖雕

石雕历史悠久，在建筑中除了石塔、石桥、石坊、石亭、石墓，更广泛地应用于建筑构件和装饰上。大体分为三类：一是作为建筑构件的门框、栏板、抱鼓石、台阶、柱础等；二是作为建筑物附属体的石碑、石狮、石华表及石像生等；三是作为建筑物中的陈设，如石香炉等。雕刻技法有浮雕、圆雕、沉雕、镂雕和透雕等。

中国古典建筑的样式和装饰构件丰富多彩，这在石雕艺术中也有不同形式的反映。陈列展出的雕花碑额、柱础、石雕山水画等多为建筑构件和附属体。

木雕作品包括朱金木雕千工床、梳妆台、春凳床、衣橱、房前桌、搁儿、座椅等。

砖雕室陈列各种形状的砖雕构架及体量最大的16幅巨型砖雕作品。

（三）西客房的木作工具展

在木建筑的构造过程中，木作工具起到十分重要的作用。俗话说："人巧莫如家什妙"、"三分手艺七分家什"。大致分为测量工具、锯切工具、刨削工具、凿眼工具等。

常用的测量工具有折尺、曲尺、三角尺、墨斗、划线刀、圆规等。木工常用的锯有框架锯和刀锯。刨子按刨身的长短及其用途，可分为长刨、中刨、短刨、线刨、蜈蚣刨等。凿子，常用的有平凿、圆凿、扁凿、斜凿等。另外，木工制作时常用的还有钻、斧子、锤子、木锉等工具。

展览选取了刨、凿、锯等典型的木作工具，使观众对木工工具有了初步认识。

（四）东厢房的科技保护展

东厢房的科技保护展是将大殿监测到的倾斜、震动、沉降等数据以及气象方面的有关数据利用电脑进行处理和储存。图片有气象知识、雷电防御、地震监测、建筑材质等知识介绍。

三、临时陈列

保国寺是第一批全国重点文物保护单位，自2005年底保国寺史迹陈列开放以来，吸引了大量的游客前来参观。保国寺古建筑博物馆与其他博物馆、纪念馆合作，推出"非物质文化遗产展"、"建筑史图片展"、"根雕展"、"明清家具展"、"民俗工艺展"、"中国的世界遗产图片展"、"宁波大学学生暑期写生展"、"虎虎生威古建虎迹寻踪展"、"宁波市书法研究会陈启元先生行草展"、"有害生物防治知识展"、"图说中国古代建筑史展"、"古今名人咏保国寺诗联展"等展览。

随着时代发展和社会进步，公众的精神文化需求水平明显提高，观众对展览的要求也日趋多元化，这对博物馆事业的发展提出了更高的要求。过去传统的陈列手法与单调的展览内容已无法满足新需要。如何办好临时展览，对增加博物馆的展示内容，增强博物馆的活力，是博物馆今后努力的一个重要方面。其中，砖雕展览无论在内容设计，还是在形式设计方面都取得了理想的效果，使观众有耳目一新之感，为保国寺古建筑博物馆临时展览办展水平走上新台阶，开了一个好头。展览成了社会各界关注的热点，《浙江日报》为此还做了专版报道，获得了良好的社会效益和经济效益。

临时展览已成为博物馆对外交流与合作的重要桥梁，对于弘扬中华民族优秀传统文化，丰富博物馆展示内容，增加博物馆对社会各界的吸引力，推进爱国主义教育和社会主义精神文明建设，增强馆际交流，实现文博资源共享，扩大博物馆的知名度等都起到了积极的作用。对博物馆自身而言，通过举办临时展览，充分调动了博物馆广大职工的工作积极性，提高了业务水平，锻炼了队伍，带动了博物馆各项业务工作的顺利开展。

（一）1971年5月"古建筑图片展"

毛主席语录：人民认识自己的历史和创造力量是一件很要紧的事。

第一室：党和国家对文化遗产的重视和保护；国民党反动派、帝国主义破坏我国文物的罪行；工农兵写的革命大批判文章。

第二室：保护保国寺的目的意义，北宋木构建筑特点。

第三室：历代劳动人民的杰出创造；封建剥削阶级霸占劳动成果、残害劳动人民的罪恶例证。

第四室：我国人民在建筑事业方面取得的辉煌成就。

（二）1977年1月"保国寺图片陈列"

第一室：

（1）创建年代：《保国寺志》书影，"造石佛座记"拓片，《营造法式》书影。

（2）建筑特点：梁架、斗拱、藻井、檐柱

第二室：语录导言、保国寺简介、大殿纵剖图、横剖图。

第三室：

（1）秦以前的建筑遗迹——周口店猿人洞、半山遗址、河姆渡遗址、湖北黄陂盘龙城商代宫殿遗址、都江堰、山西长治战国墓铜匜、阿房宫。

（2）汉唐高层建筑和宗教建筑——汉代陶楼、汉画像砖、云冈石窟、东岳寺塔、赵州桥、大小雁塔、南禅寺、佛光寺。

（3）宋至清时期的建筑——独乐寺、应县木塔、晋祠、清明上河图、广济桥、卢沟桥、八字桥、永乐宫、故宫、太和殿、天坛、长陵、定陵、拙政园、豫园、圆明园。

第四室：革命纪念建筑、工业交通建筑、农业水利新建筑。

（三）1984 年 10 月为庆祝中华人民共和国成立 35 周年，调整展室，推出考古成果展览

（1）河姆渡文化，7000 年前河姆渡先民的生产工具。

（2）商～汉古塚中的文物精粹。

（3）世界著名的越窑青瓷。

（4）宁波史迹展。

同时推出文物保护成果展、宁波花轿、碑帖选展陈列室，并保持宁波史迹陈列室，增辟图片陈列室、保国寺大殿陈列室。

（四）1989 年 6 月历史沿革陈列

1. 天王殿陈列

东汉：骠骑将军与其子中书郎隐居灵山；

　　　　舍宅为寺、并叫灵山寺。

唐代：会昌灭佛；

　　　　保国寺名称由来。

宋代：德贤重振保国；

　　　　掘净土池；

　　　　改名精进院。

清代：逐年增建、扩建；

　　　　重修大殿；

　　　　火烧天王殿；

　　　　建藏经楼；

　　　　古刹重辉；

　　　　迁建明代建筑及唐经幢。

2. 大殿陈列

（1）前言。

（2）鸟雀不入梁上无尘。

（3）传说故事。

（4）平面梁架、斗拱、藻井、柱础特点，建殿的历史凭证。

（五）1991年寺内陈列简介

保国寺占地面积13000平方米，建筑面积5700平方米，有12个展室，面积达1800平方米。

天王殿：中间是现存建筑五十分之一的微缩模型，两旁是历史沿革——东汉时称灵山寺；保国寺名称的由来；北宋所建的大殿；清代建天王殿、观音殿，民国时期建藏经楼；新中国成立后历次维修。

大殿作原物的展示与介绍。

观音殿陈列全国各地古建筑、高层建筑照片。

藏经楼上藏经，未对外开放，楼下为婚俗厅，分喜堂、花轿、洞房三间。

西厢房有旧式木床陈列，迎薰楼佛像陈列，西面文物室有青铜器、乐器、明清瓷器、雕刻花板、遗址文物等。16幅砖屏。游客可撞钟、击鼓。

（六）1995年3月17日~5月17日　"清宫帝后用品陈列展"

为贯彻中央《爱国主义教育实施纲要》，对青少年学生进行近代史、现代史和历史唯物主义教育、丰富人们生活情趣，满足人们对清宫廷的服饰、饮食、起居、文化的了解，引进故宫清宫廷生活用品展。首批50件（套）珍贵文物。成人每票5元，团体8折，在藏经楼上单独展出。

展览内容为：

政务　紫禁城是清宫廷的政治中枢，展品有"同治御笔之宝"、"慈禧太后御笔之宝"、奏折盒、红头签、端砚等。

武备　满族人崇尚骑射武功。入主中原后不忘骑射，并以狩猎的形式进行军训，展品有马鞍、腰刀、火枪、撒袋、盔甲、狩猎图等。

娱乐　皇帝和后妃过着悠闲舒适的生活，玩赏书画，听书看戏，或以花鸟虫鱼解闷，多种娱乐成为宫廷生活必不可少的点缀，还有大量精致新奇的钟表贡品。实物有：围棋、松竹梅蛐蛐罐、铜镀金鸟音笼、铜镀金珐琅四明钟、红缎绣云龙男靠、白缎绣云凤女靠。

生活用品　品种齐全，做工精美，用料考究，包括餐具、酒具、烟具、咖啡具、果盒、食盒，从质地上又分为瓷器、银器、珐琅器、漆器等，展品：窑变双耳瓶，铜镀金云鹤洗，银质福、禄、寿星，缂丝福寿花扇，象牙梳具，百兽瓷盘，暖手炉，插丝珐琅水烟袋，紫檀食盒，银镀金酒杯，光绪款暗八仙盘，插丝珐琅大盘，黄地绿二龙戏珠碗等。

召开新闻发布会，宁波市人大教科文委、文化局、文化局文物处、教委、旅游局、园林管理局园林处，宁波东钱湖休养院，江北庄桥工商所，江北洪塘派出所，宁波各报社、电台、电视台等新闻媒体40余代表参加。

展览至1996年2月结束。

（七）1995年6月　"当今世界原始人风情展"

从中国自然科学博物馆协会博物馆理论研究会引进"当今世界原始人风情展"，版面40块，照片约200幅，真实地再现了这些原始人粗陋、原始的生活方式以及狩猎、战争、葬礼、婚俗、信仰等。展览无疑是对人类文化的探求以及加深对人类自身的研究与了解，让观众感受到科学与文化的进步对于人类社会的影响力，从而佐证"科学技术是第一生产力"的真理。它像镜子映照出人类社会原始的过去，又像战鼓激励着人类走向更广阔的科学、文明与进步的明天。

（八）1995 年 11 月天王殿陈列

1. 前言

保国寺是我国长江以南现存最古老木结构建筑之一。据《宁波府志》、《保国寺志》等志书记载，相传寺始建于东汉，因在灵山上，故名灵山寺。唐会昌五年（845 年）灭佛，寺遂废。广明元年（880 年）重建，改名保国寺。宋治平二年（1065 年）曾改名精进院，后又复称保国寺。

保国寺最初由山门、天王殿、大殿等建筑组成，宋代续建方丈室及下院、朝元阁、法堂，并凿了净土池，明代又增建了清隐堂、迎薰楼等，现存寺内建筑大多为清康熙以后重建和增建。

保国寺占地面积 13280 平方米（不包括园林 400 亩山林），建筑面积为 5700 平方米。

1961 年 3 月 4 日，国务院将保国寺公布为全国重点文物保护单位。

四幅壁画（每幅由五幅画面组成）

2. 东汉时期

战功显赫——东汉世祖时骠骑将军张意及其子中书郎张齐芳名声显赫，屡建奇功。

隐居灵山——张氏父子弃官，隐居灵山，啸侣笙鹤。

泽及百姓——发展农业，兴修水利，赈灾，有病给药，百姓称善。

敕封为侯——张意敕封为侯，百姓为纪念他，死后在灵山立庙祭祀。

3. 唐朝时期

会昌灭佛——唐会昌五年（845 年）全国灭佛，灵山寺亦在此时被毁。

奔赴长安——唐僖宗广明元年（880 年）原国宁寺僧可恭为请求恢复灵山寺去长安。

跪莲求雨——时值关东大旱，可恭跪诵莲典三天大雨滂沱，禾穗复苏、万民得救。

僖宗赐额——有司上奏朝廷，僖宗李儇召见，钦赐保国额，灵山寺遂改名保国寺。

4. 宋朝时期

重新建造——祥符年间德贤重建大殿，居凡六年（1013 年），山门大殿悉鼎新。

上梁馒头——从后山定林寺飞来四只馒头粘在保国寺大殿两旁。

飞去斧头——从保国寺飞去两把斧头砍在定林寺的大殿栋梁上。

德贤讲学——尊者为天台教观南湖十大弟子之首，旁通诗书，善著述，讲学精进院。

5. 清代时期

加建重檐——康熙二十三年（1684 年），大殿加建重檐，拨开游巡，成为重檐歇山顶形式。

十八罗汉——大殿三面包以墙壁，新装十八罗汉诸天相。

托梁换柱——乾隆十年（1745 年）重修大殿，移梁换柱，立磉植楹。

观音宝像——乾隆五十二年（1787 年），建观音殿，塑观音宝像。

（九）国际友谊珍品展

新中国成立以后，在党和国家的外交路线指引下，中国人民同世界各国人民进行了广泛的联系，建立了深厚的友谊。这些珍贵的礼品，就是历史的见证、友谊的象征。

北京国际友谊博物馆珍藏着世界各国元首、政府首脑和社会团体馈赠给我国国家领导人的礼品，是我国对外交流频繁的历史见证，代表先进的科学技术、工艺美术水平，反映了各国民俗风情，具有极强的艺术性和观赏性，为广大群众们所喜闻乐见。党政领导把这些礼品交给人民，为我们树立了反腐倡廉的光辉典范。

为贯彻中央六中全会精神，加强精神文明建设，促进港城文明建设，纪念宁波国家历史文化名城公布十周年；为增强中国人民同世界各国人民之间的相互了解和友谊，促进中外文化交流和对我国人民进行爱国主义和国际主义教育；为扩大保国寺影响，发挥爱国主义教育基地优势，激起爱国爱家之情，利用文物推动博物馆间互相交流和联系，特从北京国际友谊博物馆引进"国际珍贵礼品展"。

内容有：双鹤盘、木雕人像、银袋鼠、牙雕等 30 件；木雕字母羚、银錾花酒具、红铜执壶等；银镶螺钿挂盘、银鸡、挂毯、七宝烧花卉盘、草编鱼、瓷敞口圆盘等 33 件；白蜡雕猫头鹰、墨玉鹿头烟缸等 9 件。累积 200 余件。

地点：保国寺藏经楼上。

时间：1996 年 2 月 15 日 ~2003 年 1 月 5 日。

宁波市委宣传部、宁波市教育委员会、宁波市总工会、宁波团市委、宁波市外事办公室、宁波市文化局六家联合发文，组织各机关、工矿企事业、学校及有关单位前来参观。庄重古朴的千年古建与雍容典雅的珍贵礼品交互映辉，为港城人民献上一份珍美的精神食粮，为港城人民增添了节日的情趣。

游客评价如下：参观踊跃；反响强烈；我们的朋友遍天下；扩大眼界，增长见识；名不虚传；反腐倡廉的典范；实在精彩，叫人叹服等等。

这次展览社会效益显著，是一次成功的展览。

（十）中国的世界文化与自然遗产图片展

2002 年 12 月从北京引进"中国的世界文化与自然遗产展"，在东厢房展出。展览由前言、28 处世界文化遗产与自然遗产图片以及世界遗产委员会对这 28 处遗产的介绍组成。图片 90 厘米 ×120 厘米，版面共 32 块。以后又陆续增加了高句丽王城、王陵和贵族墓葬、澳门历史城区、四川三江并流等遗产的图片及介绍。至 2011 年，共介绍了 41 处遗产。

（十一）非物质文化遗产保护成果展

2006 年 4 月在保国寺东厢房展出，由前言、非物质遗产概念、非物质文化遗产图片和结束语组成。版面 80 厘米 ×120 厘米，约 100 幅。

本图片展由宁波市保国寺古建筑博物馆根据 2006 年在国家博物馆举办的"中国非物质文化遗产保护成果展"整理制作而成，充分展现了我国各民族、各地区非物质文化遗产丰富多样，异彩纷呈的面貌，集中反映了我国非物质文化遗产保护工作的丰硕成果，广泛宣传我国政府保护非物质文化遗产的方针政策，以进一步提高全社会对于非物质文化遗产的认识，唤起全社会的非物质文化遗产保护意识，进一步推动我国非物质文化遗产保护工作。

（十二）图说中国建筑史

图片版面 90×120 厘米，共计 90 块。展览大体沿着中国历史发展的顺序，以代表最高水平的宫殿建筑为重点，对城市、宫殿、民居、寺庙、石窟、陵墓、桥梁等建筑的史实，结合相关图片进行介绍。

附：历年展览统计表

表 6-3

时　间	名　称	备　注
1971 年 5 月	古建筑图片展	
1977 年 1 月	保国寺图片陈列	对"古建筑图片陈列"进行调整
1978 年 10 月	宁波文物藏品展	共计展品 405 件
1984 年 10 月	文物保护成果展、宁波花轿展、考古成果展、碑帖选展、并保持宁波史迹陈列、增辟图片陈列、大殿陈列	
1985 年 4 月	天封塔出土文物选展	
1985 年 9 月	宁式家具陈列展	
1986 年 2 月	砖刻十八罗汉佛像	
1987 年 2 月	编钟编磬陈列	
1988 年 10 月	砖雕陈列	
1989 年 6 月	天王殿历史沿革陈列、大殿陈列	
1990 年 5 月	花轿展室改婚俗陈列家具陈列改宁波木床展览	
1991 年	寺内陈列调整	
1994 年	历代钱币展	1996 年 2 月结束
1995 年 3 月	清宫帝后用品陈列展	
1995 年 6 月	当今世界原始人风情大展	
1995 年 11 月	天王殿陈列	
1996 年 2 月	国际友谊珍品展	直到 2003 年 1 月，其间展品调换几次
1996 年 2 月	根雕艺术珍品展	
1999 年 3 月	巍巍中山舰	在张苍水故居展出，同时展出"东方巨人毛泽东图片展"
2000 年 1 月	历代铜观音艺术造像展	130 尊，从北京文物流通协调中心引进，2001 年 5 月结束
	二十世纪科学技术的重大发现与发明	版面 80 块，从中国科技馆引进
2002 年 12 月	中国的世界文化与自然遗产展	版面 31 块
2003 年 11 月	古乐器陈列	编钟 38 只、编磬 32 块、古琴 1 架，从湖北随州购入
2004 年 3 月	名人漫画猜猜猜	63 幅，宁波市群艺馆引进

续表

时　间	名　称	备　注
2004 年 12 月	图说中国古代建筑史展	
2005 年 12 月	保国寺古建筑博物馆基本陈列	
2006 年 4 月	非物质文化遗产保护成果图片展	
2006 年 10 月	根据 16 块砖雕版面内容制成 16 部动漫故事片	
2007 年 12 月	保国寺大殿信息采集与展示	
2007 年 2~5 月	图说中国建筑史图片展	
2007 年 2~5 月	中国的世界遗产图片展	
2007 年 10~12 月	根雕艺术展	
2008 年 9~12 月	优秀书法作品展	
2008 年 3~5 月	图说中国建筑史图片展	
2008 年 5~10 月	根雕艺术展	
2008 年 10~12 月	非物质文化遗产图片展	
2009 年 3~5 月	非物质文化遗产展	
2009 年 3~4 月	古今名人咏保国寺诗联展	
2009 年 7~8 月	保国寺古迹遗址图片展	
2009 年 8~9 月	古风·新韵——宁波大学学生暑期写生作品展	
2009 年 10~12 月	科技保护监测展气象与建筑	
2009 年 10~12 月	先贤大师雕像陈列	
2009 年 4~5 月	古建筑有害生物防治成果展	
2009 年 5~6 月	海上丝绸之路——航标展	浙海关旧址博物馆展出
2009 年 12 月	宁波工业遗产展	浙海关旧址博物馆展出
2010 年 3 月	虎虎生威—古建虎迹寻踪虎文化展	
2010 年 2~3 月	迎春兰花展	
2010 年 5 月	世界非物质文化遗产展	
2010 年 7~8 月	非物质文化遗产——"三金一嵌"展	
2010 年 6~7 月	孔庙青铜礼器展	
2010 年 9~10 月	古建摄影展	
2010 年 11 月	文物消防安全宣传展览	
2010 年 12 月	中国的"海上丝绸之路"沿途非物质文化遗产图片展	浙海关旧址博物馆展出
2010 年 12 月	保国寺环境文化图片展	
2010 年 4~10 月	世博会史迹展	浙海关旧址博物馆展出
2011 年 4~5 月	图说浙江省第一批国保单位展	
2011 年 5~6 月	中国古代海上丝绸之路——沿途非物质文化遗产展	浙海关旧址博物馆展出
2011 年 6~7 月	上栋下宇——中国古代建筑测绘展	
2011 年 6 月	宁波历史文化遗产——浙东古戏台图片展	
2011 年 7 月~8 月	五校联展	浙海关旧址博物馆展出

时 间	名 称	备 注
2011 年 9～10 月	致意晚明——盛欣夫书画展	
2011 年 12 月	洪国锋门票展	
2011 年 12 月	海上丝绸之路航标展	浙江万里学院展出
2011 年 12 月	千年国话说海关	浙江万里学院展出
2012 年 1～2 月	木版年画展	
2012 年 1～4 月	古代观音造像展	
2012 年 4～5 月	事事如意——宁波古代袖珍石雕展	
2012 年 4～5 月	中国汉字发展史展	
2012 年 4～5 月	中国汉字发展史图片展	
2012 年 5～6 月	宁波古代建筑构件展	
2012 年 6 月	洪国锋个人门票收藏展	浙海关旧址博物馆展出
2012 年 6～7 月	王象春花鸟绘画展	
2012 年 6～7 月	古建筑知识 100 问展	宁波工程学院展出
2012 年 8～9 月	历史记忆——粮票展	
2012 年 10 月	历史记忆——粮票展	宁波灵峰学校展出
2012 年 10 月	徐昕写意水墨画展	
2012 年 12 月	浙东古桥展	
2013 年 1 月	古建筑构件展	
2013 年 2 月	国家文津图书获奖展	
2013 年 3 月	慈城钢笔画风景展	
2013 年 3 月	国家文津图书获奖展	宁波灵峰学校展出
2013 年 4 月	"世界第三级"——张柯自驾游滇藏（阿里）新疆摄影作品展	
2013 年 6 月	被遗落的岁月碎片——宁波古城墙旧影展	
2013 年 6 月	"世界第三级"——张柯自驾游滇藏（阿里）新疆摄影作品展	宁波灵峰学校展出
2013 年 7 月	古代观音造像展	
2013 年 7 月	宁波野生鸟类摄影展	
2013 年 9 月	建筑测绘五校联展	
2013 年 11 月	保国寺千年大典书画摄影展	

第四节　保国寺匾额、抱对、说明牌

一、山脚区域

1. 山下头门

牌匾：迎香亭。

横额：白云深处。

抱对：象峰迎日顾，蛟水带江廻。

说明牌：头门，亦作外山门。抬梁穿斗混合式结构，三开间，通面宽8.1米，通进深9.3米，前后有跳托，后面卷棚顶至檐下。这座建筑系1993年6月从宁波市江北区拆迁而来，是清嘉庆年间大夫第的头门。

2. 清音舍

说明牌：清音舍位于保国寺山下桂苑内，坐东朝西七间，通进深8米，通面宽28.5米。

清音舍前有涵秀潭，水从灵龙泉下来，清净碧透。背后青松苍翠，旁边有金桂、银桂200余株，听蝉鸣蛙唱最为相宜。

一径野云深，僧房閟绿阴。淡薄知禅味，清凉养道心。

3. 涵秀潭

说明牌：涵秀潭位于保国寺山下桂苑内，略呈圆形，面积50平方米，深3米。水从灵龙泉潺潺而下，清澈见底。潭旁垂柳依依，红、粉二色桃花格外招人眼目。

4. 香樟

说明牌：樟树是我国珍贵树种，材质芳香，耐腐防虫，纹理美观，根、干、枝叶富含樟脑、樟油，经济利用价值大。树体挺拔，长青寿高，是优良的庭园绿化树种。

此树高25米，胸围3米，冠幅2.6米，树龄330年，为宁波市古树名木之一。

5. 桂苑

说明牌：桂苑位于保国寺山下售票房东北山岙内，灵龙泉以下，涵秀潭北面，面积约一公顷，有金桂、银桂、四季桂、丹桂等多个名贵品种。中秋前后，桂香满园，香飘一公里外，令人陶醉。

6. 仙人桥

说明牌：据《保国寺志》记载：进寺"……由河埠上岸，经石柱牌，曲折蜿蜒，过仙人桥，文武殿在焉。"说明原进寺道路是从东沿山脚而来，仙人桥是必经之路。

此桥系重建，石质圆洞，桥长2米，宽1.5米，桥下溪坑深4米，乱石嶙峋，在桥上观，灵龙泉水飞溅入溪坑，前人有诗云："最是仙人桥畔好，坐看飞瀑出云霄。"桥东桂花林，桥西杨梅林。

7. 灵龙泉

说明牌：灵龙泉是保国寺八支水脉汇总之处，山水汇合为渊潭，悬于山腰。灵龙泉一潭澄净，倒映蓝天。潭沿有舞爪巨龙造型，龙口常年流水跌落溪谷，龙尾隐于临潭山洞中，洞口凿"灵龙泉"三个大字。

灵龙泉水喷飞而下，形成白色匹练，逢雨时，溪谷中溅起无数水珠，氤氲一片，声震远近，摄人心魄。

8. 揽翠亭

说明牌：揽翠亭位于上山进寺道路西边杨梅林中，南首有响石阶，东边灵龙泉、仙人桥，北首有叠锦台。满眼苍翠，尽揽怀中。

亭为六边形，石质。进深、面阔均为4.33米。联曰：登"叠锦"以舒啸，临"仙人"而赋诗。

9. 吉祥亭

说明牌：吉祥亭位于进寺盘山公路中段往西转角处，是寺院范围的最西端，圆形，亭半径3米，面积约15平方米。1973年建。以原吉祥寺（现为福利院）故名命之。

亭中小憩，慈江、鞍山村舍、道路，尽收眼底。

10. 慈江亭

说明牌：为重檐攒尖八角亭，在亭中可远眺慈江，美丽山色尽入眼底。四通八达，沿杨梅林游步道可抵山下，向上既可通青幛亭景区，也可达保国寺景区。是一处休闲、观光的好去处。

二、叠锦台区域

1. 入口正门

牌匾：叠锦台。

抱对：青峦翠嶂叠锦台，高朋雅集聚首亭。

说明牌：叠锦台在保国寺山门外，处灵山半山腰，三面峰环，一面开奇。台上有文武殿，为屋三楹。殿旁有千年香樟、枫树、银杏，树干老拙可玩。

叠锦台及亭为清康熙年间僧显斋所建，嘉靖戊辰僧敏庵同徒永斋重建，民国十年（1921年）一斋拟改建之。1972年宁波市园林部门扩建长廊园林管理和服务用房，长100米，宽30米，今又扩建餐厅三间，观景平台300余平方米。山下阡陌纵横，屋舍俨然，成为主要观景平台。

2. 文武殿

牌匾：文武殿。

抱对：佛老不受五行束缚，圣贤能开万世太平。

说明牌：文武殿（或称二圣殿）为清康熙年间僧显斋所建，乾隆初年，体斋重修，四十五年（1780年）常斋、敏庵重修。民国十年（1921年）一斋改修，解放前曾作为犁耙等农具存放处。

1988年1月拆迁胡家祠堂厢房三间在叠锦台建复文武殿。通进深5.55米，通面宽7.5米，屋顶硬山造。

3. 响石阶

说明牌：响石阶穿杨梅林而过，是通往叠锦台、青幛亭的通道。石阶全长200米，计256阶。

每阶宽 1.2 米，高 0.2 米。顾名思义，响石阶就是人行于阶上，石阶会发出咚咚的声音，脚蹬得越重，回音越响，所以才这样称呼，也有叫鼓音路的。

三、山门区域

1. 山门背面

匾额：人间清福。横额：东来第一山。

抱对一：狮象皈依化叠峦，地灵人杰古今传。

抱对二：山门寂寂惟留风月，觉路迢迢不到尘嚣。

说明牌：山门，亦作内山门，为 1989 年重建，是悬山式建筑，三开间，通面阔 7 米，通进深 4 米。悬"东来第一山"匾，是宁波籍的御史颜鲸于明万历二十二年（1594 年）题书的。颜鲸的题字现由书法家沙孟海重新书写。

山门前立有保国寺作为全国重点文物保护单位的青石标志一方。

2. 水池

牌匾：聚龙隐溪。

说明牌：聚龙隐溪，原潭于 1997 年改扩成消防水池，蓄水量 100 立方米。大雨后，水从"一碧涵空"池而来，池中鱼儿畅游。正面为寺院的天王殿，上悬"保国寺"三字苍劲有力，为游人最佳留影处。

3. 经幢

说明牌：经幢，古代宗教石刻的一种。创始于唐。作柱状，往往用多块石刻堆建而成。柱上有盘盖，大于柱径，刻有垂幔、飘带等图案。柱身多刻陀罗尼或其他经文和佛像等。立经幢的目的是为除一切恶道业障，作功德，祛灾难。

东幢，建于开成四年（839 年），顶为圆柱状，八面形盘盖上翘，似屋檐；柱身为八角形，每面高 1.9 米，面阔 0.25 米，上各刻有一隶书字：唵、摩、尼、达、哩、吽、呗、吒，字下刻佛顶尊胜陀罗尼；座基为莲花瓣，饰六尊佛像。

西幢，建于大中八年（854 年），明洪武二十四年（1391 年）及崇祯九年（1636 年）因倒圮重立。八面形石筑结构，顶无盘盖，柱身高 1.7 米，面阔 0.22 米，座基饰莲花瓣和四尊佛像。刻有"大乘妙法莲华经"，现字迹已漫漶风化。

4. 楠木科

说明牌：楠木为樟科，常绿乔木。木材为建筑和器具良材，富有香气。有紫楠、大叶楠、红楠、宜昌楠等。树龄 125 年。

四、馆内中轴线

1. 天王殿

横额：保国寺。

抱对：精进开先历五世钦承褒赐，灵峰端拱祝万寿永籍鸿庥。

内对：山岙藏得古招提，宫殿岿然结构奇。

说明牌：天王殿始建于宋大中祥符六年（1013 年），清康熙二十三年（1684 年）、乾隆十年（1745 年）两次大修，宣统二年（1910 年）毁于火，现存建筑为宣统三年（1911 年）所建。天王殿为重檐歇山顶建筑，抬梁穿斗混合式结构。平面呈长方形，五开间，通面宽 19.08 米，通进深 10.06 米。

2. 骠骑井

说明牌：骠骑井以附东汉骠骑将军张意舍宅为寺之说而名，井口径 0.44 米，深 10 米。水从石隙缝中源源渗出，特别清冽，以此沏茶，味格外醇厚，而且大旱不涸，大涝不盈。前人留有"苔藓栏壁，空余一鼓幽琴"的词句。

3. 大殿

横额：古刹重辉

内额：精进院、大圆觉满、放大光明。

抱对一：宝殿神构留存千古哑谜，灵山精气护持一方净土。

抱对二：脉发四明中书旧址喜卓锡留光普照大千世界，德宗三学法相新模欣传镫永耀共推第一灵山。

抱对三：营构有槐林宝柱，巧夺天工；罘罳绝布网凡尘，功侔造化。

抱对四：升斗昂栱人巧极，祥符千载永留名。

抱对五：往事依稀渺若烟，阅尽沧桑一千年。

说明牌：大殿是浙江现存已知最早的，也是唯一的宋代木结构建筑。它重建于北宋大中祥符六年（1013 年），大殿现存的结构，大多保存了重建时的形制和构件，有少量构件年代更为久远。不但有较高的科学和艺术价值，同时有近千年的悠久历史，是国内现存重要的木构古建筑。原大殿呈纵长方形，通进深 13.38 米，大于通面宽 11.83 米。

4. 观音殿前左右侧楼

牌匾：东厢楼、西厢楼。

东厢楼说明牌：乾隆五年（1740 年）僧唯庵偕徒体斋营造两楼。乾隆五十二年（1787 年）住持方丈监院比丘敏庵重建东西两廊庑，三开间硬山顶建筑，通进深 6 米，通面宽 8.2 米，屋顶为硬山造。

西厢楼说明牌：（同上）

5. 观音殿

横额：大悲阁。

抱对：世外凭临绕户竹风翻妙偈，阶前伫立当空水月涤尘襟。

内柱抱对：境寂无声洵是西方法界，神空有色来从南海梵音。

说明牌：大雄宝殿后原有法堂。嘉庆《保国寺志》卷二"法堂"条记载："宋高宗绍兴年间僧仲卿建。国朝顺治十五年戊戌（1658 年）西房僧石瑛重修，康熙二十三年甲子（1684 年）僧显斋重修。乾隆五十二年（1787 年）住持方丈监院比丘敏庵重建。"民国九年（1920 年），法堂奉观音菩萨像，改称观音殿。观音殿为重檐歇山顶建筑，正脊两端饰有龙形正吻，通面宽 23.71 米，通进深 11.66 米，前端梢间，尽间紧接东西两庑廊。

6. 藏经楼

横额：藏经楼。

抱对一：从者个地方下几斧头功凿开混沌，是什么伎俩于一弹指顷见此楼台。

抱对二：法雨洒禅林莫道人间无净土，慈云拥古寺当知此处即灵山。

抱对三：此间珍藏法宝曰经曰律曰论总称三宝，者里弥满清净即中即真即俗的指一心。

内柱抱对：祥云缭绕，佛光普照藏经楼；佳木葱茏，法雨均沾荐福堂。

说明牌：藏经楼是全寺中轴线上最后一座建筑，建成于民国二十三年（1934 年）。藏经楼为五开间，楼下通面宽 22.84 米，明间一间 4.9 米，次间两间各 4.8 米，梢间两间各 4.17 米，通进深 7.6 米，前廊深 2.2 米，后廊深 1 米；楼上卷棚顶，明间为抬梁式，其余则采用穿斗与抬梁相结合的结构；屋顶硬山造。

五、东厢南起

1. 东客堂

牌匾：东客堂。

东客堂抱对：不嫌澹泊来相处，若怨清贫去不留；河边淑气迎芳草，林下清风带落梅。

说明牌：东客堂，僧敏庵同徒永斋建于清嘉庆十三年（1808 年）。清宣统二年十月（1910 年）与天王殿一起毁于火。僧一斋募资于 1911 年重建。三开间楼屋建筑，通进深 13.4 米，通面宽 13.8 米。屋顶为硬山造。

2. 功德堂

牌匾：功德堂。

说明牌：功德堂，原作为念佛堂，建于清嘉庆年间，嘉庆十三年（1808 年）改建。三开间楼屋建筑。通进深 11 米，通面宽 13.8 米，屋顶硬山造。

3. 钟楼

牌匾：钟楼。

抱对：訇轰震动觉路开，声出白云万虑空。

说明牌：钟楼，清乾隆十九年（1754 年）僧体斋始建于文武殿东，嘉庆十三年（1808 年），移建今址。钟楼系重檐歇山顶建筑，小青瓦，四角翘起；楼下三开间，通面宽 8.6 米，进深亦相同；楼上面宽 4.59 米，进深 4.64 米。钟楼随脊枋上悬挂一口大铜钟，高 1.8 米，口径 1.35 米，重 1.5 吨。为清咸丰四年（1854 年）僧兰斋重铸。

4. 膳堂（科技展）

牌匾：膳堂。

抱对：信念虔虔通天阙，灵光灿灿护法城。

说明牌：膳堂，原名斋堂，乾隆十九年（1754 年）僧体斋同孙常斋建，至嘉庆十三年（1808 年）僧敏庵同徒永斋改建为五开间楼屋，通进深 1.4 米，通面宽 15.8 米。屋顶为硬山造。南靠钟楼，北连关房。

5. 关房（白蚁展）

牌匾：关房。

说明牌：关房，原作厨房。本平屋三间，乾隆五年（1740 年）僧体斋建，至嘉庆十三年（1808 年），僧敏庵同徒永斋改楼，计四间一弄一披，与法堂东楼弄通，厨房后四小间安鏖缸，通进深 4.27 米，通面宽 17.2 米。屋顶硬山造。

6. 德贤堂

匾额：德贤堂。

抱对：创业最难今日毋忘前日德，守成不易先人犹望后人贤。

说明牌：原为荒基、竹林。2010 年新建成五间的高平屋，坐北朝南。通进深 19.4 米，通面宽 6.4 米。屋顶硬山造。为纪念大殿建造者德贤尊者，挂"德贤堂"匾。今为大型会议室。

六、西厢北起

1. 云居楼

牌匾：云居楼。

抱对：石上清泉松间明月，山光鸟性潭影人心。

说明牌：云居楼，民国二十二年（1933 年）僧一斋新建。10 间 1 弄楼房，通进深 13.3 米，北端二间由于山体逼仄，进深 9 米，通面宽 42.8 米，2004 年 9 月大修。

2. 迎薰楼

牌匾：迎薰楼。

横额：藏经阁。

抱对：身心宝殿七千册共入真谛海，昼夜弥陀十万声同登解脱门。

说明牌：迎薰楼为明僧元衍建，僧宗普重修，桐溪法师若济曾撰记，后毁于火。现建筑为 1983 年从宁波明代旧宅折迁而建。迎薰楼坐西朝东，三开间，通面宽 12.9 米，通进深 9 米；屋顶硬山造，小青瓦；抬梁式，梁架粗大，结构简单。楼前有月台，月台设扶栏。凭栏临风，最宜观四时山色。

3. 清隐堂

牌匾：清隐堂。

说明牌：清隐堂，明弘治年间僧清隐建，后废。清嘉庆十五年（1810 年）改建，通进深 13.8 米，通面宽 19.8 米，屋顶硬山造。1980 年曾落架大修。

4. 鼓楼

牌匾：鼓楼。

说明牌：鼓楼由僧敏庵建于清嘉庆十五年（1810 年），重檐歇山顶，小青瓦，四角翘起；楼下三开间，通面宽 8.55 米，通进深 6.55 米；楼上面宽 4.25 米，进深 4.24 米，内置大鼓一面。

5. 云水堂

牌匾：云水堂。

抱对：梅笼月色白遍野，日衬霞光红满天。

说明牌：云水堂，明崇祯间僧豫庵扩云堂之旧基改造，旁设两庑，至清乾隆元年（1736年）其六世孙显斋移居法堂后，遂废。清嘉庆年间重建，通进深4.2米，通面宽11米，屋顶硬山造。

七、青幛亭区域

1. 朝元阁

匾额：朝元阁。

抱对：一带流传应绕寺，千竿修竹正当轩。

说明牌：根据《保国寺志》记载，朝元阁为宋明道元年所建，后废。2010年拆迁狮子街吴宅，2011年在寺外西北隅，新建楼房五间，通进深12米，通面宽22米。

2. 青幛亭

牌匾：青幛亭。

抱对：竹径盘行青幛合，松门深锁翠烟笼。

说明牌：青幛亭在狮子岩上，八角形，重檐，亭半径3米，东西两面为进出口，亭中设座。竹径盘行青幛合，松门深锁翠烟笼。青幛屏障隐蔽着保国寺，游人都爱亭中坐，不到黄昏不肯回。

3. 德贤尊者墓塔遗址

说明牌：据《保国寺志》记载："尊者之塔在寺西首竹院中，岁久塔没入土，仅露塔上圆顶，塔向正对寺前象鼻峰，右首贴近泥墙，自塔前大松树量至塔下泥墙脚，相距八丈七尺，直下视之，正对大殿之游巡"。现仅存一只六角形石质塔基，塔基下一块石板，石板下一长方形无盖石函朝下覆盖于岩石上，函长30公分，阔、高各20公分。诗云：报本崇德越往事千年，追思先贤临古塔夕阳。

4. 祖师亭

说明牌：位于寺西路矛竹林中，四边形石亭，为纪念德贤尊者所建。亭中石碑正面刻中兴之祖。背面刻：尊者施姓，名则全，号德贤。为南湖十大弟子之首，旁通诗书，善著述，性直气刚，敢言人失。祥符辛亥复过灵山，居凡六年，山门大殿悉鼎新焉，尊者实为保国中兴之祖。以后殿宇日盛，宗风大畅，尊者之功不亦伟哉！

5. 骠骑廊

牌匾：骠骑廊。

说明牌：2009年在寺外西南隅狮岩山脊建廊长30米，宽2.5米。南连青幛亭、试剑石，北连德贤尊者墓塔遗址、祖师亭，游步道相通。西南为黄泥浆潭，有杨梅林、茶园。烂漫名花绕梵宫，凝绿围红只镜中。

6. 骠骑坪

说明牌：寺外西南隅狮岩山脊处有坪，面积约900平方米，为骠骑将军习武之地，骠骑将军劈石为二，名试剑石。南连青幛亭，旁边骠骑廊，北连德贤尊者墓塔遗址，坪下杨梅林、茶园。南望山下阡陌交通，云蒸霞蔚。

7. 狮岩

说明牌：狮岩以其形似蹲狮而名。位于保国寺之右弼，起到屏障隐蔽保国寺的作用。在青幛亭中回望，寺院依稀，发人幽古之思。狮岩多松、杉，又高又密。怪石嶙峋，或大或小。

八、望日亭区域

1. 望日亭

牌匾：望日亭。

说明牌：望日亭在象鼻峰上，八角形，重檐，亭半径3.5米，亭中置一石桌，配凳，亭外有圆形护栏，为观日出最佳位置。

2. 象鼻峰

说明牌：象鼻峰位于保国寺之左辅，形似象鼻，故名。平坦，旧有高台，为观日出之所。"五夜峰头望日出，平明海底看曦腾。"有人曾在峰顶亲睹日月并升、两轮同轨的天文奇景，诗曰："为看日月双联璧，五夜风霜特地来。"是观日出的最佳之地。

3. 梅苑

说明牌：梅苑位于寺院东首象鼻峰下，为保国寺公园梅林景区范围。先期种植腊梅、红梅300余枝。冬赏腊梅、春赏红梅，红黄交替，游人乐而忘返。

4. 枫树坪

说明牌：枫树坪位于寺院东首，平坦一片，有青枫5枝，高大挺拔，树高20米，树龄350年以上。树干老拙可玩，在树下石凳上听蝉鸣，使人烦恼顿消，乐而忘返。

第七章　利　用（二）

第一节　馆属资源

1951 年土地改革时，保国寺保留 329 亩（约 21.9 万平方米）山林属国家所有。

1982 年宁波市郊区办事处根据浙江省 1981 年 64 号文件精神，确定保国寺风景区的山界和林权。

保国寺风景区山界：

东面　望日亭沿往南石块路到外西山，沿山脊 1 号界桩至河口包括园林处修建的机耕路为界。

北面　以电视台南侧附近横路，沿山脊石块路到望日亭。

西面　电视台南侧附近横路端点起，向南石块路，上堂位山和杨梅山往南山脊为界，到福利院东北角口。

南面　以园林处修建的河口机耕路 1 号界桩起自东向西至 2 号界桩到幸福桥的公路路基为界。包括园林处种植的香樟行道树。

由园林处公园沿界立桩（40 块）作为今后分界线的永久标志。南面设界石 1~2 号，西面 2~20 号，东面 22~40 号，北面 21~22 号，共计 40 块。界石一面写园林处，另一面写保国寺，上面为编号。

保国寺风景区，整个面积为 397 亩（约 26.5 万平方米）。1982 年 11 月签发市郊林字第 91 号《宁波市郊区山林所有权证》，1999 年办理土地证。2006 年土地证换证。

保国寺山林资源是自然山林，植被丰富，绿化覆盖率达 90% 以上。西面吉祥寺山土层较薄，树木低矮；保国寺四周黄土层深厚，植被高大。山上以松为主，四周多古树名木，香樟、青枫、银杏，高大挺拔，树龄在 300 年以上。

1972~1975 年期间，市园林部门在保国寺古建筑群四周及道路两旁种下大量香樟、桂花、棕榈、毛竹，以后又种下 500 棵杨梅及大量红梅、腊梅，使寺院四周更加苍翠欲滴。

期间还在保国寺后东北隅建造水库一座，使寺院用水有了保障。盘山公路直达寺门。建造了叠锦台、青嶂亭、望日亭、灵龙泉等景点。20 世纪 80 年代后又增建了仙人桥、揽翠亭、祖师亭等景点，供游客憩息、赏玩。

1992 年 5 月，保国寺公园命名、挂牌。经过几年的兴建，保国寺公园成为人们旅游观光、休闲度假的理想场所，成为宁波人民的后花园。

一、古树名木

保国寺生态环境好，古树名木多，树龄都在 500～800 年间。1992 年 8 月调查计有：香樟 4 棵，枫香 8 棵，银杏 1 棵，黄杨 1 棵，黄榉 1 棵，分布在保国寺建筑群四周（见表 7－1）。

表 7－1

序号	编号	树名	学名	树龄	位置	树高	冠幅
1	C－023－169	枫香	Liquidambar fomosana	560 年	青幛亭上坡处	33 米	8 米
2	C－005－007	香樟	Cimamamum Camphora	700 年	长廊西坡	50 米	30 米
3	C－006－008	银杏	Ginkgo biloba	800 年	长廊西坡	60 米	26 米
4	C－004－006	香樟	Cimamamum Camphora	800 年	长廊西坡	28 米	20 米
5	C－016－162	枫香	Liquidambar fomosana	600 年	寺东面枫树坪	35 米	19 米
6	C－017－163	枫香	Liquidambar fomosana	600 年	寺东面枫树坪	45 米	24 米
7	C－018－164	枫香	Liquidambar fomosana	600 年	寺东面枫树坪	45 米	24 米
8	C－015－161	黄榉	Zelova schneideriana	800 年	东厢房东面	10 米	26 米
9	C－026－172	黄扬	Buxus sinica	320 年	观音殿后东北角	28 米	15 米
10	C－021－167	枫香	Liquidambar fomosana	460 年	寺东围墙外	35 米	20 米
11	C－020－166	枫香	Liquidambar fomosana	260 年	寺东围墙外	23 米	17 米
12	C－003－005	香樟	Cimamamum Camphora	750 年	山下盘车道	35 米	34 米
13	C－022－168	枫香	Liquidambar fomosana	460 年	寺东围墙外	35 米	25 米
14	C－019－165	枫香	Liquidambar fomosana	400 年	寺东面枫树坪	30 米	27 米
15	C－011－157	香樟	Cimamamum Camphora	360 年	寺东面枫树坪	30 米	19 米

二、特色林苑

1. 梅林

12000 平方米，位于寺东侧，种植腊梅 300 余棵，红梅 200 余棵，青梅 50 余棵。

2. 桂苑

占地 4000 平方米，金桂、银桂 160 余棵，四季桂 20 余棵，另有 180 余棵金桂、银桂散落种植在他处，胸径在 6～15 厘米之间。

3. 杨梅林

分别位于入口左侧和寺西黄泥浆潭，占地面积分别为 1 万平方米和 5400 平方米，各有杨梅 200 余棵，树径在 20 厘米以上，品种为慈溪荸荠种。

4. 茶园

位于保国寺西侧狮岩，占地面积 700 平方米。

5. 竹园

保国寺西侧围墙外，占地1万余平方米，种植毛竹1000余棵。

另在天王殿前有楠木4棵，学名 Pnoebe hanmu，科属樟科，常绿乔木。木材为建筑和制具良材，富有香气。有紫楠、大叶楠、红楠、宜昌楠等类别。胸径0.65米，树高12米，冠幅4米，树龄30年，生长强势，群体。

三、野生动植物保护中心

江北区野生动植物保护中心于2003年11月成立。地处宁波市北郊四明山余脉，由保国寺公园、灵山村、鞍山村、荪湖村、慈城古镇组成。以江北区林业局、江北区森林警察大队为第一责任人。中心面积达1万余亩（约666.7万平方米），区域中有荪湖水库、毛力水库等大型水资源，气候温和湿润、四季分明，雨量充沛，现有的自然资源对维护生态系统平衡和稳定具有十分重要的意义。同时，每年有动物保护志愿者放飞各种鸟类上万余只，爬行动物上千只，使保护中心资源更趋丰富。

四、保国寺公园

1991年7月6日保国寺公园规划领导小组关于建设宁波市最大的近郊公园，由宁波市副市长刘培志、陈守义踏勘后，组织宁波市住房和城乡建设委员会、宁波市政公用局、宁波市园林管理局园林处、宁波市文化局文物处、宁波市江北区城建局、保国寺文物保管所、杭州市园林设计院负责同志于1991年7月成立保国寺公园规划领导小组。

由杭州园林设计院承担规划设计工作。

（1）名称：保国寺公园。

（2）性质：以古建筑为主，结合游览观光的市郊区公园。

（3）特点：

　　① 保国寺历史悠久，是国家级的古建筑瑰宝，集唐、宋、明、清、民国等不同时期的建筑风格于一体，北宋建筑大殿保存完好；

　　② 优异的生态环境；

　　③ 优越的地理位置；

　　④ 交通、气候条件俱佳。

（4）布局

表 7 - 2

景区名称	涵秀潭	青嶂亭	灵龙泉	保国寺	望海尖	梅林	总面积
面积（平方米）	83200	94000	53200	99800	145200	249300	724700

① 涵秀潭景区包括涵秀山庄、涵秀潭、万景苑。此景区地理环境较好。东接梅林景区，南邻河道，西接宁波市社会福利院，北靠景区主干道，地势平坦，环境优美，空间开敞，是一处较好的旅

游服务活动用地。

② 青幛亭景区。位于保国寺南,景点有青幛亭、狮子岩、岩石坡、果园等,建设自然型景区,并以岩石、杨梅为游览内容。

③ 灵龙泉景区,主要景点有灵龙泉、仙人桥、灵龙瀑布、石柱牌、清音舍、汲翠阁、叠锦台等。是公园的中心,应充分开发自然景观资源。

④ 保国寺景区。包括保国寺、枫树坪、望日亭、蘑菇岩等。是游览的中心区,着重于保护和管理古建筑群,在原有基础上,加以合理利用,并因地制宜地开发。

⑤ 望海尖景区。包括望海尖和野营基地,在寺北面,松竹成林,景色幽深,设置望海台,开辟野营基地,为青少年开展登山活动提供场所。

⑥ 梅林景区。由梅林观赏区和后勤服务区两个部分组成,包括象鼻峰、骠骑坪。以赏梅为主,观赏与生产相结合,种植大面积的果梅和花梅,游步道构成网络,贯穿梅林中。

1991 年 11 月由宁波市住房和城乡建设委员会牵头,组织召开保国寺公园规划评审会,会议由公园规划领导小组组长翁维卓主持。参加会议者一致认为杭州园林设计院做了大量工作,总体规划方案布局比较合理,保护范围扩大一倍,六个景区各有特色,有利于古建筑群的保护、利用和发展。但还需进一步考虑各个景区绿化的配置问题,要按季相种植各类花卉和树种,并要形成一定的气氛,数量要大,布置要集中。规划实施后,景区保护范围将要超过 60 公顷(60 万平方米),介于公园和风景区之间的规模,建议将“保国寺公园”名称改为“保国寺景区”。与会同志一致赞成将现穿过规划涵秀潭景区的过境公路改线到河南岸布置。停车场位置也要相应迁至后勤管理区一带。

翁维卓传达了刘培志副市长对保国寺公园规划的指示:

(1) 进一步扩大公园景区的保护和控制范围,最好以山脚为界;

(2) 景区规划要有特色,又能吸引人。

1991 年 12 月 10 日,宁波市住房和城乡建设委员会召开保国寺公园规划评审会议。会议由城乡建委副主任徐仲芳主持,宁波副市长陈守义到会并讲话,出席会议的有宁波市人大办公厅、市府办公厅、市城乡建设委员会、市文化局、市规划局、市政公用局,宁波市江北区政府、江北区城建局、江北区费市乡政府,宁波市文物管理所,宁波市园林局、市园林处、市规划院,保国寺文物保管所、杭州市园林设计院等 15 个单位 28 名代表。签发了市城建《关于保国寺公园规划评审会议纪要的通知》〔1991〕221 号文件和市政公管《关于要求设立保国寺公园及公园领导小组的请示》〔1991〕156 号文件。与会代表一致认为,杭州市园林设计院所作的保国寺公园规划内容比较全面,图纸及文字说明均达到一定的深度。规划指导思想明确,景区划分的思路清楚、考虑了景区与保国寺古建筑的协调。景区范围的扩大、绿化配置、道路改造、各种设施的配套等均符合当地实际。纪要如下:

(1) 经过反复比较,认为还是定名为保国寺公园为宜。

(2) 性质以古建筑为主,结合游览观光的市级郊区公园。

(3) 范围在 68.06 公顷(68.06 万平方米)的基础上,结合公园入口处的移位、公路进一步南移、停车场放到河南侧,进一步扩大范围,具体划定绝对保护区、保护区和外围控制区三个层次的界限。

（4）保国寺是整个公园的重点，可以在突出保国寺的前提下，划定一个地域作为与保国寺相协调的有保留价值的古建筑迁入区，以便向古建筑为主的博览会方向发展。

（5）公园内新建的建筑和小品风格、体量、高度、色彩均要与保国寺相呼应。

（6）要注意植物造景，选准树种。杨梅树不宜轻易移位。梅林规划构思有特色。

（7）迁移公墓及公路工作等。

1992年1月10日，宁波市市政公用局《关于要求设立保国寺公园及保国寺公园建设领导小组的请示》（市政公管〔1991〕156号文件）。宁波市市府办公厅批复：

（1）同意建立保国寺公园，在今年适当时候挂牌，公园与管理所实行两块牌子一套班子，归属市文化局领导。

（2）公园建设任务由市政公用局承担，建成一个单体移交一个单体，归公园管理。

（3）公园建设今年先列入前期计划，由城乡建委安排适当资金进行前期工作，明年起列入城建计划，逐年分步实施建设。

（4）公园建成后的养护管理经费届时另行商议核定。

1992年5月11日，保国寺公园命名、揭牌。

1992年11月26日，宁波市副市长陈守义视察保国寺，规划保国寺公园，宁波市文化局李克西、余文康陪同。

1992年12月1日～15日，宁波市园林处工程队在黄泥浆潭13亩土地上种植花桃443棵，红枫325棵，梅树23棵。工程总造价74642元。

1994年2月，宁波市市委书记许运鸿视察保国寺指出："要利用悠久的历史和自然山林，在'寺'、'树'两个字上做文章，加强景点建设、两年初具规模"。

保国寺公园工程，公园总面积从原来的28.8公顷（28.8万平方米），扩大到72.47公顷（72.47万平方米）。公园建设资金按甬政办发〔1992〕148号文件精神，允许采用招商引资的办法解决。

已完成公园勘探、测量1.1平方公里的1：1000地形测图，报市规划局验收合格；委托市城市建筑设计院完成保国寺公园总体规划设计。

五、周界关联景观

保国寺有28.8公顷（28.8万平方米）的自然山林，黛色掩映下，散落着仙人桥、灵龙泉、叠锦台、骠骑坪、望日亭、青嶂亭、揽翠亭、祖师亭、吉祥亭、黄泥浆潭等景点。犹如嵌在寺院周围的星星，群星璀璨。

1. 仙人桥

进保国寺头门，沿石阶上行，右边溪坑越来越深。约百步，溪坑上跨桥一座，名仙人桥。据嘉庆版《保国寺志》记载："……由河埠上岸，经石柱牌，曲折蜿蜒，过仙人桥，文武殿在焉。"说明原进寺道路是从东沿山脚而来，仙人桥是必经之所。

仙人桥系重建，石质圆洞，桥长2米，宽1.5米。桥下溪坑深约4米，乱石嶙峋；站在桥上观望，灵龙泉水飞溅入溪坑，前人有诗云："清虚法界自逍遥，叠锦亭前酒一瓢。最是仙人桥畔好，坐看飞瀑出云霄。"桥东有桂花林，金桂、银桂、四季桂以及珍贵的佛顶珠遍植岩崖石隙间，金秋季节，清香飘飘洒洒。桥西还有一片杨梅林，初夏时，果实嫣红点点。

2. 灵龙泉

灵龙泉是灵山八支水脉之一，山水汇合为渊潭，悬于山腰。灵龙泉一潭澄净，倒映蓝天。潭沿有舞爪巨龙的造型，龙口常年流水，跌落溪谷，龙尾隐于临潭山洞中，洞口凿"灵龙泉"三个大字。

很久以来，关于灵龙泉有一个美丽的传说：从前，有一条玉龙因帮助农民抗旱私自下雨而触犯天条，被罚在灵山"思过"，以作惩戒。但是玉龙到了灵山后，看见附近的农民同样遭受旱灾，就又化来东海水，每天从口中喷出灌溉农田，使农民摆脱了痛苦，而它自己则因再次触犯天条，被玉帝永远锁在这里，日夜流水。

灵龙泉水喷飞而下，形成白色匹练，在阳光照耀下，闪闪烁烁，亮人眼目。逢雨时，大水溢出潭沿，溪谷中溅起无数银珠，水、雨、烟岚，光色混合动荡，氤氲一片，难以分辨，唯有声震远近，摄人心魄。

3. 叠锦台

叠锦台在保国寺山门外，正处灵山半山，三面峰环，一面开奇。台上有亭，为屋三楹。亭旁有千年樟树、枫树、银杏树，树干老拙可玩。入秋，或苍润，或红烂，或黄熟，斑斓醉心。又有修竹数百竿，疏疏密密，错错落落，天风吹落，萧萧之声令人流连。亭前平台，空敞高朗，凭栏远眺，云霞似锦，重叠下飘荡，飘逸中层叠，明灭变化，撩人思绪，亭因之以名。

叠锦台是游寺前的必到景点，前人留下多少吟唱诗篇，像陆经浚的一首："幽草闲花特地馨，云霞叠叠绕芳亭。宜人风景偏如此，偶坐何妨倒酒瓶。"最写出沉醉留恋的心情。其他如隐名氏、叶彭年，成品骏等人的唱和之作也很有意思："万叠云霞锦绣堆，桃红荆紫满林开。寺僧嗟问亭前客，到此看山有几回"、"叠锦亭前锦绣堆，杜鹃红紫一齐开。山花虽好难留客，归路残阳首几回"、"青峦翠嶂叠成堆，雅集新亭倦眼开。无恙山河仍锦绣，沧桑变幻几时回"。

"古枫树后筑亭谁？渺矣高僧不可追。未识缘何名叠锦，由来欲考惜无碑！"（盛植楷）嘉庆版《保国寺志》说，叠锦台及亭为清康熙年间僧显斋所建。1975 年，宁波园林部门在亭前平台建游山廊，长 50 米，宽 2.4 米，成为主要景观。

4. 慈江亭

慈江亭在杨梅林西面，为重檐攒尖八角亭，在亭中可远眺慈江，美丽山色尽入眼底。四通八达，沿杨梅林游步道可抵山下，向上既可通青嶂亭景区，也可达保国寺景区。是一处休闲、观光的好去处。

5. 揽翠亭

1999 年在上山石阶左首杨梅山建揽翠亭。四周 200 余棵杨梅，前面桂苑的金桂、银桂，满眼苍翠，一览无余，故名揽翠。亭为双层六角石亭。左上方为叠锦台，前方为仙人桥，联云：登"叠锦"以舒啸，临"仙人"而赋诗。

6. 枫树坪

枫树坪在保国寺东，古木参天，其中有枫 7 棵、樟 3 棵，高 40 米左右，树龄近 600 年，至为珍贵。坪内芳草如茵，在此小憩，鸟啼蝉鸣，心情甚佳。

7. 望日亭

望日亭在象鼻峰上，八角形，重檐，亭半径 3.5 米。亭中置一石桌，配凳，亭外有圆形护栏。

象鼻峰上平坦，旧有高台，为观日出之所。嘉庆版《保国寺志》载残碑一方，说上刻有"五夜峰头望日出，平明海底看曦腾"之句。后在台上筑望日亭，前人诗说："峰头曾记有高台，今筑茆亭辟蒿莱。"立亭中极目东眺，可见海天一色，心胸为之豁然旷达。

象鼻峰是保国寺的左辅，与右弼狮子岩相对。钱三照在编纂《保国寺志》时有记，说曾在狮子岩顶亲睹日月并升、两轮同轨的天文奇景，他认为"如登象鼻峰而观其景，当倍佳焉"。苏彝秉《望日台》诗曰："为看日月双联璧，五夜风霜特地来。"

8. 青幛亭

青幛亭在狮子岩上，八角形，重檐，亭半径 3 米，东、西两面为进出口，亭中设座。

"汉唐古刹鄞州东，楼殿参差胜旧宫。竹径盘行青幛合，松门深锁翠烟笼。"（盛植楷）狮子岩多松、杉，又高又密，如青翠屏障隐蔽着保国寺。在青幛亭中回望，寺院依稀，发幽古之思。亭西有怪石嶙峋矗立，其形或大或小，或方或圆、或肥或瘦、或正或侧、或立或卧、或枯或润、或滑或皱，天设其巧，地发其秀，是引人注目的观赏焦点。

9. 骠骑坪

保国寺外西南隅狮岩山脊处有一块平坦之处，面积约 900 平方米，相传为骠骑将军习武之地，骠骑将军劈石为二，名试剑石。南连骠骑廊，北连德贤尊者墓塔遗址，下有杨梅林、茶园。南望山下阡陌交通，云蒸霞蔚。现有小木屋几间，供游客休闲、观光。

10. 骠骑廊

骠骑廊，在青幛亭景区。骠骑将军名张意，在灵山隐居，后舍宅为寺，此廊为纪念骠骑将军而建。南为青幛亭，西紧邻杨梅林，东北不到 200 米有师古亭和德贤墓塔遗址。

11. 祖师亭

2001 年在保国寺西毛竹园建祖师亭。亭为四方石亭。亭内立石碑，正面刻中兴之祖，背面刻德贤尊者的简介。

亭旁为德贤尊者墓塔遗址。塔毁，仅存塔基。民国版《保国寺志》记载："尊者之塔在寺西首竹院中，岁久塔没入土，仅露塔上圆顶，塔向正对东首象鼻峰，右首贴近泥墙。自塔前大松树量至塔下泥墙脚相距八丈七尺，再直下视之，正对大殿之游巡……凭吊先贤，发思古之幽情"。

12. 吉祥亭

吉祥亭在保国寺前盘山公路中段往西转角处，圆形，亭半径 3 米。四周设护栏。

吉祥亭，1973 年建，因山下旧有吉祥寺而名。在亭中可遥望灵山下阡陌、鱼塘、屋舍、炊烟的农村全景。

13. 黄泥浆潭

黄泥浆潭在保国寺西首山冈间，形似锅底，面积近 1 公顷（1 万平方米），因潭边泥土颜色较黄，故名。

黄泥潭水清碧鉴人。潭周新植桃树数百株，春天花盛开，红粉相间，云蒸霞蔚，倒映入潭中，别有一番风情。风吹过，落英缤纷，涟漪起处，更有楚楚动人的妩媚。

14. 祥符园

祥符园位于天王殿广场西侧，种植有楠木、银杏、红梅、枣树、桂花等观赏和经济林木，以及一株千年樟树根雕，其间点缀着麦冬等中药材。

第二节　周边资源

若以宁波市大的范围看，宁波北线旅游资源是非常丰富的，西起有 7000 年前的河姆渡遗址博物馆，迤逦东来，经慈城古镇（有孔庙、县衙、考棚、慈湖、彭山塔等景点）、苏湖山庄，到保国寺古建筑博物馆，往东到九龙湖风景区、镇海海防遗址博物馆，联成一线，交通便捷。

从保国寺附近看，则有小灵峰、九龟潭、响石岩、甲联庙、塘头庙、护驾庙三庙遗址，东有灵山寺、安乐寺、迎圣桥、胥来桥等遗迹，马鞍山背面有定林寺。文化积淀深厚，有的还与保国寺有渊源关系。

一、宁波市北线旅游资源

（一）河姆渡遗址博物馆

河姆渡遗址博物馆坐落在风景秀丽的四明山北麓，西距余姚市区 24 公里，东距宁波市 25 公里。博物馆总占地面积 4.5 万平方米，分博物馆和遗址展示区两部分组成。国家二级博物馆。

博物馆主体建筑造型根据河姆渡 7000 年前 "干栏式" 建筑 "长脊、短檐、高床" 的风格和特点设计，构筑出高于地面的架空层，人字形坡屋面上耸起 5 ~ 7 组交错构件，象征着 7000 年前榫卯木作技术，再配以土红色波纹陶瓦、炒米黄墙面，显得古朴、野趣，与河姆渡文化融为一体。序厅屋面形似展翅翱翔的鲲鹏，表现了河姆渡先民爱鸟、崇鸟的文化习俗。

博物馆展厅面积 1600 平方米，共展出文物 320 件，分 "沧海桑田"、"日出而作"、"湖居人家" 和 "心灵之声" 四个部分，全面展示了中国新石器时代中期偏晚阶段活跃在宁绍地区的先民创造的河姆渡文化遗存。展陈内容以河姆渡、田螺山等遗址出土的文物为主线，涵盖了宁绍地区东部已发现或发掘的各个河姆渡文化重要遗址的遗迹与遗物。展陈形式上以穿插场景复原，借助声、光、电以及多媒体等高科技平台，利用语音导览系统等辅助手段，全面、生动地展示河姆渡先民所创造的物质生产生活和精神文化方面的巨大成就。

遗址现场展示区位于博物馆东南 100 米处，占地面积 2.3 万平方米。以考古发掘场景复原和 "干栏式" 建筑重建，先民生产生活场景再现为主体内容。在 2800 平方米考古发掘现场内布满密密麻麻的木建筑构件和散布其间的文物，不由得让人回想当时土破惊天的场面。在复原的 "干栏式" 建筑内外布置着各类生活、生产场景，妇女们纺纱织布，男人们斫木盖房。有的磨制骨器，有的捣谷脱壳，有的和泥制陶，有的凝神雕刻，使人仿佛回到了远古时代，亲身体验先民创造灿烂文化的过程。

（二）慈城古县城

慈城地处东海之滨，姚江之畔，是中国历史文化名镇，位于宁波市江北区西北部，距市中心14公里。慈城经历了2400多年的历史沉淀，拥有极其深厚的文化底蕴，特别是以古县衙、孔庙、校士馆、清道观等古建筑为标志，城内文物古迹众多，历史遗存丰厚，在约5平方公里的区域内拥有国家省市区四级重点文物保护单位33处，2006年"慈城古建筑群"被列为全国重点文物保护单位。

慈城历代为县治中心地，县衙历史悠久，它涵盖了我国古代基层政权机构政务文化要素，为我们及后代提供了一份生动形象的教科书。据光绪年间县志记载：慈城县衙创建于唐开元二十六年（738年），是第一任知县房琯所建，延续至1954年，已有1200余年的历史。

孔庙是用来祭祀我国伟大思想家、政治家、教育家孔子的地方，慈城孔庙位于城内中心位置上，建于北宋雍熙元年（984年），比现今北京孔庙的历史还要早318年，1048年迁移到现址。历代累有兴毁，现存的孔庙仍保持清代光绪年间原貌。

校士馆，民间俗称考棚，是封建科举制度童试之地，它代表了一个时代、一个文化的缩影，折射出中国古代科举制度全景，为我们及后代了解古代科举制度提供了一个具有代表性的历史文化场所。

慈湖是慈城风景区的精华所在，开凿于唐朝，慈城的第一任县令房琯为灌溉农田，造福乡里，动员乡民开凿成湖。取名"慈湖"是与南宋著名学者杨简有关。杨简，字敬仲，世称"慈湖先生"，主张"无意"、"无念"、"无思无虑是谓道心"等，当时称为浙东慈湖学派。

慈城清道观历史悠久，据县志记载，清道观最早建于唐代天宝八年（749年），后被毁。目前清道观是2004年至2006年修建，建筑材料全部采用木材、石材等传统建筑材料，并全部采用传统工艺。建筑质量及艺术皆达到了目前采用传统工艺及材料进行古建恢复重建的最高水准。

（三）宁波市青少年绿色学校

宁波市青少年绿色学校位于宁波市江北区洪塘街道宁波都市农业园区内，距市区仅7公里，乘331路公交至"佳乐垂钓中心站"即到。经市教育局批准于2001年10月成立，是集社会实践、科普教育、国防教育、研究学习、春游、秋游、军训、夏令营、休闲观光于一体的综合性实践教育基地。

园区占地面积8000多亩（约533.3万平方米），依山傍水、环境优美、鸟语花香。学校设有办公教学区、宿舍餐饮区、拓展训练场、手工制作坊、航天育种展示区、智能化温室大棚、休闲植物园、佳乐垂钓区、农作物采摘区、彩弹射击区、水上舞台、烧烤区等设施，能一次性满足500余人为期一周的活动需要。学校以青年教师为骨干，充分发挥园区的科学研究、科普教育、休闲观光等功能，积极开展农科教育、交通安全教育、陶艺剪纸、拓展训练、军事训练、野外生存训练等活动，为青少年提供广泛接触社会和亲近大自然的场所、激发学生的学习兴趣和创造力、拓展知识面、磨炼意志品质、培养独立生活能力和团队协作精神、培养研究性学习和动手能力。寓教于乐，生动活泼的教学方式，使学生在实践过程中陶冶情操，增长知识和才干。

（四）莼湖山庄

据清光绪《慈溪县志》记载："莼湖——县东南一十五里（7.5公里）西屿乡，溉田颇多。或谓湖多香莼，故名。"

1956年重濬，在湖里山旮建上海工人疗养院。湖水供浇灌、饮用，湖中养鱼，为游人浏览垂钓处。湖光山色甚美。如清钱滨诗：

> 百顷莼湖不系船，
> 半湖芦苇半桑田，
> 闲来渔子操农业，
> 蓄得鸬鹚傍岸眠。

清裘椿《清明过莼湖》诗：

> 火禁开新候，
> 濛濛细雨天，
> 菜花黄接壤，
> 芳草绿连阡，
> 地僻松围塔，
> 山寒柳困烟，
> 行逢湖近处，
> 遥见墓健虔。

清秦淦《雨中莼湖》诗：

> 向晚归来松下过，
> 泉流万斛泻岩阿，
> 湖光似镜新磨出，
> 雨后青山碧愈多。

现在，作为宁波大都市建设的重要拓展区和宁波接轨大上海、融入长三角的重要门户区，莼湖正处在城市形态转点、城市功能调整的关键时期。距宁波市中心商务区15公里，距栎社机场20公里，交通便捷。西接慈城古镇，东邻保国寺，是宁波旅游北线上一颗明珠。

莼湖将启动商务休闲度假区项目建设，在尽量保持莼湖原有生态系统的同时，建设一个国家级"五棋一牌"（象棋、围棋、国际象棋、跳子棋、五子棋以及桥牌）训练竞赛基地。莼湖商务休闲度假区总占地面积约2000亩（约133.3万平方米），其中开放用地460亩（约30.7万平方米），另有水泊500亩（约33.3万平方米），岸线3.5公里。莼湖山庄将建设成为具有会议（高端论坛、品牌发布、棋牌国际赛事、收藏展览）、商务办公、娱乐、颐乐园、山地运动、水上活动、温泉SPA等功能的超五星级酒店，成为宁波高端企业商务休闲的主要场所，宁波城区距离市中心最近的原生态自然养生佳地，国内环境优良的棋牌类智力运动竞赛培训基地。

环湖地块项目总投资约 20 亿元。2009 年启动综合管网配套建设，投入资金约需 2 亿元，主要用于地块外围的水、电、路综合管网工程配套建设。

（五）九龙湖

九龙湖坐落于宁波市镇海区西北部的九龙湖镇。九龙湖镇西与保国寺相连，是一处古老的地域，它东临大海，北靠杭州湾，南接宁波，西濒四明山脉，依山傍水，风景秀丽。面积 65.3 平方公里，人口 2.48 万人，并以"碧水仙踪、养心天堂"为品牌，成为融山水、风情、佛教文化为一体的休闲度假胜地，被誉为宁波的后花园。

秦夹岙村秦姓一族据说是秦始皇命徐福率领三千童男童女寻长生不老之药不果，而留下来的秦族后裔居住之地，那里有鹅卵石叠砌的洞桥和一排排深院窄巷，古韵浓重，异彩夺目。

小洞岙、神钟山、十字路水库等众多唐代青瓷越窑遗址，三圣殿"迎钵"窑址是瓷质细腻洁白、釉色纯正光彩的越窑青瓷的历史见证。

九龙湖镇也是一处佛教圣地，有"东南小佛国"之称。唐代就建有的香山教寺、观音禅寺，昔日殿宇林立，远近闻名。宋代的安乐寺（现在仍保留厢房），地处浙东大运河下游三江汇集之地，宋代大臣吴潜创建的著名水利工程——化子闸就建在那里。净圆寺、西方寺、石柱寺、定林寺（后三寺已毁），不仅是佛教殿堂，更是一组崇山峻岭中风景秀丽的旅游胜景。

九龙湖镇群山逶迤，峡谷纵横，悬泉飞瀑，湍急奔流，"翠竹环崖茂，修篁弄碧泉"，是一幅山水缠绕、天地合一的和谐画卷，又是越国大夫文种故里，有文种桥、文种书院，岁岁月月传诵着脍炙人口的美丽传说。

九龙湖镇以境内有九座龙山而得名，诗人称誉"绝妙似仙境，何人不思求"。境内许多精美的古建筑、古桥梁、古戏台、古牌坊、古遗址、古庙宇、古墓葬、古文物，是九龙湖镇的一份珍贵的文化遗产。

九龙湖风景区以九龙湖为依托，兴建宾馆、开放猴岛、建设高尔夫球场、湖上划艇等服务设施，已成为人们旅游、休闲、娱乐的理想场所。景区内群山起伏、黛峰逶迤、植被茂密、生物丰富。

（六）镇海口海防历史纪念馆

镇海（今浙江省宁波市镇海区），古称浃口，又名蛟川。境内招宝、金鸡两山对峙，地势十分险要，历来就是军事重地，商港要津，自古就有"招宝之地"、"海天雄镇"之誉。历经抗倭、抗英、抗法、抗日的反侵略战争的光辉洗礼，镇海口两岸留下许多海防遗迹和可歌可泣的英雄史迹。

镇海北接杭州湾跨海大桥南翼，舟山连岛大桥大陆登岸处，甬江出海口。镇海地处南洋、北洋、长江干线中点及国外航线交接之处，经金塘海峡东行可至日本、朝鲜，南线可直达东南亚诸岛各国，有"六国来王处，平倭第一关"之美誉。过马六甲海峡，可抵南非、中东、欧洲各国，海上交通四通八达。

镇海是个古老的历史文化名镇。镇海是海上丝绸之路的起碇港。镇海境内自然景观、人文景观较为丰富，是宁波帮重要发源地和"院士、侨胞之乡"，近现代涌现出一大批宁波帮著名的爱国商人和许多科学家、文学家等。

镇海口海防历史纪念馆位于景色秀丽的招宝山下，与威远城、月城、安远炮台、后海塘等重要的海防遗址相毗邻。纪念馆于1997年建成，占地面积2万平方米，建筑面积3200平方米。江泽民同志题写馆名。基本陈列以镇海军民抗倭、抗英、抗法、抗日等史迹为主要内容，以中法战争镇海之役为重点，运用多种陈列手段，生动、形象地展示了中国人民不畏强暴、前赴后继、自强不息的民族精神。

有四个展厅：抗倭展厅、抗英展厅、抗法展厅、抗日展厅。

镇海海防遗址的主要遗迹点有：威远城、月城、后海城塘、总台山烽堠台、招宝山烽堠台、俞大猷生祠碑、孔庙大成殿、泮池、明清碑廊、安远炮台、靖远炮台、宏远炮台、镇远炮台、平远炮台、金鸡山瞭望台、戚家山营垒、吴杰故居、吴公纪功碑亭、抗日炮台、抗日碉堡、探照灯遗址等。

二、保国寺周边资源

（一）小灵峰（望海尖）

1. 望海尖

望海尖——在保国寺西3公里处，马鞍山西首之最高峰即是也，欲登眺者，须由小灵峰山路而上绕玄坛殿后，背有平妥之捷径一条，直上无难。到顶东望海岛极分明，海上之外来航帆飘浮如一叶。南望则万顷平畴，烟林毗接，西望则慈溪全城之屋瓴俱在目前。望海尖顶峻锐而卓之，望之，见大海混茫无际，海中诸岛皆在指顾间。

2. 小灵峰寺

小灵峰寺，位于宁波市江北区洪塘街道安山村，距离保国寺西3公里，《慈溪县志》记载，会龙庵——县东7.5公里，旧名马鞍山龙王经堂，元至正年间（1341～1368年）建。清康熙四年（1665年）僧印可重修，改会龙庵，俗称小灵峰。同治间毁于火。

清费志云《会龙庵》诗：

> 古寺浮岚上，
> 林深我独行，
> 空山寒日色，
> 绝涧壮泉声，
> 槲叶间阶下，
> 苔痕曲径平，
> 老僧方入定，
> 风竹自吹笙。

通往小灵峰有一条古道，古道开凿年代至少不会晚于元代。是过去当地村民通往镇海汶溪的必经之路。路面由卵石的铺设，铺石规整，中间有排分脊石，古道蜿蜒伸展，茂林修竹，风景甚是美丽。古道设有三座亭分别取名"六如"、"六和"、"六瑞"供香客休憩，沿途还有小桥溪水，土地庙，财神殿；鸟语相伴翠竹掩映甚是惬意。古道近顶端处，就是小灵峰寺了。

3. 九龙潭

在小灵峰寺外右首有九龙潭。明天启年间的《慈溪县志》记载："九龟潭——县东北一十五里（7.5公里）。骠骑山之顶有龙宅焉，时作十龟出见，邑令张春皓升湖州司李当湖旱甚，张以令慈日祷于十龟而应，遂率郡人祷焉，祈得一龟以去，留于湖，故名九龟。"

清光绪年间《慈溪县志》记载"北有峰耸然，其下有潭曰九龟，神龙窟焉。或曰龙生九种，龟其一也，故名，或曰旧名十龟，其一为远方祷雨者请去，故改今名……居民岁时致祷，雨阳时若往往灵应，厥后废兴不一。识者谓堂之盛也，龙灵雨顺而年丰，民获阜安。堂之废也，龙或迁或不应，则亢旱为灾，岁侵人苦……"

九龙潭，据说是葛洪炼丹时挖掘的，不深，壁用粗瓦垒砌。井水水质不错，清澈中带着点甘醇。

4. 响石岩

在望海尖峰下，寻岩者由小灵峰山路而上，过玄坛殿前，折东而登之，岩石突出极大而平，岩下有洞可容人住修，仙者慕焉。嘉庆版《保国寺志》载数百丈皆石砰踏之空空然有声，名响石岩。尝有玉马出没于烟岚杳霭间，逐之，奔东岩石屋中，遂不复出。

甲联庙、塘头庙、护驾庙现已无存，只留下一个地名。

（二）灵山庙

灵山庙，据光绪版《慈溪县志》记载，县东二十里（原作东南十五里）旧名骠骑将军庙。以后骠骑将军庙遂改作灵山庙。据会稽典录云：汉世祖时，张意为骠骑将军，后隐此山，遂立庙以祀之（宝庆年间《慈溪县志》），今并祀其子中书郎齐芳，附祀宋封云霄监察使沙诚。国朝道光十八年，敕封广显候。传说："明嘉靖时，倭奴入寇，见有兵横截山侧，倭不敢逼，从他路去，盖骠骑将军阴灵之所为也，一乡赖安"（嘉庆版《保国寺志》卷上形胜条）。

灵山庙位于庄桥镇灵山村，为纪念东汉骠骑将军张意而建，后被毁，原址成为采石坊。1991年前后，当地群众自发修建了灵山庙，后经宁波市文化局及所属保国寺文物保管所与庄桥镇政府协商，有偿转让给保国寺文物保管所。其间，曾将原吉祥寺（现为光荣院）大殿拆迁至此建灵山庙大殿。

根据1995年灵山庙实际情况，由保国寺文物保管所继续管理有一定难度。经双方协商，保国寺文物保管所将灵山庙房屋、财产（以围墙为界，其中建筑面积约560平方米），一次性无偿移交给庄桥镇人民政府（包括产权证及有关资料等），善后一切均与宁波市文化局、保国寺文物保管所无涉。灵山庙改名灵山寺。

第三节 活动组织

一、历年组织旅游活动

自20世纪90年代从北京国际友谊博物馆引进150余件珍贵礼品举办"国际友谊珍品展"以来，保国寺文物工作者呕心沥血，在完成文化遗产保护工作的同时，奉行文化惠民理念，坚持以贴近群众、贴近实际、贴近生活的原则。10 年间，修缮文物建筑 4000 余平方米，建立了完善的信息集控管理系统，完成了保国寺古建筑博物馆和浙海关旧址博物馆（浙海关旧址位于宁波市江北区中马路 542 号，2005 年起由保国寺负责维修、管理）的建设和开放，创建了国家二级博物馆，开辟展厅面积 10000 余平方米，举办大型展览 10 余次，建立校外研究实习基地 3 个，创建馆关、馆企合作机构 2 个，出版书籍 7 本，影视作品 20 余种。

1999 年

1996 年~2002 年从北京国际友谊博物馆引进"国际友谊珍品展"，共 150 余件（套）珍贵礼品在藏经楼二楼展出。

由中共宁波市委宣传部、宁波市教育委员会、宁波市总工会、共青团宁波市委员会、宁波市外事办公室、宁波市文化局六家联合发文（甬文〔1996〕183 号）组织全市各机关、工矿企事业、学校及有关单位前来参观。同时推出的有钦赐龙藏、青铜器陈列馆、中学生书画廊、根雕精品展等共 12 个展览，举行精品画册《保国寺》首发式。

凡集体组织参观的，可凭介绍信团体 8 折、学生团体对折等票价。

2000 年

1 月 26 日，从中国科技馆引进"二十世纪科学技术的重大发现与发明"版面 80 块。同年 2 月 28 日中共宁波市委宣传部、宁波市文化局、宁波市教育委员会、宁波市科学技术委员会、宁波市总工会、共青团宁波市委员会六家联合发文（甬文〔2000〕16 号）组织全市各机关、企事业单位、学校、社会团体及有关单位参观。

该展览由中国科技馆制作而成，叙述性地展示 20 世纪人类在科学技术上所获得的辉煌成就，汇集了诸如相对论的创立、量子世界、原子世界、微电子和计算机、视听技术、电信技术、机器人、航天、激光、基因等众多历史图片，能使观众深切地感受到当今社会的发展日新月异、科技进步不断地改变着世界的面貌和人类的生存、生活方式，警示并激励观众肩负起历史使命，依靠科技进步为中华民族的振兴作出新的贡献。世纪之交的今天，人们预测 21 世纪更是一个崭新的高科技时代。

9 月 23 日，时值中秋、国庆节日。气氛浓郁，金桂、银桂竞相吐艳。亲友团聚，高朋雅集。值此良辰美景，组织保国寺金秋笔会，以赏桂赋诗，千年古建有奖猜谜，佛教艺术造像欣赏为内容。邀请宁波书法家协会、宁波书法艺术教育研究委员会，全国第一所书法实验中学——四眼碶中学师生及广大书法爱好者参加。

2001 年

第一届"海上丝绸之路"文化周。

11 月，在第一届"海上丝绸之路"文化周活动期间，由保国寺文物保管所编著的《保国寺砖雕与石刻》一书，由文物出版社出版发行，首次印刷 5000 册。

2002 年

12 月，《保国寺》一书经重新编辑后，由文物出版社出版并向全国发行，印刷 10100 册。

第二届"海上丝绸之路"文化周。

12 月 8 日，从北京引进"中国的世界文化与自然遗产展"版面 28 块，配合第二届"海上丝绸之路"文化宣传周，让游客了解我国的优秀文化和大好河山。

2003 年

8 月，召开纪念宋《营造法式》刊行 900 周年暨宁波保国寺大殿建成 990 周年学术研讨会，举行《东来第一山——保国寺》首发式。

出版发行《古今名人咏保国寺诗联选》。

第三届"海上丝绸之路"文化周。

12 月 11 ~ 16 日，第三届"海上丝绸之路"文化周系列活动之"中国的世界文化与自然遗产展"进万里基础学院巡展。通过解说版面和图片，举办了多次巡回展出，使广大青少年参观者领略我国的悠久历史、灿烂文化，探索中国的古老与文明；加深对世界自然与文化遗产的了解，对世界遗产的评定有进一步的认识；同时对提高文物保护意识起到积极的推动作用，宣传申报世界遗产对宁波市的重大意义，大力推进和支持申报"海上丝绸之路"世界文化遗产的工作。

2004 年

第四届"海上丝绸之路"文化周。

7 月 9 日，宁波大学建筑学专业校外实习基地成立，本着资源共享、优势互补、互惠互利、共谋发展的原则共建科研合作和实习的基地，是宁波市文博单位与国家重点院校积极探索和拓宽合作领域、科研并进、加速科技成果化、将爱国主义教育基地建设向深层次推进的一项重要的举措，标志着双方的合作进入了新的平台，不但为高校学生提供了更好的激发创新思维、培养团队合作精神和组织规划能力的社会实践环境和成才环境，同时也为文博单位利用本地高校的科学资源、科技资源、人才资源和设备资源，增强理论研究、科技保护以及全面提升专业人才队伍建设等方面构筑了更广阔的平台。

12 月 8 日，第四届宁波"海上丝绸之路"文化周系列活动之《图说中国古代建筑史展》在保国寺展出。

展览共展出 293 张图片，内容分为八个时期：1. 50 万年 ~ 1 万年前；2. 新石器时期；3. 商周时期；4. 秦汉时期；5. 三国两晋、南北朝；6. 隋、唐、五代时期；7. 宋、辽、金、元时期；8. 明清时期。

2005 年

第五届"海上丝绸之路"文化周。

第五届宁波"海上丝绸之路"文化周开幕式暨保国寺博物馆挂牌开放仪式举行。除党政领导、特邀嘉宾之外，参加开幕式的还有清华大学建筑学院、宁波大学建筑与环境学院师生；宁波市文博系统的专家；浙江万里基础学院宁波"海上丝绸之路"申遗志愿者、宁波市绿色学院的师生以及来自国内和本市的新闻媒体记者。

保国寺古建筑博物馆的开馆和"清华大学建筑学院教育研究基地"的成立是当下的两件大事。

保国寺古建筑博物馆的成立，预示着将更为全面地展示本体发展历史和建筑艺术价值，集保护、研究、展示、抢救文物四大功能于一体，发挥历史文化社会服务功能，并与宁波"海上丝绸之路"申遗紧密结合起来。与此同时，继续塑造和完善保国寺景区文化旅游环境，将特色园林景区开发与建筑文化环境营造完美结合起来，发挥旅游功能，从而扩大保国寺的文化影响力，更好地来塑造宁波历史文化的品牌形象。

保国寺能够被清华大学建筑学院——这座建筑教学研究水平处于国际前沿的一流学府认同，并携手合作，一方面是对保国寺在我国古建筑史上无可替代的地位和科学价值的充分肯定，一方面也使保国寺能充分利用科研资源，拓宽视野，扩大影响，引起国内和国际学术界对保国寺更大的关注，推动文物的有效保护、合理利用，深度挖掘其历史内涵，促进了持续发展。

2006 年

第六届"海上丝绸之路"文化周。

第六届宁波"海上丝绸之路"文化周系列活动之保国寺古建筑博物馆珍藏十六砖屏艺术馆开放暨动漫影视片首映仪式，于12月12日在保国寺古建筑博物馆天王殿举行，除领导、嘉宾和新闻媒体外，宁波大学科技学院艺术分院相关专业学生代表、中小学师生代表参加。

该陈列秉承"公益、爱国"两大主题，为突显十六幅砖屏所反映的特有思想内涵，保国寺古建筑博物馆与宁波大学科技学院开展合作，共同制作了宁波市第一部文化遗产类原创动漫影视片。

2007 年

6月17日，保国寺古建筑博物馆与同济大学共同编制的《宁波市保国寺北宋大殿保护信息采集与展示设计方案》在第四届"中国建筑史国际学术研讨会"期间，顺利通过专家评审。

第七届"海上丝绸之路"文化周。

在第七届宁波"海上丝绸之路"文化周期间，由保国寺古建筑博物馆主办的"保国寺大殿现状解构和虚拟维护陈列展示暨《东方建筑遗产》创刊首发仪式"于12月16日在保国寺古建筑博物馆举行。

《东方建筑遗产》的创刊与发行，是保国寺古建筑博物馆自2003年举办国际学术研讨会并出版《东来第一山——保国寺》之后，在学术研究领域又一重大举措。《东方建筑遗产》由文物出版社出版发行，第一卷共收录稿件23篇，约20万字。

2008 年

6月21~22日，"保国寺大殿科学保护与研究"学术研讨会在保国寺古建筑博物馆召开，参加会议的有故宫博物院晋宏魁副院长、中国文物报社彭常新书记、中国林科院、清华大学、同济大学、东南大学和华南理工大学的教授和专家以及省、市专家学者等。出保国寺大殿保护监测系统建设与初步成果评估意见。

第八届"海上丝绸之路"文化周。

12月4日，第八届宁波"海上丝绸之路"文化周开幕暨浙海关旧址博物馆开馆。观礼人员150人左右，包括宁波学校师生代表，中马、白沙街道群众等。内容有宁波海关与浙海关旧址博物馆签署馆关合作共建备忘录，宁波海关向浙海关旧址博物馆赠送关帽肩章，浙海关旧址博物馆向宁波海关颁发收藏证书、揭牌、剪彩等。

"千年国权话海关，文明交往通海丝"，此次浙海关旧址博物馆的开馆，既体现了宁波"海上丝绸之路"申遗工作新成果，同时又建立了行业部门与文博专业团队相结合的关馆合作办馆机制，是依托历史旧址机构类文物保护单位开辟为专题性博物馆的一种文化创新，将成为反映宁波"海上丝绸之路"文化的重要组成部分，成为宁波三江文化长廊建设中一颗闪烁的新亮点。

2009 年

第四届宁波"国际古迹遗址日"系列活动（2006年开始第一届宁波"国际古迹遗址日"，由于前三届的主题是工业遗产、文化景观和自然纪念物、宗教遗产和圣地，保国寺没有参与活动。2009

年的主题是遗产与科学）。

4 月 18 日，第四届宁波"国际古迹遗址日"系列活动开幕式暨宁波文化遗产"大课堂"在保国寺举行启动仪式。宁波市文化广电新闻出版局副局长孟建耀、宁波市爱国卫生运动委员会主任干爱玲、宁波市科技协会副主席吴根茂、中国物业协会白蚁防治专业委员会副秘书长姚力群等领导出席开幕式并分别致辞，参加开幕式的还有宁波市直属文博系统及相关单位代表专家、宁波绿色学校师生、各大新闻媒体记者等。

"保国寺古建筑群白蚁及其他有害生物防治国际研讨会"邀请到来自马来西亚、台湾、香港等国家和地区的专家学者为全市古建文保单位负责人、科协工作者和普通市民讲授了当前世界最先进的古建筑病虫害防护理念及技术。

5 月 18 日，由保国寺古建筑博物馆馆与宁波航标处联合举办的，第九届"海上丝绸之路"文化节系列活动之一的"海上丝绸之路航标展暨宁波历史文化遗产'大课堂'（第二季）活动"在浙海关旧址博物馆顺利举行。宁波市文博系统各单位代表及宁波老年大学师生作为首批观众参观展览，亲身体验现代航海技术和航标技术的科技魅力，此次活动邀请到了宁波航标处的专业人员为市民介绍航标的基本知识及其在航运经贸发展和国际文化交流中发挥的重要作用。

5 月 30 日，由宁波海关支持协助的"宁波海关发展史座谈会"在浙海关旧址博物馆举行，宁波市文化广电新闻出版局副局长孟建耀、原宁波海关学会会长、原宁波海关副关长任与孝，宁波海关学会秘书长张健，宁波海关政工办主任郜瑞敏，宁波大学教授王慕民，宁波大学副教授杨丽华，宁波市文博专家、研究员林士民和周时奋等出席座谈会。此次座谈会是保国寺古建筑博物馆自 2008 年与宁波海关合作办馆以来又一次践行"馆关合作"新机制的具体动作，加强了宁波海关史迹研究领域相关人士的联系与发展、宁波海关发展历程等，达到资源共享，并将研究成果展示给观众的目的。

6 月 13 日，《保国寺科学探秘——100 个为什么》知识问答在保国寺举办，分发资料、卡片，与游客互动，解答疑问。

举办庆祝建国 60 周年保国寺第十届桂馥兰香金秋笔会。来自宁波市书法家协会的书法家们和书法实验中学——宁波四眼碶中学的师生纷纷展纸挥毫、寄情山水，用高超的书法技艺来庆祝新中国 60 华诞。

首届宁波历史文化"名城日"系列活动之一的保国寺千年大庆"问计于民"活动于 12 月 13 日启动。活动是为即将到来的 2013 年保国寺大殿重建千年系列庆祝活动在广大市民中公开征集方案，本次活动征集内容为"千年大庆"活动的形象标志和主题口号。同日，"琴棋书画雅集保国寺群众文化活动"在保国寺举行。

历史文化记忆——宁波近现代工业遗产展，在"浙海关"展出。

2010 年

第五届宁波"国际古迹遗址日"系列活动。

4 月 16 日，在"4.18 国际古迹遗址日"系列活动来临之际，由宁波市文化广电新闻出版局主办，保国寺古建筑博物馆和宁波东胜有害生物防治有限公司承办的，宁波市文博系统白蚁及其他有害生物防治培训班在保国寺古建筑博物馆开班。本次培训得到了宁波市科技局和宁波市文博协会的大力支持，全市各县（市）区文物保护单位的负责人和业务主管共计 60 余人，以及部分市民代表参加了培训。

2011 年

保国寺千年大庆系列活动。

在 4 月 18 日国际古迹遗址日，由宁波市文化广电新闻处出版局主办、保国寺古建筑博物馆承办的浙江省第一批全国重点文物保护单位公布 50 周年纪念活动在保国寺隆重举行。浙江省三处第一批国保单位——宁波保国寺、杭州六和塔和岳飞墓（庙）代表齐聚一堂，回首往昔，勾勒蓝图，畅谈国保单位公布之后 50 年及未来的保护利用情况，并向全省的国保单位发出了《加强浙江省全国重点文物保护单位合作倡议书》。

此外，纪念活动中还进行了浙江古建研究设计院宁波分院揭牌仪式和保国寺大殿维修方案交流恳谈会，邀请了浙江省古建设计研究院、清华大学、宁波东胜白蚁及有害生物防治有限公司等古建维修专家，探讨大殿维修方案，确保保国寺 2013 千年大庆系列文化活动的重点项目——北宋大殿维修工程能够顺利开展。

2012 年

9 月 21 日，在全国科普日活动期间，保国寺古建筑博物馆召开了古建古迹国家有害生物防治研讨会。在文物建筑保护中，白蚁危害具有隐蔽性、广泛性和严重性等特点。科学防治白蚁及其他有害生物毁损文物建筑是我们保护工作的当务之急，在中国江南地区现存最古老的木结构建筑（北宋）保国寺召开本次会议，具有白蚁防治实例和科学保护的推广意义。

9 月 26 日，为弘扬中华民族传统文化，由宁波市文化广电新闻出版局主办，保国寺古建筑博物馆、宁波市书法家协会承办的"千米画卷迎千年大典"活动在保国寺风景区隆重举行。保国寺景区桂苑内的金桂、银桂竞相开放，在醇厚浓郁的桂香之中，近千米以保国寺为主题的精彩书画作品吸引了一批又一批的观众驻足欣赏。

二、历年参观人数

表 7 – 3　　　　　　　　　　　1982 ~ 1990 年参观人数与预算外收支统计

年份	参观人数（人）		预算外收入（元）	预算外支出（元）	上交税金（元）
1982 年	117109				
1983 年	105004				
1984 年	98605				
1985 年	114657		11090	9544.99	704
1986 年	139951		32281.08	19564.14	1326.9
1987 年	119734		26314.5	16772.65	2158.44
	进寺	园林			
1988 年	107086	108672	61016.96	40260.95	5066
1989 年	99355	105159	104226	77587	10195.47
1990 年	102726	105979	115304	72651	7082

表 7 – 4　　　　　　　　　　　　**2004～2013 年参观人数统计表**

年份	入园人数 （人）	参观人数 （人）	社会效益 （人）
2004 年	305175	68668	236507
2005 年	300335	61786	238549
2006 年	589706	67371	522335
2007 年	578451	55599	522852
2008 年	500217	69951	430266
2009 年	520368	63004	457364
2010 年	535010	71738	463278
2011 年	500230	79751	420479
2012 年	497803	81305	416498
2013 年（1～9 月）	329403	87652	241751

第八章　管　理

第一节　寺僧传承系谱

一、寺僧传承系谱

保国寺是一座天台宗寺院，是完全中国化了的佛教寺院。据两次编修的《保国寺志》可知，寺僧彼此之间按照儒家家庭关系来排序。由于早期资料少，记录不详，只有住持的简单履历，到明末清初，一代一代，皆按长幼徒孙关系排序，自宋大中祥符年间德贤尊者时期即分成东、西房，万历间自东房分出南房，后又分出新南房（见附表）。

保国寺虽曾经分成东、西房，或东、西、南三房，或新老南房，但似无大的矛盾，据清嘉庆年间（1796~1820 年）住持敏庵称：康熙年间（1662~1722 年）横山裴翰林赠显（斋）师（的）诗又有"故旧三房好"之句。但三房存在的意义何在？在清嘉庆版《保国寺》中曾经记载南房始祖要求其师一航"分柴给岁粮以成其志"，明万历三十九年（1611 年）一航"嘉其志行，许给岁粮，并拨分柴山一所……静修之余与其徒静斋戮力支持，备尝艰苦，历十余年置田四十亩。"据此猜测，分房的目的是为了便于管理，各房在经济上独立，各房购置各自的寺田，各房的僧人在自己的田里劳作。寺院的住持由某一房内杰出的人才担任，对外是统一的。这种管理模式在佛教寺院中是常见的。在清代后期保国寺还代管山灵寺，山灵寺规模很小，民国版《保国寺志》称其为辖院，这可看作伦理型文化影响下所产生的"分房"管理制度的衍生物。

二、寺院人才辈出

保国寺这座千年古刹在发展过程中，经过历代的传承，使寺院香火不断，同时寺院建筑经历千年的灾异而能辗转留存，其中寺院住持功不可没，他们有的善于传道，脱口妙有天机；有的善于建设，抵抗灾异，使殿宇辉煌；有的勤于劳作，广增田亩，扩大寺院经济收入。影响较大的住持有唐代创寺的可恭、北宋时期的德贤、明万历年间的豫庵、清初的显斋、乾隆至嘉庆年间的敏庵、道光年间的珂庵、清末的耕斋、民国初年的一斋等。

保国寺创建之时，尚无更多社会影响，自德贤中兴以后，名声日益显赫，寺志称"保国之名几与天童、普陀相颉颃"即达到与天童寺、普陀山诸寺不相上下的程度。从而寺内僧人优异者可以入

表 8 - 1

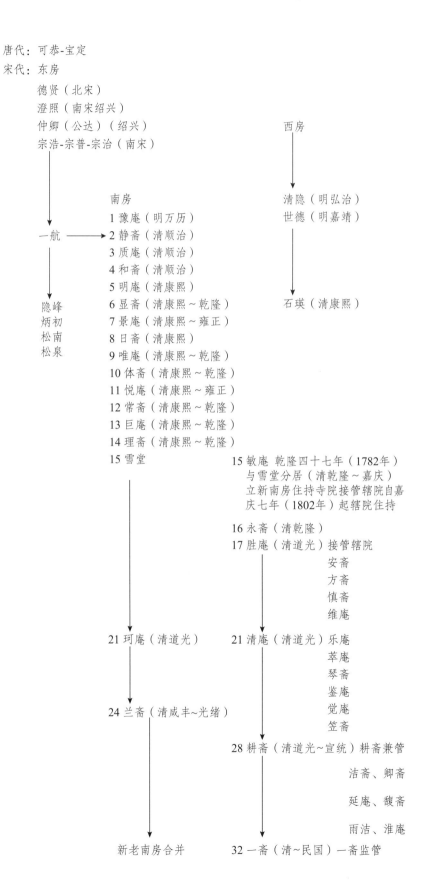

唐代：可恭-宝定
宋代：东房

德贤（北宋）
澄照（南宋绍兴）
仲卿（公达）（绍兴）　　　　　　　　　西房
宗浩-宗普-宗治（南宋）

　　　　　　　　　　　南房　　　　　　　　清隐（明弘治）
　　　　　　　　　　　1 豫庵（明万历）　　世德（明嘉靖）
一航 ─────→ 2 静斋（清顺治）
　　　　　　　　　　　3 质庵（清顺治）
　　　　　　　　　　　4 和斋（清顺治）
　　　　　　　　　　　5 明庵（清康熙）
隐峰　　　　　　　　　6 显斋（清康熙～乾隆）　　石瑛（清康熙）
炳初　　　　　　　　　7 景庵（清康熙～雍正）
松南　　　　　　　　　8 日斋（清康熙）
松泉　　　　　　　　　9 唯庵（清康熙～乾隆）
　　　　　　　　　　　10 体斋（清康熙～乾隆）
　　　　　　　　　　　11 悦庵（清康熙～雍正）
　　　　　　　　　　　12 常斋（清康熙～乾隆）
　　　　　　　　　　　13 巨庵（清康熙～乾隆）
　　　　　　　　　　　14 理斋（清康熙～乾隆）
　　　　　　　　　　　15 雪堂　　　　　　　15 敏庵 乾隆四十七年（1782年）
　　　　　　　　　　　　　　　　　　　　　与雪堂分居（清乾隆～嘉庆）
　　　　　　　　　　　　　　　　　　　　　立新南房住持寺院接管辖院自嘉
　　　　　　　　　　　　　　　　　　　　　庆七年（1802年）起辖院住持

　　　　　　　　　　　　　　　　　　　　16 永斋（清乾隆）
　　　　　　　　　　　　　　　　　　　　17 胜庵（清道光）接管辖院
　　　　　　　　　　　　　　　　　　　　　　安斋
　　　　　　　　　　　　　　　　　　　　　　方斋
　　　　　　　　　　　　　　　　　　　　　　慎斋
　　　　　　　　　　　　　　　　　　　　　　维庵

　　　　　　　21 珂庵（清道光）　　　　　21 清庵（清道光）乐庵
　　　　　　　　　　　　　　　　　　　　　　　　　　　　萃庵
　　　　　　　　　　　　　　　　　　　　　　　　　　　　琴斋
　　　　　　　　　　　　　　　　　　　　　　　　　　　　鉴庵
　　　　　　　　　　　　　　　　　　　　　　　　　　　　觉庵
　　　　　　　24 兰斋（清咸丰~光绪）　　　　　　　　　　笠斋

　　　　　　　　　　　　　　　　　　　　28 耕斋（清道光~宣统）耕斋兼管
　　　　　　　　　　　　　　　　　　　　　　　洁斋、卿斋
　　　　　　　　　　　　　　　　　　　　　　　延庵、馥斋
　　　　　　　　　　　　　　　　　　　　　　　雨洁、淮庵

　　　　　　　新老南房合并　　　　　　　32 一斋（清~民国）一斋监管

主其他寺院，掌方丈席位。保国寺中曾出现过佛门著名法师，如可恭、德贤、澄照、永斋、胜庵、兰斋等人，其中对佛典造诣颇深，主其他寺院方丈席有永斋、胜庵、兰斋等人皆主持过天童寺，珂庵主持过天台万年寺、澄照主持过奉化宝林寺、可恭在宏福寺讲经，豫庵在四明郡城崇教寺演法道场。这些高僧的活动，使寺院宗风大畅，为这座千年古寺的历史谱写了辉煌的篇章。

第二节　新中国成立前后变迁

一、土地改革前后

新中国成立前夕，有寺僧 10 名，住持是一斋。

新中国成立后主事仍是一斋。在 1949～1950 年秋季征粮中，已将寺内玻璃锡器变卖了大部分。山上大树大多被寺僧卖了。

1951 年土地改革时，寺内的土地、山场、农具征收后分给无田、少田农民，而寺僧按照当地农民一样每人分进土地 2.5 亩，共分进 23 亩左右，保留耕牛一只，水车一具，稻桶（一种用来水稻脱粒的传统农具）一只及少量农具，寺周围山约数十亩仍保留，山上种了小松树，但山场未划界限，土地证未曾发给他们。一斋去了上海。

1951 年 8 月 13 日，浙江省宁波专署公安处劳改队进驻，作为慈溪县洪塘劳改手工场保国寺工场，寺内僧尼由鞍山村村长介绍安置到附近白云庵暂住，至年底，众僧尼自行散去。大新和悟尘于 1952 年底住进吉祥寺，耕田种地，净峰还俗到荪湖做教师，园庵小和尚还俗到台州，两位尼姑到白云庵。1952 年底，浙江省民政厅宁波专署指示劳改队迁出。保国寺山林归国家。

保国寺山林由国家管理。其余寺产由浙江省慈溪县公安局接管，寺院作为关押犯人场所（同时还有山下慈江河边的安乐寺）。佛像亦在此时被毁。

在 1953 年 3 月劳改队迁出时，将寺内全部打扫清洁，造好清册，由乡村行政上级及佛教界代表、县人代会常务委员僧人昌义同劳改队办好移交手续后，由鞍山乡五村村长郑初珍通知一斋回来住持。而一斋则来信委托奉斋代理负责，并汇来人民币 20 万元交寺僧作为生产启动金，用于购买生产资料，主要种洋芋芳，不料经费被奉斋私自用掉。当时浙江省余姚县民政科为了照顾寺僧，解决生产困难，救济了 10 万元，也被奉斋私自用光。5 月，一斋回到保国寺，见 4 位僧人生活无着落，只能暂住在白云庵，就叫奉斋出面呈请乡村同意将寺前一棵大树卖给镇海蟹浦人，作价 185 万元。树卖掉后，一斋拿出 20 万元购买谷 1500 斤，存入银行 40 万元，其余给奉斋拿回保国寺去了……年迈的一斋慈悲但思想落后，对政府政策持怀疑态度，见保国寺内有些地方被破坏，僧众在生活上困难，既不积极设法生产自救，也不联系当地政府，而是畏难返回上海。一斋走后，寺僧反映要求一斋回来住持[①]。

1953 年，第一次慈溪县人民代表大会召开，会上有代表提出保国寺建筑有文物价值，应当保护，不宜作为关押犯人场所。于是，慈溪县公安局撤出，寺产移交给慈溪县民政局。

土地改革后，保国寺在山下师圣桥附近的土地分给当地无田少田农民，如毛小初、邬星仁、蔡来标等②。后入互助组、高级社到鞍山农庄。能够劳动的僧人按人均 2.5 亩分到白云庵（今社会福利院）附近的土地。

在 1954 年第一次全国文物大普查时，南京工学院师生窦学智、戚德耀、方长源发现了保国寺古建筑，后经同济大学陈从周、南京工学院（东南大学）刘敦桢教授核实为北宋建筑。三人撰写了《余姚保国寺大雄宝殿》一文发表在 1957 年第 8 期《文物参考资料》。从此，这座藏在深山冷岙中的寺庙建筑被公之于众。

1955～1957 年因东航部队在鞍山建筑油库，寺院暂供部队作为工程兵营地之住所。工程竣工后部队撤走。

1955 年，浙江省慈溪县区划调整，县城迁浒山。保国寺划归余姚县，保国寺寺产由浙江省慈溪县民政局移交浙江省余姚县民政局管理。

1955 年寺产由浙江省慈溪县民政局移交给浙江省余姚县民政局管理。

1958 年，浙江省余姚县慈城公社在保国寺开办草席厂，后归余姚县民政局民政科领导，集中部分僧尼在保国寺山脚的吉祥寺和白云庵开办生产自救性质的福利工厂，保国寺部分由上沈庵尼姑牟可明负责，牟系县（市）政协委员，福利工厂人员最多时达 125 人③。

1960 年 10 月，因县界调整，保国寺属宁波市江北区，寺产由浙江省余姚县民政科移交给宁波市民政局管理。宁波市民政局下属的宁波市社会福利院迁并到洪塘鞍山，安排福利工厂的残疾老弱人员住白云庵，宁波市福利院的教养人员与青年残疾人员入住保国寺④。

二、公布为全国重点文物保护单位前后

1961 年 3 月 4 日，国务院公布保国寺为第一批全国重点文物保护单位。

1961 年 5 月，由宁波市江北区洪塘公社、宁波市江北区费市公社，宁波市江北区鞍山大队、宁波市江北区灵山大队、宁波市民政局福利厂各派一人，组成文物保护小组，由牟可明负责。宁波市文化局派陈克亚常驻保国寺。鞍山草蓆厂（属宁波市民政福利厂）迁入保国寺（僧尼即是工人，共 27 人）。原宁波市福利院青年残疾人员与教养人员撤出⑤。

1964 年，草蓆厂停办，改为草绳草包厂，1965 年 7 月，改为石棉加工厂，工人大部分为僧尼，由牟可明负责。

1972 年 3 月，根据市革委（1972）16 号文件精神，保国寺寺产由宁波市民政部门移交给市园林部门，成立革命领导小组。在以后几年里，市园林部门新建了由鞍山到保国寺山脚公路 956 米，修建山脚管理房、停车棚、停车场，山后小水库容积 500 立方米，辟林间小路 2500 米，凿建灵龙泉，修建叠锦台、青嶂亭、望日亭、盘山公路长 1127 米、宽 3.5 米，做了大量的基础性工作⑥。

1972 年 5 月，原宁波市福利院石棉加工厂停办，留下僧尼暂住寺。到 1979 年全部僧尼迁到宁波七塔寺。

1976 年 2 月，根据浙革发〔1976〕21 号文件精神，分别建立保国寺文物保管所（编制 6 名）、保国寺园林养护小组（编制 7 名）两个单位，各自作为宁波市文化局和宁波市园林处的直属基层单位。

1988 年 1 月，根据市政发〔1987〕192 号文件精神，保国寺文物保管所与保国寺园林养护小组

合并，仍名为保国寺文物保管所，编制 13 名，为宁波市文化局直属基层单位。

2006 年 4 月 26 日，宁波市机构编制委员会办公室批准宁波市保国寺文物保管所更名为宁波市保国寺古建筑博物馆。编制仍 13 名。

2012 年 1 月 17 日，宁波市机构编制委员会办公室批准宁波市保国寺古建筑博物馆编制增加 2 名，即 15 名。

第三节　文物保护组织机构

一、机构设置

2006 年 5 月，宁波市机构编制委员会办公室同意保国寺古建筑博物馆为副处级别，编制仍为 13 人。2008 年 12 月，机构规格相当于行政正处级。2012 年 1 月，编制调整为 15 人。

表 8 - 2　　　　　　　　　　　　　　现有机构设置

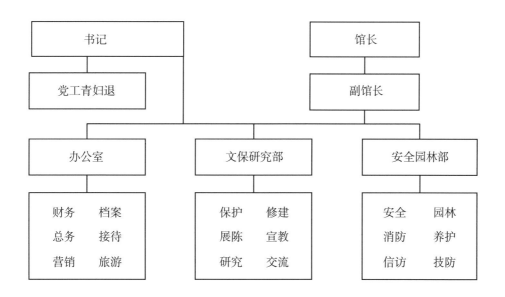

二、组织演变

1961 年 3 月，国务院公布保国寺为全国重点文物保护单位后，成立文物保护小组，宁波市文化局文化处派陈克亚进驻保国寺。

1976 年 2 月，中共保国寺支部单列，6 月，保国寺财务会计单列（原挂靠在宁波市图书文物馆下面）。

1988 年 1 月，保国寺园林养护小组（编制 7 名）合并入保国寺文物保管所（编制 6 名），仍名保国寺文物保管所，为市文化局直属基层单位。下设办公室、文保业务科、安全园林科，编制13名。

1994年，成立工会组织，为宁波市文卫工会下属单位。

2006年5月，保国寺文物保管所更名为保国寺古建筑博物馆，为宁波市文化广电新闻出版局所属纯公益类事业单位。编制仍为13名。

2008年12月3日，宁波市机构编制办公室，下发《关于保国寺古建筑博物馆机构编制有关事项批复》文件（甬编办事〔2008〕44号），批复如下：① 保国寺古建筑博物馆为市文广电新闻出版局所属纯公益类事业单位，机构规格相当于行政正处级；② 馆内设机构3个，即办公室、文保研究部、安全园林部，核定单位领导职数2名（1正1副），中层领导职数3名，经费预算形式仍为财政全额补助；③ 主要工作职责是：承担保国寺文化遗产、保国寺公园、浙海关旧址文保单位的保护管理；开展文物收藏、研究、陈列、鉴定、修复等工作；开展爱国主义社会教育与培训；为博物馆的文化活动提供相关服务。

2012年10月19日，宁波市机构编制办公室，甬编办事〔2012〕149号文件，领导副职增加1名，即（1正2副）。

三、历任领导

陈克亚，1961年3月全国重点文物保护单位公布后，被宁波市文化局派驻保国寺。至1962年11月止。

刘明和，1972年3月，保国寺为宁波市园林处下属单位后，负责全寺工作。

丁友甫，1975年，维修大殿时在保国寺工作。

许孟光，1976年2月，按浙江省革命委员会文件精神，建立保国寺文物保管所，10月许调入保国寺文物保管所工作，1981年6月，根据宁波市文化局（宁文字〔1981〕27号）文件任副所长，至1985年1月。

王子庆，1978年7月至1983年9月任保国寺文物保管所第一任所长。

陈敬赓，1984年7月至1987年9月，根据宁文字〔1984〕81号文件，任保国寺文物保管所所长。1986年2月至1991年2月，根据宁文党〔1986〕3号文件，任保国寺党支部书记。

孙红金，1986年8月至1987年9月，据宁文字〔1986〕65号文件任保国寺文物保管所副所长，1987年9月，宁文字〔1987〕125号文件任命孙红金为所长。免去陈敬赓所长职务。

徐炯明、余如龙，据宁文办〔1990〕17号文件，任命徐炯明、余如龙为保国寺文物保管所副所长，任期三年。免去孙红金所长职务。

徐炯明、余如龙，根据甬文党〔1991〕1号文件，任命徐炯明为保国寺副书记；据甬文党〔1993〕5号文件，任命徐炯明为保国寺文物保管所所长，任命余如龙为保国寺文物保管所支部书记、续任副所长。

余如龙，根据甬文党〔1995〕9号文件，任命余如龙为保国寺文物保管所所长。

2006年5月18日，原保国寺文物保管所更名为宁波市保国寺古建筑博物馆，余如龙任书记。

根据甬文广新〔2006〕54号文件，聘任余如龙为保国寺古建筑博物馆馆长；徐学敏为保国寺古建筑博物馆副馆长，任期三年。

根据换届选举结果及甬广新〔2008〕6 号（2008 年 1 月 15 日）文件，同意保国寺古建筑博物馆新支部成立，余如龙任支部书记。

根据甬文广新〔2008〕152 号文件，聘任余如龙为保国寺古建筑博物馆馆长，任期三年；徐学敏为保国寺古建筑博物馆副馆长，任期三年；李永法为保国寺古建筑博物馆馆长助理。

根据甬文广新〔2011〕号文件，聘任余如龙为保国寺古建筑博物馆馆长，任期三年；李永法为保国寺古建筑博物馆副馆长，任期三年。

根据甬文广新党〔2013〕4 号文件，任命徐学敏为保国寺古建筑博物馆支部书记和副馆长，免去余如龙支部书记之职。

四、干部花名册

表 8 – 3　　　　　　　　　　　　　1986 年干部花名册

姓名	出生年月	工作时间	籍贯	文化程度	备注
陈敬赓	1930 年 1 月	1950 年 8 月	浙江象山	初中	
石全德	1942 年 3 月	1961 年 3 月	浙江象山	初中	
孙红金	1951 年 7 月	1972 年 11 月	浙江宁波	中专	
邬兆康	1955 年 10 月	1974 年 12 月	浙江奉化	初中	
沈惠耀	1961 年 8 月	1980 年 11 月	浙江宁波	高中	
徐炯明	1962 年 1 月	1980 年 11 月	浙江宁波	高中	

表 8 – 4　　　　　　　　　　　　　1989 年干部花名册

姓名	出生年月	工作时间	籍贯	文化程度	备注
陈敬赓	1930 年 1 月	1950 年 8 月	浙江象山	初中	
石全德	1942 年 3 月	1961 年 3 月	浙江象山	初中	
孙红金	1951 年 7 月	1972 年 11 月	浙江宁波	中专	管理员
邬兆康	1955 年 10 月	1974 年 12 月	浙江奉化	初中	
沈惠耀	1961 年 8 月	1980 年 11 月	浙江宁波	高中	
徐炯明	1962 年 1 月	1980 年 11 月	浙江宁波	高中	
郑彭龄	1941 年 6 月	1980 年 8 月	浙江宁波	高中	
应少华	1949 年 2 月	1978 年 12 月	浙江宁波	半文盲	
袁忠云	1948 年 9 月	1978 年 12 月	浙江定海	小学	
陈国范	1948 年 3 月	1970 年 5 月	浙江宁波	小学	
蔡尚宝	1947 年 12 月	1978 年 5 月	浙江宁波	初中	
陈爱云	1954 年 8 月	1979 年 6 月	浙江余姚	半文盲	
余如龙	1954 年 5 月	1972 年 11 月	浙江宁波	初中	

表 8 – 5   **1999 年干部花名册**

姓名	出生年月	工作时间	籍贯	文化程度	备注
余如龙	1954 年 5 月	1972 年 11 月	浙江宁波	大专	助理馆员
邬兆康	1955 年 10 月	1974 年 12 月	浙江奉化	初中	
郑彭龄	1941 年 6 月	1980 年 8 月	浙江宁波	大专	助理馆员
李永法	1966 年 12 月	1984 年 9 月	浙江宁波	高中	
陈国范	1948 年 3 月	1970 年 5 月	浙江宁波	小学	
应少华	1949 年 2 月	1978 年 12 月	浙江宁波	半文盲	
翁依众	1974 年 9 月	1994 年 12 月	浙江宁波	高中	
沈惠耀	1961 年 8 月	1980 年 11 月	浙江宁波	高中	助理馆员
丁建华	1976 年 12 月	1997 年 7 月	浙江奉化	大专	2005 年调文化局
符映红	1974 年 2 月	1995 年 8 月	浙江慈溪	大专	助馆
王 伟	1971 年 6 月	1998 年 3 月	浙江宁波	高中	助理会计师
袁忠云	1948 年 9 月	1978 年 12 月	浙江定海	小学	1995 年病退
余水莲	1968 年 11 月	1991 年 12 月	浙江建德	初中	留职停薪至 2000 年

表 8 – 6   **2009 年干部花名册**

姓名	出生年月	工作时间	籍贯	文化程度	备注
余如龙	1954 年 5 月	1972 年 11 月	浙江宁波	大专	馆员
徐学敏	1978 年 5 月	2001 年 8 月	浙江宁波	本科	9 月调出
邬兆康	1955 年 10 月	1974 年 12 月	浙江奉化	初中	
李永法	1966 年 12 月	1984 年 9 月	浙江宁波	大专	
王 伟	1971 年 6 月	1998 年 3 月	浙江宁波	大专	助理会计师
沈惠耀	1961 年 8 月	1980 年 11 月	浙江宁波	高中	馆员
符映红	1974 年 2 月	1995 年 8 月	浙江慈溪	大专	馆员
翁依众	1974 年 9 月	1994 年 12 月	浙江宁波	高中	
颜 鑫	1982 年 12 月	2005 年 8 月	浙江宁波	本科	
彭 佳	1982 年 11 月	2004 年 9 月	浙江宁波	本科	2008 年 8 月进馆
范 励	1982 年 10 月	2004 年 9 月	浙江宁波	本科	2008 年 10 月进馆

表 8 – 7   **2010 年干部花名册**

姓名	出生年月	工作时间	籍贯	文化程度	备注
余如龙	1954 年 5 月	1972 年 11 月	浙江宁波	本科	馆员
邬兆康	1955 年 10 月	1974 年 12 月	浙江奉化	初中	
李永法	1966 年 12 月	1984 年 9 月	浙江宁波	本科	
王 伟	1971 年 6 月	1998 年 3 月	浙江宁波	本科	助理会计师

续表

姓名	出生年月	工作时间	籍贯	文化程度	备注
沈惠耀	1961 年 8 月	1980 年 11 月	浙江宁波	高中	馆员
符映红	1974 年 2 月	1995 年 8 月	浙江慈溪	大专	馆员
翁依众	1974 年 9 月	1994 年 12 月	浙江宁波	高中	
颜　鑫	1982 年 12 月	2005 年 8 月	浙江宁波	本科	
彭　佳	1982 年 11 月	2004 年 9 月	浙江宁波	本科	
范　励	1982 年 10 月	2004 年 9 月	浙江宁波	本科	
应　娜	1983 年 1 月	2006 年 8 月	浙江宁波	本科	2010 年 2 月进馆
郑　雨	1977 年 7 月	1998 年	浙江象山	本科	2010 年 8 月进馆

表 8 - 8　　　　　　　　　　　　　　2011 年干部花名册

姓名	出生年月	工作时间	籍贯	文化程度	备注
余如龙	1954 年 5 月	1972 年 11 月	浙江宁波	本科	副研究员
邬兆康	1955 年 10 月	1974 年 12 月	浙江奉化	初中	
李永法	1966 年 12 月	1984 年 9 月	浙江宁波	本科	
王　伟	1971 年 6 月	1998 年 3 月	浙江宁波	本科	助理会计师
沈惠耀	1961 年 8 月	1980 年 11 月	浙江宁波	高中	馆员
符映红	1974 年 2 月	1995 年 8 月	浙江慈溪	大专	馆员
翁依众	1974 年 9 月	1994 年 12 月	浙江宁波	高中	
颜　鑫	1982 年 12 月	2005 年 8 月	浙江宁波	本科	2011 年 12 月 8 日调出
彭　佳	1982 年 11 月	2004 年 9 月	浙江宁波	本科	2011 年 10 月 13 日调出
范　励	1982 年 10 月	2004 年 9 月	浙江宁波	本科	
应　娜	1983 年 1 月	2006 年 8 月	浙江宁波	本科	
郑　雨	1977 年 7 月	1998 年	浙江象山	本科	高级工程师
涂师平	1967 年 2 月	1989 年 9 月	江西	本科	2011 年 12 月进馆

表 8 - 9　　　　　　　　　　　　　　2012 年干部花名册

姓名	出生年月	工作时间	籍贯	文化程度	备注
余如龙	1954 年 5 月	1972 年 11 月	浙江宁波	本科	副研究员
邬兆康	1955 年 10 月	1974 年 12 月	浙江奉化	初中	
李永法	1966 年 12 月	1984 年 9 月	浙江宁波	本科	
王　伟	1971 年 6 月	1998 年 3 月	浙江宁波	本科	助理会计师
沈惠耀	1961 年 8 月	1980 年 11 月	浙江宁波	高中	馆员
符映红	1974 年 2 月	1995 年 8 月	浙江慈溪	大专	馆员
翁依众	1974 年 9 月	1994 年 12 月	浙江宁波	高中	

姓名	出生年月	工作时间	籍贯	文化程度	备注
范 励	1982 年 10 月	2004 年 9 月	浙江宁波	本科	
应 娜	1983 年 1 月	2006 年 8 月	浙江宁波	本科	
郑 雨	1977 年 7 月	1998 年	浙江象山	本科	高级工程师
涂师平	1967 年 2 月	1989 年 9 月	江西	本科	2012 年 12 月离馆

表 8 - 10   党员名册

姓名	出生年月	入党时间	文化程度	转正时间	备注
王子庆	1919 年 6 月	1949 年 6 月	高中	1950 年	1983 年 9 月离休 1999 年 4 月逝世
陈敬赓	1930 年 1 月	1954 年 10 月	初中	1955 年 4 月	1991 年退休 2001 年 3 月逝世
石全德	1942 年 3 月	1962 年 4 月	初中	1963 年 4 月	2002 年退休
孙红金	1951 年 6 月	1971 年 12 月	中专		1990 年外调
邬兆康	1955 年 10 月	1977 年 5 月	初中		
沈惠耀	1961 年 8 月	1984 年 4 月	高中	1985 年 4 月	
徐炯明	1962 年 1 月	1984 年 12 月	高中	1985 年 12 月	1995 年调到天一阁
陈国范	1948 年 1 月	1980 年 10 月	小学	1981 年 10 月	2008 年退休
郑彭龄	1941 年 7 月	1994 年 5 月	高中	1995 年 5 月	2001 年退休
余如龙	1954 年 5 月	1977 年 2 月	大专	1977 年 6 月	
翁依众	1974 年 9 月	1996 年 6 月	高中	1997 年 6 月	
丁建华	1976 年 12 月	2002 年 7 月	大专	2003 年 7 月	
李永法	1966 年 12 月	2006 年 6 月	大专	2007 年 6 月	
徐学敏	1978 年 5 月	1995 年 6 月	本科	1996 年 6 月	2009 年 9 月外调
郑 雨	1977 年 7 月	1998 年 5 月	本科	1999 年 5 月	
王 伟	1971 年 6 月	2010 年 11 月	本科	2011 年 11 月	

陈敬赓简历

陈敬赓，男，1930 年 1 月 15 日生，宁波市象山县黄避岙乡白屿村黄夹岙人，1950 年 8 月参加工作；

1950 年 8 月～1951 年 10 月，慈溪县云山区（现宁波市江北区）黄山乡文书，团总支书记；

1951 年 11 月～1953 年 12 月，慈溪县云山区公所文书；

1954 年 1 月～1954 年 10 月，慈溪卫生院人事干部；

1954 年 11 月～1955 年 12 月，余姚第二医院人事干部；

1956 年 1 月～1959 年 2 月，余姚县委文教部、宣传部干事；

1959 年 2 月～1960 年 9 月，余姚慈城公社党委组织委员；

1960 年 10 月～1972 年 9 月，宁波市庄桥公社党委委员、副主任、革委会委员；

1972 年 10 月~1984 年 3 月，宁波市费市公社党委委员、副书记（1981 年 1 月退居 2 线）；

1984 年 4 月~1984 年 6 月，调宁波市劳改队筹建组工作；

1984 年 7 月~1990 年 2 月，宁波市保国寺文物保管所所长、党支部书记；

1991 年 1 月，退休；

2001 年 3 月，因病逝世。

王子庆简历

王子庆，男，1919 年 6 月生，汉族，籍贯山东，1949 年 6 月入党，1950 年转正；

1944 年 1 月，参加工作；

1950~1952 年，宁波市民政局任股长；

1953~1955 年，宁波江东区区长；

1956~1960 年，宁波市统战部科长；

1961~1963 年，宁波市粮食局科长；

1964~1966 年，宁波市委农工部干部；

1967~1969 年，宁波市镇海区俞范五七干校学习；

1970~1977 年，宁波市洪塘公社革命委员会副主任；

1978~1983 年，宁波市保国寺文物保管所所长；

1983 年 9 月，离休；

1999 年 4 月 14 日，因病逝世。

五、行政管理

（一）两家单位共同管理时期

1. 宁波市园林处保国寺园林小组

1972 年 3 月 19 日，宁波市革命委员会发文，市革（1972）16 号文件《关于加强对保国寺保护管理的意见》，指出由于没有实行专业管理，主管单位不落实，加上无政府主义的影响，因此，保国寺出现了两次失火；任意砍伐山林；僧尼生活没落实等问题，提出如下意见：

① 实行专业管理与群众管理相结合。今后，保国寺列为市园林处下属单位，成立保国寺革命领导小组，负责统一管理。有关文物维修和开放展览可与市文物部门共同进行，有关僧尼方面问题可与市统战部门共同研究。可配备 1 至 2 名干部和 5~7 名工人，为专业管理人员。健全文物、山林保护管理委员会，吸收洪塘、费市两公社和安山、灵山两大队干部、群众参加；

② 有规划的加强建设，首先落实防火措施，添置消防器材，注意维修大殿。然后逐步解决通讯、交通、风景布局等问题。三百余亩山林，系国家所有，要搞好山林绿化，防止水土流失，封山育林，加强管理；

③ 僧尼生活问题，要落实党的政策。尚能劳动的组织劳动，给予劳动津贴；丧失劳动能力的，由统战部门在原宗教存款中解决。僧尼口粮仍由安山大队供应。政治清理后，有家可归的，尽量动员回家。牟可明可到七塔寺参加劳动。石棉厂影响健康，要停办。

1974 年 7 月，宁波市革命委员会《关于对保国寺文物保护和加强管理的几项规定的通告》指出：

① 遵照国务院"文物保护管理暂行条例"的规定精神，确定保国寺正殿及其周围的建筑物、山林及绿化设施均为文物保护区。

② 文物保护区内的建筑物、山林及绿化设施，均为国家所有，由宁波市园林处负责管理，未经宁波市革命委员会批准，任何单位和个人不得擅自进行拆除、新建和改建。

③ 自觉维护公共秩序和社会治安，游览群众必须共同做到：不准在陈列室内吸烟、玩火、摄影、做游戏或大声喧哗；不准在建筑物、陈列品或种植的竹子、树木上涂写、刻划；不准攀折花木、捕钓池鱼、采摘果实及其他农作物；不准乱丢果壳、纸屑以及随地大小便等不良卫生习惯；不准携带猎枪、气枪、弹弓等工具射击禽兽；不准放牧牲畜、砍割紫草、开山取土、挖坟拆砖；不准聚众打架行凶、搞变相赌博或其他不正当行为；未经许可，不准任意闯入非游览区的仓库、食堂、办公室及宿舍，寻衅生事、无理取闹。

2. 1976 年保国寺文物保护管理所和保国寺园林小组共同管理期间

1976 年 2 月 24 日，浙江省文化局给浙江省革命委员会《关于保国寺保护范围和设置管理机构的报告》指出：

① 划定保护范围：离保国寺建筑群（包括中轴线上的四殿以及东西侧房子）四周外边五公尺米以内，为绝对保护区，其中大雄宝殿为保护重点；保国寺四周外边，南至山脚，东、西、北三面的平面离建筑群外边五十公尺（米）以内，为影响保护区。

② 设立全国重点文物保护单位"保国寺古建筑保管所"。浙江省革命委员会发文，浙革发〔1976〕21 号批复同意。人员暂定 3 名。

1978 年 11 月 6 日，宁波市革命委员会发文，市革〔1978〕96 号《批转市文化局、城建局关于建立保国寺领导小组的报告》：参照杭州市经验成立保国寺领导小组，作为保国寺的安全保卫及其周围园林绿化、服务设施的统一领导机构。由保国寺文物保管所王子庆、宁波市园林处朱根宝、宁波市洪塘公社、宁波市费市公社、宁波市庄桥派出所各一人组成，王子庆任组长。

1981 年 7 月，浙江省文物管理委员会给宁波市革命委员会函，浙文管（81）80 号《关于宁波保国寺管理问题的函》：明确提出保国寺系国务院公布的全国重点文物保护单位，不能改变（文物管理的）性质。

1987 年 10 月 30 日，宁波市政府编制委员会下发文件，宁编字〔1987〕92 号《关于核定宁波剧院等文化系统事业单位人员编制的通知》，保国寺文物管理所为 6 名人员，副科级事业单位。

（二）保国寺文物保管所独自管理时期

宁波市政府，市政发〔1987〕192 号文件《关于同意保国寺实行统一管理的批复》：

① 市园林处所属保国寺山林管理小组及其所管理、使用的全部山林资源和财产，自 1988 年 1 月 1 日起无偿划归市文化局所属的保国寺文保所，划归后，人员编制性质不变；

② 统一管理后，日常经费由文化局纳入预算，统一安排解决；

③ 保国寺文保所要尽快制定总体规划，搞好保护和开发利用工作，逐步建成古建筑艺术博物馆，文化旅游景区。园林部门给予有效的指导和支持。

1988 年宁波市政府编制委员会下发文件，宁编办字〔1988〕1 号《关于保国寺增加人员编制的通知》：宁波市政府，市政发〔1987〕192 号文件，已将市园林处所属保国寺山林管理小组 7 人划入你局下属保国寺文保所……给宁波市保国寺文物保管所相应增加 7 名事业编制。

1994 年 12 月，修订管理规章制度：

① 指导思想：以建设有中国特色的社会主义理论为指导，坚持四项基本原则，进一步解放思想、实事求是，实行党支部领导下的所长负责制；原则：不改变单位性质和文物保管所功能，坚持文物工作既要保护好，又要利用好，要做好对外开放接待，也要产生一定的经济效益。目的，调整结构，健全内部机制，增强活力，调动干部积极性，建设文保工作队伍。

② 书记职责。

③ 所长职责。

④ 文保业务科职责。

⑤ 安全园林科职责。

⑥ 财务总务科职责。

⑦ 全所员工行为规范。

⑧ 值班人员职责。

⑨ 聘任工作岗位细则。

⑩ 有关作息规定。

⑪ 奖、罚办法。

⑫ 休息日、值班及安排。

⑬ 会议制度。

2002 年 1 月，保国寺文物保管所推行党风廉政建设责任制。贯彻党中央、国务院关于党风廉政建设和反腐败斗争一系列指示；坚持党的领导，党政齐抓共管；从严治党，从严治政；立足教育，着眼防范；标本兼治，综合治理；谁主管，谁负责。同时调整纪检等组织的组成人员。

2002 年 1 月起，根据《浙江省事业单位实行聘用制暂行办法》和宁波市人事局有关规定，保国寺文物保管所实行第二轮聘用岗位实施办法，聘用期限三年，自 2002 年 1 月 1 日～2004 年 12 月 31 日。分配制度仍按原分配制度实施办法，现有岗位系数分值不变。按照岗位设置要求，双向选择，竞争上岗，择优录用。

2003 年，宁波市编制委员会办公室发文，甬编办事〔2003〕26 号《批复同意保国寺文物保管所内部机构设置》：设置 2 个科室，即：文保业务科、安全园林科，级别相当于行政副科级，核定中层领导职数 2 名。

2006 年 4 月，宁波市机构编制委员会办公室发文，甬编办事〔2006〕11 号文件同意将宁波市保国寺文物保管所更名为宁波保国寺古建筑博物馆。

2008 年 12 月 3 日，宁波市机构编制委员会办公室发文，甬编办事〔2008〕44 号关于保国寺古建筑博物馆机构编制有关事项批复：

① 保国寺古建筑博物馆为市文化广电新闻出版局所属纯公益类事业单位，机构规格相当于行政正处级；

② 馆内设机构 3 个，即办公室、文保研究部、安全园林部，核定单位领导职数 2 名（1 正

1 副），中层领导职数 3 名，经费预算形式仍为财政全额补助；

③ 主要工作职责是：承担保国寺文化遗产、保国寺公园、浙海关旧址文保单位的保护管理；开展文物收藏、研究、陈列、鉴定、修复等工作；开展爱国主义社会教育与培训；为博物馆的文化活动提供相关服务。

保国寺从 20 世纪 70 年代向社会公众开放以来，经过近 30 年的建设发展，从初期单一的文物保护管理职能，发展到目前承担建筑文化遗产的征集收藏、保护研究、宣传教育等职能的文博机构。年平均接待参观人数 20 余万人次，累计接待国内外游客 600 余万人次。陈列内容由简单的建筑本体展示，拓展到目前拥有建筑文化发展史、文物科技保护及研究成果、建筑构件、建筑模型、古青铜器等 17 个展厅向公众展示，并贯彻落实"三贴近"工作要求，突出爱国主义教育基地特色，向广大群众、特别是青少年，展示我国悠久璀璨的历史文化。保国寺要求增加编制，2012 年 1 月 17 日，宁波市机构编制委员会办公室发文，市编办〔2012〕12 号文件，同意编制增加 2 名，即为 15 名。

由于编制人数增加，保国寺古建筑博物馆要求宁波市机构编制委员会相应增加领导职数，2012 年 10 月 19 日，市编办〔2012〕149 号文件同意，副职增加 1 名。

第四节　开放管理（含票价）

一、历年开放管理

1976 年 10 月起保国寺正式对中外游客开放。

1978 年 2 月 6 日，宁波市计划委员会文件，计〔1978〕31 号《关于保国寺游览门票》收费每人 3 分。

1980 年 4 月，寺内增加了古代编钟等陈列，宁波市文化局请示宁波市计委，要求门票从 3 分提高到 5 分。5 月 31 日，因藏经楼举办历代文物选展，宁波市文化局请示宁波市计委，宁波市计委物价科原则同意每人收门票费 8 分。另外，宁波市园林处也在山下入口处收门票 3 分，形成了去保国寺参观需付三次费用的情况，为减轻群众负担，经研究，将文物选展停办，收费从每人 1 角 3 分降为 5 分，宁波市园林处门票 3 分不变。

宁波市物价局下发有关文件，市价综〔1986〕108 号《关于调整天一阁、保国寺参观门票的通知》：你两所都在不同程度上扩大了参观范围以及文物展出品种，考虑到所花费投资和日常管理经费的增多，同意适当调整门票价格：门票由原来的 1 角调整为 2 角，其中学生团体为 1 角 5 分，1986 年 10 月 1 日起执行。

自 1988 年与园林合并后，门票价寺内 0.5 元，园林山林 0.1 元，历时三年，随着事业发展，新增宁波婚俗厅、鼓楼、录像宣教室。人员增加，费用增多，要求调整为 1 元，儿童团体 6 折。

宁波市物价局文件，甬价费〔1992〕93 号《关于调整保国寺、天一阁收费标准的通知》：鉴于原有设施的改建、增添以及各项费用支出的增加，原有收费标准已偏低，决定调整为：公园门票每人次 0.2 元,寺院门票每人次 1 元,儿童、学生团体对折。导游讲解费 10 人次以下每次 3 元,10 人以上(含 10 人)每次 5 元。

1994 年 3 月,保国寺文物保管所要求门票提高到每人次 3.5 元,理由是:公园新建、扩建景点四处:黄泥浆潭桃花林区、古枫林区、响石阶、梅林景区,陈列室开放调整三处:古建筑博物馆序厅、历代钱币展、宁波历代文物精品图片展。

1994 年 4 月,甬价费〔1994〕48 号,宁波市物价局收费审批通知单批复:鉴于原有设施的改建,增添各项设备,以及费用支出的增加,原收费标准已偏低。现根据我市实际情况,参照外地有关门票的收费标准,经研究决定作适当调整,保国寺公园门票每人次 0.20 元,寺院门票每人次 2 元。

1995 年 7 月 24 日,甬价费〔1995〕248 号,宁波市物价局《关于调整文物旅游点收费标准通知》:近年来,各文物旅游点为提高游览质量,经过开发建设、扩建景点、举办各种不同内容的文物、艺术展览,增加了费用支出,同时随着物价上涨的影响,管理、修缮费用也逐年增加,使现行的收费标准偏低。保国寺调整为:

① 门票(包括寺院、公园)每人 5 元,儿童、学生团体按 50% 收费;

② 使用会客室,最高每场次 50 元;

③ 导游讲解 10 人以下的每次 20 元,10 人以上的每次 35 元。

甬价经〔2000〕66 号文件:鉴于你所扩大寺内陈列展览内容、成本支出增加的实际,为平衡衔接同类景点收费标准,经研究决定从 2000 年 3 月 20 日起调整保国寺门票价格。具体为每票 12 元,1.3 米以下儿童每票 10 元,团体八折优惠。现役军人、离休干部、70 岁以上老人、残疾人及学生等仍按有关规定给予优惠。

2004 年 4 月 15 日起,根据宁波市文化局要求,对未成年人集体、家长带未成年子女参观实施免票;学生个人半票;同时继续执行对现役军人、70 岁以上老人、30 年教龄的教师、特困市民、残疾人免票政策。

2006 年 4 月 26 日,宁波市物价局《甬价费〔2006〕158 号文件》:

① 保国寺古建筑博物馆由陈列内容简单的建筑主体展示、拓展到拥有建筑文化发展史、文物科技保护及研究成果、建筑构件、建筑模型展等 10 多个展厅,核定保国寺古建筑博物馆门票价格为每人 20 元;

② 1.3 米(含)以下儿童对折优惠,现役军人、残疾人、离休干部及 70 岁以上老人免票;

③ 自 2006 年 12 月 15 日起执行。

2008 年 10 月,宁波市物价局同意保国寺古建筑博物馆对游客收取导游费 10 人以下 30 元/次,10 人以上 50 元/次。

二、现状开放管理

保国寺古建筑博物馆实行全年对外开放。每天开放时间:8:30~16:30,中午不休息,节假日适当提早开放,延迟闭馆。闭馆后进行清场。

门票每票 20 元,团体八折。对现役军人、70 岁以上老人、30 年教龄的教师、特困市民、残疾人等实行免票。对学生团体集体预约参观免费，6 岁以下参观免费。6~18 岁个人参观半票，签约旅行社团体参观五折。

导游费自 2008 年起没有变更。

第五节　安全管理

一、历年安全管理工作

1987 年 7 月 23 日，召开保国寺消防安全现场整改会议：① 文保小组和园林小组组成统一防火领导小组，与当地驻军、安山、灵山大队组成防火网络；② 提高自救能力，解决消防水源不足，扩建原水库；③ 寺四周建防火隔离带；④ 加强防盗工作，增添报警器，加强巡逻；⑤ 健全防火责任制，落实防火措施。购买警犬。

1990 年 3 月，宁波市公安局，甬公消字（90）29 号把保国寺公布为宁波市一级消防重点单位。

1992 年，在保国寺四周、山林界石四周砍防火隔离带柴。寺四周道路要求宽度 10 米，山林道路 8 米，购置森林防火通讯对讲机，配置保安服装，制订治安管理责任制考核细则。3 月召开治安联防座谈会，由宁波市江北公安分局、宁波市江北区洪塘派出所、宁波市江北区洪塘镇政府、宁波市江北区洪塘镇人武部、宁波市江北区庄桥镇费市乡政府、宁波市江北区庄桥镇费市乡人武部、宁波市江北区洪塘卫生所、宁波市江北区庄桥工商所、宁波市公交派出所、宁波市江北区洪塘消防队、宁波市江北区庄桥镇费市消防队、宁波市江北区庄桥镇灵山村、宁波市江北区洪塘镇安山村、宁波市江北区庄桥镇胡家村、宁波武警等 26 名代表参加。

6 月，宁波市公安局检查后发来整改通知：① 消火栓出水靠自然压力，无补水增压设施；② 寺院内无自助报警、无自动喷淋设施；③ 枯水期消防用水不足；④ 进水口无过滤网罩。整改方案：① 扩建天王殿前洗菜池至 500 立方米，作为消防水池；② 该池水由山下向上补水，高差 80 米，增消防泵；③ 在池旁建泵房，置两台多级离心泵，泵与寺内消防水管相连；④ 室内增设自动报警系统和自动喷水灭火系统；⑤ 增设室外管网与原有管网相通；⑥ 原来只有单回路供电，建议再拉一路电，保证双回路供电。

1994 年 8 月，在保国寺藏经楼、文物室、佛像室安装红外线报警设备。

1995 年，开辟防火隔离带方案：保国寺有 397 亩（约 26.5 万平方米）自然山林，秋冬季节，防火任务十分繁重。根据消防部门指示，开通防火带 3500 米，寺院周围宽 10 米，游步道两旁宽 8 米，以前用砍去柴草办法，成本少，但年年要砍，治标不治本。现准备用治本方法，即用板锄开山，隔离带内柴草连根拔掉，财力允许的话再铺鹅卵石，使之一劳永逸。每年搞一点，几年内根本解决。

购置 1211 干粉灭火机和清水灭火机 20 只。

1998 年 11 月起，委托宁波市江北区土管局对大殿柱子倾斜进行科技监测，共四次。

2000 年 8 月 20 日，冶金工业部宁波勘察研究院史玉成等来寺对大殿柱子倾斜进行科技监测。

2000 年 11 月，宁波市防雷中心副主任胡余斌来寺洽谈防雷工程事宜，准备招标出台。后在寺四周以大殿为中心竖起 4 支预放电式避雷针。

2003 年度消防工作总结：① 落实安全生产责任制，配备专职消防员 1 名、兼职消防员 9 名、义务消防员 21 名。制订了《消防工作管理制度》、《消防工作职责范围》、《设施维护保养制度》及记录档案，制订《紧急灭火预案》，由所长任总指挥，安全科长任副指挥，科员配合作战，包括对外报警、联防、救护、现场保护等等。② 开展安全生产专项整治，加强基础设施建设，自筹资金 5 万元，开辟防火隔离带 1000 米（总计达到 4500 米）、防火隔离墙达到 350 米。又增添消防水枪 5 支，水带 150 米及灭火器等消防器械。③ 安全生产宣传和培训。派员到外地参观学习，参加技能培训，有三人持有专业技能消防上岗证，设路标、指标牌、防火通告等。防火期间招 2 名山林巡视员。举行消防讲座、操作技能教育、消防演习、职能培训等。④ 事故隐患排查、整改及查处结果。对消防器材、消防通道、电器电路、房屋库房进行仔细排摸，查隐患。检查水库水位，干旱时适时补充河水，保证消防供水。⑤ 有防盗报警系统，与江北公安分局 110 指挥中心、江北区保安公司实施联网，有值班巡更、值班记录。

2004 年 3 月 26 日，保国寺文物保管所邀请宁波市文化局、宁波市江北区森林防办、宁波市江北区公安分局治安大队、宁波市江北区洪塘派出所、宁波市江北区庄桥派出所、宁波市江北区庄桥镇防火办、宁波市江北区庄桥镇灵山村委会、宁波市江北区洪塘镇安山村委会、宁波市江北区洪塘镇苏湖村委会参加安全联防会议，重点协调清明期间的安全问题。

2004 年 11 月，古建筑群安装周界防盗监控系统，作为技防工程一期，并建立监控室。

2004 年委托宁波蓝盾公司、宁波恒通公司对整个古建筑群进行技术防范设计。方案是：第一道防线，28.8 公顷（288000 平方米）公园景区，侧重点在游步道，安装智能摄像机 6 台，第二道防线，古建筑群围墙界，安装智能摄像机、室外主动红外探测机 4 台；第三道防线，各单体建筑及主要通道，安装慢速智能摄像机、枪机 8 台；第四道防线，核心保护区、重点展厅、库房安装摄像机 5 台，自动报警系统，与公安 110 联网。

2004 年投入经费 17 万元，完成周界报警联动功能、库房报警监视。2005 年投入 30 万元，增加展厅、主要通道、出入口的监视器，包括避雷装置、UPS 应急电源、安全应急广播系统；2006 年又建技防和总控室、值班室。共安装摄像机 23 个。录像保存期为一个月，UPS 供电时间 8 个小时。

2006 年 1 月，委托华夏认证中心有限公司开展 ISO9001 质量管理和 ISO14000 环境管理两项体系认证工作，8 月通过。

2006 年 3 月 31 日，召开区森林防火安全联防会议，并进行森林灭火、古建筑灭火扑救演练。

2006 年 3 月，保国寺古建筑博物馆主持召开安全联防会议，宁波市江北区森林警察大队、宁波市江北区森林防火指挥部、宁波市江北区公安局治安大队，周边辖区的派出所和相关村委会等部门主要负责人应邀出席会议。

会上各单位进行信息通报和沟通，总结经验，针对存在问题和薄弱环节，探讨联防工作发展方向，落实"预防为主"的长效管理措施，更好地贯彻"隐患险于明火，防范胜于救灾，责任重于泰山"的安全工作精神。会后，还组织了山林灭火、古建筑灭火的消防演练，参会人员还考察了保国寺古建筑物博物馆的消防库房及器材设备。

2006 年起每年委托宁波市防雷中心定期检测保国寺古建筑的防雷防静电设施一次。

2007 年委托宁波宏海公司重新编制《安全技术防范系统方案》。2009 年编制完成《安全技术防范系统方案》。

2009 年 3 月 31 日，召开安装联防会议，参加单位有：宁波市文化广电新闻出版局、宁波市江北区公安分局消防大队、宁波市江北区公安分局治安大队、宁波市江北区农业局林特站、宁波市江北区森林防火警察大队、中国人民解放军鞍山 92852 部队、宁波市江北区洪塘派出所、宁波市江北区洪塘街道森林防火办公室、宁波市江北区庄桥街道森林防火办公室、宁波市江北区洪塘镇鞍山村村委会、宁波市江北区庄桥镇灵山村村委会、保国寺古建筑博物馆。

学习《安全在于防范、责任重于泰山》等文章，职能部门发言、交流经验，分析防火安全形势，以及在防火、救火中存在的问题和薄弱环节，讨论交流有关单位在防火管理、制度建设和防火宣传等好的做法，落实"预防为主"的长效机制建设，做到人员、设备联动，资源合理共享。

开展安全宣传活动，举行安全知识培训，开展安全生产月系列活动，进行消防实战演习。

2009 年 9 月，制订国庆 60 周年安全工作方案：

① 领导重视、组织落实。按照"全面部署、加强重点、严密措施、内紧外松"的工作要求，全力以赴，确保博物馆、景区的安全稳定。成立以馆长为组长的安全工作领导小组，以安全园林部总负责，对全馆有关安全工作的各环节进行全面跟踪督查，及时整改。

② 制度健全，责任到人。抓好制度落实，重新层层签订《安全责任书》，严格执行区域巡视、展厅清场和闭馆断电等操作规定，落实开放区管理人员、专职保安人员、夜间值班人员三级防范制度，完善《应急预案》措施，提高应对突发事件的能力。

③ 统一排查、集中整治。

a. 以技术防范系统为重点，对各安全设备、设施能否正常运用作一次系统演示；

b. 对古建筑群、山林、生活区、公共聚集场所开展一次重点排摸；

c. 对现有消防管线进行维护保养，对消防器械、器具，进行一次查验，施行修复或更换；

d. 对全馆所有线路、配电箱等进行全面检查，重点检查线路老化、超负荷用电器、乱接乱搭现象；

e. 规范安全标识标志，安全出口、消防通道做到畅通无阻；

f. 对文物库房、仓库进行一次检查；

g. 对浙海关旧址博物馆进行一次安全大检查；

h. 对食堂、员工住宿、各经营场所进行一次卫生大检查。

2009 年 9 月委托宁波市蓝盾技术开发公司对保国寺古建筑博物馆监控、报警等系统实施改造。同年制订保国寺古建筑博物馆治安保卫工作条例。

2010 年对保国寺消防通道进行改造。

2011 年国拨经费 130 万元用于完善保国寺消防设施，即消防系统电气线路配电系统改造、消防用水泵房改造，消防引水系统更新。

二、现状安全管理

保国寺现有消防器材数量及种类：

灭火器 91 只，其中干粉灭火器 78 只，清水灭火器 4 只，推车式灭火器 4 只，1211 灭火器 4 只。水带 24 条，高压水枪 13 支，风力灭火机 6 台，柴刀 7 把，太平斧 6 把，拖把 10 把，灭火弹 8 只，安全帽、防火服若干。

（一）火灾预防及应急预案

保国寺古建筑博物馆对员工进行消防知识教育。讲解火灾是人类的顽敌，火灾的类型及原因，火灾发生的特点，火灾如何扑救。

《保国寺安全应急预案》甬保文〔2005〕7 号

分为总则、安全责任、应急组织体系及职责、安全消防设施、古建筑群安全应急预案、山林安全应急预案、文物盗窃应急预案、防汛、防台风、防地质灾害应急预案、附则共十章。

1. 古建筑安全应急预案第二十四条白天消防应急预案

（1）事故第一发现人一旦发现火情，应及时通过通讯设备向办公室汇报，说明火情位置、火势大小等基本情况，并切断电源，用配置的灭火器，控制火势，等待救援；

（2）接到火情报告后，拉响警报，总指挥和现场指挥员携带通讯设备，与相关人员第一时间到总监控室前集中；

（3）总指挥汇报情况，指挥相关人员按各自岗位职责，携带器具、着装，迅速到位，开展扑救、疏散等工作，并保持通讯畅通；

（4）如火势情况急需报警，总指挥拨打 119，启动联防体系，向周边联防组织求援，下达引导命令；

（5）按报告制度规定，总指挥逐级向上报告；

（6）总指挥解除警报，灭火组检查现场防止复燃，确认安全后除现场留守观察、保护现场人员外，其余人员撤离现场；

（7）按照安全事故处理规定，进入事故调查等程序。

2. 第二十五条夜间消防应急预案

（1）事故第一发现人一旦发现火情，应及时通过通讯设备向值班室汇报，说明火情位置、火警大小等基本情况，并切断电源，用配置的灭火器灭火，控制火势，等待救援；

（2）接到火情报告后，值班人员拉响警报，相关人员第一时间在总监控室前集中；

（3）值班指挥员向相关人员通报火灾情况后，发出扑救指令；

（4）扑救人员携带器具、着装，迅速到位开展扑救，并保持通讯畅通；

（5）联络员迅速向单位领导汇报情况，收受、传达、落实指令；

（6）单位领导接警后召集人员赶赴现场，待人员到位，转入第二十四条相关程序。

（二）安全保卫工作

1. 保国寺古建筑博物馆治安保卫工作条例

为了防范和打击犯罪分子的破坏活动，保护保国寺古建筑博物馆财产和员工的人身安全，制定本条例。安全管理工作要坚持预防为主、群防群治、突出重点、保障安全的方针。安全管理工作的基本任务是：防火灾、防破坏、防治安害事故。维护正常的工作秩序，保护员工人身和博物馆藏品、财产安全。处置突发事件。安全管理工作纳入博物馆管理目标，实行一票否决制。夜间消防应急预案。山林安全应急预案。文物盗窃应急预案等。

2. 巡逻工作规定

开放时间，全馆的巡查由管理人员和安全园林部负责。封门后的夜间巡查工作，由值班人员负责。巡查人员要严格执行岗位责任制，按规定的时间和地区巡查，发现可疑人、可疑事，立即向主管领导报告，如遇重大问题要直接向值班领导报告，并采取防范措施。换班时认真执行交接手续，将情况交代清楚。每班都要逐项登记，以备核查。注意防火、防灾、防破坏等事项。

三、安全技术防范系统建设

现保国寺的安全技术防范系统方案由浙江宏海智能科技有限公司2009年编制，系统包括闭路电视监控系统、防盗报警系统和巡更系统。

系统建设的必要性：全国重点文物保护单位是一个地区、一个城市社会主义精神文明建设的窗口，是进行爱国主义、历史唯物主义和革命传统教育的重要阵地，也是传播科学文化知识，对公民进行终身教育的课堂。加强文物保护单位的安全建设，始终是文物工作的一项重要内容。

保国寺历史悠久，创于东汉，建于唐代，兴于北宋，现存大殿即为北宋祥符六年（1013年）所重建，是江南最古老、保存最完整的木结构建筑，其结构大都保存了当时的形制和构件，具有很高的历史、艺术和科学价值。

保国寺古建筑博物馆为全国重点文物保护单位，其建筑均为木结构建筑，加强保国寺的安防设施建设，对确保保国寺的安全尤为重要。

1. 闭路监控系统

闭路监控系统的一个重要特性是它具有事先性。由于闭路监控系统配备有数字录像系统，当有犯罪行为发生时通过摄、录像设备对现场的摄录，则可为缉捕罪犯提供证据材料。该系统还可对犯罪分子产生威慑，也使内部工作人员更有安全感。

监控系统设立的管理范围是围墙、展厅、库房、走廊过道、各入口、监控室等，主要对展厅和库房进行严格监控。后端采用数据录像，有实时监控、报警联系等功能。

配置前端摄像机41台，其中智能高速球机5台，智能低速球机14台，彩色摄像机21台，彩色半球摄像机1台。

经传输部分到后端设备6台8路硬盘录像机，定做一套电视墙以显示视频图像信号。

2. 防盗报警系统

随着电子技术的日趋成熟和可靠，报警器材和设备也随之得到了很大的发展。主要由前端设备红外探测器、传输部分、后端设备防盗主机组成，并于110联网。具有操作灵活、管理方便、维护简单等优点。结合断电及系统可靠性的具体情况，配置UPS电源，使系统可以更好地应付各种情况。

3. 巡更系统

在技防的基础上辅以必要的人防，实现"人防"与"技防"的有机结合，提高博物馆的安全性。

对周界、闭路电视监控系统死角、地下车库、主要通道处设置保安巡更点，保安人员根据规定时间、线路进行日常巡查工作，管理人员通过系统软件实现对保安人员工作的查看及有序管理。针对保国寺自身特点，采用离线式巡更管理系统。

系统按设备的分布情况可划分为前端设备和中心设备两部分。前端设备包括设置 24 个巡更信息点，并编制成线路。中心设备包括数据采集器、数据变送器和系统管理软件。

消防器材、监控、报警、防雷设施齐全，定期开展单位内部安全检查，认真做好各项自查工作。发现问题及隐患及时改正，整改率达 100%。

保国寺重视制度建设，治安保卫工作制度健全，值班、登记、巡逻等制度落实，层层签订综合和治安保卫工作责任书。单位内部无刑事、治安事件，职工无违法犯罪行为，近年来未发生影响社会稳定的群体性事件、火灾、爆炸等治安灾害和安全生产责任事故。

制订了《企事业单位治安保卫工作条例》及实施办法，《安全保卫工作规定》、《消防安全管理制度及奖惩细则》、《保国寺处置突发事件预案》成立处置突发事件领导小组。层层签订责任书，保国寺的安全保卫工作做得有声有色，年年合格。

第六节　精神文明建设

一、创建市级文明单位

2008 年 5 月，第二轮全国文明城市创建评选工作全面铺开，宁波是首批全国文明城市将参加复评。保国寺古建筑博物馆贯彻落实市文化广电新闻出版局的动员会议精神及实施步骤。

（一）组织领导有力，创建工作扎实

党支部坚持以邓小平理论为指导，认真贯彻"三个代表"要求，全面落实科学发展观，坚决执行党的路线、方针、政策。领导班子重视创建工作，加强基础队伍建设，提高全馆的战斗力和凝聚力。成立创建工作领导小组，落实人员，分工负责、制订计划，通过每月例会制度，将创建规划分解细化，贯彻落实。成员之间真诚团结、明确分工、严于律己、勇于负责、勤俭办事，发扬艰苦奋斗的作风，进行总结、评比和表彰。认真贯彻《廉政准则》，制订《党支部廉政管理制度》、《党务、事务公开实施办法》等规章制度。积极开展军民共建、拥军优属活动。对军人等 7 种以上人群实行免票，积极为贫困地区、受灾地区捐款捐物。

（二）思想教育深入，道德风尚良好

领导班子重视思想道德教育，开展党的基本理论、基本路线教育，大力弘扬和培育民族精神，每月安排一次，内容丰富、形式多样，引导广大员工树立正确的世界观、人生观、价值观。

学习有记录和总结，有议事规则。建立重大事项报告制度，集体研究，民主决策。坚持对员工进行思想道德等方面的综合素质培训，学习职业道德规范、社会主义荣辱观，对《员工文明守则》

知晓率达到 100% 。突出抓好诚信建设，坚决防止不守信用行为。重视对青年员工、青少年学生的思想道德教育。每年开展革命传统教育、中华民族历史文化教育，为爱国主义教育活动的持续开展奠定了基础。

（三）学习风气浓厚，文体卫生先进

坚持对干部职工进行科学文化知识和业务技能培训，形成全员学习、终身学习、自觉学习的良好风尚。年初制订培训计划，每年集中培训达 100 余人次，使干部职工的学历层次和业务技能不断得到提高。

充分发挥党、共、青、妇的作用，定期开展丰富多彩的文体活动，寓教于乐，逐步养成崇尚文明、崇尚正气、爱岗敬业的精神境界和文明的生活方式。

落实卫生防疫制度，深入扎实地做好人口与计划生育工作，计划生育率、晚婚、晚育率均达到 100% 。

（四）加强民主管理，严格遵纪守法

保国寺古建筑博物馆设以下机构：办公室、安全园林部、文保业务部、社会教育部、浙海关旧址管理部。保国寺古建筑博物馆主要职责是文物征集收藏、鉴定修复、保护管理、展览宣教、研究出版以及相关产业经营等。

民主管理制度健全，实行党务、事务公开制度，坚持和完善职工代表大会，保障职工合法权益。卫生、环保、培训、投诉、审批、广告、交通、执法等一系列规章制度健全。

严格遵守国家城市规划、森林、文物、环境等各项法律及地方性法规。建立监督信息系统，全天候监控管理。遵章守纪，纪律严明。单位无重大安全质量责任事故，无"黄赌毒"等丑恶现象，无邪教活动。

（五）内外环境优美，环保工作达标

保国寺是第一批全国重点文物保护单位，总占地面积 28.8 公顷（28.8 万平方米），其中古建筑群占地 2 万平方米。有唐、宋、明、清及民国等各时期建筑，在高度、色彩、造型上均顺应自然，与寺院四周景观相互烘托，主题鲜明；各功能建筑选址合理、修建隐蔽，外观精美。全区自然景观、文物古迹保存完好，无破坏、荒芜现象，无乱刻乱画、乱搭乱建现象。景区内外环境清洁整齐，无脏、乱、差现象。

管理规范有序，环保制度齐全、措施落实，达到国家环保标准。2006 年起执行 ISO14001 环境管理体系，认证率为 100% 。大气环境质量达到国际 II 类标准。景区空气质量达到一级标准。噪声符合 0 类昼夜标准，地表水达到 I 类标准。

景区导引标识齐全，合理设置全景图、导览图、标识牌等。图文规范，并标有中、英、日三国文字。设停车场 3 处，旅游公厕 6 座，垃圾桶 40 只，实现了景区游览场所干净、整洁、舒适。

（六）业务水平领先，工作实绩显著

保国寺古建筑博物馆自成立以来，贯彻"抢救为主、保护第一、合理利用、科学管理"的文物保护方针和"以人为本"的科学发展观，以导入 ISO9001 和 ISO14001 两个管理体系为契机，为实现事业发展的总体目标，即在真实性、完整性保护文物古建筑本体的前提下，致力于文化遗产的宣传、研究和教育，并以历史风貌的充分保存为出发点，整合文化资源和自然生态资源，积极发展文博、旅游产业，逐步把保国寺建成为自然环境优美、基础设施完善、服务能力一流的专题性博物馆和城市休闲、观光生态区、近郊旅游胜地。

近年来，我馆基础设施和旅游环境进一步改善，旅游人数、旅游收入和经济总收入持续增加。景区旅游市场管理井然有序，服务部门热情，童叟无欺，游客对保国寺风景区总体印象较好。

二、创建市级文明旅游景区

保国寺 1961 年被国务院命名为第一批全国重点文物保护单位。2006 年被评为国家 AAAA 级旅游景区，2001 年获浙江省最值得去的五十个旅游景区（点）之一，2001 年起批准为市文明单位；通过 ISO9001 质量管理体系、ISO14001 环境管理体系"双项"认证。现在保国寺景区已发展成以诠释古建筑文化为主，自然景观与人文景观相结合，集观赏性、知识性、娱乐性为一体的科研、科普基地和旅游观光胜地。

创建文明风景旅游区工作：

1. 以十七大精神为指导，深入开展学习教育活动

（1）领导班子坚强有力。执行中心组理论学习制度，认真贯彻《廉政准则》、《党风廉政建设责任制实施办法》、《党支部廉政管理制度》、《党务事务公开实施办法》等规章制度。党政班子齐抓共管、集体决策，团结合作。

（2）认真开展员工道德教育，开展"三爱一德"教育即爱祖国、爱城市、爱旅游，讲职业道德。

（3）进行爱国主义、革命传统教育。

（4）倡导文明风尚。

2. 健全各项规章制度，实行科学管理机制

景区按规定设置各科室部门，实行统一管理；严格执行相关法律法规，遵循有关各项规章；健全内部各项管理制度，进行汇编后人手一册；建立保国寺风景区网站；安全管理扎实有效，各出入口、售票处、展厅等建立监控系统；各类人员均按要求进行各项专项学习培训。

3. 加强宣传教育力度，提高文明服务意识

结合国家 AAAA 级景区标准，制订《旅游综合管理制度》、《导游讲解人员管理办法》、《游园须知》等。编制导游词；景区设置 2 处游客服务中心，出版明信片等宣传资料，编辑出版《东来第一山——保国寺》、《东方建筑遗产》等书籍；规范经营管理，制订《商业网点经营管理规定》、《游客满意度调查》等措施。设投诉电话，及时处理，吸收好的意见和建议。

4. 加强景区环境保护，创建和谐文明单位

景区建筑采用仿古风格，与自然景观相协调。制作导游牌和各种标识，中、英、日文对照。设置停车场，车辆停放有序；专人负责环境卫生，50 多个垃圾箱日产日清。

5. 利用生态资源优势，建设旅游休闲胜地

建设梅花园、杨梅林、金橘林、荷莲园、桂花苑、竹林等特色园林，使景区四季花景各飘香、古木参天。丰富的植物资源、生态环境条件为野生动物的栖息繁衍提供良好条件，因此被列为野生动植物保护中心；景区环境建设逐年推进，顺利通过 ISO14001 环境管理体系认证；经环境保护监测中心站监测，空气质量达一级标准，噪声质量达 0 级标准，水环境质量达到规定标准。建公厕 8个，垃圾分类，每日清理；策划组织丰富多彩的健康生态游、登山健身赛；举办桂花节、荷莲文化周、杨梅采摘等活动。

6. 落实安全防范措施，确保景区安全稳定

健全各项安全管理制度，落实安全责任制，制订各项应急预案，定期进行培训演习。设置安全防护栏、警示标识，安装监控报警设备，与公安 110 联网。购置风力灭火器、干粉灭火器、铁锹、扫把、水桶等；餐饮服务符合国家有关食品卫生规定；健全治安保卫制度，昼夜巡查，做到人防、技防、犬防三结合、秩序井然。

第七节　AAAA 级景区建设

2007 年 2 月，国家旅游局发布〔2007〕8 号文件公布保国寺为国家 AAAA 级旅游景区。

保国寺景区 1976 年起对外开放，是宁波最早的旅游景区之一，现在已成为第一批全国重点文物保护单位，国家 AAAA 级旅游景区、省级爱国主义教育基地和宁波市野生动植物保护江北中心站所在地，是中国文化遗产预备名录的重要史迹之一。景区由保国寺古建筑群和保国寺公园组成。保国寺古建筑群集唐、宋、明、清、民国等各时期的古建筑于一体，其中重建于北宋大中祥符六年（1013）的大殿，至今依然巍峨。在中国早期木结构建筑中屈指可数，它所采用的木构技术已成为 11 世纪最先进、最有代表性的范例。保国寺公园分别由仙人桥、桂花林、灵龙泉、叠锦台、青幛亭、梅林等景点组成，自然景色四季分明，生态环境优越。园内古树名木多，相继开辟了梅花园、杨梅林、金橘园、荷莲园、桂花苑、幽竹林等特色园林，四季花果飘香，古木参天，是都市人群旅游休闲、放松心情的好去处。

两年来，景区秉承"以人为本、求实创新"的精神，坚持"游客至上，服务至上"的宗旨，职工从服务理念到服务质量都有了质的飞跃，管理水平迅速提高，被评为创建、创安先进单位，文化工作创新单位，并先后荣获浙江省最值得去的五十个景区、宁波市十大魅力景区等称号。两年来，景区共接待海内外游客 100 万人次，参观人数逐年增加，成为展示城市精神和城市形象的重要窗口，受到社会各界的关注和好评，创造了巨大的社会效益和经济效益。

保国寺景区在过去创建国家 AAA 级景区的基础上，紧扣 AAAA 级旅游景区创建标准和评定细则，做了八方面工作：

1. 完善旅游交通设施

做好景区入口处的公路养护，在保国寺旅游专线、各十字路口设标志标识，清理公路沿线广告牌，完成景区内停车场规范化和特色化建设。盘山公路增设警示牌、太阳能警示灯、广角镜，以确

保游客行车安全。随着杭州湾跨海大桥和宁波绕城高速的开通，特别印制了一批景区交通方位图，结合博物馆网址，向公众提供开放时间、门票价格等一系列信息，以引导服务从通过杭州湾跨海大桥前来观光的游客。建设生态游步道，增设旅游特色交通工具。

2. 完善游览服务功能

抓好博物馆陈列布展，景区公园建设，植被覆盖率达90%以上。建设宾客接待中心，添置了触摸屏、播放系统等。完善景区信息服务功能，对景区的网站进行全面改版，设置了保博要闻、学术文章、游客步道、影视介绍等内容丰富的栏目。建立语音导游系统和信息咨询系统。

3. 完善旅游安全保障

制订安全应急预案，安装完成全寺监控系统，消防烟感系统。公布景区急救电话，实行24小时值班制以加强安全检查和监控管理。对安全重点、危险地段增加安全防护设施和警示标志，建立景区安全技防监视系统，安全应急措施目标明确，责任到人。景区建立医疗室，与洪塘卫生院签订游客急救协议。

4. 加强环境卫生管理

建立环境卫生保洁制度，落实专人负责景区游步道和游客主要集散地及休息场所清洁，卫生保洁人员进行全天定时清扫。改建公厕。设特色垃圾箱，对垃圾箱中的垃圾日产日清，不留死角，与江北区环卫所签订垃圾清运协议。做好食品安全工作。

5. 完善邮递通讯服务设施

增设邮箱。健全通讯服务网络。继中国移动公司在我景区设置信号发射站点后，中国联通公司也将在景区设置信号发射站点。主要游客集散地的公用电话由电信部门统一安装。在游客服务中心为游客提供纪念封、纪念邮票、纪念币等服务。

6. 商品经营管理规范

完善旅游购物功能，开放旅游产品，做到明码标价，不能强买强卖，不断提高服务水平和服务技能，营造良好旅游市场环境，切实保护广大游客的合法权益。

7. 综合管理科学规范

已通过ISO9001质量管理体系，整合管理力量，处理投诉服务，推进网站宣传，发挥电视、电台、报刊、网站的宣传作用，做好旅游市场开发。同时将主管旅游的宣传营销部门从办公室分离出来，单独成立宣教营销部，使各项工作开展得更合理、科学。

8. 加强资源和环境保护

编制《保国寺旅游发展规划》，针对景区的自然生态、景观、文物、古建筑等实际情况，采取有力的保护措施，对古建筑进行修缮，对古树名木进行保护，保持景区原生态的完好率和完整性。在古建筑保护方面，近年来我们请清华大学、同济大学、河南大学研发设计了保国寺古建筑群科技保护监测系统。该系统运行一年多，取得预期成果，得到国内古建筑保护领域专家学者们的一致肯定。环境监测已通过ISO4001环境管理认证体系，景区内空气、噪音、水质达到国家标准。加强景区绿化和美化，做好补植补绿工作，绿化覆盖率始终保持在90%以上。

2007年度又进一步完善游客服务中心设施设备，重点是增加残疾人等特殊人群服务设施，添轮椅、婴儿用车等，增加停车泊位。建设四星级厕所，提供报警救助、咨询投诉等服务项目；全部更新标牌、标识，中、英、日文对照；完成景区闭路监控系统建设；提高导游人员素质。

AAAA 级景区建设中涉及安全方面的由安全园林部负责，具体包括以下几点：

（1）指导、督促、检查、贯彻执行本办法及国家制定的涉及旅游安全的各项法规的情况；

（2）组织、实施旅游安全教育和宣传；

（3）进行安全设施检查验收工作；

（4）督促、检查、落实有关旅游者人身、财物安全的保险制度。

（5）受理旅游者有关安全问题的投诉，并会同有关部门妥善处理；

（6）建立和健全有关安全问题的投诉，定制召开安全工作会议；

（7）参与涉及旅游者人身、财物安全的事故处理。

第八节　社会教育

甬政办发〔1992〕19 号公布首批中小学生德育基地，其中保国寺因其独有的木结构建筑群（全国重点文保单位）及自然风景区而入选。

1997 年，被评为市级爱国主义教育基地。

2001 年 6 月，被评为省级爱国主义教育基地（同时批准的有奉化滕头村）。

2005 年 12 月，古建筑博物馆隆重开馆，同时与清华大学建筑学院合作建立保国寺教育研究基地。

2006 年 1 月 11 日，甬党〔2006〕2 号文件，保国寺被市委、市政府表彰为市级文明单位。

2009 年 11 月 2 日，甬科协通〔2009〕50 号文件，保国寺被评为市级科普教育基地。

附：资格、荣誉（奖状、合格证）

表 8 - 11　　　　　　　　　　　获奖一览表

名　　称	时间	发奖单位
1989 年度贯彻《省企事业单位消防安全管理标准》考核验收合格单位	1990 年 3 月 7 日	宁波市公安局、市经济委员会
文化艺术档案管理合格证	1991 年 12 月 17 日	浙江省文化厅、省档案局
宁波市文物工作先进集体奖	2001～2003 年	宁波宁波市文化遗产保护委员会
"四有" 档案验收合格证	2002 年 11 月 15 日	省文物局浙文物函〔2002〕41 号
文化系统先进基层党组织	2002 年 7 月	中共市文化局委员会
宁波市文卫系统 2002 年度先进职工之家	2003 年 2 月	宁波市总工会文卫工作委员会
宁波市文博系统 2001～2003 年度先进职工之家	2004 年 2 月	宁波市总工会文卫工作委员会
宁波市文博系统 2003～2004 年度先进职工之家	2005 年 1 月	宁波市总工会文卫工作委员会
宁波市文博系统 2004～2005 年度先进职工之家	2006 年 1 月	宁波市总工会文卫工作委员会

续表

名　称	时间	发奖单位
宁波市文化广电新闻出版系统先进党支部	2005 年 6 月	宁波市文广局党委
纪念建党 85 周年歌咏比赛团体铜奖	2006 年 6 月	宁波市文广局党委、纪委
"十五"期间宁波文物保护工作十佳单位 保国寺古建文化彰显风采	2006 年 6 月	宁波市文广局、《宁波日报》社
通过 ISO9001/14001 质量管理体系和关键管理体系双认证	2006 年 9 月	华夏认证中心
AAAA 级旅游景区	2006 年 11 月	浙江省旅游局
2006 年度全市爱国主义教育基地争创先进活动展出陈列创新奖	2007 年 8 月	中共宁波市委宣传部
2007 年度市文化工作创新奖三等奖	2008 年 1 月	宁波市文广局
2007 年度宁波市创建治安安全合格单位	2008 年 3 月	宁波市社会治安综合治理委员会市公安局
先进基层党支部	2009 年 7 月	中共文广局委员会
宁波市十佳生态旅游景区	2009 年 5 月	宁波市生态办 宁波市旅游局 宁波东南商报
文明景区		宁波市委市府
2008 年度旅游行业平安景区	2009 年 2 月	宁波江北区建委 宁波江北区旅游局
2009 年度宁波市江北区优秀旅游景区	2010 年 3 月	宁波江北区风景旅游管理局
国家二级博物馆	2009 年 5 月	国家文物局

表 8－12　　　　　　　　　　获省部级奖奖项

2001 年	获省级爱国主义教育基地
2006 年	获首座中国文化遗产动漫作品大赛原创动漫奖
2007 年	获浙江省陈列展览精品最佳形式设计奖
2007 年	获国家 AAAA 级旅游景区
2007 年	获浙江五十个最值得去的景区之一
2008 年	获浙江省陈列展览精品奖
2009 年	获浙江省陈列展览精品奖

注释

① 郑彭龄采访鞍山村老村长郑初珍、老贫农毛小初等。

② 陈敬赓、郑彭龄采访原保国寺小和尚，后任七塔寺副住持净峰。

③ 1972 年 1 月 30 日保国寺问题调查报告。

④ 宁波市福利院 1961 年 4 月 11 日给宁波市民政局的报告。

⑤ 1972 年 1 月 30 日保国寺问题调查报告。

⑥ 据宁波市园林处档案。

第九章 文 献

第一节 文 献

一、嘉庆版《保国寺志》

清嘉庆年间编撰，分上下两册，前有保国寺山水图和灵山保国寺志序，目录前有敏庵禅师生平事迹介绍以及对敏庵禅师的挽诗。

卷上：形胜、寺宇、古迹、艺文

卷下：先觉

现将清嘉庆版《保国寺志》部分内容摘录如下：

（一）寺宇

1. 佛殿

宋祥符六年，德贤尊者建。昂拱星斗，结构甚奇，为四明诸刹之冠。惟延庆殿式与此同。延庆固师之师礼公所建之道场也。自始建以来至今乾隆乙丑，凡七百五十有七年，其间修葺代不乏人，宋元明初远不可考，明嘉靖间西房僧世德国朝康熙九年庚戌西房僧石瑛俱经重修。康熙二十三年甲子，僧显斋偕徒景庵，前拨游巡两翼，增广重檐，新装罗汉诸天等相。位置轩昂，其规模大非前日比。乾隆十年乙丑，僧唯庵偕徒体斋，移梁换柱，立磉植楹。乾隆三十一年，内外殿基，悉以石铺。嘉庆元年，僧敏庵起工至六年止，重修殿宇，改装罗汉配装诸天等相。

2. 天王殿

宋祥符六年，德贤尊者建。国朝康熙甲子年，僧显斋重修。乾隆乙丑年僧体斋重修。乾隆三十年，殿基及殿前明堂，僧常斋悉以石板铺之。乾隆六十年，僧敏庵偕徒永斋开广筑墙，重建殿宇，以石铺成，改造佛座，新装天王菩萨。

3. 法堂

宋高宗绍兴间，僧仲卿建。国朝顺治十五年戊戌，西房僧石瑛重修。康熙廿三年甲子，僧显斋重修。乾隆五十二年，僧常斋同孙敏庵重建。

（二）艺文

艺文志，起于班孟坚前汉书，后追踵为史法，凡郡县志及山水志，亦仿而为之。然史所载者，前代书籍之名，与卷帙多寡，及作者姓名而已，其书汗牛充栋，不可悉载也。又其奏疏杂文，散见于诸传中，志不重出，而郡县山水志所载，则名人之序记诗赋，其乡先生著有成集者书目，即载于人物志中，与诗之艺文志名同而例不同也。而保国寺志，志僧家事，凡乡先生著述，应载郡县志，与寺志无涉，其例又有别焉。我寺前代未有著述，即有亦已不传，惟序记诗赋杂文留传甚夥，兹择其优雅者著于篇，作艺文志。

选摘如下：

保国寺
丁鹤年

一径野云深，僧房秘绿阴。
雨腥龙出涧，风动虎过林。
淡薄滋禅味，清凉养道心。
三生如不昧，石上一来寻。

过保国寺
姚应龙

登临何处好，古刹对沧江。
携钵僧归渡，推篷客倚窗。
阶除驯鸟雀，廊庑静幡幢。
魔障消何有，宁须咒语降。

游保国寺
钱文荐

兰若隐云端，萦廻路百盘。
骇人啼怪鸟，障日耸危楼。
僧磬竹阴晚，佛台花雨寒。
相期观海曙，留宿待更残。
又
离郭省人事，入门增道心。
磬鸣花院晚，灯照石龛阴。
罩石云归岫，栖松鸟息林。
老僧偏不了，课诵到更深。

题灵山精进院

云门觉思

石径连平楚，山中晚更幽。
钟鸣残叶寺。僧倚夕阳楼。
碍足霜桥滑，凭栏海月秋。
暂行罢参叩，长啸碧峰头。

题灵山保国寺

越中德圭

苔护丰碑峙曲廊，广明遗迹岂茫茫。
溪声晓落岩前树，柳色晴摇山外塘。
斋磬午时浮佛殿，定灯终古照经堂。
白头还有同门社，百岁终期住石房。

游保国寺

陈　志

欲问深山何处钟，翠微高处峙龙宫。
杪秋枫叶烧云白，残夜潮声涌日红。
禅榻香消闻宝偈，心斋尘净见真空。
年光四十成虚掷，试剖丹台叩远公。

游保国寺

颜　鲸

山寺曾同野鹤栖，雄心消尽见天倪。
十年拙宦韬龙剑，三笑何人过虎溪。
怪石不移僧自老，古松无恙鸟频啼。
登高多少追寻意，一任浮云海外低。

重过保国寺

徐一忠

挟策曾从此地游，别来岩壑几经秋。
青山已老菩提树，白社重寻支遁流。
日落声声云里寺，月明渔唱荻边洲。
碧纱毕竟归尘土，题壁空烦姓氏留。

宿保国寺东房
冯逊庸

未到前峰响木鱼，峰腰卜筑一禅居。
不嫌矮屋三间小，得傍灵岩万丈馀。
日落峰头云抱石，潮廻江岸月临除。
老僧情重能留客，频换山厨摘野蔬。

夏杪坐石公精舍漫赋二律
姜宸英

古树深山里，西房竹院幽。
墙低容树入，楼小得云留。
石榻垂秋果，绳床听雨鸠。
清谈已消热，不必访丹邱。

又

尘埃不到处，僻性最相宜。
海近生云易，峰高吐日迟。
汲泉烹嫩茗，索笔写新诗。
莫看此行偶，山灵应早知。

登灵山绝顶
横山裘琏

登山小天下，观海大乾坤。
烟点齐州出，潮廻列宿吞。
长风吹欲倒，远岫去如奔。
一啸惊仙侣，回头失鹿门。

游保国寺
博园余世昌

春游偶到此山中，山半巍然敞法宫。
翠岭云开新树绿，清溪山满落花红。
篱边犬吠惊生客，席上樽开对远公。
从此禅房一回过，令人不复忆壶蓬。

宿保国僧舍
余世昌

设榻君先待，应知消息来。
话残灯欲炧，起看月移台。

众鸟溪头寂，疏星槛外开。
五更钟起处，梦入白云堆。

保国寺避暑

余曾鋐

空山一片白云横，触暑追凉古寺行。
晒网渔舟桥下泊，覆阴松树涧边生。
到门正喜溪泉绿，设榻偏邻竹坞清。
已觉烦嚣消欲尽，石栏又见月斜明。

雨后登保国寺

余曾鋐

晚霁登山寺，沿溪咽乱蝉。
云咽低逗日，树杪峻生泉。
鹤舞翎犹重，花开色欲然。
锦亭成小坐，高阁一灯悬。

游保国寺

秦秋横

昔闻保国寺，今日步丛林。
路曲蟠虵上，崖窝护燕深。
松涛翻鹫岭，鸟语乱鱼音。
未坐生公石，居然清道心。

秋日同三兄冒雨登保国寺

余兆潜

梵宫何处是，枫叶满林丹。
山色经秋老，溪声带雨寒。
水深愁没径，沙落欲成滩。
夙有寻幽兴，无辞共跻攀。

又

寂寂空山里，禅居雨后阴。
深云低度涧，急瀑乱冲林。
清景差堪玩，香醪且共饮。
旋归开云霁，一路有鸣禽。

腊月廿三暮登保国

余兆潜

不信旧游处，楼台忽矗天。

窗低远岫日，檐敞暮山烟。

暂憩新亭上，重来故院前。

栖迟何忍去，惜已逼残年。

又

酒进香醪黏，蔬兼雪藕肥。

故情一以重，落日欲忘归。

下榻钟声寂，窥窗月影微。

乍眠惊乍醒，有客扣僧扉。

晚春游保国寺

郑兆龙

残春寻古刹，一迳入云霞。

竹气寒山日，松风落涧花。

钟鸣刚寺午，犬吠到僧家。

回首来时路，轻烟岭外斜。

又

僧廊跨水筑，步步踏溪声。

冷气侵衣湿，诗情入骨清。

有苔皆叶覆，无石不云生。

日暝忘归去，前途月更明。

重过栖云堂忆念峰上人

郑兆龙

曾访高踪到上方，谈禅敲句夜联床。

钟声远度西岩月，幡影低翻子夜霜。

回首久荒彭泽径，伤心重过远公房。

闲云栖上还如旧，奈尔音容竟渺茫。

阅保国寺志吊德贤尊者

裔孙灵道

曾闻慧业冠南湖，重过溪山叹碧芜。

衣钵六年栖积雾，楼台千古壮浮屠。

上方钟起连僧舍，隔浦烟生散篆炉。

天外灵山青不改，师功历劫定难磨。

（三）先觉

寺志之志先觉，犹国史之有纪传，族姓之有谱牒也，承先开后之道，莫大于此。我保国寺，自汉迄今，几二千年，其先觉之住持者，大约不下数十传，然唐以前，俱不可考，唐以后可考者少，不可考者多。惟中叶分南房以后，自明豫祖以迄于予，则世系历历可志焉。岂敢略远而详近，没疏而著亲哉。名号俱不可以臆造，事迹不可以空构，故司马迁作史记，自周以前多缺略，亦事势之无可如何者，史之阙文，圣人之所取也，然史有年表，谱有世系图，今我寺志，仅有行述而无图者何哉？国史本纪，既载帝者大统，而同姓诸王别其支属，若不详载，无以明收族敬宗之义，族谱支庶蕃衍亦然，非图何由一览了然。我寺志，则第志其居此寺者，其分居别院者，一志始分之名号，而止其子孙不复载。与国史族谱不同，所谓彼行彼法，我行我法也，且国史亦天潢之派必详，而相将之子孙不著，即族大人众之家，其分迁异域乡者，又岂能尽著之哉，则寺志与国史族谱虽异，而又未尝不同也，爰稽古唐可恭尊者以来，作先觉志。

二、民国版《保国寺志》

民国版《保国寺志》分四本，由卷首（山水全图、序文、凡例、预修职名、总目）、卷一（山水）、卷二（建置）、卷三（古迹）、卷四（遗珍）、卷五（先觉）、卷六（法语）、卷七（碑碣）、卷八（艺文一二）、卷九（艺文三四）、卷一〇（辖院）和附卷遗唱组成。

部分摘录如下：

（一）山水

1. 山名考

有天地即有此山，山不移动而名称则随时变更，故山一也，而有总名、别名、古名、今名之不同，且有官名、土名之殊焉。据县志，慈东苏湖之东，黄杨桥之西，山皆连属，昔人概曰骠骑山，今则以两峰联耸者为马鞍山，峰建庙者为灵山，有小山亦曰小灵山，而骠骑之名反隐矣云云，吁，安知千百年后不再更他名乎！然在寺言寺，兹将保国寺之坐山及其辅弼各峰辨其名称条列如后。

2. 水路考

有山必有水，山如骨干，水为血脉。人身血脉畅则骨干强，寺院水路顺则刹宇安。况养血之物，水为第一。无水之处不能安众，堪舆家更有水聚财聚、水漏财漏之说，兹不暇论。惟迎流溯源，察其明汗暗沟，从何方来，往何方出，曲折盘旋，关锁分明而已。本寺之山，西昂东低，水从西来。流往东首大溪坑而入于河。统计寺山水脉八支都汇归于叠锦亭下之仙人桥为总咽喉焉。出仙人桥即大汗坑。

（二）建置

尝闻坏劫之届，十日并出，大海枯竭，须弥为灰，何有于一切建置物哉。逮至空劫以后，器界重新，而宝王刹又出现焉，故时时递增，新新不已，天工人力，各具大观。回溯东汉之世古灵山中有张侯父子隐居乐善，迨后捨宅基为寺基，名灵山寺，此为最始之建置。至唐武宗会昌五年诏毁天下佛寺而寺废焉。至僖宗广明元年，由刺史奏请建复，赐名保国寺，有可恭、宝定二尊者住持其间，此为第二次之建置。逮宋真宗祥符年间，有德贤、德诚二大师中兴保国，此为第三次之建置。元明时代五百年间，历经兴葺而其人不详。清嘉庆元年，主山僧敏庵，扩新一切，百废俱举，此为第四次之建置。迄今民国九年，一斋监院开辟后山基地数十丈，拟重修大殿，改造观音殿，并造方丈殿，工程浩大，此为第五次建置。夫自东汉至今，统计一千八百六十余载，而大建置已更五度，然汉魏六朝远不可考，兹谨稽其由宋至于今时刹宇沿革一一备录如左。

1. 天王殿

宋祥符六年德贤尊者建，清康熙甲子僧显斋重修，乾隆乙丑体斋重修，乾隆三十年常斋铺殿基及殿前明堂石板。六十年敏庵偕徒永斋开广筑墈，重建殿宇改造佛座、新装天王，至宣统二年庚戌十月间被毁，三年六月僧一斋募建重新至甲寅年竣工。

2. 大殿

宋祥符六年德贤尊者建，昂栱星斗，结构甚奇，为四明诸刹之冠。旧惟延庆寺殿式与此同，延庆乃师之师法智大师道场也。本殿自始建至今民国八年己未己历九百零七年矣。其间修葺代不乏人，宋元明初远不可考。明嘉靖间西房僧世德清康熙九年庚戌西房僧石瑛俱经重修。康熙廿三年显斋偕徒景庵拨开前游巡两翼，增广重檐，新装罗汉诸天等相，位置轩昂，规模大非昔比。乾隆十年乙丑僧唯庵偕徒体斋移梁换柱立碌植楹至三十一年，内外殿基悉铺以石。嘉庆元年僧敏庵起工重修，至六年止，改装罗汉诸天等相。今监院僧一斋又发心募缘拟重修之。

3. 法堂

宋高宗绍兴年间僧仲卿建，清顺治十五年戊戌西房僧石瑛重修，康熙廿三年甲子显斋重修，乾隆五十二年常斋同孙敏庵重建，今称观音殿，前悬方丈额，楼屋五间两弄。民国九年监院一斋拟翻造为大悲阁，正在募缘。法堂之后本系竹院，兹一斋鸠工，开凿岩石扩基地数十丈，拟于中间建造方丈殿五间，两旁楼屋各九间，将拭目以观其成焉。

（三）古迹

地与物恒借人以重，而人亦借地与物以传，所以，召伯甘棠诗赓遗爱，子陵钓石世仰清风。千百年以下之新人每喜探千百年以上之陈迹，而瞻敬之、盘桓之、歌咏之、舞蹈之，而不置皆好德尚友之心之所发也。况此山以灵名，水以慈名，寺以保国名。自汉至今历一十八朝而香烟不替，钟鼓依然，岂无杰人灵物堪为世重而传诵之者与，爰举古迹十事略疏原委，并附以新诗罗列如左。

1. 山门牓

童祥春

寺藏山腹不知门，忽见悬橙泼墨痕。
若把鲁公论笔法，依然传钵到云孙。

陆经溶

四明天作多高山，骠骑追陪附末班。
骢马留题推第一，别饶风景恋禅关。

费渭璜

山门乍到一抬头，得见前贤笔迹留。
不独封章能盖代，摩崖五字亦千秋。

释仁山

寺门无别妙庄严，骠骑峰高可作簾。
第一山题颜御史，动人豪兴欲奔瞻。

隐名氏

骠骑峰高天可攀，群峦绕膝子孙班。
到门喜看直臣笔，特署东来第一山。

2. 净土池

陈祖诏

忆得逝多一鉴塘，莲花曾此发奇芳。
留将当日直臣笔，池畔自生翰墨香。

洪绍功

四色莲花七宝池，好花开过少人知。
何如侍御留题字，一碧涵空似旧时。

费渭璜

莲座正宜古佛家，颜公椽笔又谁加。
畴言儒释渊源异，品格都怜君子花。

隐名氏

楼台倒插水中天，池内曾栽四色莲。
三百年前颜御史，犹留健翰映澄渊。

3. 祥符殿

费渭璜

天水家声去若烟，定陵禾黍亦堪怜。
峛然一殿灵山上，尚记祥符第六年。

张国华

弓斗殿形制特奇，德贤建自大中时。
今日有志昔堂构，前事堪为后事师。

4. 叠锦亭

苏秉彝

清虚法界自逍遥，叠锦亭前酒一瓢。
最是仙人桥畔好，坐看飞瀑出云霄。

陆经澄

幽草闲花特地馨，云霞叠叠绕芳亭。
宜人风景偏如此，偶坐何妨倒酒瓶。

叶彭年

叠锦亭前锦绣堆，杜鹃红紫一齐开。
山花虽好难留客，归路残阳首几回。

成品骏

青峦翠嶂叠成堆，雅集新亭倦眼开。
无恙山河仍锦绣，沧桑变幻几时回。

5. 望日亭

苏秉彝

象鼻峰头夕照台，铜驼荆棘已成堆。
为看日月双联璧，五夜风霜特地来。

叶彭年

偶从象鼻峰头过，胜迹难寻望日台。
我自茅亭遥望日，黑云如幕未曾开。

胡莒莊

绝顶烟霞插脚来，超然仙境傲蓬莱。
五更泰岱峰头客，试请移筇上此台。

柳在洲

五夜登台望日光，升沉变幻感沧桑。
一从韬影虞渊后，何处挥戈返鲁阳。

6. 石柱牌

江五民

石柱苍然水际存，入山已得近山门。
楼台深锁终须别，莫漫题诗效许浑。

柴萼

巍然华表出云端，野渡停舟落日寒。
曾洞宝坊君识否，寺门虚掩不须弹。

童祥春

云中佛国远闻钟，欲到还迷何处通。
石柱亭亭凭指点，抠衣拾级拂松风。

释志园

绣石屏开不二门，林花隔道月黄昏。
清波岸上无情草，尽是山僧履屐痕。

7. 木馒头

江五民

檀越何须向外搜，山中自有木馒头。
谁知香积饭无尽，一任资粮屋畔留。

张国华

本来色相幻而空，莫笑馒头画饼同。
疑是神工留妙谛，借权显实点愚蒙。

李仙臣

栋角谁留饽饽香，岂真画饼欲充肠。
锡飞若不化龙去，如木馒头空置梁。

释谛闲

话梅稍能止渴，木馒何益饥肠。
至今年逾九百，依然还在栋梁。

（四）遗珍

语有之曰：物常聚于所好，故爱书者聚书，爱画者聚画，爱帖者聚帖盈架，爱玉者聚玉满椟。既聚集矣，则必思珍藏之。既珍藏矣，又必思遗传于子孙而不失，恒情皆然，即方外人亦何独不然哉！况名山胜地，雅集斯文，石室琅函，恒储奇物，故寄琼什于庐巘，白傅诗千载传来；观壁画于金陵，僧繇龙一条飞去。保国古刹，珍藏本夥，经久散佚，存十一于千百，且从搜索得之，尤加郑重。

（五）法语

法语者，宣扬佛法之语也。有时因请而说，有时不因请而说。如遇檀越远来设斋上堂，此则因请而说也。或逢时节庆祝及上供扫塔、封龛举火、掩关启关、节制解制等，凡常住中例有之公事，则非因请而说也。然长老说法亦有两种：一则满肚佛法，随口举扬，头头是道；一则胸无一物，搬举陈羹，无非借住杖拂子作手势，以拈香读疏为通套耳。虽然如是，能将故事重搬演，略换新声也动听。爰集法语三种为一门，见浅见深各随观者之眼光焉。

（六）碑碣

原夫易结绳而为文字，记载繁兴，刊碑碣以佐簿书，流传不替。故或表扬先德，勒诸贞珉，或垂示后昆，记之乐石，或泐田园之疆界防彼侵欺，或铭功德之姓名，今人钦仰，古今无改，缁素同然，固不必有白鹿黄龙之瑞始表异徵，更何须读黄绢幼妇之题共叹绝妙。本寺虽古碑石无多，有数方又被火毁，而所传古残碑者出自碧池之底，更无从寻觅。今检其留存完好者只六碑耳，其中费相国所作之志书序文碑为镇海陈尚书丹，其书法秀劲，最为可观。

（七）艺文

古人云，言之无文，行之不远，然则欲立言以垂后者，岂不重乎文者。顾吾邑乡前辈之著作，自有全集行世，并载入郡县志中与寺志无关也。兹惟采其与本寺有关涉者，如元之罴梦堂尊者骠骑山赋，及诸名公所赠之寿序戒序及募缘启建筑记等篇，悉为搜寻类，聚存十一于千百，以便后之人有可忝考，又按其先后分为艺文一艺文二焉。

1. 叠锦亭记

显斋

古鄮峰之高，插云表也。于兹为半山焉，三峰布秀，一面开奇，登斯者莫为流览坐玩。虽有古枫作盖，修竹垂荫，不足以蔽风雨。因于文武祠前三十步许，构数椽之亭，聊以憩足。适龙山道人同客过此，遂以"叠锦"名亭。客诘之曰："锦乃源赪之缣，绣为黼黻文章，焕焉烂焉，世人宝之如金，故锦从金，奚取而名其亭？况叠云乎哉？"道人曰："如之言，则锦江、锦城名将安归乎？子固知锦矣，亦知天地有自然之锦乎？天圆而青，穹窿而碧，此自然之法象也；躔度有程，周天有数，此自然之绳尺也；经星分野，纬宿衡宫，素月西流，红曦东上，此自然之机杼也。若天地之所布，华岳耸翠，江汉腾波，莲花玉女之玮丽，洞天福地之秘奇，脂山紫雪巘皛，西水黑，东洋清，以至人物鸟兽飞潜动植，无不点缀于其间，天地自然之锦，叠然献于亭前，不既昭昭乎？憩斯下也。山岚袭裾，江光横睫，子为锦矣，锦为之矣，子在叠锦中，犹鱼之处乎水而不知水也，又何怪哉！"客揖而谢曰："由是言之，不直为叠锦而且为回文之锦矣。"道人正色而言回："嘻！回文者，假纤手，运巧思而织，为诗文奇丽错综，皆由造作而成，可与自然之锦相为伯仲哉！"客乃茫然咋舌而退。于是述而记之。

2. 诗歌

游保国寺

桂一奇

禅关岑寂绿荫稠，翠霭虚亭叠锦浮。
问路烟笼峰嶂夕，到山泉泻寺门秋。
人沾法雨花初散，僧补残云衲未收。
听彻空林清梵迥，潮音乍起海东头。

游保国寺

陈梦兰

买得江滨一叶舟，招朋欲作道场游。
朔风猎猎吹残苇，落木萧萧荒古邱。
石磴高盘松顶出，梵宫深锁竹林幽。
停桡欲问桃源路，胜迹应从此处求。

又

登高回望隔尘寰，自是东来第一山。
叠锦亭前清涧转，放生池畔翠屏环。
钟鸣午后僧归寺，犬吠云中客敂关。
多少繁华新世界，独馀藤萝几人攀。

馆保国寺

陆启藩

何地书斋好，深山古佛场。
石花侵剑壁，松子落琴床。
爽气开灵府，清光引繡肠。
兴来频握笔，无字不铿锵。

又

偶向丛林往，身闲骨气清。
俗缘尘外息，佳致静中生。
风月何须买，山川似有情。
徜徉聊自喜，安事达蓬瀛。

寺竹
陆启藩

古寺多修竹，清芳超众林。
埋山先有节，出地本无心。
孤子明天性，平安报好音。
此君怀异质，应老白云岑。

又

闲入修篁里，坐看十亩阴。
孤高标正直，丛密见萧林。
琢简留千古，截筒调众音。
生平谁作伴，贤士共仙岑。

斋景六言
陆启藩

院内名花互放，谷中好鸟时鸣。
风过松关月朗，日挂石壁云横。

又

浮云乍离仍合，流水既咽复鸣。
沙鸟迹分篆法，松琴韵和书声。

又

雾湿窗间古砚，风翻架上残编。
对花光摇朱案，看竹色映青毡。

又

潮来春风振响，岚气和日俱翻。
性仰青山镇躁，心临碧水湔烦。

游保国寺
盛廷扬

山间时散步，佳趣路中稠。
古木千章列，清泉百道流。
暮云笼小阁，朝雾掩层楼。
多少梵王宇，谁堪与比俦。

过保国寺

盛廷扬

何处招提好，灵山独擅名。
四周丹嶂列，千丈碧岩倾。
石磴层层曲，松琴处处鸣。
一湾分向背，半岭隔阴晴。
落日闻樵语，微风递梵声。
荡胸岚气合，扑面岳云横。
俗驾无由至，尘喧何自生。
乍来趣自别，顿觉此心清。

和陈子壁间韵

顾　枫

不随鸳鸯驻鸣珂，且向灵山古刹过。
万壑松涛千涧水，已将梦尘洗烟萝。

又

森森竹树绕经台，止水方池一鉴开。
千载慧灯长不灭，夜深犹有老龙来。

登云山绝顶

陈　恪

懒读文章老气横，碧萝扳尽碧山行。
远峰半带烟霞色，大海时鸣风雨声。
路入幽林群鸟散，人依芳草百花明。
何须定觅神仙窟，冀得丹砂延此生。

过保国寺

张　昭

灵山另有一乾坤，古寺巍然见佛尊。
四面苍松环净土，一湾翠竹护沙门。
星沉红日岩间照，风定白云海上屯。
自是嚣尘不到地，延年何必老人村。

游寺中竹园

张世荣

千亩修篁翠竹堆，幽深没脚走芳埃。
绿阴断处斜阳入，莫道天光不到来。

游保国寺

盛植楷

乍来入古寺，景物何萧森。
一路皆松磴，千湾半竹林。
云封岩下洞，风鼓树梢琴。
似觉桃源近，津迷半可寻。

登保国赠常斋和尚

盛植楷

崔巍宝殿豁心胸，鞍马东来第一峰。
曲磴白翻千涧彐，层楼青荫几行松。
碑遗古篆摹残跡，响落遥天听晚钟。
悟到莲池香满处，锡飞鄞顶化为龙。

又赠敏庵禅兄

盛植楷

汉唐古刹鄞州东，楼殿参差胜旧宫。
竹径盘行青幛合，松门深锁翠烟笼。
法垂昙影花含润，定入禅心月挂空。
试听潮声江外渡，问津只在此山中。

祥符殿

隐名氏

九百七年称古老，昂拱昇斗殿形奇。
祥符时代德贤建，保国中兴赖此师。

志书碑

隐名氏

作序群推宰相才敏公修志费心裁
锦文须借碧纱护勿使莓苔上石来

叠锦亭

隐名氏

万叠云霞锦繡堆，桃红荆紫满林开。
寺僧叹问亭前客，到此看山有几回。

望日亭

隐名氏

象鼻峰头望日台，而今胜迹隐蒿莱。
为求石上题新句，盖个茆亭待客来。

石柱牌

隐名氏

石柱牌坊今尚存，来人认得法王门。
舾舟莫饮河边水，山上泉清山下涸。

祥符殿

江五民

山凹藏得古招提，宝殿巍然结构奇。
可是祥符千载物，儿孙犹烦德贤师。

成品骏

祥符年号追前宋，尊者德贤建殿奇。
昇斗昂弓形式古，丛林振锡大禅师。

柳在洲

殿号祥符卜中兴，纪年宋代到今称。
钉虚捉实经营巧，德贤功参最上乘。

盛逊伟

我佛慈心救苦难，中兴保国建功奇。
而今上殿空怀旧，犹说祥符大法师。

陆经濬

德贤奉佛力经营，鸠集深山不日成。
昇斗昂弓人巧极，祥符千载永留名。

孙　达

大殿由来九百年，祥符名自宋朝传。
灵山古寺追唐代，保国高僧颂德贤。
昇斗高横云外岭，昂弓遥插水中天。
奇形骠骑峰前聚，气象峥嵘到万千。

苏秉彝

骠骑山高万丈松，祥符殿阁郁葱茏。

登临徒觉心神旷，信是东来第一峰。

释谛闲

记得昔年信宿，曾知古殿祥符。

尊者德贤愿力，至今千载不磨。

释仁山

德僧建殿于祥符，故为灵山缀画图。

保国而今名不替，全凭此老一匡扶。

叶彭年

形如燕子山藏寺，殿号祥符僧德贤。

从来古寺因僧建，自昔高僧以寺传。

陆　济

祥符时建祥符殿，保国中兴寺亦奇。

一千年来功不灭，至今犹仰德贤师。

胡炳藻

畴把祥符名宝殿，祥符时代德贤师。

为稽九百七年事，保国寺僧杰出奇。

叶贵锵

千年保国寺，几度盛而衰。

建设自唐代，中兴起宋时。

我登祥符殿，回想德贤师。

古刹今无恙，如何世四移。

朱可宗

寺称保国大门垂，古殿参差更足奇。

记载祥符时代建，中兴赖有德贤师。

胡　鉴

唐刹中兴于有宋，德贤建出梵王宫。

螭头回岫生云气，藻棁凌空骇鬼工。

璎珞时留香缭绕，琉璃不碍月玲珑。

须知丈六庄严相，念是慈悲心大雄。

柴　萼

梵王宫殿玲珑制，风雨沧桑古佛龛。
宏道德师吾叹美，蒲团屈膝一和尚。

王德庠

庄严佛殿近千年，追溯前贤记德贤。
不有奇形新建筑，岿然讵得至今延。

童祥春

晚唐国事已蜩螗，杖锡飞来有底忙。
北宋祥符重构筑，家乡也数鲁灵光。

费绍冠

往事依稀渺若烟，德贤尊者早生天。
巍然今日祥符殿，阅尽沧桑九百年。

李仙臣

祥符宝殿矗霄云，昇斗昂弓稀见闻。
七宝庄严佛净土，炉香不绝万年薰。

徐名埏

祥符代远孰追论，佛殿巍巍世所尊。
时事沧桑无限恨，寺名保国国何存。

郑炜光

古殿灵光万载垂，佛家妙用本来奇。
游人到此增余感，大愿谁堪继我师。

金味怀

祥符宝殿建多年，保国中兴赖德贤。
后起有人频改作，从知佛法竟无边。

严廷桢

李唐赵宋皆陈迹，殿宇巍峨造化奇。
九百年前新建筑，雄风谁继大宗师。

邓钝铁

祥符古殿一千年，燹后山河历劫烟。

自有神灵护佛迹，任他陵谷变桑田。

三、《东来第一山——保国寺》

宁波保国寺文物保管所与清华大学建筑学院郭黛姮编著，文物出版社2003年出版，由序、前言、研究篇、保护篇（保国寺近半个世纪的维修工程备忘录）和文献篇（清嘉庆十年《保国寺志》）组成。其中研究篇包括：古刹千年——保国寺的历史沿革、山灵水秀——寺院环境、梵宫琳宇——寺院格局与空间艺术、巍峨宝殿——千年木构祥符殿、国之瑰宝——保国寺及祥符殿的价值、世法佛理——伦理教化行于佛门。

现摘录部分内容：

国之瑰宝——保国寺及祥符殿的价值

（一）大殿结构、装修与《营造法式》之比较

保国寺大殿建造年代比《营造法式》成书年代早了90年，但它的许多结构作法、斗拱作法乃至装修作法，却与《营造法式》所提及的问题同出一辙，有的甚至成为《营造法式》作法的孤例，因此它有可能是江南掌握宋代木构作法的权威性都料将的作品，具有很高的文物价值。保国寺大殿的做法成为见证《营造法式》之典范者可举如下数例：

1. 结构布局

保国寺大殿结构布局很有特色，《营造法式》将其归为厅堂式构架体系。其特点是在构架中的内柱与外柱不同高，内柱升高，前后两根内柱也不同高，前高后低，前内柱到上平槫，后内柱到中平槫，这正如《营造法式》所说"若厅堂等内柱，皆随举势定其长短。"

2. 大殿斗拱用材等第

殿身斗拱用材合《营造法式》五等材，符合《营造法式》"殿小三间，厅堂大三间则用之"的规则。华拱外跳第一跳长41厘米，合28.3分，第二跳长62.5厘米，合43.1分，里跳第一跳长37厘米，合25.5分，第二跳长58厘米，合40分。拱长与《营造法式》规定有所不同。

藻井斗拱用材取《营造法式》七等材，与《营造法式》殿内藻井用八等材的规定接近。这是现存宋、辽、金时代木装修中唯一按《营造法式》规定在大木作中选择藻井用材等第的例子。

3. 用材断面

保国寺大殿用材断面高宽比3：2，这是最具科学价值的一点，考察比她早的现存建筑遗物

采用这样的用材比例的只有山西五台山佛光寺大殿、山西平遥镇国寺大殿，在《营造法式》成书之前晚于保国寺大殿，采用这个比例的建筑遗物还有山西太原晋祠圣母殿、河北新城开善寺大殿、河北宝坻广济寺三大士殿。总共不过六处，而其中以保国寺大殿最为接近。

4. 单材与足材

关于单材与足材的使用：《营造法式》造拱之制中有"华拱……足材拱也，若补间铺作则用单材"，大殿铺作皆遵循此原则；即柱头铺作用足材，补间铺作用单材。而现存的大多数宋代木构遗物，多为所有华拱不分属于补间铺作还是柱头铺作，一律用足材。这可能是由于地方作法流派不同而造成的。保国寺大殿这种作法在当时还有虎丘二山门，以后并流传与江南元代木构，如浙江武义严福寺、金华天宁寺大殿等，说明是江南一带的流行作法，而被《营造法式》所吸收。

5. 下昂造铺作

下昂造铺作，昂尾如何交代，《营造法式》列出四种作法，即"或挑一斗"，"或挑一材两栔"，"如用平棊自槫安蜀柱以插昂尾"，"如当柱头用草栿或丁栿压之"，保国寺大殿同时采用两种作法，即第二和第三种，在砌上明造部分用"挑一材两栔"作法，在天花部分采用"自槫安蜀柱以插昂尾"的做法，成为海内孤例。

6. 放过昂身

《营造法式》对于下昂造铺作中的下昂受力问题尤其看重，其中最主要的原则不得任意在昂身上开榫，保持昂身完整，因此要求"如上下有碍昂势处即随昂势斜杀，放过昂身。"保国寺大殿遵循此项原则，例如在前檐铺作正心缝与短柱相交时，榫卯皆开在短柱上而放过昂身。

7. 虾须拱

《营造法式》在造拱之制中有"若丁头拱……只里跳转角者谓之虾须拱，用股卯到心，以斜长加之……"大殿山面前内柱分位的柱头铺作里跳即小藻井的斗拱使用了虾须拱，且为"股卯到心"的做法，在平棊的四角也使用了虾须拱。这类很少见的构造作用，体现着工匠灵活运用斗拱解决实际问题的创造才能，此也为海内孤例。

8. 藻井斗拱用材

保国寺大殿藻井斗拱用材符合《营造法式》将殿内藻井斗拱用材纳入大木作用材制定中的规定，这也是仅存的早期大殿藻井拱、方唯一使用七等材者。

9. 阑额两肩卷杀

《营造法式》造阑额之制中谈到阑额两肩带有卷杀，在现存其他宋辽金建筑中尚无这样的例子，而保国寺大殿前檐阑额两端入柱处带卷杀又是一处宋代建筑中，符合《营造法式》制度的唯一孤例。

10. 拼合柱

保国寺大殿为现存使用拼合柱的最早实例，这种作法在早期北方木构建筑遗物中，未见实例。《营造法式》卷三十所载拼合柱图样，在《营造法式》颁行以后的建筑中也未见使用者留存，保国寺大殿便成为证明拼合柱在宋代确实存在的例证，《营造法式》中之所以出现拼合柱与保国寺大殿这样的柱子之作法应不无关系。大殿的拼合柱是使用小料充大材以承重载的最早遗物，将拼接缝隙作成瓜棱外形更是匠心独运。这种作法反映出自宋开始木结构建筑用材已朝省料方向发展。

11. 蝉肚绰幕

保国寺大殿前檐柱在阑额与柱子相接之处使用的"蝉肚绰幕"构件，此也是在其他建筑中未见过的，而在《营造法式》中却有过记载。

12. 彩画形制

大殿使用七朱八白彩画，是《营造法式》彩画作制度中所记载的类型之一。按《营造法式》规定："檐额或大额刷八白者，如里面，随额之广，……若一尺五分一下者，分为六分（份），—其中一分（份）为八白……于额身内均之，做七隔，其隔之长随白之广，俗谓之七朱八白。"阑额上的彩画正是按这样的比例绘制的。

从上述内容可以看出，保国寺大殿有这么多建筑作法与《营造法式》所规定的内容相符合，不会是偶然的巧合。《营造法式》的编者李诫在申请此书印发的公文"劄子"中曾经写道，元符三年（1100年）接到哲宗皇帝所下圣旨，"着臣重别编修（之后），臣考究不经史群书，并勒人匠逐一讲说，编修海行《营造法式》……"，由此可知李诫在编书之前，不但先去查找一番史料，即"考究经史群书"，而且正由于他自己有过建造房屋的经验，是建造过许多建筑的官员，深知工匠们的经验对其编写《营造法式》这样的书之重要性，因此他便找工匠讲述自己的经验作法。从"逐一讲说"几字分析，来讲说者不是一两个匠人，可能是全国的"各路诸侯"。李诫当时身为将作监的"监"，即最高的官员，而他又是通过完成多项重要建筑从下级逐步升迁的官员，因此他应该比一般的官员更了解下情，知道有哪些地方的工匠技术高超，所以《营造法式》编成以后，李诫对采自工匠的条目专门作了统计，他在《营造法式·看样》中写道："（全书）总三十六卷，计三百五十七篇，共三千五百五十条……其三百八篇，三千二百七十二条，系来自工作相传，并是经久可以行用之法，与诸作谙会经历造作工匠，详细讲究规矩，比较诸作厉害，随物之大小有增减之法。"而保国寺在北宋元丰七年（1084年）有过重修的建筑活动，这次的修缮距北宋元符三年只有26年，掌握保国寺这类木构建筑作法的浙江地区的工匠，应该是参与为李诫讲说的人。更何况浙江著名匠师喻皓在宋代官员中早已闻名，沈括在《梦溪笔谈》中对他的事迹有过记载。由此可见以保国寺大殿为代表的木构建筑经验，被

《营造法式》编者所吸收是毫无疑义的，保国寺大殿的技术作法正是编修《营造法式》的基础。

（二）保国寺及大殿的价值

保国寺曾经被誉为"东来第一山"。过去佛教界的名刹常常被称为第一山、第二山……南宋时期钦定的"五山十刹"正是这样的原因而蜚声江南的。然而，遗憾的是五山十刹中的木结构建筑无一能存留至今，它们往往因各种天灾人祸而毁掉了，如南宋钦定的第一山——径山寺的殿宇多次毁于雷火；五山之中的另一大寺院——天童寺，除了自然灾害之外，又听信风水大师所说寺院香火不盛是由于山门不够高大，不足以弹压山川，于是拆掉原有建筑而重建。以后又有多次毁建，致使早期建筑未能保存下来。据清嘉庆版《保国寺志》称"灵山僻处海隅，古名人罕至，山又不甚高广，无大奇异"，保国寺在北宋尚未能进入被朝廷"钦定"级别的行列，但在北宋德贤尊者住持寺院之时，请来最好的匠师建造大殿，并受到历代使用者的保护，致使这座殿宇的寿命能大千年，在现存的江南木结构佛寺中成为名副其实的"东来第一山"。从保国寺大殿的创建年代来看，在江南地区比福建福州华林寺大殿晚了几十年；但作为寺院来看，与华林寺相比，无论是历史的连续性还是寺院建筑群的完整性要好得多。在今天来说，这"东来第一山"的称谓比过去更加贴切。它的价值在于：

1. 科学价值

保国寺大殿代表11世纪初最先进的木结构建筑技术，成为产生中国优秀建筑典籍《营造法式》的基础。这从上述与《营造法式》制度的诸多惊人的相同之处已可为证，对于其价值的深层内涵远不止于此。

在《营造法式》所吸收的保国寺大殿建造技术中，有些内容不但指导着中国木构建筑的发展，而且在世界科学史上也闪烁着光辉。例如，用材制度，是最具有科学性的结构模数制，特别是"材"的断面比例，保国寺大殿斗拱用材断面的高宽比为3：2，这样的比例反映了最高的出材率，同时可以达到最理想的受力效果。18世纪末至19世纪初英国科学家汤姆士·杨（Thomas·Young）研究木梁受力状况时，通过实验认识到木梁断面高宽比为2：1时，强度最高，3：1时刚性最好，1：1时稳定性最好。中国工匠在11世纪初建造建筑时所采用的受力构件，已经具有了最高的强度。斗拱根据受力状况区分出"足材"与"单材"，布局方式合理。大殿所采用的一些技术做法如"小材大用"的拼合柱，构架中的柱子具有侧脚、生起，使用长长的下昂，以加强内外柱、槽之间的联系，从而保证了构架的整体性。室内装修中使用的平棊、平闇、藻井三者集于一身，在现存的早期木构建筑中，也是仅存的孤例。以上种种皆为宋代官方所编的建筑典籍《营造法式》所吸纳，然而它比该书早了将近一个世纪，成为宋代建筑的典型代表，在中国古代建筑发展史上占有重要的一页，具有很高的科学价值。北宋建造的保国寺大殿正是这个伟大创造时代的产物。

2. 历史价值

保国寺在江南现存的佛寺中，虽然规模不大，但建置完整，从北宋大中祥符六年建成的山门、大殿开始，有南宋所开挖的净土池，有明末的题字，清代几次不断改建、添建的建筑，其发展、变迁的历史至今仍历历在目，反映了中国佛寺建置变迁的历史。保国寺作为天台宗的寺院，在唐宋时期未采用禅宗寺院中所特有的"库院对僧堂"的布局模式，但却出现了十六观堂、净土池，反映了天台宗寺院兼修净土宗的佛教发展史实。随着时间的推移，保国寺虽不断改建、增建，但原有的天台宗寺院建置特征日渐削弱，寺院建置的趋同性取代了不同宗派的差异性，这与佛教本身的变化也是完全对应的。目前寺内宋清两个朝代不同风格的建筑，成为研究佛寺建置的珍贵实例。

祥符殿真实的保留着宋代遗构，同时还保留着宋代的木装修，更为可贵的是保国寺大殿天花装修集平棊、平闇、藻井于一身，不仅在宋代建筑中，而且在早期《营造法式》成书以前的建筑中是仅存的一例。大殿藻井的风格简洁、粗矿，用材仍为大木作范畴。与《营造法式》规定的小木作藻井相对照，可比较出藻井正处在从大木作工种向小木作工种转换的时期。祥符殿早于《营造法式》，故藻井尚属大木作工种，这一点恰恰为《营造法式》的编者所吸纳，同时从中可以看出前后九十年的不同建筑风格。其风格与北宋后期的建筑比较，无论结构或装修均正由凝重、庄严向绚丽、多姿的方向转变。保国寺大殿正是这转变阶段的历史见证。

3. 艺术价值

保国寺作为一座江南名刹，是建筑艺术的杰出代表。保国寺空间处理各具特色，前导空间、崇祀空间、生活空间各有不同的氛围。大殿规模虽不大，但在结构技术和建筑艺术的处理上却独具个性。现存的宋以前的单层木构建筑中，三开间的殿堂有 10 余座，占有 50% 的比例。从其平面布局来看，虽然皆为三间，但在进深方向的安排有所不同，有的仅作前后两间，即用一例中柱，如独乐寺山门；有的前后分作三间，室内仍然只有一列内柱，即两根内柱，出现减柱的做法，如镇国寺大殿、开善寺大殿、少林寺初祖庵大殿等。这些殿宇室内皆为砌上明造，内柱基本不升高，构架中除外檐一周置铺作之外，在内柱柱头仅有简单的柱头铺作。还有一种在进深方向作三开间，室内设两列内柱，即形成四根内柱的做法，如福州华林寺大殿、保国寺大殿、福建莆田玄妙观三清殿等。这些殿宇内柱升高，构架中除外檐一周置铺作之外，在四根内柱上除有柱头铺做之外，周围其他部位还有各种不同形式的铺作与内柱相联系。可以看出北方三开间（除初祖庵外）皆为室内仅留两柱的形式，将礼佛空间与佛像所在的空间统一处理。而南方的三开间，无一例室内减柱者，皆为四根内柱。江南一般三开间殿的构架以铺作为媒介，使内外柱的联络更为紧密，加强结构的整体性。保国寺大殿是将前檐柱与前内柱三间的空间放宽，同时在天花部分作装修，以强化这里与中部、后部的不同功能，对于室内空间明确做了使用功能的区分，从建筑设计的角度来衡量，是室内设计水平最高的一例，成为后世仿效的楷模。

阑额上留有"七朱八白"彩画遗迹，古趣盎然，今日已难见到。大殿的木作工艺手法，比较接近宋《营造法式》，留有五代时期的建筑遗风。

第二节 传 说

一、战天斗海

蜚声中外的保国寺，坐落在宁波北郊的灵山里。"灵山"这名称是怎么来的？

这件事，离开眼前有六七千年啦！

那时候，本地广袤的平原还未淤成，宁波城乡大部分土地浸沉在海湾之中。涨潮辰光，海水滚滚直涌到现今保国寺所在的一脉大山山脚不远的地方。住在这一带的老祖宗，除掉打猎、捕鱼的传统本领外，已经把种田当做生活主要来源。沿山脚向外逐年扩大开垦，海湾边一圈都成了良田。

有一年，稻谷长得特旺。眼看丰收在望，谁知阴历七月十八夜里，狂风、暴雨、海潮一齐来，真真是汹涌澎湃、翻江倒海，田地淹没，房舍冲光，人逃得快、上半山腰保牢性命。熬过三日，风雨停歇，海水退落，劫后余生惊惶初定，看到就要收割的稻谷全埋进泥涂里，男女老少只有痛哭。正当大家束手无策，山上下来三个身高膀粗的后生，走进人群劝慰道："哭呒用嗬（宁波方言，哭是没有用的）！今后日子还长，千年大计是治海。"大家很诧异，请教三人大名，有何治海良策？三人自称名叫"灵慧、山伯、善极"。他们请原来各村落的长者聚拢来商量，建议用"开河道排洪，筑海塘挡潮"，并表示愿意和大家一起干。道理勿错，大众赞成，就请三位巨人领头。粗粗重建栖歇之所，同心协力，分成三班、没日没夜苦干，开挖成河道网络，垒起了三条海塘。于是，岁岁太平，年年丰收。令人悲痛的是：灵慧和山伯在与海潮搏斗中献出了生命。群众把两位牺牲的巨人分别埋葬在大山脊梁两端，堆起对峙的、形成双峰的巨坟，并把两人名字的第一个字连为一词，命名这一脉大山为"灵山"，永作纪念。直到近代，人们看到这大山两头翘，形象化也称作"鞍山"了。还有一位治水巨人善极，积劳成疾，终后安葬在山腰中央，也是一样的巨坟。三个峰头原是三座巨坟呀！垒起的海塘三条，叫做胡塘、洪塘、康塘，遗迹犹在，只是海塘名称借用成乡与村的地名了。条条坚固的塘堤起了宁息波涛、镇定海疆的大作用；海水退出后淤成的大片陆地，也就取名讴作"宁波"、"镇海"了。

二、灵山寺的来历

现今的鞍山，起始讴灵山；到东汉时光，又得了个威武、响亮的新名，人称"骠骑山"！与原名并存了千把年。

话说王莽新朝末年，天下大乱。刘秀起兵宛城，定都洛阳，做了东汉开国皇帝，史称光武帝。其时群雄尚未全翦歼，争战持续，正值用人之际；刘秀笼络部下，大封功臣，皆为列侯，本故事的主人公也在其中。这位新封的爵爷姓张名意，官拜"骠骑将军"，自起兵以来，统率大队勇猛骑士驰骋四方屡建奇功。张侯生有独子，取名齐芳，随父征战，攻无不克，屡屡迁升，得"中郎将"衔。真是父贵子荣，八面威风。事过数年，海内底定，刘秀便施出祖宗刘邦、吕雉故伎，杀戮功臣，先后三任大司徒俱获死罪。"昨封侯，今死囚"，张意不免物伤其类，伴君如伴虎，岂可再迷恋仕途！钦佩邓禹功成身退、隐居吴中光福山麓，更赞赏严光垂钓富春江畔、始终不肯出山。但自己颐养天年的佳山秀水又在何方？便着意察访起来。

深秋一日，自慈溪东向扫荡残匪，公子齐芳率前锋猛追，已去数十里。张意殿后督队，行到一脉青山，云际双峰耸峙，沿山麓奔驰，但觉层峦相邀，列嶂争迎，无不含情！按辔缓行，细审东峰之下尤属深秀：南向衍出两支脉，左脉起伏如大象舞鼻，右脉峥嵘似雄狮蹲踞，两支脉回拥一岙，相锁成阙，气势非凡！遥望岙中，修竹流翠，霜木竞丹，更有一川飞瀑高悬，疑非人间。遂下马率亲随循径入岙，盘曲登瀑上，此处已无尘半点、上来还有绿千寻！石径三折，复现广坪。张意情不自禁，呼道："得其所哉！"徘徊不忍离去。恰好齐芳归报全歼残匪于江海之间；张意遂下命就此坪上扎营夜宿。当晚，为父的说了挂甲归田，隐居于此的大愿；为子的得到开导，自然听从。翌晨，父子同登象峰之巅，观东海日出；又请来村民父老，了解当地情况，并提出自己终老于此的要求；再由子陪同祭奠了献身创业的灵慧、山伯、善极三位神灵，便拔营班师。"飞鸟尽，良弓藏"，原是至理。得了天下，将帅要求告老，当然"恩准"。张意一家轻装简从来到了灵山之岙，在瀑上广坪盖几间茅屋、凿一眼井泉，安居下来，耕读自娱。

离皇帝远了，与黎民近了，张意不时去山麓各村访病问苦、扶弱济贫。山左二里的苏家村更几乎是每日必到，村后独立的圆锥形小丘前台地日暮便成聚谈场所。乡民诉说，康塘良田千顷被土豪仗势侵占已久，控告无门、械斗屡败，拟再次聚众持械前往夺田。张意请众乡民不妨明午就此丘前台地聚集，只是单凭武力并非上策。即以自己名刺，派子齐芳持去，嘱那土豪按时前来。那土豪慑于张侯声威不敢不来，到则见小丘顶上"骠骑将军"大旗猎猎飘扬，丘前乡民聚合逾千，声势浩大。张意戎装端坐，训以格言"务广地者荒，务广德者昌"。土豪本来理屈，至此只得忍痛退还强占的田地。为庆胜利，乡民自此不肯取下山顶大旗，世代相守。张意初居灵山，乡民听说是"将军""爵爷"，不免畏而远之，但至此，便亲而敬之了。过了几年，流行起一首颂歌，道是："饥食侯粮，寒着侯衣，病服侯药，渴饮侯浆！"。同时，乡民把张意隐居的灵山称为"骠骑山"，把他开挖的井泉称"骠骑泉"，把他常到的独立小丘前台地称"骠骑坪"，以表崇敬，并借以显示本乡的殊荣，习以为常，喊出了名。后来张意年逾耄耋，无疾而终，乡民人人缟素，在骠骑坪上设祠、雕像，称"骠骑将军庙"，四时致祭。元朝时候，有位高僧昙噩，特地做了一首洋洋洒洒的《骠骑山赋》，讴歌此地山海胜景与张意造福黎民，载入了地方志书。

东汉明帝时，佛教传入中国，以后佛寺渐兴，本地绅民颇有想建寺供佛斋僧的。据说张意托梦后嗣，嘱让出宅地，俾改建寺院，于是就有了保国寺的前身"灵山寺"。这就是有关志书上说的"寺所由来，缘张侯舍宅开基。""今之寺基即其宅基。"为彰弘法，灵山寺——保国寺大殿东北隅塑供着骠骑将军戴盔甲的立像，这像1953年还在。

明朝嘉靖三十五年（1556年），倭寇由海侵掠至灵山，望大山上草木森然，又见小丘顶大旗独竖，认定必有伏兵，不敢进逼而退。群众纷传是"骠骑将军显灵，神兵狙击了来犯之寇，一乡赖安"。张意生前好事做得多，逝后长期以来许多国泰民安的应迹不免归功于他的神灵。清道光十八年（1848年），吏民上奏皇帝，原本活着封了侯的张意，死后1700多年于是又被敕封为"广显侯"。既然盛传是"神通广显""有求必应"，灵验得很！骠骑将军庙所在的独立小丘由之被称为"灵山"。

三、保国寺的来历

保国寺本称灵山寺，怎会改名呢？

封建社会里，皇帝一般都认为佛教对皇权统治有利，所以"崇佛"是常事；然而也有极少几个皇帝发觉佛教对皇权统治有害，或者自身沉湎于道教的长生之术，就实行"灭法"。"灭法"一词是佛教徒的话语，即以行政手段强行禁止佛教。唐朝会昌五年（845年），武宗皇帝下令：尽拆天下大小佛寺，僧尼悉数还俗。这是一次典型"灭法"事件，古灵山腰的灵山寺自然不能幸免。

古灵山脚下有位笃信佛教的殷实村民许标，看到灵山寺片瓦不剩，白场荡然，极不是滋味，昔日香火鼎盛的情景一直萦回脑际。不久，武宗皇帝死了，宁波城里的国宁寺（今天宁寺）恢复了，全国各地的寺院也陆续重建起来，灵山寺则因缺乏物力和主持人，迟迟恢复无望。稽延至广明元年（880年）春天，许标眼看自己已一把年纪，朝思暮想，就似梦非梦的见一位女菩萨降临，对他开示：从速恢复灵山寺，以救万民！于是老公公到处宣传，众乡邻推派几个代表，同他一起去见国宁寺住持可恭和尚，要求他主持恢复灵山寺。可恭和尚当然愿意，只是朝廷规定，凡重建寺院应奏请皇帝恩准。由本地官长明州刺史写了文牒，可恭和尚带了徒弟偕同许标北上长安。当时上距以剡（嵊）县为中心的浙东裘甫起义不久，而黄巢起义大军又转战南北渡过淮水进入颍宋徐兖之境，兼之关东大旱，数月无雨，禾黍枯萎，人祸天灾，唐皇朝岌岌可危。可恭和尚、许标等一行三人，到长安临潼便口诵莲经三步一跪拜，引来众人随观。如此三日，正进帝京城门，事有凑巧，天空乌云四合，顷间闪电雷鸣，大雨倾盆。霎时万民欢腾，都传说是明州和尚诚心感天求下需霖。长安知府据此奏禀，僖宗皇帝龙颜大悦，冀求借佛力以保宝座，即命诏见三人。可恭和尚如此这般一讲，当即恩准恢复明州古灵山的寺院，僖宗亲笔题了"保国寺"三个大字，制成匾额；又特赐可恭紫色袈裟一袭，并命他在宏福寺讲五大部经、历三月之久。一时可恭和尚名震京师。僖宗在敕题"保国寺"时，还给京城乐游原上要重建的密宗佛院命名"护国寺"（今青龙寺），这虽属题外话，却明白不过地说了帝王崇佛、兴佛的企求。

披红结彩的敕赐"保国寺"匾额和黄缎盒盛置的紫色袈裟，一路供奉，船到明州，刺史率领吏属出城跪迎。很快寺院在原址再建竣工，雄丽庄严，规模逾昔。响当当地敕赐"保国寺"新名，就这样地替代了自东汉肇始历经七百年的灵山寺旧称了。

四、宝殿神工

大唐广明元年（880年），灵山寺易名保国寺，重建梵宇琳宫，十方香火鼎盛。时光易过，荏苒又两百多年，到了大宋真宗皇帝即位，一场台风摧毁了年久失修的保国寺大殿，又一场大火把其他殿堂僧寮烧个精光。风火两灾，僧众散尽。

"家贫出孝子，国难见忠臣。"这时一位僧人挺身而出。此人俗称施，精通文史，早年落发于保国寺，法名德贤，人称"三学法师"。他和胞弟德成和尚朝拜四大名山，云游数载，归来则见保国寺只剩断墙残壁。德贤抚手长叹，不忍离去，誓志中兴祖业，重光古刹。于是结茅而居，四处募化，不避风雨，不辞辛苦。盛夏一日，夕阳西下，德贤和尚兄弟俩募化道经一处茂林，却见其中有一片异乎寻常，似柏又非柏，不识是什么树。旁处归鸟喧闹，唯独此片煞是静谧，一无鸦雀投宿；走入此林下，奇香扑鼻，细审竟然蚊蝇虫类绝迹。暗暗称奇。合十请教林外住户。一长者答道，此片林木正是他家祖上所栽，树名"黄桧"，虽不特别粗大，却格外坚实，更具特异功能：鸟雀蜂虫一概畏避，造屋制器不蛀不蚀。德贤省悟道：吾佛慈悲，天赐良材！遂向长者禀告保国寺兴衰始末，跪求布施，用造大殿。长者原好敬佛礼僧，为子孙积德，一口应允。明日便将黄桧木全部砍伐，人扛船载，陆续送到古灵山之腰。

却说德贤得此黄桧，建造大殿备料齐全，便去鄞峰小白岭下，礼请"活鲁班"吉祥、灵峰甥舅，择吉日开工。两位巧匠带领伙伴来到古灵山南麓。德贤要求新殿比旧时规模的高、宽、进深都加九尺，以示益显"大雄"。领班灵峰指指原来的殿基与堆着的黄桧木，叹了口气，向德贤作揖道："大法师，您出难题了！三面陡坡，一面古井，限煞的小小地基咋造大大屋？这细细短短木材咋造高高殿？我枉有虚名，你这座宝殿我灵峰吃勿落（宁波方言，吃不消）。另外，古灵山北麓的定林寺大殿等我去开工。"娘舅干脆回绝。外甥吉祥却侧了头，转着眼珠，过了一刻道："有办法，保国寺大殿我来造吧！"当下娘舅外甥拍板：各领一班工匠，分头于古灵山两麓各造大殿，同日开工，同日上梁。

保国寺建造大殿，娘舅"活鲁班"灵峰吃勿落，外甥吉祥拍胸脯答应下来，他有何妙法？他突破常规的巧构思是：大殿三面的墙筑在地基外的山坡上，各借出四尺半，利用伸进殿内的山坡砌成团圞一圈的罗汉座；南面殿基伸出四尺半，虽压掉"汉骠骑泉"古井北侧地面井沿石板，却不碍井栏圈。木材不够粗壮，就四根拼合在一起，再帮镶四片，就成为特别粗壮且美观的八瓣瓜棱柱；木材欠长，柱子上头就顶托复杂的层层斗拱，殿前部架构三个镂空藻井，不仅可使屋面抬升到要求的高度，而且更可使殿内顶部美轮美奂。这个设计方案，德贤和尚喜出望外，盛赞吉祥师傅是"善知识"、"功德无量"。

结构奇巧，工程量则大增加，成千上万构件逐一精工预制，日夜开工，忙个不停。转眼已到大中祥符六年（1013年）的中秋佳节。原与舅舅灵峰约定明日卯时和定林寺同时上梁，构件虽已赶制齐全，可是柱未立，拱未架，哪有大殿影子！上梁还欠十天半月。吉祥垂头丧气，认输拉倒。与工匠们吃了过节酒，大伙儿干脆都去睡闷头大觉。

德贤和尚看守工地，跏趺端坐茅蓬，口诵佛号，彻夜不眠。皓月当空，午夜时分忽然金光万道，涌现五彩祥云，一位面色苍黑、身穿短褐、脚蹬芒鞋的老神仙由四大金刚等天神护卫缓缓降落。德贤俯伏在地，不敢仰视。唯听老神仙和蔼地说道："我乃鲁班是也，本为上界星宿；念你三学法师矢志中兴保国寺，一片诚心，也喜小徒吉祥开创新法，光耀门庭；特邀天将相助，俾不误上梁吉时。"言罢便指挥四大金刚分头忙将起来。立柱的，垒斗拱的，架镂空藻井的……与孩童玩积木一样轻捷。一位天将声如洪钟道："禀告师尊，缺一个木栌斗呢！"鲁班答道："吉祥后生，巧虽巧，还是粗心，这木栌斗漏制了。广目天王，就烦你把那边地上废弃的圆石础放上去，将就代替吧！"瞬间一堆堆垛码着的构件拼搭成了巍峨大殿的框架，诸神歇手而观，一位天将却叫道："柱头顶托又大又重，恐怕经不住东海敖广龙王的大风！师尊以为如何？"鲁班缓缓答道："增长天王所言甚是。吉祥年轻不经事，不知原殿毁于大风的教训，只图殿柱刮直好看。有劳各位将一概柱脚往外移移吧！"诸神随即抱住柱子，将柱脚稍移，直立的柱子顿时成为叉立式（侧脚）。事毕，鲁班向德贤道："此殿乃天神安装，当不积凡间尘埃。我等去也！"

吉祥和工匠们酣睡，被重重的木鱼声、响响的念经声吵醒。一听，德贤哪里是念经，只是重复高唱："叩谢菩萨降临，神工成吾宝殿！"大伙钻出工棚一看，果真大殿框架巍然屹立！德贤如此这般说了经过，吉祥望天就拜，口称："门徒不敢自满，从今合当细心！"其时已是八月十六日卯时——约定的上梁吉时，诸方檀越纷纷上山观礼，却见宝殿大梁已上，昂首正欣赏宝殿结构宏伟、华丽、奇特、啧啧赞不绝口，忽然古灵山背后飞了四道白光，分别射落到宝殿屋山二梁头上不动了。工匠爬上屋山二梁端详，看清是北麓定林寺抛来的"上梁馒头"，上面还盖着红方印呢！吉祥没有馒头可以抛过去，抄起一柄斧头，裹了红绸，朝山那厢奋力一抡，表示我这里保国寺宝殿也上梁告成，木工结束了。说也奇怪，这柄裹红绸的木工斧头飞过古灵山山脊，沿抛物线落下，不偏不倚地恰好将刃口斜楔进定林寺正梁当央！

这故事并非空穴来风，信口雌黄，而是件件有确凿物证；如若不信，现场验证可也。正乃"鬼斧神工飞来食"之谓！

保国寺大雄宝殿建于北宋大中祥符（简称祥符）年间，大家习惯讴它"祥符宝殿"。这座宋殿是国宝，以古、怪、希、奇著称，1961 年定为国家级重点文物保护单位。

有人概括祥符宝殿的神奇，编成两首短歌：

一

矮材造高殿，狭地筑宽堂；

虫蜂望而畏，鸟雀不敢藏！

二

根根殿柱歪，层层斗拱垒；

点点灰尘无，白白馒头在！

五、宁波花轿的来历

旧时姑娘出嫁坐花轿，而宁波姑娘花轿规格最高。花轿等级差异极大：小轿加几束红绿绸彩球是其等而下之者；一般是四人抬，彩饰也好看些；而规格最高的则流行于宁波地区。几经社会变动，能幸存至今的"宁波花轿"已成珍稀文物，原镇海"老德昌"贳器店的一座超级"宁波花轿"更推中国独一。

这座金彩炫目、华丽高贵、16 人轮班抬的"宁波花轿"，其上饰有精雕妆金吉庆故事人物 300 多个；花轿四向及中央雕饰重重叠叠的金彩楼台亭阁，称为"五岳朝天"，形成大花帽，"魁星"跃立正中顶尖，独占鳌头；轿全高 2.9 米。花轿抬起，众多的雕像个个晃动、琤琤作响。花轿煌煌，明镜熠熠，宫灯围照，排穗映彩，漂亮！威风！哪个姑娘不想坐一坐！"我是花轿抬来的"自然成为往日媳妇们的豪语。"宁波花轿"的豪华气派，与皇家花轿相比，有过之，无不及。这般规格，在等级制度森严的封建社会里，岂不犯"僭越"之罪？没事，原来这是皇帝敕封给宁波姑娘的殊荣。

却说宋朝靖康二年（1127 年），金兵打进东京汴梁，掳去了徽钦二帝，赵构即位商丘，改元

"建炎"（1127 年），史称宋高宗，是为南宋开始。赵构是徽宗第九子，未即位时，封号康王，民间习惯称他"小康王"。建炎三年，金兀术大举南侵，过长江，陷临安（杭州），赵构奔越州（绍兴），再逃明州（宁波）。金兵穷追不舍，渡曹娥江，破明州西门入城。赵构逃至镇海海边一个小村，追兵逼近，眼看无处藏身、束手就擒，却见前面有个姑娘坐在底朝天的大谷箩上边做针线边照管摊晒的粮食，急忙上前求救。姑娘当机立断，掀起谷箩，让赵构蹲蜷在里头。赵构也顾不得尊严，保性命要紧，只可照办。转眼金兵来到跟前，盘问坐在谷箩上做针线的姑娘。姑娘若无其事地指着远方说："有个人那边去了。"待金兵被骗过走远，赵构脱险，为报答姑娘救驾，说明身份，约定待安定后接她进宫，来找时以她的腰间花"布栏"（宁波方言，一种简便的小围身）为凭，挂在屋檐就行了。赵构随即坐船到定海、转温州。姑娘有此奇遇，不免要告诉母亲。那多嘴的母亲却把这事传开了。待韩世忠、岳飞分别于镇江、南京大败金兀术，金兵北撤，赵构回转，派使者护送皇家花轿、半副銮驾仪仗、凤冠霞帔来接那姑娘。进得村来，则见全村有姑娘人家都在屋檐挂出了同样的花"布栏"。使者无法辨认，如实回禀。时过境迁、赵构也无意查清真伪，只是下了道圣旨，特准宁波姑娘出嫁可比照公主、郡主等级的礼仪，以示皇恩浩荡。于是从南宋开始，宁波花轿在全国独树一帜、不同凡响。随着海外交通发达、商业繁荣而来的经济实力雄厚，宁波花轿华丽程度更与日同增了。

第三节　《慈溪县志》要录

一、《慈溪县志》有关地名：

1. 保国教寺

原作甲乙律院，嘉靖成化二府志作教寺。县东二十里（延祐志作县南三十里，误）旧名灵山保国。唐广明元年置（嘉靖府志，始建于唐。会昌中废。广明元年赐保国额。保国寺志广明元年县丞崑山王轲状于刺史，乞赐寺额）宋治平二年改赐精进院额（宝庆志）后仍名保国定成丛林（天启志）国朝顺治十五年僧石瑛重修法堂，康熙九年重修佛殿，二十三年僧显斋立石栏于净土池四围，建叠锦亭，亭前有古枫，大三十围，青葱可爱。乾隆十九年僧体斋建钟楼。二十一年铸大钟成，重三千觔。慎郡王赐书"钟楼"二大字。三十一年以石甃内外殿基。四十五年僧常斋重修二帝殿。五十二年重建法堂。六十年僧敏庵改造佛座。嘉庆元年重修殿宇。道光十八年重修。

2. 定林禅寺

县东一十五里，旧名峰山院，宋天圣五年（1027 年）改赐定林院额。贡士邵宾旸记常住田 82 亩，山 100 亩。明正德十年毁。嘉靖十二年峰山裔费铠等重修。旁立费氏祠。天启三年大殿毁，费祠存。国朝乾隆五十一年费姮等重建大殿并修费祠，咸丰五年费文杰等集资重建祠宇，今废。

3. 留车桥

县东十五里（雍正志作二十里，误，后江茅洲闸桥东五里），宋谢太后驻车处，故名。国朝道光三年重建。国朝赵云璧留车桥晚眺诗：凤幰照堤前，飞鸣驾水边，一河廻白水，沓峰倚青天。上见鱼龙气，中吞江海泉。远峰溪出雾，平壤树生烟。樵子担柴返，渔人晒网眠。山头擎霁霭，林杪起啼鹃。竹密莺穿叶，帆低潮送船。怀锋无义士，拾履愧留仙。慕古深情挚，临流愁思迁。阴晴问田父，牧笛正悠然。

4. 甲联庙

县东十二里，明万历四十二年建于马鞍山下。祀宋敕赐显应侯王本承。相传神（注：指王本承）茅洲闸人，建炎三年金人寇明州，高宗航海，神与其弟本忠、本厚护跸御寇皆死亡。里人感其义，各立一庙，以祀本厚于塘头庙，祀本忠于护嘉庙，而祀神于甲联庙。

5. 小甲联庙

县东南一十七里（四港闸），祀宋王本承。

6. 护嘉庙

县东南二十里，祀宋王本忠。相传高宗航海时，神与其兄本承、弟本厚力御金人并死亡。庙曰护嘉因护驾而名也。国朝雍正十年重修，1970年已拆毁。

7. 塘头庙

塘头庙——县东南十七里（洪塘镇），祀宋敕赐平金侯王本厚，国朝同治元年毁于粤寇。六年里人沈忠芳、洪九畹集资重建。

附 国朝周维械塘头庙碑记

宋南渡时，高宗自明州航海，金人进之急，邑人王本厚与其兄本承、弟本忠护驾捍寇，皆死亡，里人感三子之忠也，各建庙以祀。祀本承于山前甲联庙，祀本忠于护嘉庙，至洪塘塘头庙则祀本厚。高宗时，二酋劫二帝，以往汴州未失也。宗忠简以十疏请帝至京，而帝不欲往，斯时也，帝苟能力任李忠定以为相，外用宗忠简以为将，以杨中立为谏议，以岳武穆为大将，三镇未失，关洛犹存，则金人可灭，二帝可还也。顾乃用汪黄，贬李纲，逃本海陬，以至明州被屠戮，使无韩公金山之师，杨沂中高桥之捷，则宋已亡不旋踵矣。王公兄弟三子竭力救驾以殁。则高宗之得幸免而逃至金鳌或亦由三子之力舆，是以里人仰其忠嘉其义烈而各建祠。

8. 胥来桥

县东北二十里（雍正志费杨桥东北直港通汶溪）里人黄麟所建，名黄麟桥。后重建，以成功之速，取庶民子来义，改称庶来桥。

9. 师圣桥

县东一十六里，一作四圣桥，俗呼和尚桥，国朝光绪四年重修。

10. 李清桥

县东一十八里（师圣桥东二里）有化纸闸，石刻曰：里清桥。

11. 化纸闸

县东二十里（雍正志县东十二里，误）。

12. 庆安桥

县东一十五里，康熙五十四年建（大清一统志，浙江通志，知县樊琳建）。

二、《慈溪县志》有关人物

1. 张齐芳

张齐芳，骠骑将军意之子，隐于明州骠骑山。按嘉靖志，历中书郎，隐退句章之灵山，乐山水以自适，人皆贤之，遂以其父之官名其山，宝庆志（光绪版《慈溪县志》）。据原寺志云，现保国寺地基，即为骠骑将军意之子张齐芳隐居处也。

2. 可恭尊者

尊者亡其名族。本明州国宁寺（即今天宁寺）僧也。初，保国寺名灵山寺，肇建于汉，历魏晋六朝，至唐武宗会昌五年（845年）诏毁天下佛寺，寺遂废。及唐僖宗广明元年（880年）复崇佛教，于是乡人咸诣国宁寺，请尊者来此住持。尊者因偕檀越许标等鸣之刺史，寻往长安。时值关东大旱，尊者为跪诵莲典未终，霖雨大澍，禾黍施穟，民气获苏，有司以其状闻，遂得召见。因以恢复灵山寺为请，僖宗许之。俄又诏于弘福寺讲五大部经，越三日而法誉（嘉庆志曰弘法）大振，彻讲之诘朝，纶章甫下，祷林有秋，得以苏民保国，是所以报国者也。特下敕赐灵山寺为保国寺，此保国寺得名之由来也，并赐紫衣一袭，奉敕还山，旋即庀材鸠工，重建殿宇。

3. 德贤尊者

尊者名则全，号德贤，又号叔平。（清嘉庆版《保国寺志》，保国中兴之祖也）。姓施氏。落髮于（嘉庆志出家）保国寺，寻造法智大师门下，学习教观。时南湖十大弟子，群推师为冠，师又旁通书史，善著述，性直气刚，敢言人失，人以是畏之。住三学堂十年（清嘉庆版《保国寺志》说三年，明嘉靖《宁波府志》说三十年）。郡守郎简尤加敬礼，尝语人曰，叔平风节凛然，若以儒冠职谏诤，岂下汉汲黯、唐魏徵、我朝王元之耶。祥符辛亥（注：祥符四年，1011年）复过灵山，见寺已毁，抚手长叹，结茅不忍去。凡六年，山门大殿悉鼎新焉。至庆历五年夏五月二十日别众坐亡。世号三学法师，塔于本寺之院西（据民国版《保国寺志》）。嘉靖府志、慈溪县志、光绪志有传。圆寂后，保国寺分东西两房。

4. 显斋禅师

显斋禅师，名继法，号显斋。鄞鲍姓子，父亡与母邵氏流寓慈东，年仅十岁，师明庵见而异之，许养母终身，收为徒，性聪明，读书一览成诵。（慈溪县志、光绪志）康熙十四年（1675年）师年十八，监视院事。康熙十八年（1679年）任住持。期间，新建叠锦台，书额并记；重修文武殿、天王殿、法堂，立净土池石栏于四围，中刻"一碧涵空"四字（明颜鲸题）。旁刻"天光开图画，山翠入波纹"。康熙二十三年（1684年）重修大殿，拨开前游巡，扩基八尺，升高屋面，二翼增广重檐，扩基五尺，成为现存重檐歇山顶形式。殿前天井砌以石板，山门亦重修一新。康熙五十四年（1715年），首创并得到慈溪县主樊琳捐俸赞助。修建茅洲闸，即在原闸旁别建一闸分流，以杀其势，期年落成，乡人呼为"樊公闸"。晚年尤好读书，手不释卷。翰林裘琏与为契友（慈溪县志、光绪志）。师生于清顺治十五年（1658年）死于乾隆二年（1737年），（据清嘉庆版《保国寺志》）慈溪县志、光绪志有传。

5. 敏庵禅师

敏庵禅师，名觉性，号敏庵。八岁出家。乾隆四十八年（1783年）接司住持。嘉庆七年（1802年）升任方丈。任职期间，曾重修大殿，重建天王殿，以至法堂及厢楼，迁钟楼于青龙首，建鼓楼于白虎边。东客堂、西禅堂、厨房、廊庑原屋一一改造，重建叠锦亭，修浚照池，续置斋田。镇邑凤浦湖地方创建下院，暂贮斋租，勒成寺志（即嘉庆志），兼管世尊殿，重修世尊殿大殿，并起廊屋，拨置斋田七十亩，承奉香火，派胜庵师管理，改称山灵寺。近境樊公、庆安、庶来三桥圮坏，独任营修。捐田九亩给青林渡，远处蟹浦息云寺山门倾颓已久，亦出资营修。主席天童方丈三载，重建天童寺法堂。师生于乾隆十三年（1748年）死于嘉庆十七年（1812年）（据清嘉庆版《保国寺志》）。

6. 颜鲸

颜鲸字应雷嘉靖三十五年进士授行人擢御史出视仓场奸人马汉怙定国公势贷子钱漕卒偿不时则没入其量为怨家所诉汉持定国书至鲸立论杀之四十一年几辅山东西河南北大念鲸请州县赃罚银毋输京师尽易粟备振且发内府新钱为籴本悉报可已上漕政便宜六事明年出按河南伊王典楧怙恶久结披廷中官严嵩父子内外应援所请奏立下爪牙率镶盗鲸欲除之与参政耿随卿计持王承奉王鉴罪鉴日告王所谋时嵩已败鲸乃奏记徐阶说诸大珰绝其援又尽捕王侦事飞骑讹言防寇檄知府分屯要害地方乃会巡抚胡尧臣劾典楧抗旨矫敕僭拟淫虐十大罪帝震怒废王为庶人锢之高墙没其赀削世封护卫及诸亡命几万人不敢发两河人鼓舞相庆。景王之国越界夺民产为莊田鲸治其爪牙魏国公侵民产假钦赐名树碑为界鲸仆其碑戌其人锦衣帅受诸侠少金署名校尉籍中为民害列侯使王府道路绎骚王府内官进奉驾龙舟所过恣横鲸请校尉缺从兵部補册封改文臣王府进奉遣属吏诏册亲王及妃遣列侯馀皆如鲸议改督几辅学政大兴知县高世儒奉诏核逃役都督朱希孝以句军劾之下部议鲸劾希孝乱法言世儒等按籍召行户非句禁军此乃禁军子弟家人倚城社冒禁衙名致吏不敢问富人得抗诏而贫者为沟中瘠世儒无罪罪在锦衣帝怒责鲸诋诬勳臣贬安仁典史隆庆元年歷湖广提学副使以试恩贡生失张居正指降山东参议改行大僕少卿都御史海瑞荐鲸才不报鲸按河南时黜新郑知县其人高拱所庇也在湖广王篆欲祀其父乡贤执不许至是拱掌吏部篆为考功遂以不谨落鲸职万歷中给事中邹元标御史饶位交章荐之报寝御史顾云程言陛下大起遗佚独鲸及管志道以考察格之夫宰相与冢宰贤则黜幽为公典否则驱除异己而已近又登用被察吴中行艾穆魏时亮赵世卿独靳鲸志道何也给事中姜应麟李宏道亦言之僅以湖广副使致仕中外论荐十余疏不果用鲸于学无所不窥其参订性理一以慈湖为宗至独悟格物之旨谓大学皆言仁体洞见天地万物便了致知即文元夜半披衣不能过也其克孝似曾子直谏似汲黯风节似李膺文章论议似陆贽亦似苏轼虽不尽其用而社稷功亦伟矣林居踰十年给谏直指白前權贵淹抑状章凡十数上每叹曰自古出山无完局吾为樗全矣。殁从祀慈湖乡贤里人复念清羡田疏盐禁建江浦桥有百世功请以春秋专祀

7. 姜宸英

少工举子业兼善诗古文词屡踬于有司而声誉日起圣祖仁皇帝念闻之尝于秀水朱彝尊无锡严绳孙并目为三布衣会开博学鸿儒科翰林院侍读学士叶方蔼约侍讲韩菼连名上荐适方蔼宣召入禁中浃月菼乃独牒吏部已不及期方蔼旋总裁明史荐之入馆充篡修官食七品俸分撰刑法志极言明三百年诏狱廷杖立枷东西厂卫之害痛切淋漓足为殷鉴康熙二十八年尚书徐乾学既罢官犹即家领一统志事设局于洞庭东山疏请宸英偕行久之得举顺天乡试三十六年成进士。及第授翰林院编修年已七十矣

8. 王圣谟

监生王圣谟妻冯氏圣谟业儒游京师入监应顺天试不得志南归以瘵卒子严理甫三岁氏恸哭绝粒者数日潜扃户自经姑觉而急救之曰儿虽死有孙在而死将安托不得已始进食亲操作持家政事姑以孝闻以子严理官赠安人乾隆五十二年旌表王严理字守一号呼岩父恭萃早卒母冯守节抚之母卒绝粒数日毁几灭性以通判分发河南酸枣等社民互争沙压地亩案积久弊丛出巡抚马慧裕檄严理往多方开譬社民赵铨等皆具服依旧完课旋摄汝宁通判篆三月民情大洽假归以道光四年卒年六十九

附　录

浙海关

浙海关位于宁波市江北区中马路542号的浙海关旧址，系浙江省文物保护单位——江北岸近代建筑群（包括浙海关旧址、英国领事馆旧址、谢氏旧宅、宁波邮政局旧址，现称江北岸近代建筑群）的重要组成部分。该建筑建于清咸丰十一年（1861年），中西合璧建筑，风貌结构保存基本完好。

浙海关旧址自2002年初从宁波市江北区拆迁办移交，由宁波博物馆筹建办接手。2003年10月9日，由筹建办移交宁波市文物保管所。2005年10月12日，由宁波市文物保管所移交给宁波市保国寺文物保管所。

这座建筑为三层加阁楼砖木混合结构，建筑面积1067.8平方米，通面宽15.1米，通进深18.44米，地面至屋顶高16.05米，清水砖墙面，一层顺一层丁砌作法，水泥嵌缝。坡屋顶硬山式盖方瓦，前坡长，后坡短。楼内部装饰精致考究，简洁明快。每层用格栅设楼板。

由于年久失修，建筑外部墙面风化严重，建筑内部分木构件及装修霉烂、糟朽、脱落、丢失，加之使用单位对房屋随意分隔，使建筑受到不同程度的改建和破坏：外墙面局部风化腐蚀；一层列柱的柱础、柱头腐蚀，二层个别列柱出现裂缝；西立面混凝土楼梯破损严重，铁栏锈蚀；地板霉烂，门窗损坏或丢失；室内装修受损、脱落，改建部分房间被任意分割；平瓦破损达40%，望板、椽子糟朽；附近的搭建物影响了整体格局和环境风貌。

2005年8月20日，委托浙江省古建筑设计研究院编制完成《浙海关旧址维修方案》。

2006年1月23日，由保国寺文物保管所请示宁波市文化广电新闻出版局"关于要求审核《浙海关旧址施工设计》的方案"，经宁波市文广新局报浙江省文物局。浙江省文物局浙文物发〔2006〕52号批复同意。2006年7月26日，宁波市发展和改革委员会甬发改社会函〔2006〕138号批复同意对浙海关旧址实施维修，项目总投资150万元。委托常熟古建园林建设集团有限公司进行施工。

建筑总体维修、给排水和电器系统安装，包括墙体工程、梁架屋面工程、地面工程、装修工程、断白工程和其他，周边环境整治。委托浙江省古建筑工程监理有限公司进行监理。工程于2006年年底开始，至2007年5月竣工，验收合格，总承包款65.5万元。

委托宁波原点文化发展有限公司进行陈列展览装修66.8万元；从鄞州区百代红木工艺厂购仿清西式陈列展家具20.8万元；浙海关旧址消防系统8.3万元；监控报警系统10.4万元；陈列设计展览70万元。

2008年12月4日，宁波浙海关旧址博物馆建成，并举行开幕式。陈列以"古代中国海关、近代中国海关、雄镇海道浙海关浙海关时期的宁波港和宁波海关"为主题内容,运用实物、图片和声光电等科技手段,给观众提供一个了解海关、海事发展史的文化学习场所。

为了加强对宁波海关史迹研究,挖掘海关文化内涵和价值,推动海关事业发展,与宁波海关签订合作共建备忘录,建立长期的保护研究与交流合作关系。

2008年12月,与宁波海关联手,在展示的一楼,开辟"宁波海关建关三十周年成果展",补充和丰富了当代海关的内容,宣传了海关对地方建设的作用,使旧址新看,成为江北外滩的一大景观。

宁波浙海关博物馆一楼由展厅、情景厅、模型厅、放映厅四个展厅组成,展览内容由"千年国权说海关"、"雄镇海道的浙海关"、"浙海关时期的宁波港"、"建筑本身的文化价值"和"宁波海关"五个部分组成。二楼为部分场景复原。

2011年11月10日,宁波东方旅游规划研究院有限公司编制的《浙海关旧址博物馆整体功能改造提升设计方案》经专家组评审通过。开始实施浙海关整体功能改造提升工程。根据设计方案和专家意见,2012年保国寺古建筑博物馆实施了浙海关旧址维修和纪念性建筑(陈列功能提升)工程,于2013年6月基本完成并对外开放。

浙海关旧址维修和纪念性建筑(陈列功能提升)工程,由浙江省临海市古建筑工程公司施工,工程包括维修和陈列功能提升两大块内容。

维修包括室内外整修装潢,外墙及门窗修理;疏通排水沟,防潮防堵;三楼增设小厨房和大理石壁炉;三楼朝东阳台的走廊上铺设复合地板,安装可启闭的铝合金窗户;拆装空调,新购冰箱、消毒柜;二三楼室内贴墙纸、装窗帘;一楼地面铺装,加踢脚线,影视放映厅改装硅藻泥背景,安装木门,东廊贴墙纸;二三楼全面修复平顶、地板、油漆;拆掉原照明、消防、监控线路,改明线为暗线,重新装饰石膏线;一楼清水青砖墙面,剔除污垢,恢复原状;

纪念性建筑(陈列功能提升)工程。包括一至二楼陈列设计制作和陈列品实物征集。调整格局,充实历史场景实物。一楼增加报关行,二楼提升税务司办公室、卧室,以及理船厅,工程局;重新编写、浓缩基本陈列内容,时段从鸦片战争后到解放初,增添可参照的一批清末民国时期实物;走廊、过道、影视厅中悬挂同时期老照片,摆放欧式花盆,渲染环境气氛,加强传播历史信息;增设1900年前后宁波外滩浮雕,形成入口视觉效果。

附展览具体内容:

序言

浙海关是我国最早的初具现代海关职能的四个海关之一,成立于清康熙二十四年(1685年),鸦片战争后逐渐演变为半殖民地半封建性质的海关,直至1949年宁波解放。

浙海关旧址位于宁波市江北区中马路542号,是宁波外滩近代建筑群众较早的精彩实例。建于清咸丰十一年(1861年),是浙海洋关税务司的办公楼之一。这是一座砖砌三层加阁楼的外廊式建筑,外部保留了中国传统建筑的简洁明快风格,以清水青砖墙和红砖勾勒线脚装饰为特征,建筑总面积为1067.8平方米。它是中国早期海关的历史见证,具有较高的科学、历史、艺术价值。2005年被公布为浙江省省级文物保护单位。

第一部分　千年国权说海关

1. 前言

2. 关塞起源

3. "陆关"继往开来

4. 市舶使"海关"的兴起

5. 陆海边关全面设立

6. "海关"这一名词产生了

7. 鸦片战争后，海关主权丧失

8. 《南京条约》（影印件）

9. 《五口通商章程》

10. 《中英通商善后条约》

11. 《辛丑条约》

12. 六分仪

13. "中外缇福"时期

各国的海关都隶属于财政部，唯独清代中国的海关隶属于"中外缇福"（总理各国事务衙门）管理，这个衙门在 1900 年后改称为外务部。

14. 海关税务司制度

15. 关警、税警、港警

16. 海关制服、关旗、关徽和标志

第二部分　雄镇海道的浙海关

1. 浙海关设立前的宁波关务

2. 博易物

3. 市舶司：宋朝出现的海关

4. 元明都重建市舶司

5. 浙海关设立前夕的形势

6. "中外缇福"时期的浙海常关

7. 税务司制度下的"浙海新关"

8. 天宁关

9. 浙海关的发展与结束

10. 浙海关的职能

11. 浙海关辖区灯塔示意图

12. 税务司和监督署

13. 实际控制海关的税务司

14. 权利逐步萎缩的关督

15. 浙海关的海关邮政

第三部分　浙海关时期的宁波港

1. 浙海关时期的宁波港

2. 宁波外滩长卷

3. 情景模拟厅

第四部分　建筑本身的文化价值

1. 中西合璧建筑的经典

2. 典型的中西合璧公署建筑

3. 细节的文化表达

4. 大公事房

5. 浙海关税务司办公室

6. 税务司卧室

7. 书房

第五部分　宁波海关

1. 前言

2. 领导关怀

3. 机构沿革与发展

4. 组织机构对比图

5. 成长的记忆

6. 宁波海关监管区

7. 宁波海关现任关领导

8. 宁波海关历任关领导

9. 三十年业务量变化图

10. 量质并举加强税收征管

11. 用好减免税优惠政策力促地方重大项目建设

12. 创新通关监管模式

13. 加大实际监管力度

14. 以优质通关服务促发展

15. 推进保税加工和保税物流监管改革

16. 大力支持海关特殊监管区域发展

17. 缉私

18. 稽查

19. 统计

20. 保护知识产权

21. 科技

22. 业务科技一体化

23. 口岸电子化

24. 海关关衔

25. 关帽与帽徽

26. 海关制服

27. 展望

国家文物局

文物保函［2011］1188 号

关于宁波保国寺文物保护规划的批复

浙江省文物局：

你局《关于上报全国重点文物保护单位宁波保国寺保护规划的请示》（浙文物发［2010］242号）收悉。经研究，我局批复如下：

一、原则同意所报规划。

二、对该规划提出以下意见：

（一）进一步明确文物保护对象，区分文物建筑和新增建筑。20 世纪 80 年代以后增设的山门及服务管理用房不应列入文物保护对象。

（二）补充历年来管理部门对保国寺开展的维修保护、管理和监测等方面工作。

（三）充实、梳理评估内容。应将本体与环境评估分开，增加对保护区划、用地性质和基础设施的评估内容。环境评估可分为保国寺周边环境和慈江历史环境两部分评估内容。

（四）进一步梳理归纳价值评估，深化艺术价值评估。

（五）规划调整后的建设控制地带分类过多。建议取消四、五类建设控制地带，并将其合并到一至三类建设控制地带。

（六）补充文物建筑评估结论，保护维修措施的定性分析应与评估结论相一致。

（七）对保国寺的建筑结构评估采用《民用建筑安全性鉴定评级标准》，会对文物建筑的维修定位造成不利影响。对保国寺的维修定性应进行专项设计。

（八）防灾专项规划应将重点放在保国寺山林防火方面。

（九）补充土地利用性质专项规划。

（十）增加本规划与城市总体规划等相关规划的衔接说明。

（十一）规划期限应与国民经济发展规划期限相统一。

（十二）进一步规范规划文本和图纸，补充现有保护范围图。

三、请你局组织规划编制单位根据上述意见对规划进行修改、完善，经你局审定、核准后，按照《国务院关于加强文化遗产保护的通知》、《全国重点文物保护单位规划编制审批办法》等的要求，报请省人民政府批准公布，并督促地方人民政府将其纳入当地经济和社会发展计划以及城乡总体规划，积极组织有关部门逐步实施。

四、规划中提出的各类文物保护和展示以及环境整治、相关基础设施建设等项目，实施前应制订具体方案并按程序另行报批。

五、本规划由省人民政府批准公布后，请你局及时将规划公布文件及相关文本资料报我局备案。

此复。

二〇一一年六月二十二日

浙江省人民政府文件

浙政函〔2012〕63 号

浙江省人民政府关于全国重点文物保护单位
宁波保国寺文物保护规划的批复

宁波市人民政府：

你市《关于要求批准公布〈全国重点文物保护单位宁波保国寺保护规划〉的请示》（甬政〔2011〕123 号）悉。经商国家文物局，现批复如下：

一、原则同意《全国重点文物保护单位宁波保国寺文物保护规划》（以下简称《规划》）。《规划》应纳入当地经济和社会发展规划及城市总体规划、土地利用总体规划，并与水利、交通、旅游、生态环境等专项规划有机衔接。

二、《规划》是对全国重点文物保护单位宁波保国寺实施保护和管理的依据。要坚持"保护为主、抢救第一、合理利用、加强管理"的文物工作方针，认真组织实施《规划》，切实加强和改善文物保护管理。

三、要严格按照《规划》确定的保护范围和建设控制地带实施管理。《规划》中涉及的各类文物保护、展示和环境整治、基础设施建设等项目，实施前应制订具体方案并按程序报批。

二〇一二年四月二十日

（此文件公开发布）

宁波市保国寺文物保护规划（摘要）

清华大学建筑设计研究所　2011.7

目　录

12. 防护设施规划

第四十四条　消防系统规划

第四十五条　安防系统规划

第四十六条　防雷系统规划

第四十七条　防洪规划

13. 基础设施规划

第四十八条　道路系统调整规划

第四十九条　电力、电信设施现状评估

第五十条　给排水设施现状评估

第五十一条　环境卫生设施现状评估

14. 环境保护规划

14.1　土地调整与居民调控规划

第五十二条　土地利用规划

第五十三条　居民调控规划

14.2　周边建筑整治规划

第五十四条　周边建筑整治规划

14.3　景观环境整治规划

第五十五条　环境整治规划

第五十六条　景观整治规划

第五十七条　生态保护规划

15. 展示利用规划

第五十八条　展示原则

第五十九条　展示目标

第六十条　展示形式

第六十一条　展示功能分区

第六十二条　展示路线与节点

第六十三条　展示服务设施

第六十四条　游客容量

16. 管理规划

第六十五条　基本原则

第六十六条　管理机构、经费与人员编制

第六十七条　管理条例制定要求

第六十八条　管理机构日常工作内容

第六十九条　培训计划

第七十条　管理用房调整

第七十一条　宣传、教育计划

四、测绘图纸

五、批复文件

六、保国寺大雄宝殿温湿度记录（节选）

七、大殿岩石工程勘查报告（节选）

八、木材勘查报告节选

九、保国寺历年维修情况

第一条　规划对象概况

保国寺位于浙江省宁波市以北灵山，距离宁波市中心 12.6 公里。中心点坐标为北纬 29°58′57.53″，东经 121°30′57.75″。1961 年由国务院公布为全国重点文物保护单位。

保国寺所包括的文物包括：寺院建筑、金石碑刻等附属文物。文物环境包括：灵山山体及绿化、慈江。

第二条　规划性质

本规划为以保护全国重点文物保护单位为目的的专项规划。

第三条　编制依据

本规划编制的依据由 3 部分构成：

1. 国家、省、市关于文物保护规划、管理的相关法律、法规、条例。

1）《中华人民共和国文物保护法》；

2）《中华人民共和国文物保护法实施条例》；

3）《中华人民共和国城乡规划法》；

4）《国务院关于加强文化遗产保护的通知》（国发〔2005〕42 号）

5）《文物保护工程管理办法》（中华人民共和国文化部令 2003 年第 26 号）；

6）《全国重点文物保护单位保护规划编制审批办法》；

7）《全国重点文物保护单位保护规划编制要求》；

8）《浙江省文物保护管理条例》；

9）全国重点文物保护单位"四有"工作规范。

2. 关于文化遗产保护、文物保护、历史地段保护和文化旅游的重要国际准则。

1）《中国文物古迹保护准则》（中国 ICOMOS 委员会）；

2）《国际古迹保护与修复宪章（威尼斯宪章）》（ICOMOS）；

3）《华盛顿宪章》（ICOMOS）；

4）《佛罗伦萨宪章》（ICOMOS）；

5）《关于保护乡土建筑的国际宪章》（ICOMOS）；

6）《关于文化旅游的国际宪章（第八稿）》（ICOMOS）；

7）《国际遗产保护公约实施守则》（UNESCO）。

8）《西安宣言》（UNESCO）

3. 已经批复实施的相关的城市规划和文物保护文件：

1）《国务院关于公布第一批全国重点文物保护单位名单的通知》（1961 年 3 月 4 日）

2）《关于宁波保国寺防雷工程设计方案的批复》（国家文物局 1999 年 11 月 16 日）

3）《关于划定宁波天一阁等 46 处文物保护单位的保护范围及建设控制地带的批复》（浙江省人民政府浙政发〔1996〕175 号文件，1996 年）

4）《保国寺保护维修情况调研资料表》（浙江省文物局 2005 年 1 月）

5）《宁波市城市总体规划 2006 – 2020 年》（国务院 2006 年 8 月 3 日，国函〔2006〕69 号）

第四条　规划范围

北至大茅峰山脊线，东至青冈山 – 王家安山山脊线，南至慈江旧河道南 180 米一线，西至鞍山山脊线，规划总面积为 102.4 公顷。

第五条　规划期限

本规划期限为 2011 至 2025 年。

其中，2011 年至 2015 年为近期，共 5 年；2016 至 2020 年为中期，共 5 年；2020 至 2025 年为远期，共 5 年。

第六条　文物构成

1. 文物本体——文物建筑

1）天王殿：始建于宋，现存建筑为清代宣统三年重建。

2）东客堂：建于清嘉庆年间。

3）功德堂：建于清嘉庆年间。

4）云水堂：建于清嘉庆年间。

5）钟鼓楼：钟楼建于清嘉庆十三年，鼓楼建于清嘉庆十五年。

6）大雄宝殿：中间三间为北宋木构，建于宋大中祥符六年（公元 1013 年）；外圈副阶为清康熙年间添加。

7）膳堂：建于清嘉庆年间。

8）关房：建于清嘉庆年间。

9）清隐堂：建于清嘉庆年间。

10）观音殿：又名法堂、大悲阁。始建于南宋绍兴时期，乾隆五十二年最后一次重建，民国九年翻修。

11）东西厢楼：建于清乾隆五十年。

12）藏经楼：建于民国二十二年。

13）云居楼：建于民国年间。

14）迎薰楼：建于明代。为三间厅堂。1983 年从宁波市区迁入。

目前未发现地下遗址，也无相关历史记载和资料。

2. 文物本体——附属文物

1）天王殿后莲池（净土池）：建于南宋。

2）经幢：共两座，东首一座建于唐开成四年（839 年），1983 年从慈城普济寺迁入；西首一座建于唐大中八年（854 年），明洪武二十四年（1391 年）及崇祯九年（1636 年）因故倾倒后又重立，1084 年从中山广场迁入。现放置于天王殿前东西两侧。

3）铜钟：铸造于清咸丰四年（1854 年），悬挂于钟楼二层。

4）"造石佛座记"题记：崇宁元年（1102 年）。

5）"一碧涵空"题记：清康熙（1684 年），现嵌于莲池栏杆。

6）"培本实事"碑：雍正十年（1726 年）。

7）"保国寺志序"碑：嘉庆十三年（1808 年）。

8）"山灵寺"碑：嘉庆十五年（1820 年），共两块。

9）"永禁"碑：道光年间。

10）"精进院"匾额：民国年间，现悬挂于大雄宝殿内檐。

11）石柱楹联：民国年间，共 3 对。

12）砖屏：16 幅。

13）藏书：雍正（1735 年）大藏经 1 套 7173 册，嘉庆版《保国寺志》2 套，民国版《保国寺志》1 套。

14）从宁波各地迁入的石马、石柱础等零散构件。

3. 文物环境

保国寺作为江南山地寺院，其周边的灵山和慈江是文物环境的重要组成部分。

灵山：环绕于保国寺四周，包括：山顶向东远眺海面、向南远眺宁波市区的两条景观视廊；从山脚下至寺院山门的前导空间；周边山体良好的原状绿化。

慈江（保国寺段）：慈江起源于余姚丈亭三江口，止于镇海口，为宋代开挖，历史上进入寺院朝拜礼佛的人经常沿这条水路来到灵山山脚下的石柱牌坊处码头上岸，沿山路上山入寺。

第七条　价值评估

1. 保国寺具有突出的历史价值

宁波保国寺的前身可追溯至东汉时期，中书郎张齐芳舍宅为寺，后历经兴废，于北宋大中祥符年间重建而成，其中大中祥符六年（1013 年）落成的大殿一直完好保存至今，很好地体现出宋代木构建筑的特点，作为江南现存最早最完整的木构建筑的杰出代表，在中国古代木构发展史中占有重要地位。寺院天王殿后的莲池为南宋遗物，大悲阁、钟鼓楼、天王殿、东客堂及西侧西厢房等建筑为清代建筑遗物，藏经楼为民国年间遗物，这些不同时期的诸多建筑汇集于一座寺院之中，使这座寺院具有历史的可读性。凡此种种说明保国寺具有很高的历史价值。

此外寺院中还存有唐、宋、明、清不同时期的金石遗物，均为珍贵文物。

2. 保国寺具有极高的科学价值

保国寺大殿是一座江南罕见的早期木构建筑，所采用的木构体系为 11 世纪最先进最有代表性的结构体系，如大殿以"材"为模数，所采用的构件皆具有科学的断面，大殿斗栱根据构件受力情况区分出"足材"与"单材"，布局方式合理。大殿所采用的一些技术做法如"小材大用"的拼合柱（即瓜棱柱），构架中的柱子具有侧脚、生起，使用长达两步架的下昂来加强内外槽柱之间的联系等，从而保证了构架的整体性。室内装修中使用的平棊、平闇、斗八藻井三者集于一体，在现存的早期木构建筑中也是仅存的孤例。以上种种特点皆为宋代官方所编的建筑典籍《营造法式》所吸纳，成为现存中国古代木构建筑中与《营造法式》最接近的实例，然而它比该书早了将近一个世纪，这证明保国寺大殿是宋代建筑的典型代表，在中国古代建筑发展史上占有重要一页，具有很高的科学价值。

3. 保国寺具有突出的艺术价值

保国寺寺院建筑群与山水相依，是与环境融合的杰出典范，自江边师圣桥 – 码头 – 山脚下 – 登山曲径 – 山门，这是保国寺自古以来的前导空间序列，也是保国寺环境艺术的直接体现。

保国寺建筑格局严谨，空间旷奥兼得，是山地寺院营造艺术的代表之一。

大殿本身造型巍峨壮丽，大悲阁（法堂）、钟鼓楼尺度亲切宜人。无论是个体建筑造型还是寺院总体布局，乃至于环境的结合，都具有很高的艺术价值。

4. 保国寺具有较强的文化价值

从佛教的发展来看，保国寺总体布局反映着该寺作为公元十世纪天台宗寺院的部分特征，同时带有曾经兼修净土宗的布局特点，具有反映中国佛教宗派发展演变的文化价值。此外，至今还保留的清代和民国时期的《保国寺志》，反映了使用这座寺院的僧人的思想文化状况。

保国寺建筑所反映出来的技术、文化也是海上丝绸之路文化体系的重要组成部分，以保国寺为代表的木构体系，曾通过海上丝绸之路的传播走向世界，其文化影响更是难以估量。

5. 保国寺具有很强的社会价值

保国寺作为现存重要的寺院遗存，环境优美，并保存着北宋、南宋、清中期、清晚期、民国不同时期的建筑遗物，形成了一座建筑的博物馆，是今人了解古代建筑艺术、佛教文化的重要参照物，是认识历史、了解古代社会的重要基地，也是领略祖国名山风光的重要场所，可以发挥独特的社会效益，具有很高的社会价值。

第八条　文物建筑残损评估

1. 共性残损评估

所有文物建筑都不同程度具有以下问题：

1）空气含水率高的天气下，砖地面和石柱础上有较多冷凝水，部分液态水可能顺木材断面进入木材内部，也可能渗入地基和基础造成湿陷。

2）因位于山坳中，周边植物茂盛，通风不畅，会进一步造成空气湿度增大。

3）有白蚁侵蚀、木蜂蛀蚀等生物危害，每到初夏之际尤以木蜂为甚。目前已与专职白蚁防治单位签订白蚁防治协议，采用心居康白蚁防治系统，包括地上型和地下型，地上型针对发现白蚁活动的部位，地下型主要是防治和监测。在寺院四周、建筑物四周已采取地下型白蚁监测系统等措施。

4）地下水丰富且具有一定的流动性，从理论分析上可能对建筑地基有不同程度的冲刷威胁，存在造成地基沉降的可能性。

5）当地刮起台风时，可能对瓦件、门窗等细小构件造成损害。

2. 大雄宝殿残损评估

大雄宝殿经过20世纪80年代的维修之后，目前仍存在一定隐患。根据清华大学三维激光扫描检测、同济大学多指标持续监测、东南大学结构安全性鉴定、中国林业科学院木材含水率检测等多年积累的研究分析内容，概括其残损情况有：

1）宋代木构的拼合柱有承载力缺陷，大殿的四根内柱皆存在歪闪。由于四内柱不同程度北倾，构架的整体北倾与扭转。详情见下表：

柱子位置	偏斜方向	柱头中心歪出柱脚中心尺寸
左前内柱	朝北偏东 10.63 度方向	35.99 厘米
右前内柱	朝北偏西 22.44 度方向	30.07 厘米
左后内柱	朝北偏东 50.82 度方向	25.93 厘米
右后内柱	朝北偏西 55.4 度方向	9.47 厘米

从 1997 年以来，大殿四根内柱持续进行每年 2 次的倾斜检测，目前未发现明显扩大的趋势，但借用《民用建筑安全性鉴定评级的个层次分级标准》相关规范和指标测算，其倾斜角度已超过现代民用建筑允许的安全度，原设计的受力体系可能发生改变，现有偏移量仍足以对大殿主要构件产生持续的伤害，妨碍构架体系正常发挥作用。

部分拼合柱出现外散或松动现象。

部分木柱根部出现腐朽现象。

拼合柱因为上次修缮时注入的有机填充物和黏合物发生变化，出现表面起鼓现象。

2）梁栿存在偏闪与排架扭曲，多处梁柱榫卯连接处出现不同程度的拔榫现象。

3）平槫滚落、下挠使屋面变形。心间脊槫、心间后上平槫及东 2 轴线檐槫不满足承载力要求。

4）串枋的榫卯破坏、机能失效。部分额串构件、铺作构件出现腐朽或严重开裂现象。

5）铺作存在外翻倾向，外檐铺作尚有扭闪、侧倾等多种问题。后檐斗栱普遍糟朽，散斗、令栱大多朽坏，后檐以及两山斗栱的下昂昂头均残损严重，前后檐斗栱多处有木蜂蚕食的孔洞，而且不断在增加。

6）目前大雄宝殿内部全年有 240 天以上的湿度超过 60%，木构件已经出现多处腐朽变黑现象。部分柱子含水率达到 22%，斗栱最大含水率达到 26%，可加剧腐朽、虫蛀、开裂等诸多问题。

7）以《民用建筑安全性鉴定评级的个层次分级标准》指标为参考，大雄宝殿结构布置基本合理，能形成完整系统，且结构传力路线明确，构件长细比基本符合要求，但整体建筑最大倾斜率为 39‰（往北方向），超过规范限值，上部承重结构的安全性等级为 D_u 级。

3. 云水堂、藏经楼、云居楼残损评估

近年曾进行过小修小补，建筑结构稳定性良好，但局部屋面漏雨、椽望糟朽。

4. 钟楼

近年经过较全面修缮，建筑赋存状况良好；除共性问题外，尚具有以下问题：钟架长期磨损；东侧后墙根部原有排水明沟距离建筑过近，长期排水造成墙根霉变。

5. 东客堂、功德堂、膳堂、关房

近年经过较全面修缮，建筑赋存状况良好；除共性问题外，东侧后墙根部原有排水明沟距离建筑过近，长期排水造成墙根霉变。

6. 天王殿、鼓楼、清隐堂、观音殿、东西厢楼、迎熏楼

近年经过较全面修缮，除共性问题外，赋存状况良好。

第九条　附属文物残损评估

1. 唐代经幢露天放置。有局部残缺，系迁入前造成的；有一定的风化、剥蚀、苔藓生长现象，但程度并不剧烈。有栏杆防护。

2. 石碑嵌于殿宇墙上，有玻璃外罩保护。已采取的保护措施尚不够理想，目前出现石材表面酥化现象，其原因有待进一步研究后确定。

3. 砖屏、部分砖雕作为展品存放于殿宇内，保存情况较好。

4. 匾额、石柱楹联保存在室内，保存状况较好。

5. 石马、柱础等外来零散构件露天摆放在院落中，部分兼作休息坐凳；有一定的风化、剥蚀、苔藓生长现象，但程度并不剧烈。

6. 典籍收藏于藏经楼二层室内，保以现有条件讲保存状况尚可，从严格意义上讲尚缺乏高标准保存设施。

第十条　真实性评估

1. 寺院建筑的真实性

寺院总体布局的真实性——整个寺院的古建筑群，总体布局仍然是在北宋的基础上发展而成的，每个建筑基址均未改变。寺院总体布局保持着真实的历史格局。

建造年代的真实性——保国寺大殿等建筑的年代不仅在《寺志》中有明确的记载，而且在大殿的木构件上有宋代题记"元丰甲子七年"。其他建筑如钟楼的脊檩上也有明确的年代题记。同时从使用的材料、建筑的形制反映了典型的时代特征，其建造年代确定无疑。

寺院内经幢、碑刻等文物的真实性——寺院内现存经幢、碑刻等文物均为历史原物，可与《寺志》记载和历代金石文献相映证。

2. 环境的真实性

保国寺总体环境保持了原有的形态，其所在的灵山多年来环境基本保持良好，文物建筑周围的山体环境均无根本性的变化。

灵山脚下的慈江已由宁波水利部门于2009年起从30米拓宽成60米，河岸从原始的自然式改为硬质河堤。实际上，在2008年以前，慈江的宽度、江上的师圣桥桥墩仍然保存着历史原貌，许多古人的诗词中所描写的环境景观仍然真实的保存着。慈江的真实性受到了一定程度的破坏。

第十一条　完整性评估

寺院建筑格局的完整性——保国寺整体布局为具有中轴线的院落形式，每一进院落仍然保持历史上某一时形成的原貌而未加改变，具有历史变迁的可读性。

建筑单体的完整性——保国寺中各建筑单体大多至今保持完整，各个时代的代表性木构殿宇也均保存完好。

环境的完整性——保国寺所处的环境属于城郊地区，周围新建建筑量有限，保持大片农田，山水体系未变，植被、土壤未被明显破坏，除了慈江被开挖外，仍保持较高的完整性。

第十二条　道路交通现状评估

1. 现在通往保国寺的道路需要通过灵山村，道路狭窄，两侧民房景观不佳，且与规划建设中的公路缺乏有效的联系，不宜继续使用此路为保国寺的进寺主要道路。

2. 南部山脚下、慈江北部的东西向沿山路目前作为过境道路使用，每日有很多社会载重车辆经过，嘈杂混乱，且对山林防火不利。

3. 山脚下迎香亭前广场为停车场和门前疏散广场，面积局促，停车量小，与过境道路交接关系转折过多。

4. 从迎香亭有盘山路可直达山门前广场，能够满足无障碍通车需要。盘山路为石条地面，符合文物风貌和景区风貌。转弯处均已布置防护墩。

5、山门前广场兼作山上停车场和疏散广场，但面积较小。

6. 山上的游客步道经过多年的梳理和建设，已较为完善，大部分道路铺石条，可达性和易达性较好。

第十三条　电力、电信设施现状评估

1. 电力设施

1）山下至寺院段：电力线路从山脚下两侧村庄引至迎香亭，沿登山步道主游线至叠锦台，从山门西侧引入寺院围墙内。现状山脚下各功能区均能获得较好的电力服务。

2）寺院内段：电力线路从消防池西侧引至天王殿西侧，并沿西厢后墙向北至迎熏楼，再沿后墙折向云居楼、藏经楼。寺内全覆盖，电力设施完善。

2. 电信设施

1）山下至寺院段：电信线路从山脚下引至迎香亭，沿登山步道主游线至叠锦台，从山门东侧引入寺院围墙。山下电信设施基本满足需要。

2）寺院内段：电信线路引入办公用房机房，进而沿各建筑山墙、后墙引入各殿。可满足寺院内使用需求。

第十四条　给排水设施现状评估

1. 给水设施

1）山脚下清音舍等处用水引自市政管网。

2）山上寺院及叠锦台用水有两个来源，一是引自山脚下的市政管网，一是寺院东北部蓄水池的补充水。目前基本能够满足生活用水需求。

3）慈江边有自有水泵房一座，可从慈江内将水抽入山上消防池。

4）消防池内有二级泵可向东北角蓄水池供水。

5）目前清音舍、叠锦台各有一组卫生间和厨房用水。寺院内有公共参观部分有 3 组卫生间用水，办公用房有 2 组卫生间用水。

2. 排水设施

1）山脚下清音舍等处，雨水为自然排水，生活污水入自掏化粪池。叠锦台处雨水为自然排放，生活污水入化粪池。

2）山上寺院内，雨水沿东西厢建筑后墙外的明暗结合的排水沟从北向南排放，部分排入净土池、消防池，部分向山体自然排放；东厢建筑后墙的排水沟距离建筑过近，墙根有霉变病害，雨水过多则存在深入地下危害地基的潜在可能性。生活污水入化粪池。

第十五条　环境卫生设施现状评估

1. 目前山下、山上、寺院内均已布设一定数量的垃圾箱，卫生状况良好。

2. 目前清音舍、叠锦台各有一组卫生间。寺院内有公共参观部分有 3 组卫生间用水，办公用房

有 2 组卫生间用水。满足目前的旅游开放使用要求。

……

第二十三条　功能分区评估

1. 保国寺景区规模不大，现状主要分为两个展示分区：古建筑博物馆（寺院内）、山林展示区。

2. 山林展示区目前没有明确的分区概念，但依景点空间分布情况大体可以分为：响阶及采摘、青幛亭、枫树坪、望日亭、叠锦台、灵龙泉、杨梅采摘等区域。

3. 总体而言，目前保国寺景区参观区域较小，局限在山上，留纳游客的能力有待加强，慈江等资源尚未进行有效利用。

……

第三十三条　现状问题汇总

1. 保国寺现状主要问题集中在两个方面：大雄宝殿的保护，外部环境的梳理和整治。

2. 大雄宝殿价值突出，但残损严重，已经开展了各种科技检测和科技监测工作，但对于整体稳定性尚缺少准确定级，需要进一步加强研究，开始保护方案的设计。

3. 外部环境变化较大，给文物环境、景观和展示利用带来影响。如慈江拓宽、山下建筑体量较大等。

4. 古建筑博物馆展示还有提升空间，外部环境的前导作用还需要加强，应进一步丰富游览内容和扩大观览空间。

5. 保护设施和基础设施已初具规模，还需要进行微调和部分补充。

……

第三十五条　规划原则

1. 真实性与完整性原则，保持保国寺建筑群文物建筑本体及其自然环境和人文景观的历史真实信息和整体性。

2. 科技保护原则，充分发挥高新技术在保护管理工作中的作用，提高保护工作的科技含量。

3. 可操作性原则，将远期的前瞻性和近期的可操作性进行结合。

4. 以人为本的原则，注重人性化服务设施的设置。

第三十六条　规划重点

1. 保国寺文物与环境整体价值的延续与彰显；

2. 大雄宝殿的本体保护工作；

3. 文物环境的整治、改造和调整；

4. 保护设施和基础设施的完善；

5. 展示格局的完善和扩展。

……

第三十九条　保护区划调整

1. 保护范围的调整

将保护范围从寺院围墙适当向外扩大至陡坎之上，详见规划图纸"保护范围坐标定位图"。总面积 1.77 公顷。保护范围内均为文物保护用地。

2. 建设控制地带的调整

将建设控制地带范围扩大到北至大茅峰山脊线，东至青冈山 - 王家安山 - 灵山村一线，西至鞍山山坳 - 慈江老河道拐弯一线，南至慈江南岸的规划保苏路以南 30 米。按照此范围所包含的不同地段性质、未来发展前景、可能对文物造成的影响，将控制内容分成三类：

一类建设控制地带：北至大茅峰山脊线，东至青冈山山脊线，西至鞍山山脊线，南至山脚下沿山路；包括保国寺景区全范围和外围一定范围内的野生山林。面积 53.41 公顷。

二类建设控制地带：自山脚下的沿山路村际公路向南，跨过慈江至规划保苏路以南 30 米；包括慈江保国寺段河道、水塘、农舍等。因保苏路具体线路需待周边村镇建设规划、旅游规划等配套规划落实，因此二类建设控制地带面积暂定为 40.19 公顷，日后保苏路落实后，该面积需做相应调整。

三类建设控制地带：包括东西两部分。东半部北至宁波地震台、东至现状进村公路、南至规划保苏路以南 30 米，西至苏家桥一线；包括苏家岙、灵山村部分、宁波地震台、灵山牧场等；面积 15.29 公顷。西半部北至宁波市光荣院、西至慈江老河道拐弯一线，南至慈江拓宽后河岸线，东至幸福桥一线；包括宁波市光荣院、宁波市思美儿童福利院、宁波市福利院、鞍山村局部；面积 8.16 公顷。三类建设控制地带总面积 23.45 公顷。

以上三类建设控制地带总面积 117.05 公顷。

第四十条　管理规定

1. 保护范围内的管理规定

保护范围内的活动按照《中华人民共和国文物保护法》的要求执行，并接受以下各项管理：

（1）不得在保护范围内进行建设工程或者爆破、钻探、挖掘等作业，以及明火、熏蒸等产生强烈震动、地层扰动、火灾危险等影响的作业；

（2）不得擅自迁移、拆除不可移动文物；

（3）不得擅自修缮不可移动文物，明显改变文物原状的；

（4）不得擅自在原址重建已全部毁坏的不可移动文物，造成文物破坏的；

（5）施工单位未取得文物保护工程资质证书，不得擅自从事文物修缮、迁移、重建的；

（6）不得建设污染文物保护单位及其环境的设施。已有的污染保国寺及其环境的设施，应当限期治理；

（7）禁止占用或者破坏确定保留的园林绿地、河流水系、道路和古树名木等，禁止进行其他对文物造成破坏性影响的活动；

（8）文物建筑不得转让，抵押，不得作为企业资产经营，文物建筑除作博物馆、保管所或者辟为参观游览场所外，如果作其他用途的，应当由浙江省人民政府报国务院批准；

（9）文物建筑由保国寺古建筑博物馆负责修缮、保养。保护工程的管理按照《文物保护工程管理办法》的相关规定执行。

2. 建设控制地带内的管理规定

建设控制地带范围内的建设活动应该严格遵守相关法规的管理规定，所有新建或改建项目必须得到文物部门的批准，建筑高度、建筑风格等方面的要求按所处控制地带的类别分别加以控制，一切活动不得对文物保护单位的历史风貌造成破坏的。

在保国寺所有类别的建设控制地带内，因特殊情况确需作业者，须按照有关法律法规中规定的程序报批，并须得到文物主管部门同意。不得进行砖瓦、砂石等建材生产和其他工业生产活动，现有一切类似活动应立即停止。禁止进行违反保护规划的拆除和开发，禁止对文物格局和风貌造成不良影响的改建，禁止进行其他对文物保护和文物环境保护造成破坏性影响的活动。不得在建设控制地带内建设污染文物保护单位及其环境的设施，已有的污染保国寺及其环境的设施，应当限期治理。

此外，各类建设控制地带分别的管理规定如下：

一类建设控制地带：对已有的山林完整保护，不得随意砍伐树木；可以进行少量一~二层的园林景观建筑建设，以满足旅游功能所需，但需经主管部门批准；对于这类建筑的材料、颜色、形式应按传统建筑要求，要与山林环境相协调，色彩以灰、白色为主，不得使用琉璃瓦、瓷砖贴面、水泥抹面、金属瓦等不协调材料。建筑体量不宜过大，连续立面长度在20米以下。林地还须遵守林业部门的相关规定。

二类建设控制地带：山脚下的环境控制区，在使用功能上可以作为旅游服务区，可以建设旅游服务设施、园林建筑等。建筑材料、颜色要求与一类建设控制地带相同；建筑高度宜控制在2~3层，特殊的点景建筑（如观景台）可局部4层；建筑格局应为合院式、街巷式或散点式。董家需控制规模，不宜再扩建；建筑立面应改造成符合以上控制要求。随着周边村镇建设、旅游发展等，逐步清整塑料大棚。

三类建设控制地带：为村镇和公共设施建设控制区，使用功能维持现状。建筑不得大面积使用红色、粉色、蓝色、黄色等鲜艳色彩，不得使用琉璃瓦、瓷砖贴面、水泥抹面、金属瓦等不协调材料；建筑高度不得超过6层，连续立面长度不得超过40米。已有建筑予以保留，但需进行适当的立面改造使之符合以上要求。

以上管理规定未尽之处，遵照《中华人民共和国文物保护法》及相关法律法规执行管理。

第四十一条　文物建筑的保护措施

根据目前对文物建筑价值和现状评估，在保国寺内的文物建筑的保护措施分为以下三级：

1. A级：抢救性制定保护方案

对象：大雄宝殿

文物安全存在重大隐患，残损严重。对结构问题、材料问题、病害问题、基础稳定问题、环境变化问题继续进行持续性的科技监测，加紧残损危险等级和预警值的确定，尽快由具有资质的单位进行保护方案设计，经过严格论证分析后确定修缮级别和具体的保护措施，进行申报。避免大雄宝殿发生不可逆转的破坏、丧失整体性。

2. B级：原状修整

对象：云水堂、藏经楼、云居楼、钟楼、东客堂、功德堂、膳堂、关房

文物建筑已经过较全面的修缮，整体性良好，但仍存在部分未完全排除的残损问题。对已修缮保护的部分执行C级保护措施内容；对尚未解决的问题进行进一步保护，使其作为文物信息载体的功能得以更好发挥。具体有：

（1）云水堂、藏经楼、云居楼：解决屋面漏雨问题，更换或修补糟朽的椽望。

（2）钟楼：解决钟架长期磨损问题，杜绝隐患；结合排水系统改造，解决东侧后墙根部排水明沟造成墙根霉变问题。

（3）东客堂、功德堂、膳堂、关房：结合排水系统改造，解决东侧后墙根部排水明沟造成墙根霉变问题。

3. C级：日常保养

对象：天王殿、鼓楼、清隐堂、观音殿、东西厢楼、迎熏楼

文物近期经过修缮，目前保存状况较好。需对新出现的和遗留的轻微损害进行日常性、季节性的养护，及时排除隐患，避免更大的干预。具体包括但不限于：

（1）建立并贯彻执行日常保养与维护制度。针对近期没有重大危险的文物建筑，以年为周期，利用全站仪实行连续监测木结构变形状况观测、结构沉降变形观测等，利用湿度仪进行木结构干湿度变化状况检测、木结构腐朽变化状况检测、记录存档；经过观测后，对于有异常情况者，按照有关规范实施保养工程；

（2）空气含水率高的天气下，及时清理地面、柱础上的冷凝水；结合一类建设控制地带内植物景观调整工作，在专业单位指导下对寺院近周边的植被做适当的清整，从环境角度增强通风，避免空气湿度淤积；

（3）加强生物危害的防治，包括白蚁、木蜂等，具体方案和日常执行由专业单位制定方案，并经相应审批手续通过后执行；建立定期检查制度，并注意在文物维修时对更换下的构件和新添加的构件以及地基进行防白蚁处理；

（4）对全寺院地质情况进行勘察，确定是否需要对地基进行保护处理；

（5）极端天气情况下，如台风、冰雹、暴雨等，对瓦件、门窗等细小构件及时固定和排查，避免造成文物损害和游人安全危害；

（6）以月为周期，排查建筑瓦面长草问题。

第四十二条　附属文物的保护措施

1. 嵌于殿宇墙上的石碑维持现状玻璃外罩，委托有资质的单位进行专门研究，确定表面病变的原因，制定针对性的保护措施，经审批后调整现状保护措施；

2. 石马、柱础等外来零散构件短期内可集中保存在室外，中远期移入室内保护展示；

3. 唐代经幢暂时露天放置；委托有资质的单位进行专项研究和保护方案设计，确定详细而准确的保护措施，经审批后实施。须注意：不可不加研究简单地覆玻璃罩、采用化学封护等；

4. 典籍收藏短期内维持现状，中远期添加较高标准的保存设施；

5. 砖屏、部分砖雕维持现状。

第四十三条　古树的保护

会同园林部门对寺院内和景区内的古树登记造册，统一予以保护，具体保护措施执行园林部门有关规定。

第四十四条　消防系统规划

可执行已审批通过的《宁波保国寺消防设施设计方案》（2005年6月）。此外，加入以下内容：

1. 硬件设置：

（1）在保国寺内的各个殿堂设置"极早期空气采样报警系统"，并在各殿堂周边设置灭火器；

（2）寺院周围利用现状道路设置消防通道；

（3）对现有山上消防水池扩容，使之满足寺院2小时消防供水需求；

（4）开辟寺院疏散通道：将现状东北门辟为疏散门，在西院墙增开一个疏散门，天王殿西南角围墙增开疏散门，建立疏散线路系统，并在游人主要游览区悬挂疏散线路图。详见规划图纸。

2. 管理措施：

编制《保国寺突发事件应急管理办法》，制定防火、防盗应急预案，建立"消防应急领导小组"，制定"重大火灾应急反应程序"，应当完成以下各项工作：

（1）固定电话报警号码；

（2）各部位已有的消防器材由各部门责任人定期检查，确保符合规定使用标准；

（3）消防重点部位出现一般火情的应急措施：

1）火情所在部位发现人员应立即向保安（或中控室）报告；根据火情实际情况同时向119报警；

2）及时疏散在场人员；

3）相关部门兼职消防人员或其他有关人员就近利用消防设施进行灭火扑救；

4）消防人员必须在5分钟内赶赴现场扑救。

（4）消防重点部位出现重大火灾的应急措施：

1）必须遵循"救人重于灭火、防范胜于救灾"的原则，积极组织力量，快速进行人员疏散和灭火救援行动；

2）设备管理人员负责拉断电源，确保水源。

（5）利用广播、喊话稳定人员情绪，维持秩序，由现场保安将游客和工作人员从大门迅速向周围安全地带转移疏散；

（6）组织抢救重要物资、贵重物品、档案等；

（7）配合当地消防部门开展扑救工作；

（8）当确认火已熄灭，立即排烟、抽水，彻底扑灭余火；布置人员值守，严防余火复燃。在没有得到有关部门许可前，任何人不得擅自破坏现场；

（9）详细记录火警发生时间、地点、火警发现者、火灾种类、施救情况等；

对范围不大的小火，立即使用附近灭火器材进行扑救；并及时向安全及风险管理部报告现场情况；

（10）如发现火情蔓延，难以扑救，应拉响警报，拨打119向当地消防部门求援；

（11）培训与演练：

1）运用各种工具、手段，对员工进行消防知识的宣传教育，提高消防意识，明确防火灭火在保国寺的重要意义；

2）采取外培和内培的办法，加强专、兼职消防人员培训教育，不断提高业务技术水平，熟练掌握、使用消防器材；

3）除昼夜巡查外，每月组织一次安全（消防）检查和法定假日前的安全（消防）大检查；

4）根据生产和季节特点，每年组织一次消防演练，提高实战水平。

……

第五十五条　环境整治规划

1. 山体山林环境维持现状，保留山体背景绿化、观赏林和果林，新种植物要以本土树种为主，关注植物景观的近远期效果，合理搭配速生与慢长形树种。近邻保国寺围墙的部分适当清整，加强建筑群的通风。

2. 山脚下沿山路西段环境注意保护；东段整治沿路环境，执行第五十四条中关于公交站、小商铺、公共厕所、御景山庄办公用房等建筑的整治内容，并调整绿化、补种行道树，使其环境达到西段标准。

3. 近期慈江维持目前宽度，远期结合水利相关规划的调整、周边村镇规划、城市建设新动向等，恢复慈江历史宽度和驳岸，将泄洪道调整至南边规划保荪路一线。

4. 综合整治董家建筑形象，结合旅游服务设施的建设清理附近的塑料大棚。

5. 将西侧山腰少量村民坟墓迁走。

6. 南北入口公路两侧 20 米范围内建设隔离绿化带。

7. 二类建设控制地带内近期维持现有田园风貌，中远期随着旅游建设逐步改造。

第五十六条　景观整治规划

1. 叠翠亭、青嶂亭、望日亭、吉祥亭等现状景观点进行保留和提升。

2. 在山体上若干现状风光基础较好的地点添设新的景观节点，但要注意景点形式多样化，不可全是观景建筑；观景建筑、景观建筑建设控制依照相应建设控制地带指标。

3. 控制以下视线通廊：

青嶂亭向南远眺宁波市区、山脚下的视线通廊；

吉祥亭向南远眺宁波市区的视线通廊；

西部山脊处向南远眺宁波市区、向西远眺鞍山、灵山山林风光的视线通廊；

望日亭向东远眺大海的视线通廊；

山下入口道路向北远望灵山全貌的视线通廊。

4. 景观整治中可以下树种配置为参考：道路两侧以香樟、枫树为行道树；停车场和河道之间设立绿化带，以樟树、柳树、为主；在涧流两侧种植柳树作为水景衬托；在山坡上适当补种五角枫、马尾松、五针松等树种。具体方案与植物配置以详细规划和设计为主。

第五十七条　生态保护规划

1. 维护保国寺及其周边山体的原有地形地貌。

2. 周边农田不得使用会对空气质量、土壤质量造成污染的化肥、杀虫剂等；旅游旺季时应无污物、无异味。

3. 环境质量标准：保护范围、一类建设控制地带内的空气环境质量标准应符合 GB 3095 – 1996 规定的一级标准；环境噪音应达到 GB3096 – 93 规定的 0 类标准；土壤环境质量须达到 GB 15618 – 1995 规定的一级标准。

4. 垃圾处理方式：景区内各类场地、绿地，有组织的进行垃圾收集，外运至周边村镇垃圾处理站进行集中处理，不得随便进行焚烧，防止污染。

第五十八条　展示原则

1. 展示开放的形式和规模，要符合文物保护的精神，不得过分商业化、庸俗化、城镇化，不得破坏性开发。

2. 文物主管部门必须对参观游览服务的管理工作进行监督检查，尤其要对景区扩大后的山脚下至慈江北区域进行监督控制。

第五十九条　展示目标

加强展示介绍的方式、方法和内容，形成保国寺特色；增加多媒体数字化展示手段，做到深度和趣味性兼顾，以更加有效地向游客展示文物的价值与历史。经过3~5年的努力，成为展示浙江有地域特点的古典建筑的重要场所，成为国内古建筑博物馆中的佼佼者。

第六十条　展示形式

1. 针对不同受众人群制定不同层次的展示活动：

1）针对高层次人群：召开国际、国内学者的学术研讨会。

2）针对文物爱好者：成立"保国寺文物之旅"研究活动小组，定期举行活动。

3）针对普通游客：向旅游者进行学术性和趣味性兼顾的介绍。

4）针对中小学生：进行有一定科技含量的、寓教于乐的学术活动，如可以开展保国寺斗拱模型、阳马模型制作等活动。

2. 展示手段；

1）实物展示：将以保国寺大殿为核心的保国寺建筑群作为主要展示对象，让游人直接观赏古建筑原物，在旁边配备齐全的导览系统（指示牌、展板、说明板、数字化导览终端等），增强游人对古建筑的现场理解与认知。

2）数字化展示：在详尽扎实的历史考证的基础上，以虚拟的形式让游人见识到文物建筑历史上典型时期的布局、规模和发展脉络。根据需要，可以利用现有的寺院建筑，或在景区内适合建设、并且与文物环境相协调的区域建设专用展厅，作为数字化展示的场所。

3）模型展示：围绕保国寺大殿、宋代建筑规制、宁波地方建筑、中国古代建筑等主题，用有针对性的模型和小品展示其内涵与特色。模型展示可以部分放置在建筑群内，也可结合景区景观建设，放置于登山步道、游山路径、山下游览观光区域内，将展示模型与雕塑结合起来，寓教于乐。

4）景观展示：把保国寺所处的溪流、山林、果园作为自然风光区域进行展示，突出本风景区对周围山林风光的特殊观赏角度和良好的位置，再现历史上保国寺与周边山体相互交融的景观图示；通过适当的标识提示，展现对周围山峰的观赏视廊。

第六十一条　展示功能区分

保国寺分成4个主要展示区和1个服务区，每个区各有不同展示内容。

1. 文物展示区：人们在寺院可以看到寺院本身不同历史时期的建筑，并可利用中轴线两侧的厅堂作为传统建筑文化展厅，还可进行分析、研究，同时建立数字化展厅，通过虚拟现实手段展示寺院本身建筑特色。随着博物馆的建设，展示内容的扩充，当现有建筑空间不够使用时，可在保护范围之外另寻他址建设新的展示用房，但需满足相应的建设控制要求。

2. 滨江区：慈江北岸至山脚下的平地区域，为景区的前导空间，具有小游园性质。设置景区入口大门和林木绿化，并利用山脚西侧原有道路形成浓荫密布的山径效果。如果宁波市内有需要另迁它址的传统型建筑，保国寺有能力收纳的，经过审批后可以考虑放在该区，利用作为休闲文化场所。

3. 自然风光区：包含鞍山和灵山区域，为寺院的外围空间，植被茂盛，涧流潺潺，其间点缀小品，可以作为游客欣赏自然风光的区域。

4. 观赏绿化区：现状既有的杨梅林、青梅林、桂花林、腊梅园、茶园和竹林等，保留其采摘和赏花的游览功能。

5. 服务管理区：含慈江南岸的停车场以及综合服务区，为游客提供周到的服务。随着周边村镇的发展建设、旅游活动的深入开展，服务管理区周边的区域可以按照滨江区的模式，加入游览、参观、休闲、娱乐功能。

……

第六十四条　游客容量

所谓游客容量，指旅游旺季的周末的瞬时游客数量。依据国家关于《风景名胜区规划规范》计算得出如下游人容量控制标准：

全景区瞬时游人容量为 1450 人，其中：

滨河区为一般景点，游客容量 450 人；

寺院内为重点景点，瞬时游客容量 280 人；

山林区为一般景点，游客容量 720 人；

大雄宝殿为重点控制点，瞬时准入容量 35 人。

在控制游人容量的时候，除全区瞬时游客数不得超过 1450 人外，以上各分区均不得超过各自的容量上限。

按日周转 4 次计，全景区日最高游人容量为 5800 人；现状保国寺日高峰游客数为 5000 人，已经接近游客容量限制，需注意管理，不可过度开发；如希望继续推动旅游深度，应向滨河区引导。

游客数量的控制：散客临时组团由导游带领进入、强制限定通过时间、提前预约门票等。

……

第六十六条　管理机构、经费与人员编制

1. 管理机构：保国寺管理机构现已经运转良好，规划中基本保持现有架构，远期随着景区范围扩大和文物展示内容的深化，根据实际需要进行机构调整，详细情况另行向宁波市有关主管部门申请。

2. 对管理人员要求：保国寺保护机构的工作人员应逐步实行持证上岗制度，主要负责人应取得国家文物局颁发的资格证书。除专职管理人员之外，可以建立保国寺保护志愿者工作制度。吸收经过文物保护相关培训、具有文物保护管理上岗资格的志愿者，参与到日常管理、尤其是旅游高峰时期的管理工作中。

3. 经费：地方人民政府应当将保国寺的保护和管理所需的经费纳入本级财政预算，并按照国家二级博物馆要求，加大对保国寺保护经费的投入和管理。建议设立保国寺保护专项基金，吸收社会各界捐赠款。

……

第六十八条　管理机构日常工作内容

1. 进行防渗、防潮工程，每年雨季到来之前修补、更换破损的瓦件，拔除杂草。

2. 维护保国寺管理范围内的清洁卫生和园林绿化。

3. 进行消防设施、防雷设施等防灾设施设备状况的日常维护和检查；制定消防应急预案，灾害应急预案；遇到狂风、暴雨、大雪时应立即进行巡视，检查文物古迹有无受到损害。

4. 安防系统的全时段监测，每处文物古迹建立的安防系统应当联网进行集中监测，遇到游客破坏或偷盗等情况迅速通知文物执法人员进行制止。

5. 针对日常发生的问题进行小范围修补加固，如瓦垄砍灰、油饰防腐、地面修补之类。

6. 继续执行已有的科技保护工作，并持续加深科技监测、科技保护、科技管理的深度与广度。

……

第七十五条　分期实施规划

1. 近期（本规划公布之日起～2015 年 12 月）

近期的实施重点为文物本体安全，对文物本体进行各种不同程度的保护、维修；对周边环境中最不协调的因素进行整治和改善。具体有：

1）大殿的监测、修缮设计与实施；

2）寺院内其他建筑维修，整理、保护附属文物；

3）在慈江现状宽河道的基础上进行景观整治，包括驳岸软化、道路铺装调整等；

4）开始对文物周边环境中不协调的景观因素进行清理、整治；如御景山庄办公用房、山下公共厕所、灵山牧场和地震台等建筑的立面改造，迁移坟墓；

5）对文物本体院内的景观进行提升，对登山步道前导空间的不良景观进行清理整治（如仙人桥）；

6）完善管理制度，完成保国寺文物保护监控数字化网络的建设；

7）完善展示空间，提升展示工作；

8）完善各项文物保护设施，如消防水池扩容、完善安防监测设施；

9）对部分道路改造建设。

2. 中期（2016 年 1 月～2020 年 12 月）

1）建造停车场和游客服务中心；

2）修建新入口区、入口道路和慈江桥以及滨河区亭榭设施；

3）继续完成对文物周边环境中不协调的景观因素进行清理、整治工程；

4）整修沿山路等山下道路。

3. 远期（2020 年 1 月～2025 年 12 月）

1）在自然风光区修建点景设施；

2）完善山林植被；

3）整修登山道；

4）整治被开挖的慈江河道，恢复历史原貌。

第七十六条　保护项目经费

（1）文物本体保护经费：大殿维修保护、西厢房、藏经楼等建筑进行修缮、寺内其他建筑日常维护费用。

（2）基础设施建设：保护范围内给排水设施改造工程，如变电室、水泵房、消防、安防控制室。

（3）管理用房建设：包括数字化管理、治安管理、广播室、文物库、车库等。总计 1000 平方米

（4）服务设施建设：建筑面积共 1600 平方米。

（5）环境整治经费：停车场，道路建设。慈江复原。师圣桥保护性再现。绿化局部补充。

（6）居民搬迁：以上改造涉及的旧民房中的居民搬迁安置费用。

（7）各项工程勘察设计费

第七十七条　工程项目投资估算

文物本体保护：4000 万元，均为 1 期；

附属文物保护：150 万元，为 1 期；

安全基础设施建设：665.5 万元，其中 1 期 465.5 万元，2 期 200 万元；

管理用房建设：180 万元，其中 1 期 60 万元，2 期 120 万元；

环境整治：1800 万元，其中 1 期 140 万元，2 期 1450 万元，3 期 210 万元；

服务设施建设：453 万元，其中 1 期 50 万元，2 期 403 万元；

其他：220 万元，均为 1 期。

总计：7468.5 万元。其中 1 期 5085.5 万元，2 期 2173 万元，三期 210 万元。

第七十八条　规划实施保障建议

本规划的实施资金可以有以下几个来源：

1. 国家、市（计划单立市）等各级财政部门的资金投入；

2. 个人、企业和社会团体的捐赠；公民、法人或其他组织可以通过捐赠等方式设立保护基金，专门用于保国寺的保护。保护基金的募集、使用和管理，依照国家有关法律、行政法规和部门规章的规定执行；

3. 全国重点文物保护专项资金；

4. 与保国寺有关的特许使用或经营项目的有偿出让收入；

5. 展示开放的门票收入。

6. 国家文物局和浙江省、宁波市各级人民政府及其文物主管部门可对参与到本规划实施中的公民、法人和其他组织制定一定的优惠政策，对在实施过程中作出突出贡献的组织或个人给予精神或物质上的奖励，使国民增长爱护文物、重视文物价值的意识。

……

图纸目录

附加索引	附件内容	附加索引	附件内容
01	区位图	17（规划）	保护范围坐标定位图
02（现状）	现状总平面图	18（规划）	保护措施图
03（现状）	遗产构成与山水格局分析图	19（规划）	道路与交通规划图
04（现状）	现状交通分析图	20（规划）	绿化规划图
05（现状）	现状绿化景观分析图	21（规划）	环境整治规划图
06（现状）	院内平面图	22（规划）	景观规划图
07（现状）	院内建筑残损状况示例1	23（规划）	展示分区与设施规划图
08（现状）	院内建筑残损状况示例2	24（规划）	全区给排水系统规划图
09（规划）	大殿内柱歪闪情况分析图	25（规划）	院内给排水系统规划图
10（规划）	全区给排水系统现状图	26（规划）	消防与防雷系统规划图
11（规划）	院内给排水系统现状图	27（规划）	全区供电与监控系统规划图
12（规划）	消防与防雷系统现状图	28（规划）	院内供电与电信系统规划图
13（规划）	全区供电与电信系统现状图	29（规划）	应急疏散路线规划图
14（规划）	院内供电与电信系统现状图	30（规划）	管理系统规划图
15（规划）	规划总平面图	31（规划）	土地利用协调规划图
16（规划）	文物保护区划规划图		

保国寺提升规划大纲（摘要）

一、开发背景与条件

1. 范围

本次功能改造提升工程以保国寺现有 28.8 公顷为主，重点改造以一轴三环为切入点（山门入口区、长廊叠锦台休闲区和山门内外庭园区），并实现与博物馆主题陈列、与荪湖等周边旅游景区的协调对接。

2. 区位价值

（1）旅游区位

保国寺位于宁波北部，地处宁波北部环城游憩带，绕城高速以北的群山当中，有宁波北绕城高速出口相接，周边有荪湖、慈城、宁波现代农业园区等旅游景区。

（2）生态区位

处于宁波北部四明山余脉的生态区域。保国寺素有"寺藏深山"的特点，区域内山峦起伏，植物茂盛，是宁波重要的山地生态屏障和农林产业聚集区。

（3）文化区位

处于宁波北部建筑文化资源富集区，保国寺周边西有河姆渡 7000 年前干栏式建筑居住区、千年古城慈城，北有虞洽卿民国建筑、鸣鹤古镇以及东面郑氏十七房古村，是宁波建筑文化资源的富集区。

3. 城市区位

宁波都市发展的新兴功能区。保国寺所在的宁波市江北区，是宁波市"十二五"期间城市功能拓展的重点区域，随着宁波城市化进程加快，保国寺周边已经成为宁波都市圈的重要组成部分，成为宁波一个新兴的城市功能区块。

根据江北洪塘北部区域规划：

保国寺所在洪塘北部区域被定位为宁波的北部城市中央生态区，是城市休闲功能的重要空间载体。

规划对保国寺区的定位是以保国寺区块为核心的文化体验区，打造一个集文化展览、学术交流、特色商品交易和文化艺术体验于一体的特色文化园区，成为宁波的城市文化客厅。

根据这一定位，我们可以判断保国寺是城市文化休闲的重要功能版块。

4. 优势

资源优势：中国江南最完整的千年木结构建筑，宋《营造法式》的典型案例。

宁波工、海丝文化背景深厚，在宁波文化地位较高。

资源组合优势，周边文化资源丰富，可组合度高。

自然环境优势：山地生态环境宜人。

区位优势：处于绕城高速，基础设施完善。

市场优势：地处长三角，文化旅游市场发展迅猛。

5. 劣势

区域空间狭小、周边扩展限制性高

文化主题模糊，品牌知名度和影响力较小。

旅游功能较弱，基础配套设施相对缺少

二、发展目标与定位

1. 总体思路

坚持科学发展观，以优越的生态环境为依托，以保国寺历史建筑为核心，以宁波地方文化传承为特色，以文化观光、文化交流、文化体验、文化交流为主要功能，将保国寺旅游区打造成具备浓郁本土特色、国内一流的建筑主题文化公园，成为宁波文化旅游的标志性景区之一。

一个理念：见证中国历史建筑文化的智慧和创造力

一个主题：历史建筑文化

两条线索：经典展示——保国寺与《营造法式》的建筑文化与传承

艺术演绎——宁波工与海上丝绸之路的传奇与发展

三大市场：爱国科普教育——青少年的传统爱国主义教育基地

文化怀旧休闲——居民和游客的文化休闲体验空间

文化学习交流——建筑与文化爱好者、专业人士的文化交流场所

2. 战略定位与目标

发展定位

以保国寺古建筑群为核心，深刻挖掘和展现保国寺建筑独特性，以及与"宁波工"、海丝文化的内在关联性，以"保国寺建筑文化"为主线，打造一个集文化观光、科普教育、学术交流、娱乐体验、休闲度假于一体的国家级建筑文化公园。

建设国内一流的建筑主题文化旅游园区

（1）以博物馆为中心，成为中国建筑保护和利用示范区、中国古建文化的科研基地

（2）以营造法式主题化、景观化演绎为特色，成为建筑文化的展示、教育和体验园

（3）成为国际建筑文化交流的示范区，海上丝绸之路的地标区

（4）以宁波工体验、娱乐项目为亮点，成为宁波标志性文化景区、"宁波工"文化传承地。

总体目标：

近期建设成国家级文化旅游区：到2012年，争取建设成为国家一级博物馆，争创以历史建筑文化为主题特色的国家级文化旅游区。

中远期国家AAAAA级旅游景区：到2014年与周边荪湖、慈城共同打造成为年接待游客规模达到100万人次的文化生态型旅游景区

近期目标：

到2013年成为国家文化旅游区，年游客接待规模达到40万人次，旅游综合收入达到1000万

元。其主要指标包括

——定位明确、主题突出：以打造国家级建筑文化主题公园为方向，不断丰富文化载体和手段，突出建筑文化主题特色，形成宁波文化旅游地样板和示范。

——功能完善、设施齐全：达到国家 AAAAA 级旅游景区的各类硬件设施要求，旅游接待服务配套设施完善，餐饮游憩系统比较完善，文化互动、娱乐参与项目丰富，旅游安全、文物保护等设施齐备。

——景观丰富、特色显著：文化景观与生态景观相得益彰，形成比较丰富的山地人文景观体系，古色古香古味古意的山地人文特征显著。

——管理规范、服务周到：景区管理机构智能完善，旅游景区管理台账清楚有序，人财物信息和资源全部纳入信息，提升旅游服务质量标准，旅游服务热情周到并具有一定的文化特色。

——长效机制、保护有力。建立长效的文化和景区资源保护机制，每年投入的保护性经费不少于总收入的 10%，保证景区的常变常新。

三、总体布局与空间优化

1. 总体结构："一轴、一环、三心"

一条主轴：由主入口—涵秀潭—灵龙泉—叠锦台—保国寺古建博物馆—枫树坪—望日亭—斗拱台（山顶标志物）的一条景观主轴线。

三条环线：博物馆区内环线由保国寺古建博物馆—枫树坪，以古建文化为主题，集观光、体验、会议、娱乐于一体的文化体验环线。

登山道小环线经入口区、灵龙泉、叠锦台以及杨梅林区。形成以花卉观赏、采摘、高档休闲为内容的文化休闲环线。

山体大外环线串联梅林、望海尖、青嶂亭三大区块，形成以攀登道为主要功能，结合建筑构件景观，形成健身运动环线。

三个中心：依托外入口广场、博物馆区和山体斗拱台（标志物）分别形成景区的服务中心、游览中心和景观中心。

2. 功能分区

根据旅游功能和旅游建设要求，将保国寺文化旅游区分为入口景观与服务区、古建保护与文化体验区、台地休闲与生态游乐区、山地健身与景观园区。

入口景观与服务区

范围：公园入口—涵秀潭—灵龙泉区域

思路：游客服务与集散空间

产品：在功能上重点配套大门、游客中心、办公区、接待区、停车场站等，在景观上改造入口大门，并结合建筑艺术元素、植栽绿化改造登山道

古建保护与文化体验区

范围：保国寺及枫树坪地块

思路：保护、展示、教育、会议、娱乐于一体古建文化体验区

产品：推动古建博物馆陈列改造工程，结合保国寺大殿解构，建设祥符梵宇坊，融入青少年工坊、研究中心、会议中心、建筑主题影院等功能

台地休憩与游乐区

范围：青幛亭、叠锦台及杨梅林地

思路：艺术化的生态休憩空间

产品：重点建设生态化、文化性的休憩院落、木屋，开发休闲茶吧、农家餐饮、生态采摘、亲子运动等娱乐项目。

山地健身与景观园区

范围：山体环线

思路：登山健身区

产品：重点建设环山体的登山健身步道区，同时结合建筑构件符号营造景观和休憩节点，在山顶建设斗拱台标志物。

3. 七大重点园布局

以建筑文化为核，结合功能化布局，重点建设形成七大园区为特色的重点项目群。

入口游客服务区

建筑艺术景观道

叠锦台会所区

古建博物馆区

祥符梵宇坊体验园区

青幛亭生态采摘园区

登山道与营造景观园

四、旅游景观系统规划

1. 入口区

概念：印象·历史

意象：强化水景的利用，充分利用喷泉、亲水游憩区扩张入口活力。

登山道按照建筑艺术景观为主线，以艺术摆件、文化墙和地面铺装结合方式，形成景观门户区。

2. 叠锦台区

概念：创意·生活

意象：通过各类艺术小品、文化铺地装饰院落景观，形成文化景观院落。

3. 博物馆区

概念：建筑·大观

意象：以保国寺建筑结合建筑结构解构、柱础迷宫、模型广场，形成以建筑文化为主题的大规模的建筑景观区。

4. 山体环线

概念：生态・艺术

意象：依托斗拱台造型建筑为核心，遵循保国寺"寺藏深山"的主题，结合建筑构件景观、健身主题节点和生态化植被群落，形成山地生态休憩空间。

五、开发保障规划

1. 市场基本状况

保国寺现有年游客接待规模约在 20 万人次左右，呈现三多三少的特点：①春秋多冬夏少，游客比较集中于春秋两季。②本地多外地少，本地居民较多约占 70% 以上，多以家庭休闲的自驾游客为主；外地游客约占 30%，以到甬的商务客人为主，③散客多、旅游团队较少。

保国寺营销存在的主要问题：①形象定位不清晰，在本地人的心目中是一个距离较近、价格低廉、以历史建筑为主的公园，②服务设施不全，游客停留时间短，消费较少。③营销力度不大，针对市场的营销活动几近空白，主要游客多以散客自发为主，外地旅行团队营销薄弱。

2. 市场竞争状况分析

2011 年是中国文化旅游年。国内包括宁波市的文化旅游产品风起云涌，掀起了大投资、大发展的一轮新热潮。

甬北集聚保国寺、河姆渡、慈城、鸣鹤、十七房、虞洽卿故居等资源点，涵盖了殿堂、生活遗址、古城、古镇、古村、民国宅院等不同形态建筑遗产，形成了一个建筑文化遗产板块。其中鸣鹤古镇计划投资 100 亿元，慈城板块计划也投资超过 100 亿元，都将形成以文化载体为核心集娱乐休闲度假于一体的大型文化旅游区块。

此外，宁波城区的天一阁及月湖西区板块，投资力度较大，将形成了宁波文化旅游地主要竞争力板块。甬西有梁祝文化公园板块，它山堰板块以及余姚文化板块等等。甬东南部还有招宝山文化板块、宁波海洋文化板块以及宁海的十里红妆文化板块。

3. 市场定位分析

主要客源市场：

宁波本地的居民的休闲和文化体验

外来游客的观光和文化体验

各类文化（历史、建筑）爱好者交流

重点市场细分：

本地学生素质教育市场（学校、团委组织的团队）

本地居民的文化休闲市场（自驾车）

本地白领的文化怀旧与避世市场（自驾车）

外地旅行社组织的团队游客（旅行社团队）

到甬的商务公务市场（宾馆、出租车）

文化专项特色市场（专业网站论坛、专业媒体）

4. 营销目标：

根据保国寺的规模容量和市场发展状况，在近期的营销重点任务为：

①建立清晰的旅游形象：进一步明确和树立国家级建筑文化主题公园的形象。

②打造市场知名度和影响力：确立宁波城市文化旅游标志型景区的地位。

③提升游客接待规模：到2013年游客接待量达到30万人次，旅游综合收入应当可以达到1000万元。到2015年游客接待规模达到50万人次。

④提升游客人均消费：通过产品体系完善和服务设施完善，增加游客停留时间，增加游客人均消费。

5. 营销策略

（1）价格策略：

目前景区实行一票制，门票价格为20元，园内基本无其他收入。由于价格低廉，一方面刺激了本地游客市场的进入，另一方面，限制了外地旅行社团队的组织。

对价格进行差异化策略：统一门票价格为60元，本地居民、学生、打工者凭本地证明一律执行对折优惠价30元，保持本地游客的游赏愿望，保证一定的人气。并采取优惠价格，对市民发放季卡、年卡等会员卡，鼓励市民的日常休闲，吸引人气。联合宁波市民卡，引进市民卡系统，对市民进行优惠。

对外地旅行社采取6－7折优惠，以保证其有一定的利润空间，吸引旅行社的积极参与。

（2）渠道策略：

①建立本地直销网络：

教育管理部门、大中小学校，团委工会妇联等组织的小型旅游活动

针对学生素质教育及爱国主义教育，采取价格优惠的政策刺激，加大本地公共宣传，加大本地媒体投入，一方面吸引市民注意，另一方面强化外来到甬游客的注意，举办青少年爱国教育、家庭亲子、家庭周末休闲、季节性游憩活动

②加强外地的联合营销：

加大外地旅行社营销，选择不同主题线路与周边不同景区如慈城、溪口、九龙湖、天一个景区等进行串线联合营销，重点开拓上海、杭州、南京、苏州等长三角区域城市以及高铁通达的福厦、武汉，逐步延伸到广州深圳等珠三角区域。着力加大港澳台，尤其是台湾市场的开拓，积极寻求对日本韩国市场的影响和渗透。

③加大专业机构营销，组织专业的古建保护研究机构，举办古建保护年会、各类专业研讨会或论坛，发布古建保护研究报告，举办古建艺术展示会。

④加强网络营销：建立官方网络营销系统，尽快完善保国寺官方网站的预定系统，并与宁波主要门户网站形成链接，在宁波各大论坛建立保国寺建筑文化公园官方主帖，发展社交网络营销系统，在国内主要微博网站建立保国寺官方微博，经常性发布保国寺的照片、游记、活动介绍。并主动回答各类提问，记录各类人员的主要诉求。

6. 保障体系建设

（1）加强组织领导

建立高效统一管理系统，设立旅游开发领导小组，由市级主要领导、有关部门负责人组成。财

政、发改、国土、规划、文化、交通、旅游等各部门为成员单位，建立例会和协调机制，协调重大问题，并制定年度的开发计划和任务。

设立专门的项目办，落实专项资金和人员，研究制定 3 – 5 年的行动计划，确定年度建设内容和资金配套。

（2）落实各部门工作

落实财政（做好资金配套），交通（环线交通、道路、停车场站建设），保苏办（外围基础设施配套）、林业（推动林相景观改造），规划（规划协调和土地控制），国土（建设土地指标落实），文化（博物馆和展陈提升、景区配套建设）等各部门工作。

（3）加强资金保障

加大政府层面投入，保障建设资金，项目建设资金主要来源于三个方面，一是利用保国寺千年大典的契机，争取国家专项资金投入，二是政府部门的专项拨款。三是各类地方政策性资金补助

（4）构建土地保障机制

要重点落实用地指标，优先解决入口区、服务设施和重点项目开发建设用地，

在外围要充分预留土地空间，为停车场站建设配套用地指标，同时为进一步项目提供充足用地空间。

（5）加强人才队伍建设

拓宽人才选拔途径，积极培育和引进精通旅游规划、管理和营销的复合型人才，加强各级旅游管理机构、开发建设机构的现有人员的专业培训。

建立规范化的旅游景区管理机制，加强旅游专项促销。

（6）加强要素保障

发挥政府主导作用，加大全局性、基础性的旅游基础设施建设，主要是旅游交通、停车场、旅游厕所等；依托江北区政府完善外围配套服务体系建设，加快发展特色或主题餐饮、综合性游客中心，积极开发旅游休闲街区，发展旅游购物。

7. 项目投资和建设规划

项目建设分两期实施，一期（2011 – 2012 年）重点建设保国寺古建博物馆，文化景观道、叠锦台区块以及入口服务区。具体包括古建维修和展厅展陈提升、标识系统改造、游客服务中心建设、外广场改造、环境景观建设和配套服务设施建设。一期投资 3606 万元。

一期经费预算情况表　　　（单位：万元）

序号	工程或费用名称	数量	单位	建筑工程费	设备购置费	安装工程费	其他费用	合计	指标	单位	比例（%）
1	工程费用			248	25	5		600			
1.1	山门外部区域环境配套工程			212	25	5		237			
1.1.1	入口环境提升			115	10	5		130			
1.1.1.1	大门迁建			55	10	5		70			
1.1.1.2	广场改造	1500	平方米	30				30	200	元/平方米	
1.1.1.3	停车场配套	5000	平方米	30				30	60	元/平方米	

续表

序号	工程或费用名称	数量	单位	建筑工程费	设备购置费	安装工程费	其他费用	合计	指标	单位	比例（%）
1.1.2	游客服务区改造	900	平方米	92	15			107			
1.1.2.1	游客中心	250	平方米	40	11			51	2500	元/平方米	
1.1.2.2	售票处	80	平方米	16	4			20	2500	元/平方米	
1.1.2.3	厕所	40	平方米	4				4	900	元/平方米	
1.1.2.4	行政办公房	200	平方米	30				30	1500	元/平方米	
1.1.2.5	庭院环境改造	300	平方米	2				2	60	元/平方米	
1.2	游步道及景观节点改造			200				200			
1.2.1	游步道建设	60	平方米	100				100			
1.2.1.1	4米游步道	500	米	40				40	800	元/米	
1.2.1.2	2米游步道	600	米	60				60	1000	元/米	
1.2.2	涵秀潭改造	237	平方米	14				14	600	元/平方米	
1.2.3	灵龙泉改造	250	平方米	36				36			
1.2.3.1	水景改造和平台	100	平方米	4				4	400	元/平方米	
1.2.3.2	灵龙桥			20							
1.2.3.3	景观亭和构件展示区	150	米	12				12	800	元/米	
1.2.4	叠锦台改造	730	平方米	50							
1.2.4.1	广场、庭院改造	400	平方米	16				16	400	元/平方米	
1.2.4.2	餐厅、茶室建设	330	平方米	34				34	1500	元/平方米	
1.3	寺院景观提升工程	7400	平方米	163				163			
1.3.1	山门外广场改造	600	平方米	30				30	500	元/平方米	
1.3.2	山门内广场（柱础广场）改造	800	平方米	24				24	300	元/平方米	
1.3.3	盆景园改造	700	平方米	56				56	800	元/平方米	
1.3.4	寺内环境景观改造	5300	平方米	53				53	100	元/平方米	

　　二期（2014~2020年）包括枫树坪、青幛亭、斗拱台以及山地健身步道建设，此外二期建设还包括大殿维修、文化维修、休闲服务设施建设、停车场站建设、健身道路建设、环境绿化整治、办公用房建设，设备添置费用，预计总计为10626万元，预计总投资为15928万元。

保国寺古建筑博物馆展陈改造方案（摘要）

一、主题陈列改造总则

（一）背景目的

保国寺古建筑群是国务院 1961 年公布的第一批全国重点文物保护单位，是宁波历史文化名城的代表性文化遗存，是"海上丝绸之路"和大运河（宁波段）史迹申报世界文化遗产的重要核心载体，是我国著名宋代建筑典籍《营造法式》为数不多的实物例证，代表着中国木构建筑先进的营造技艺，曾被来访的联合国教科文组织官员赞叹到"这就是世界文化遗产"。2006 年保国寺古建筑博物馆经宁波市人民政府批准成立，至今集保护、展示、研究和教育等功能于一体的古建筑专题博物馆已初具规模，在全社会和学术界具有较高知名度和影响力。2009 年被国家文物局评定为国家二级博物馆。

（二）编制范围

本次改造工程以保国寺古建筑博物馆的主题陈列为主，改造面积 7000 余平方米，同时配合陈列改造，完善博物馆的展柜、标识、绿化景观、消防、安防监控、防雷、变配电、给排水等配套设施。

二、陈列改造分区分馆规划

（一）"巧构奇筑　纵横寰宇"主题陈列——中轴线

1. 序篇：东方文脉祥符奇——第一展厅

展厅位置：天王殿（面积 256 平方米）

陈列内容：展厅主题拟定位为"东方文脉祥符奇"，将重点向游客展示宋朝繁盛文化和保国寺千年历史，突出保国寺在我国建筑史上承前启后的重要地位。

华夏民族之文化，历数千载之演变，造极于赵宋之世。北宋初期由于采取均赋税、兴水利、开垦荒土等措施，使农业和手工业生产得到较大发展，随之形成商业较大发达的局面。宋代重视文化教育，提出以文为治国之本，促进了文化的空前繁荣和科学技术的进步，人类文明史上的重要发明指南针、火药、印刷术相继出现。由于生产发展，技术进步，使建筑得到发展，取得了辉煌的成就。一部《营造法式》，第一次对古代建筑体系作了比较全面的技术性总结，形成了设计和施工的规程。保国寺大殿内藻井用材、拼合柱、下昂造铺作等与《法式》相印证。

陈列形式：

　　规划在天王殿正中设置 LED 屏幕和地理沙盘，轮播反映宋朝繁盛文化和保国寺千年历史及其传说故事的影片，展示宋朝波澜壮阔的历史画卷和建筑文明的巨大成就，表现宋朝是我国建筑文化发展的一个盛世，而保国寺大殿则是其建筑文化的一颗明珠。两侧设置反映保国寺前身、定名、营建、中兴等历史断面的壁画。另外，按照宋式装饰特点对屏幕和展厅进行装修，更换匾额、抱对，改造殿内灯光照明，重新铺设电线，改造电力系统。

　　2. 殿启四明江南绝——第二展厅

　　展厅位置：大殿（面积 462 平方米）

　　陈列内容：展厅主题拟定位为"殿启四明江南绝"，将原状展示千年古建，采用安全先进的声光电指示手段，对大殿的构造装饰特点进行引导性介绍。

　　陈列形式：北宋祥符殿是保国寺古建筑博物馆最重要的文物，其建筑本身即是展品，殿内的展示布置应充分考虑到古建筑的保护措施和展示效果。为杜绝安全隐患，大殿内尽量少放设施。设施的放置位置不能影响参观，也不能破坏古建筑的整体氛围。人流量不宜过大，在旅游高峰季节可适当限制殿内人流量。保持大殿最真实、最完整的状态就是最好的展示。

　　在大殿内部距离地面 20cm 处安装木制平台，周边安装引导栏杆，作为殿内游览通道，为观众提供较好的欣赏视角，同时也一定程度增加了观众与千年大殿的距离，有利于文物保护。木制平台下安装光纤通道，从殿外引入对木材不具有伤害的光线，对大殿内部的重要构件进行引导性指示，并采用适合的方法给观众进行说明解释，有利于普通观众对专业知识的通俗理解。更换匾额、抱对。

　　利用反光材料，注解建筑构造细部，显示构造名称，以配合讲解员讲解和游客参观。构造标识位置主要集中在藻井及斗拱上部，采用的反光材料为热转印反光烫画，即将具有回归反光特性的反光玻璃微珠预先涂布在含有热熔胶的 PVC 膜上，制成反光热熔膜，根据需要裁剪出各种构造名称字样，经过特殊防腐处理后，达到符合文物保护"可逆性"原则要求，可贴在构件表面。反光材料本身采用不抢眼的灰色，无光线照射时能与木构件整个色调融为一体，有光源直射时反射成白色，清晰显示构造字样。

　　斜置展示牌面。采用新的展示牌，牌面斜置，箱体内采用蓄电池从内向上发光照亮牌面，避免了强电引入殿内。将原来的展示内容化整为零，每块内容安排在若干个展示牌内放在四周罗汉台上便于观众识读。大殿内部由于木料久远发黑，室内光线较弱，室内气氛缺少装饰和点缀，略显空洞和乏味。而这些从内向外微微发光的展示牌点缀大殿内，既不影响视线的深度，又增加了室内亮度，营造了一种宁静温馨的氛围。展示牌的内容除了大殿的专业知识介绍外，还可用"四大悬念"提高观众的参与兴趣。保国寺历来有"虫不蛀、鸟不栖、鼠不入、尘不染"的"四奇"，这种通俗话题在观众中具有很大的吸引力，并用各种猜度的解释，让观众做"选择题"，以倾向性答案受奖。

　　石座基为宋代原物，宋式台基构造层次丰富，雕刻精致。束腰内浅刻有独特的宋代壶门纹样，建议采用适当的设施进行保护，如可用活动玻璃箱罩，同时设指示说明牌来细致介绍宋式基座的特点，或者采用与木构造标注相同的方法，用反射材料标识每个构造的名称。

　　3. 例证法式读千年——第三展厅

　　展厅位置：观音殿及其前厢房（面积 638 平方米）

　　陈列内容：展厅主题拟定位为"例证法式读千年"，将详细介绍保国寺大殿与营造法式的对应关系以及营造法式对我国千年建筑史的深远影响。采用实物模型对比，系统解构保国寺大殿的科学文化价值，特别是大殿与《营造法式》的历史渊源，并引导观众认识到保国寺大殿通过《营造法式》对我国传统建筑史及后世建筑的深远影响。

陈列形式：根据整体规划统筹，观音殿还原古建原状，对地板、楼板进行整修，恢复中间通廊形制，通廊设雕塑模型作为隔断，两侧为二层半开放式展陈空间。正中放置大殿宋式模型。

左侧运用现代声光电展示技术，详细列举保国寺大殿与《营造法式》的密切对应关系，旨在反映大殿与法式的渊源和重要关联。内容上，强化大殿建筑特色及其与《营造法式》关联的介绍，其他方面适当精简。但要充分理解强化内容，必须有中国传统建筑知识和《营造法式》的铺垫。形式上，左侧区域应突破图片和图纸的传统展板陈列方式，采用现代流媒体技术，可以在有限的空间内融汇大量的知识信息，能够系统介绍中国古代建筑构造的基本内容（如基本构件梁、柱、枋、斗拱、椽、天花等，不同传统屋顶形式等）和《营造法式》的概况，从而对我国传统建筑文化建立系统完整的概念。右侧摆放 10 座同时期国内外古建模型，进行对比介绍。设置恒温恒湿展柜，用以陈列大殿木构件。另外，规划在两侧厢房内介绍与保国寺建造和《营造法式》编纂有关的历史人物。更换匾额、抱对，改造灯光照明，重新铺设电线，改造电力系统。

观音殿前两侧厢房布置匠师陈列馆，安放保国寺大殿建造者德贤和尚和《营造法式》编纂者的人物雕像。

4. 甬上精华通海外——第四展厅

展厅位置：藏经楼及其后厢房（面积 973 平方米）

陈列内容：升华陈列主题，从保国寺上升至宏观层面，介绍保国寺大殿建造技艺通过文化输出，对东亚各国建筑文化产生的深远影响，进一步凸显保国寺大殿是我国乃至东亚诸国传统建筑文化遗产的标志性建筑。

宋朝编纂的我国第一部官方建筑典籍《营造法式》上承隋唐、五代，下启元、明、清，使中国古代建筑体系从隋唐的高峰转入成熟时期，建筑方式也日渐趋向系统化与模组化，建筑物慢慢出现了自由多变的组合，并且绽放出成熟的风格并且拥有更专业的外形。随着对外贸易和文化交流，在日本、韩国、东南亚乃至中东、非洲等地也留下了于之相关的大量的文化遗存，如现存遗构有日本的东大寺南大门、开山堂以及法华堂礼堂、风停寺、修德寺等。

陈列形式：采取"场景模拟＋实物模型"的方式，展示中国传统文化如何借助文化交流对海外产生的巨大影响。设置浮雕介绍宁波工匠将宁波传统建筑技艺传至东亚的历史，展示珍贵文化输出的实物例证。设置古建搭建互动参与项目，开发相关计算机程序，设置大殿模拟搭建 3D 软件操作实践平台。可供游客亲身体验、模拟参与大殿建造过程。另外，规划将藏经楼两处后厢房依托室外紫竹园景观小品，改造成馆内休闲场所。更换匾额、抱对，改造楼内灯光照明，重新铺设电线，改造电力系统。

（二）西轴线延伸陈列

西轴线是位于博物馆西侧的一条副轴线，以"四明智造明州工"为主线进行布展，包括西厢房 1#－2#（云水堂）、鼓楼、西厢房 3#（清隐堂）、迎薰楼（临时展厅）和西厢房 4#－6#（云居楼）。

1. 西厢房 1#－2#（云水堂）（面积 193 平方米）

陈列内容：设置博物馆服务功能。

陈列形式：摆放座椅供参观观众停留小憩，延长其近距离观赏大殿的时间，提供书画用具供游客抒怀。更换匾额、抱对，改造灯光照明，重新铺设电线，改造电力系统。

2. 鼓楼（面积为 81 平方米）

陈列内容：设置体验参观功能。

陈列形式：按照仿宋式风格进行装修；改造灯光照明，重新铺设电线，改造电力系统。

3. 西厢房 3#（清隐堂）（面积为 484 平方米）

陈列内容：上层规划设置临时展厅及游客服务区域，下层规划设置木工传统工器具展。

陈列形式：上层临时展厅按仿宋式风格设计装修及展柜。下层采取实物展示、情景模拟等形式进行陈列，实物摆放中国古建常用工器具，如锯、斧、刨、凿等，使用展板讲解其发明故事、工作原理和巧妙之处；设置古建施工情景，可由观众亲手操作体验；开发相关工艺品和玩具。更换匾额、抱对，改造灯光照明，重新铺设电线，改造电力系统。

4. 迎薰楼（面积为 122 平方米）

陈列内容：规划布置为临时展厅。

陈列形式：装修及展柜设计仿宋式风格，配置相同风格式样的展柜，根据博物馆临特展需求推出与中国传统建筑文化相关的临特展。改造灯光照明，重新铺设电线，改造电力系统。

5. 西厢房 4#-6#（云居楼）（面积为 483 平方米）

陈列内容：规划设置"三雕"展厅。

陈列形式：以场景还原的形式对馆藏砖雕、木雕、石雕"三雕"精品进行实景实物展示，设置场景化展柜摆放"三雕"精品，如门口安放石狮，设置十六幅砖屏，廊道安放石窗，屋内安放木质桌椅和木雕小品等。更换匾额、抱对，改造灯光照明，重新铺设电线，改造电力系统。

（三）东轴线延伸陈列

东轴线是位于博物馆东侧的一条副轴线，以"科技保护存古今"为主线进行布展，包括东厢房 1#-2#（东客堂、功德堂）、钟楼、东厢房 3#（膳堂）、东厢房 4#、骠骑堂（德贤堂）等。通过东轴线的陈列，能让游客深入了解国内外在文物保护方面所取得的成就和文物保护领域的现状，加深对古建筑的理解和深化对文物建筑保护的认识，为继续参观准备了一定的理论知识，可以让游客在游览和参观时有了更多的针对性，以免走马观花。同时千年古文物与现代高科技的时代对话和交相辉映，愈发突出保国寺的珍贵价值。

1. 东厢房 1#-2#（面积为 230 平方米）

陈列内容：规划设置博物馆接待区域。

陈列形式：按宋式风格设计，悬挂名家字画、领导人参观照片、所获荣誉等。更换匾额、抱对，改造房内灯光照明，重新铺设电线，改造电力系统，购置接待用具。

2. 钟楼（面积为 60 平方米）

陈列内容：规划原状展示古建筑本体。

陈列形式：按照仿宋式风格进行装修；改造灯光照明，重新铺设电线，改造电力系统。

3. 东厢房 3#（面积为 100 平方米）

陈列内容：规划布置大殿科技保护展厅，拟以保国寺大殿科技保护监测项目为支撑，展示古建科技保护手段，揭示古建保护与周边环境的关系。

陈列形式：为了能够更好地将文物建筑的保护与博物馆的宣传普及工作结合起来，宣扬和渲染科学精神，将保国寺所采用的科技保护技术和与保护相关的信息作为博物馆的一项展览内容向观众公开展示。整个展厅设计将突出"科技感"，将古建筑保护与先进科学技术相结合，集展示、监控、查阅三种功能于一体。中间正对入口为互动展示区，由大面积的隔断及部分监控设备展示组成，充分突出主题，又能使空间显得开阔、大方。展板展示主要围绕墙面进行，以参观者的观看顺序为依据，尽量增加信息量，中间穿插部分设备展示，使整个展示显得更为生动，突显"科技性"。北端尽间为投影展示区，投影展示是目前较为新颖也较为流行的一种展示方式，通过在大屏幕上循环播放与展示内容相关的影片，帮助参观者更加直观地了解展示内容，增添展示的趣味性和互动效果。南端尽间的透明监控室一方面为监控设备和监控人员提供工作空间，另一方面可以让参观者更加直观地了解整个监控、保护的过程。两者相结合的方式不仅节省空间，更增添了一种新的展示对象。更换匾额、抱对，改造房内灯光照明，重新铺设电线，改造电力系统。

4. 东厢房4#（面积为 200 平方米）

陈列内容：规划布置白蚁及其他有害生物防治展厅，拟以保国寺大殿白蚁防治工程为支撑，与相关机构组织合作，展示推广最先进的古建生物防治技术。

陈列形式：采取展板展示、实物摆放、影像播放等形式介绍木构古建的生物防治最新技术，进行推广宣传。更换匾额、抱对，改造房内灯光照明，重新铺设电线，改造电力系统。

5. 骠骑堂（面积为 286 平方米）

陈列内容：规划布置古建保护交流报告厅。

陈列形式：按照仿宋式风格进行装修，改造会议音响系统；改造灯光照明，重新铺设电线，改造电力系统。

三、主题陈列路径设置和基本游线设计

（一）观景点设置

博物馆古建筑群采用多进多路院落式布局方式，每幢房屋即展馆各自独立，之间亦可相互通达。根据建筑群的布置特点，设置了有着主次关系的"三纵五横"的路径结构，方便各部分的逻辑联系以及游线的设置。路线上安排 4 个观景点，游客在此可以驻足观景。

一是入口休闲广场。观众初入博物馆可在此停留休息，观赏周边山林风貌。

二是净土池边的通道及大殿前月台。游客在此可驻足观鱼赏景，同时将大殿及周边建筑群落的整体外貌收入眼帘，气定神闲，清目静身。这一过程可作为进入大殿参观前的心理准备。

三是钟鼓楼二层。游客临窗远眺，大殿与天王殿之间的开阔院落一览无余，可欣赏到起伏变换的屋顶轮廓和优美的山林远景。

四是迎熏楼前月台。月台进深较大，可设置石质桌椅供游客休息。迎熏楼独立于厢房的流线外，游客可逶迤婉转到月台上略作小憩，远眺养目。

（二）游线总述

博物馆内观众可根据自己的兴趣自由选择。但古建筑的展示主题对普通游客来说略显专业，所以展示内容的设计衔接必须由浅入深，有重点、有层次地进行理性和逻辑的组织，方便游客参观学习。游线的设置可让他们直接进入展示重点，看到展示精华，顺着展览内容的逻辑高效率地完成参观，减少不必要的迂回重复。

基本游线设置与展览功能分区相一致。游线设置首先强调和突出中轴线，因为中轴线的展示内容相互连贯，一气呵成，容易激发游客参观学习的热情。先依次从南到北参观中轴线上的展馆，然后转向西轴线自北向南依次参观，在鼓楼转向东轴线钟楼，再向上参观到达枫树坪（骠骑坪），经廊桥到达长廊集散节点。游线如下：

山下头门——上山道——山门——入口休闲广场——观赏苗圃——天王殿——大殿——观音殿——藏经楼——藏经楼后厢房——三雕展厅——传统工器具展厅——迎薰楼临时展厅——宁波工大观园——鼓楼——钟楼——大殿科技保护展厅——白蚁及其他有害生物防治展厅——枫树坪（骠骑坪）祥符梵宇坊——后山门——廊桥——长廊。

四、标识系统与展柜设计

（一）标识系统分类

标识系统主要分为四大类：

1. 指示性标识，包括用于指示通向景点、服务设施、推荐游线的指示牌。
2. 说明性标识，包括景点介绍牌，展厅介绍牌和文物介绍牌。
3. 警示性标识，用于警示游客的行为或可能出现的危险状况。
4. 服务性标识，用于表明各种服务设施。

（二）标识系统设计

保国寺是古建筑专题博物馆，其大殿是现代人验证、学习、研究宋代木构建筑的有力依据，其建筑环境和主题思想有其非同一般的独特性。设计保国寺的标识系统既要考虑到标识系统的实用功能，同时还要考虑到保国寺的美学、文化背景，体现保国寺文化积淀等。

①标识牌的功能性特征：

——醒目性

标识牌是指导游客参观或给予游客以指引、警告的，如果醒目性不强则会失去作用。本标识系统据此考虑，并结合标识设计的原则规律，在尺寸、高度、色彩、材料、位置上都给人既醒目又不过于突兀之感。

——光照度

保国寺外部环境光照较好，标识牌不需特殊设置。但室内光照较差，特别是大殿内不能有民用电引入，光线不足，白天也无法轻易看清介绍牌的内容，傍晚或阴天的时候情况则更甚。本标识系统设计基于此点考虑，将室内的文物介绍牌设计为内置蓄电池的照明形式。另考虑到江南雨季湿度较大，为蓄电池设有防潮箱。

——位置大小相对人体的适宜度等问题

文物介绍牌涵盖内容较大，又是游客必读的重要标识，本设计将其设为45度斜面，并放置于台面上与人的视线正好垂直，可增加游客长时间阅读的舒适度。而警示牌体积较小，所以设为32度斜角，更接近人的阅读习惯，游客很容易在较远的位置就发现警示牌。景点指向牌设为170cm正好与成年人的视平线位置相当，既醒目又给人以亲近感。总导览牌体量较大，便于引起游客注意。各景点导览牌尺寸设置适合游客在130厘米～150厘米的距离阅读，此距离允许5～8人同时阅读，可以充分避免游客过多时阅读困难的状况。

②造型烘托展示主题

各标识牌分别从瓜楞柱、斗拱、柱础、隔扇等保国寺建筑结构中提取元素设计而成，直接明确地烘托了保国寺的古代建筑结构展示的主题。

③材质和色彩与周围环境相协调

本设计材料上采用外刷仿紫檀木漆的木结构与强化玻璃的结

合，类似建筑结构的造型设计更容易溶于古典建筑之中，充分体现了古典与现代的完美结合，既给人以历史的厚重感，又不失时代的气息。两种材料分别是中国古典建筑与现代建筑的代表性材料，在材质上的冲突与对比也体现了中国建筑的继承与突破。仿紫檀木的色彩庄严肃穆。其玻璃材质与文字介绍又向游客提醒了它的实用功能，使得标识系统在外观上有着很强的统一性，整体、美观，易于辨认。各标识牌样式、色彩、材质统一和谐。

（三）展柜设计

根据博物馆展示内容和展示场馆的特点，设计了六种展柜来满足不同的展示要求。同时为了契合古建筑的传统风格和展示主题，其造型设计和材料选择上与标识系统相一致，展柜的整体效果既充满古典美又有现代感。

展柜一主要适用展示各种模型、文物等。可供参观者从各个面欣赏；展柜二主要适用于展示各种面积较大高度较低的模型、文献资料等文物；展柜三主要适用于展示各种模型、文物或文献资料等，柜内可陈设展品，展柜后壁可展示介绍性文献；展柜四根据保国寺原寺庙式建筑室内柱子比较多的特点，设计为柱间展柜形式，主要适用于展示木窗、格扇、小型木雕，石花窗或文献资料等体积较薄的展品。可供游客前后两面细致观赏；展柜五以背面四枚钢纸接口悬于墙壁上，主要适用于展示木窗、格扇、小型木雕，界画模型或文献资料等体积较薄重量较轻的展品；展柜六主要适用展示各种独立的小型文物，可供参观者从各个面欣赏。

五、景观绿化设计分述

1. 紫竹园

紫竹园为中轴线上最北端小屋与藏经楼西侧梢间围合的西北角天井院。此处设计构思以文人画为基础，取材松、竹、梅之一的紫竹为主景元素。设计采用盆栽紫竹，既有园植紫竹的景观效果，又保护了保国寺的原有建筑。中间采用浅水景造池，使其与入口放生池、大殿前净土池串联一线，成为保国寺景观中的三颗明珠。浅水景区内将海上丝绸之路地图做成浅浮雕水景，生动展示陆地与大海的关系，用石汀步表示航海路线，游客踩着石汀步，就从中国来到了日本，形象生动又富有趣味的表现了中日一衣带水的关系。北院墙上设置海上丝绸之路主题壁画，鲜明形象的突出了保国寺的海外影响。

2. 青松园

青松园是在博物馆东侧的一片绿化区，为工作区东侧的一条有纵向高差跌落的带状区域。将此处安排为青松园，青松苍劲有力，能起到放松视觉的作用，松香亦有提神醒脑、缓解疲劳的作用。在色彩设计上采用大量白色卵石与黑松、白皮松形成黑白对比，在造型上太湖石的空、透，亦与松树的曲折、苍劲和谐共生，使得整体空间洋溢一片幽然静谧的禅意，也更能烘托出保国寺千年古刹的历史沧桑感。在这样空幽雅致的环境里工作必然有轻松愉悦的心情。

3. 植物展示苗圃

植物展示苗圃位于天王殿前西空地侧，既是对各种景观植物的展示，又是游客休闲观赏园林景观的好去处。将苗圃设计结合中国园林手法，将游廊引入苗圃中，既促成了新的游览路线，丰富了景观层次，又划分了大小不同的展示内容和展示空间。苗圃以荷花、菊花、兰花三种植物展示为主，大区域内用景观石、白沙、绿篱植物等将其划分为几个欣赏区，方便游客近距离欣赏。其他植物安排上不仅考虑可展示性，也考虑植物的高低层次、花期的连续性、花的气味、植物与石景布置的可赏性等问题。使苗圃内一年四季鲜花不断花香满园，游客在此游玩时随时随地都能获得美的感官享受。

4. 西轴线厢房外绿化景观

西轴线厢房室内展示以古典风格为主，室外设置古典景观。从室内观看室外景观犹如墙壁上所挂中国画，提升了展厅的品位。设计从海派绘画中提取元素，采用一石一树一景的造景方式，力求营造一种生活化的国画意境。游客在观看室内展品的同时可以凭窗眺望窗外美景。同时，因为西厢房展示空间较为狭窄，窗外种植花木可以扩大视觉空间，减轻视觉压抑感。

5. 入口处的休闲广场

入口处的休闲广场也是保国寺景观的一大亮点。游客穿过山门后，参观前一般会在此驻足停留片刻，环顾一下周围的景致，做好参观的心理准备，建立起对保国寺的初步印象。同样，结束参观后在此停留休息，回味、交流参观保国寺的感受。

根据功能要求我们把入口广场分成两块，入馆道路东侧为休息观景区，在原有的基础上进行调整设计。原为青石块铺装场地，场地内疏密有致地长有参天的乔木林，密盛的树冠下是游客休息纳凉的好去处。在调整设计中将原场地内加入缓坡草地，有坡度的草地象征山，青石板地象征水，再零星点缀几组传统石桌凳，烘托出一片南宗山水画平淡天真的意境，更增添了保国寺的古雅氛围和闲适意韵。

另外一部分在入馆道路西侧，为休闲商业功能区。将与天王殿相对应的小型古建筑改造为休闲茶座。沿放生池西侧的挡土墙设置一条半廊，南端可连接茶座，北端正好迎接从天王殿西侧门出来的游客。游廊局部扩大成为水榭，架于放生池上，内设纪念品售卖点。水榭与茶座围绕放生池呈L形布置，形成一个完整集中的休闲服务区，由半廊沿墙引导游客入内。游客在此可踱步缓行，观鱼赏景，也可品茗小憩。这个区块内的建筑采用传统园林和民居的形式，与保国寺的整体气质相得益彰，增加了古建筑类型，呼应了古建筑博物馆的主题。

6. 枫树坪（骠骑坪）广场

环绕枫树坪（骠骑坪）祥符梵宇坊四周种植常绿植物并进行造型，格局为迷宫样式，可供游客休息娱乐，在其中合适位置摆放石刻小品，穿插介绍古建常识、古今建筑理念以及国内外建筑大师的雕像和生平事迹，以时间等线索引导游客游历于绿植迷宫之中，寓教于乐，帮助游客加深对保国寺大殿重要价值的认同和理解，并进一步与现实生活联系，使枫树坪（骠骑坪）祥符梵宇坊与其外部环境浑然一体，成为博物馆古代与现代、名家与名作、建筑与环境、人文与艺术的交融汇集之地。整体风格与入口处休闲广场衔接以形成首尾呼应之势。

六、基础设施配套工程

结合博物馆主题陈列改造和事业发展的需要，有必要对博物馆的消防、技防、防雷、电气、给排水、管理办公、背景音效、检票及无障碍设施进行配套改造，更好地发挥博物馆各项职能，实现社会经济效益的最大化。

（1）消防系统改造方案
（2）安防监控系统改造方案
（3）防雷系统改造方案
（4）电气改造方案
（5）给排水改造方案
（6）管理办公设施改造方案
（7）博物馆背景音乐系统改造方案
（8）电子检票及无障碍设施系统改造方案

七、形象宣传与推广理念策划

（一）基本形象宣传

1. "保国寺古建筑博物馆" 的核心主题宣传
2. 与宁波市区各类功能性文化单位合作
3. 定期免费或优惠开放

（二）文化内涵宣传

1. "古建筑研究协会" 和 "走进校园" 活动
2. "古建筑文化月" 活动
3. "古建筑文化交流" 活动

（三）接轨宁波"大旅游"市场

1. 挖掘环境优势与自身特色
2. 融入旅游圈
3. 完善周边基础设施
4. 纪念品、衍生特色产品开发
5. 商标注册

（四）小结

宣传和推广的前提是充分的物质准备和一套便于宣传和推广的方案。在做好"古建筑博物馆"的本质定位之外，要考虑游客的普遍心理需求。孤立、独置、偏远的古建筑博物馆很难引发游客的兴趣，更谈不上文化传播功能的实现。因此保国寺的形象塑造工程，既要大到功能整体，又要小到局部细节。交通、餐饮、旅游、风景、文化等等都是必不可少的。交通要保证畅通便捷；餐饮要丰富、卫生；博物馆的周边拓展要持续深入而又具备特色，可供游人玩赏的内容要丰富，各取所需，临近村庄的旅游开发要积极跟进，营造一个"文化风景点"，真正融入旅游圈。

随着近年来宁波整体旅游资源的大力开发，以及国家级大型旅游贸易投资洽谈会在甬举办，保国寺也应不失时机地积极探索，与之配合协调，最终使得保国寺成为一个内涵独特、资源丰富、人气兴旺的重要旅游节点，同时也保障了古建筑博物馆的文化内涵得到真正的发扬和光大。

八、主题陈列改造投资概算

本次主题陈列改造项目是保国寺古建筑博物馆整体功能提升改造工程的重点项目之一。保国寺古建筑博物馆整体功能提升改造工程总投入约1.59亿元，规划提升改造面积为28.8公顷，包括保国寺古建筑博物馆和保国寺公园及周边环境景观等内容。其中主题陈列改造项目总投资预算3616万元。

2013 年备忘录

一、活动

（一）书画雅集活动

1. 活动目的

为庆祝大殿重建一千周年及宣传保国寺悠久的历史、深厚的人文，挖掘中国传统节庆文化魅力，每逢中秋国庆黄金周前后，保国寺景区内近千株金桂、银桂、丹桂争相怒放，阵阵幽香扑鼻，特举办弘扬民族文化、彰显书画风采的金秋书法笔会活动。同时依托"保国寺 2013 千年大庆"的契机，邀请当今书画界和摄影界专家，以千年文化遗产保国寺为创作题材，以书法、绘画、摄影等多种艺术形式，展现保国寺的建筑风韵、秀丽的风景、悠久的历史文化以及作为旅游的景观展现。

通过书画家眼中的保国寺为创作载体，以静态而主观的艺术形式，多方面、多角度地展示和介绍保国寺，由名人名家的创作的书画、摄影作品，必将给保国寺带来更高的社会知名度和美誉度。

2. 组织实施

主办单位：宁波市文化广电新闻出版局

承办单位：保国寺古建筑博物馆

协办单位：宁波市书法家协会、宁波市画家协会

3. 参会人员

宁波籍著名书画篆刻名家、艺术家（20 人）、四眼碶中学书法班学生（30 人）、兄弟单位代表、宁波日报、宁波晚报、东南商报、宁波电台、宁波电视台等新闻媒体。

（二）千年之约·人类文明的盛典——纪念保国寺大殿建成 1000 周年系列活动

1. 指导思想

围绕"城市·建筑·文化"的主题，通过举办以"一典、两坛、四大版块"

系列纪念活动，按照"高起点策划、高水平对话、国际化运作、社会化参与"和"隆重、安全、节俭"的要求，以寺推城，以典宣市，充分挖掘历史文化名城内涵，引导全社会共同关注文化遗产对城市发展的积极作用，并从多角度、深层次、全方位的展示现代国际化港城的形象。

2. 时间地点

2013 年 12 月 8 日（拟定），中国宁波

3. 举办单位

国家文物局作为支持单位，由中国文物学会、中国博物馆协会、中央电视台、中国文物交流中心、浙江省文物局、宁波市人民政府等为主办单位，宁波市文广新闻出版局执行承办，宁波市旅游局、宁波市住建委、宁波市规划局、江北区人民政府、鄞州区人民政府为协办单位。

4. 活动内容

(1) "千年之约·人类文明的盛典"——纪念保国寺北宋大殿建成1000周年（仪式）

时间：2013年12月8日上午（暂定）

支持单位：国家文物局

主办单位：中央电视台、中国文物交流中心、宁波市人民政府

承办单位：宁波市文广新闻出版局

协办单位：宁波市旅游局、江北区人民政府

主要内容：① 本市领导致欢迎辞；② 上级领导揭幕《千字文》碑；③ 千名文化志愿者吟诵千字典文。

(2) "互动·共享·创新——21世纪大遗产时代古迹遗址与博物馆发展战略国际高峰论坛"

时间：2013年12月8~9日（暂定）

支持单位：国家文物局、国际博物馆协会（ICOM）

主办单位：中国文物学会、中国博物馆协会、宁波市人民政府

协办单位：中国文物报社、浙江省文物局

承办单位：宁波市文广新闻出版局

主要内容：根据当今国际文化遗产和博物馆两大领域的发展趋势，展示中国乃至世界文化遗产保护发展的丰硕成果，探索既坚持传统有效的理念与准则，又适应发展变化新形势的不断推进的文化遗产保护路径，提出符合21世纪大遗产时代文化特质的认知、思想、理念，并通过《宁波宣言》，树立保国寺与宁波文化名城坚持正确保护理念的实践范式。

(3) 2013国际建筑师宁波论坛

时间：2013年12月8-10日（暂定）

支持单位：中国住建部

主办单位：中国建筑师协会、宁波市人民政府

承办单位：中国建筑工业出版社、宁波市住建委、宁波市规划局、宁波市文广新闻出版局、宁波市鄞州区人民政府

执行承办：中国建筑工业出版社期刊年鉴中心、《建筑师》杂志社、宁波博物馆、宁波市鄞州区城市建设投资发展有限公司

主要内容：以"国际视野下的当代中国建筑实践"为主题的国际研讨会，诚邀国内外著名建筑师和建筑理论家及批评家，就中国当代建筑实践、普利茨克奖与当代中国、国际潮流与中国文化，以及建设中国与中国设计等议题进行深入研讨，在促进中国建筑师对国际背景下中国当代建筑实践的走向进行思考的同时，旨在扩大中国社会和民众对城市发展和建筑设计问题的关注，扩大中国文化影响的力度和广度。

(4) 配套活动

十米长卷展览；两个学术论坛会议；两天免费开放登山健身活动。

5. 组织机构

为确保纪念保国寺大殿建成1000周年系列活动的顺利开展，在前期筹备工作机制的基础上，组建宁波方组委会及其办公室。

（1）组委会（宁波方）名单

主　　　任：张明华　宁波市人民政府副市长

副　主　任：倪　炜　宁波市人民政府副秘书长

　　　　　　张乐鸣　宁波市人民政府副秘书长

　　　　　　陈佳强　宁波市文广新闻出版局局长

　　　　　　丁晓芳　宁波市江北区人民政府区长

　　　　　　陈国军　宁波市鄞州区人民政府区长

执行副主任：陈佳强　宁波市文广新闻出版局局长

成　　　员：陈国强　宁波市人民政府办公厅巡视员

　　　　　　　　　　中共宁波市委宣传部

　　　　　　　　　　宁波市住建委

　　　　　　　　　　宁波市规划局

　　　　　　　　　　宁波市旅游局

　　　　　　　　　　宁波市财税局

　　　　　　　　　　宁波市人民政府外事办公室

　　　　　　　　　　宁波市人民政府侨务办公室

　　　　　　　　　　宁波市人民政府台湾事务办公室

　　　　　　　　　　宁波市人民政府接待办公室

　　　　　　　　　　宁波市人民政府会展工作办公室

　　　　　　　　　　宁波市公安局

　　　　　　　　　　宁波市城市管理局

　　　　　　　　　　宁波市卫生局

　　　　　　　　　　宁波市食品药品监督管理局

　　　　　　　　　　宁波市电力局

　　　　　　孟建耀　宁波市文广新闻出版局副局长

　　　　　　舒月明　宁波市文广新闻出版局副局长

　　　　　　汪志铭　宁波市文广新闻出版局副巡视员

　　　　　　陈民宪　宁波市旅游局巡视员

　　　　　　　　　　宁波市江北区人民政府

　　　　　　　　　　宁波市鄞州区人民政府

　　　　　　　　　　宁波市日报报业集团

　　　　　　　　　　宁波市广电集团

（2）组委会办公室（宁波方）

组委会办公室（宁波方）设在宁波市文广新闻出版局，具体名单如下：

主　任：陈佳强　宁波市文广新闻出版局局长

副主任：孟建耀　宁波市文广新闻出版局副局长

　　　　舒月明　宁波市文广新闻出版局副局长

　　　　汪志铭　宁波市文广新闻出版局副巡视员

　　　　　　　　宁波市住建委

　　　　　　　　宁波市规划局

　　　　　　　　宁波市旅游局

　　　　　　　　宁波市江北区人民政府

　　　　　　　　宁波市鄞州区人民政府

　　成　员：徐建成　宁波市文广新闻出版局文博处处长

　　　　　　屠雪松　宁波市文广新闻出版局办公室副主任

　　　　　　李哈曼　宁波市文广新闻出版局计财处处长

　　　　　　陈延群　宁波市文广新闻出版局文艺处处长

　　　　　　　　　　宁波市住建委

　　　　　　　　　　宁波市规划局

　　　　　　　　　　宁波市旅游局

　　　　　　　　　　宁波市江北区人民政府

　　　　　　　　　　宁波市鄞州区人民政府

　　　　　　庄立臻　宁波市天一阁博物馆馆长

　　　　　　余如龙　宁波市保国寺古建筑博物馆馆长

　　　　　　王结华　宁波市文物保护管理所所长

　　　　　　纪云飞　宁波博物馆副馆长

　　　　　　董贻安　宁波市文物考古博物馆学会会长

　　　　　　胡　军　宁波市鄞州区城市建设投资发展有限公司副总经理

　　组委会（宁波方）办公室前期设综合部、活动部和保障部。各部门可根据职责内设工作组。

　　6. 活动规模

　　纪念保国寺大殿建成 1000 周年系列活动约邀请领导、嘉宾、专家学者 350 人左右出席，其中国内嘉宾约 300 人。嘉宾主要组成为：国家（含国家文物局、国家旅游局）、省（含浙江省文物局）、市领导（含相关城市的政府分管领导）；国际博物馆协会代表、国际博物馆研究和古迹遗址保护领域的专家学者、相关国家驻华使（领）馆代表；国内著名博物馆研究和古迹遗址保护领域的专家学者；中国文物学会、中国博物馆协会、中国文物报社主要负责人；国内外知名媒体和省、市新闻媒体记者等。

二、博物馆利用

　　完成保国寺功能提升项目。基本陈列改造提升，一纵三横，山林游步道建设、小木屋搭建等。

　　根据保国寺现藏的 50 余幅书法作品、绘画作品 50 余幅和篆刻等出版《书画集》，根据一年四季不同的景色、陈列内容拍摄出版《摄影集》。

三、保护与研究

（一）《东方建筑遗产》2013 年卷

2013 年卷所收录文章，大部分选自《保国寺大殿建成 1000 周年学术研讨会暨中国建筑史学分会 2013 年会论文集》，分"遗产论坛"，"建筑文化"、"保国寺研究"、"建筑美学"等六个版块。

（二）大殿维修方案

大殿修缮方案委托浙江省古建筑设计研究院设计，2012 年 12 月基本完成初稿，由前言、调查评估和修缮设计组成。

（三）《宁波保国寺大殿——保国寺大殿勘测分析与基础研究》

2012 年 12 月由东南大学出版社出版，东南大学建筑研究所、保国寺古建筑博物馆合作。由释名、上篇（保国寺大殿勘测分析）、下篇（保国寺大殿基础研究）、图版、附录等组成。上篇有四章，下篇有五章。

大事记

唐代

845 年　会昌五年　乙丑

唐武宗下诏毁天下佛寺，而灵山寺废。

880 年　广明元年　庚子

明州刺史奏请建复灵山寺，僖宗赐"保国"额。明州（宁波）国宁寺僧可恭来寺住持。

北宋时期

1011 年　大中祥符四年　辛亥

德贤和尚返灵山，看到寺院毁坏，决定重修寺院。

1013 年　大中祥符六年　癸丑

建大雄宝殿（现存），以后陆续建天王殿、山门等。

1041 ~ 1048 年　仁宗庆历年间

僧若冰在天王殿西南隅新建祖堂。

1045 年　庆历五年　乙酉

夏五月二十日，德贤大师圆寂，保国寺遂分东西两房。

1064 年　治平元年　甲辰

赐"精进院"额（一说在治平二年）。所谓"精进"是佛教衡量修行的标准之一，一般佛教徒以布施、持戒、智慧为基本功法，修成之后便可以度到彼岸。

1084 年　元丰七年　甲子

在 1975 年维修大殿时，在大殿西侧前进补间铺作的下昂发现墨书题记"甲子元丰七年"，说明在此期间有过一次较大的修缮活动。

1102 年　崇宁元年　壬申

维修，立《造石佛座记》碑。现大殿须弥座束腰部存有石刻题记。

南宋时期

1131～1160 年　绍兴年间
僧仲卿建法堂，西首建十六观堂。僧宗普凿净土池。

明代

明僧人元衍在大殿西南建迎薰楼，其后僧宗勉重修，若济撰记。

1488～1505 年　弘治年间
僧清隐建清隐堂。

1522～1566 年　嘉靖年间
西房僧世德重修大殿。

1597 年　万历二十二年　甲午
颜鲸题"东来第一山"。

1611 年　万历三十九年　辛亥
豫庵从东房分一支为南房，保国寺僧始有三房。

清代

1670 年　康熙九年　庚戌
僧石英重修大殿。

1684 年　康熙二十三年　甲子
僧显斋、景庵重修大殿，扩地基，增重檐，变换柱础，新装罗汉诸天等相。重修天王殿。净土池四周立石栏，中嵌颜鲸题"一碧涵空"，两旁刻"天光开图画，山翠入波纹"。

1732 年　雍正十年　壬子
九月，建培本事实碑。

1745 年　乾隆十年　乙丑
僧唯庵、体斋重修大殿、天王殿。大殿"移梁换柱，立磉植楹"，次年落成。

1752 年　乾隆十七年　壬申
郑殿木、文木和明和等捐资兴工熔铸大钟，至二十二年（1757 年）钟成，重 3000 斤。

1766 年　乾隆三十一年　丙戌
僧唯庵、体斋重修大殿，内外殿基悉铺以石。

1781 年　乾隆四十六年　辛丑
狂风吹坏大殿等建筑，僧常斋次第修葺。

1785 年　乾隆五十年　乙巳
在法堂前面二厢建楼房，各两间一弄，楼下为客厅。

1787 年　乾隆五十二年　丁未

僧长常斋、敏庵重建法堂（即今观音殿）楼屋五间二弄，并悬方丈额。

1794 年　乾隆五十九年　甲寅

正月，僧敏庵建《斋田碑》，冯全修撰，陈尚书丹。碑记寺有田 250 余亩。

1796 年　嘉庆元年　丙辰

僧敏庵重修大殿。

1801 年　嘉庆六年　辛酉

大殿竣工，改装罗汉诸天等像。

1802 年　嘉庆七年　壬戌

敏庵升任方丈，接管世尊殿，时仅破屋三间，西房也泯灭无存。遂先后重修大殿、廊庑及山门，改名山灵寺。拨田七十亩，命胜庵守之。

1805 年　嘉庆十年　乙丑

住持敏庵编印《保国寺志》，史称"嘉庆志"。

1807 年　嘉庆十二年　丁卯

六月，慈溪县颁给保国（山灵）寺勒石永禁变卖碑文。

1808 年　嘉庆十三年　戊辰

费淳撰《保国寺志碑》，蛟门陈尚书丹，敏庵立石。

将钟楼从文武殿移建至大殿东首。

1810 年　嘉庆十五年　庚午

新建鼓楼五间两弄于大殿西首，其下有屋五间。

1820 年　嘉庆二十五年　庚辰

镇海任于宗撰《山灵寺碑》，蛟门陈尚书丹。

1828 年　道光八年　戊子

六月，修大殿，更换大雄宝殿新地栿。

1854 年　咸丰四年　甲寅

僧馥如重铸大钟记。

1855 年　咸丰五年　乙卯

僧馥如重修大殿，铸铜鼎。

1910 年　宣统二年　庚戌

十月间，天王殿与东客堂同时毁于火。

1911 年　宣统三年　辛亥

六月，重建天王殿，至民国三年（1914 年）竣工。

民国时期

1921 年　民国十年

改建文武殿。重纂《保国寺志》，冯全修作序，钱三照重纂缘起，史称民国版《保国寺志》。

1933 年　民国二十二年

建藏经楼五间（下层为法堂）及西客房楼屋十间一弄。

1943～1945 年　民国三十二到三十四年

日军在马鞍山打炮洞，驻扎保国寺，保国寺建筑和绝大部分合抱大树、山林遭到严重破坏。

中华人民共和国时期

1951 年

土地改革运动，寺内 7 位僧人除一斋去上海，其余 6 人回当地村镇参加土地改革。原保国寺寺属土地分给当地无地少地农民，其余寺产由浙江省慈溪县公安局接管，寺院作关押犯人场所，佛像亦在此时被毁。

1954 年

全国文物普查，南京工学院师生窦学智、戚德耀、方长源发现保国寺大殿，后经同济大学陈从周教授、南京工学院刘敦桢教授等核实为北宋建筑。

1955 年

保国寺寺产由浙江省慈溪县公安局移交浙江省余姚县民政局管理。

秋　浙江省文物管理委员会朱家济委员、陈从周教授勘查大殿，在殿内须弥座向北东腰处发现崇宁元年"造石佛座题记"（见黄涌泉：《浙江省的纪念性建筑调查概况》《文物参考资料》，1956 年。）

1955～1957 年

保国寺寺院建筑供在鞍山进行国防建设的中国人民解放军驻甬部队使用。

1956 年

浙江省余姚县文化部门主持维修保国寺大殿，主要对柱子和额枋之间以木支撑加固。

1958 年

浙江省余姚县慈城公社在保国寺开办草席厂，后归浙江省余姚县民政局民政科领导，集中部分僧尼在保国寺山脚的吉祥寺和白云庵开办生产自救性质的福利工厂，保国寺部分由上沈庵尼姑牟可明负责，牟系县（市）政协委员，福利工厂人员最多时达 125 人。

1960 年

7 月，保国寺由浙江省余姚县民政局移交浙江省宁波市民政局管理。

1961 年

3 月 4 日，国务院公布保国寺为全国重点文物保护单位。成立文物保护小组，宁波市文化处派员进驻保国寺。

1962 年

4 月，观音殿西首厢房失火，烧毁房屋三间。

1963 年

重修大殿，主要由宁波市文物管理委员会办公室负责，对大殿霉烂的构件进行调换。

1966 年

对保国寺大殿后围墙进行维修。

1970 年

8 月 15 日，浙江省文物管理委员会杨晨钟、王士伦到宁波，和宁波市图书文物馆同志讨论保国寺筹备陈列问题。

维修大殿，当时采用北方工艺做法，造成屋面施工质量缺陷，出现雨天不漏，晴天滴水的怪现象，屋面望板等大批霉烂。

1971 年

12 月 28 日，宁波市委书记贾俊才、副书记解希孟由市文化局俞北昌陪同，到保国寺审查图片陈列，同意稍作修改后对外开放。

1972 年

2 月 1 日，保国寺图片陈列正式对外开放。

3 月，寺产由宁波市民政局移交给宁波市园林处管理，成立保国寺革命领导小组。

1973 年

7 月，对大殿进行实地调查，弄清漏雨和产生柱状结晶体的原因，以便制订合理的维修方案。

10 月，为全面维修大殿积累经验，对大殿屋顶筒瓦三十余陇先进行试验。

在寺西山岗上重建青嶂亭。

1974 年

在寺东北隅建小水库，供全寺消防和生活用水。

1975 年

重修大殿，由国家文物局、浙江省、宁波市联合成立专门维修领导班子。主要调换东北角柱和东南面的前内柱及补缺西北角斗拱等。屋面全部用老瓦，采用南方工艺做法。

重建叠锦台。

1976 年

2 月，建立保国寺文物保管所、保国寺园林养护小组，作为宁波市文化局和宁波市园林处的直属基层单位。

新建灵龙泉风景点，修建上山公路并将林间小路全部整修。

1977 年

保国寺大殿木材经华南农学院鉴定为黄桧木，又称台湾花柏（扁柏）。

新建吉祥亭与重建望日亭。

1978 年

保国寺正式对中外游客开放。

10 月，举办《宁波文物藏品展》，展出藏品 405 件。

11 月，保国寺文物保管所编制核定 3 名（1978 年 7 月王子庆任保国寺文物保管所所长）。

为协调保国寺文物保管所与保国寺园林小组关系，建立保国寺领导小组。

12 月 26 日，国务院副总理谷牧前来视察。

1979 年

全国古建筑历史学会成立后，有许多教授、研究员、工程师等专程来宁波保国寺进行视察、参观和调查。中国科学院副院长江之力、北京市规划局局长金欧卜、国家计委建筑科学院刘祯祥所长，中国社会科学院考古研究所助理研究员杨鸿勋以及北京、上海、山西、陕西、甘肃等从事古建工作的同志，对大殿的加固维修能真正地做到"保持原貌"，花钱少，质量好而表示赞扬，希望好好总结经验并加以推广（宁波市文物管理委员会文物考古组：《谈谈保国寺大殿的维修》，《文物与考古》第 102 期）。

1981 年

4 月 23 日，中共中央党委书记胡耀邦前来视察，浙江省省委书记铁瑛、省长张兆万陪同。

12 月 30 日，保国寺大殿木材经国家文物局文物科学技术研究所测定年代为 1100±70 年。

举办《宁波史迹陈列》。

1982 年

2～10 月，宁波市园林处会同洪塘公社、费市公社等有关部门调整保国寺山界。

10 月，立界石 40 块（即界桩）。利用水库落差安装消防栓 6 只。

新建寺院西边围墙，长 115 米，高 3 米。

11 月，宁波市人民政府郊区办事处签发《浙江省宁波市郊区山林所有权证》（市郊林字第 91 号）。

1983 年

宁波市月湖中营巷明万历时期的民居厅堂三间迁入保国寺，重建在藏经楼西客房南首（藏经阁）。

浙江省文物考古研究所编写《保国寺调查报告》。

1984 年

3 月，从慈城慈湖中学（原慈城普济寺）、宁波中山公园内，各迁出唐代经幢一座，安置于保国寺天王殿前。

10 月，为庆祝中华人民共和国成立 35 周年，调整展室，推出"考古成果展"、"文物保护成果展"、"宁波花轿展"、"碑帖选展"，保持"宁波史迹陈列展览"等。

11 月，维修东边围墙与新建围墙 115 米，高 3 米。

1986 年

2 月，中共保国寺支部委员会建立，属宁波市文化局党委领导，陈敬赓任党支部书记兼保国寺文物保管所所长。

6 月，保国寺会计财务单列。宁波市政府编制委员会核定保国寺文物保管所为副科级事业单位。

10 月 10 日，全国人民代表大会常务委员会副委员长黄华在宁波市副市长朱尔梅陪同下视察保国寺。

同年，对全寺房屋进行普查登记，查实总建筑面积 5477 平方米，其中平房 1967 平方米，楼房 3510 平方米。

1987 年

1 月 3 日，宁波市市长耿典华与 5 位副市长等 11 人前来保国寺进行调研和检查工作。

4 月 24 日，经济学家千家驹教授到保国寺视察，题字"古代建筑之瑰宝，东方文化之精华"。

7 月 18～25 日，浙江省地震局对保国寺进行实地振动观测与考察，书面出具《宁波保国寺地面、建筑物振动观测报告》。

8月，港商陈廷骅捐资港币 5 万元，用于维修经幢和藏经楼。

10~12 月，保国寺藏经楼进行落架大修。

10 月 30 日，宁波市政府编制委员会核定保国寺编制人员 6 名。

1988 年

1 月，保国寺文物保管所与保国寺园林小组合并，统称保国寺文物保管所，为宁波市文化局直属基层单位。原园林小组 7 名编制人员并入保国寺文物保管所，至此全所共有编制 13 名。

1 月 12 日至 2 月 12 日，保国寺大殿进行维修（断白）。

1 月，拆迁宁波市江北区费市胡家祠堂同治三年（1864 年）厢房三间，迁建在叠锦台西北角。

12 月，保国寺水库干旱期间，风景区曾一度暂停参观。

1989 年

3 月 15 日至 9 月 10 日，改上山公路沙石路面为块石路面，恢复山门建筑。

1990 年

2 月，保国寺文物保管所领导班子调整，陈敬赓任所长兼党支部书记，徐炯明、余如龙任副所长。

5 月 8 日，上海市原副市长汪道涵等前来视察，题字"古刹山音，志在高远"。

1991 年

确定保国寺保护范围和建设控制地带。

征集世尊殿、山灵寺石碑两块。

宁波市副市长陈守义等现场踏勘保国寺公园，制订《保国寺公园规划》。

1992 年

3 月 22 日，宁波市副市长刘培志及冶金部部长戚元靖等 25 位同志前来保国寺参观视察。

4 月 17 日，宁波市市委宣传部副部长陈兵等 8 人前来视察；宁波籍作家、画家冯骥才先生到保国寺参观。

5 月，保国寺公园命名、挂牌。

7 月 1 日，宁波市市委书记、市长陈同海到保国寺视察、调研。

9 月，当时白蚁危害大悲阁（观音殿），包括观音殿、殿前两厢房、大殿西南角与砖屏、鼓楼过道等地。为防白蚁祸及大殿，宁波市白蚁防治所与保国寺文物保管所联合向国家文物局提出防治白蚁及维修损坏建筑申请。

1993 年

1 月，组建大殿重建 980 周年系列活动办公室，印发纪念封。

4 月，保国寺文物保管所领导班子调整，徐炯明任所长，余如龙任党支部书记兼副所长。

6 月，委托宁波市江北区土地管理局对大殿柱子倾斜进行科学监测。

9 月，大殿西北角垂脊、戗脊遭雷击受毁，立即修复。

1994 年

1 月 18 日，举行大殿建殿 980 周年座谈会。

2 月 1 日，宁波市市委书记、市长许运鸿，宣传部部长邵孝杰在宁波市文化局局长董永芳陪同下前来视察，提出要在"寺"、"树"二字上做文章。

5月30日，浙江省副省长李德葆前来视察，提出综合开发利用保国寺。

9月，拆迁宁波市江北区卢家巷24号清代头门，移建在保国寺山脚作为头门。

9月，文物室、佛像室、藏经楼三处安装红外线报警器。

同年，成立工会组织，为宁波市文卫工会下属。

1995年

3月17日，引进故宫"清宫帝后文物展"展品50件（套），召开新闻发布会。

4月19日，国家文物局副局长马自树由浙江省文物局副局长陈文锦陪同前来视察。

5月，保国寺文物保管所领导班子调整，由余如龙担任书记兼所长。

8月，保国寺文物保管所与杭州摄影出版社联系出版《保国寺》画册。

11月底，东邵至保国寺公路末段施工建设。

同年，中国文物研究所编制的总体维修方案申报国家文物局。

1996年

2月7日，"清宫帝后用品展"结束。

2月14日，从国际友谊博物馆引进"国际友谊珍品展"展品31件（套）在藏经楼二楼展出。

5至11月，在寺院四周修建的永久性防火隔离带工程竣工。

7月6日，委托宁波市冶金勘察设计院继续对保国寺大殿柱子倾斜进行科学监测，以后定期监测，一年两次。

7月，完成保国寺公园1.1平方千米1∶1000测绘图，宁波市规划局验收合格。

8月，编制保国寺公园发展规划，以招商引资文本形式上报宁波市计划委员会、城乡建设委员会等有关部门。甬计社〔1996〕754号文件批复同意扩建保国寺公园。

年底，国家文物局拨款15万元，总体维修前期工作启动。

1997年

1月10日，浙江省文物局副局长梅福根、宁波市副市长陈守义、宁波市文化局副局长周时奋、市文化局文物处处长董贻安等前来保国寺视察。

5月9日，上海市委原领导人陈国栋、胡立教、汪道涵等前来保国寺视察。胡立教题字"古建名粹国之瑰宝"。

5月22日，宁波市市委副书记李从军由宁波市文化局副局长周时奋陪同前来视察保国寺，并作重要讲话。

8月2日，国家文物局下拨经费80万元，总体维修建筑工程中的大殿维修、寺内消防设施安装正式启动。

10月11日至11月18日，铺设消防引水管道600米，扩建天王殿前水池为蓄水池。

10月23日，供电专用变压器安装启用，从灵山线至专用变压器的新线路通电，用峰谷电表计量。

11月2日，上海博物馆馆长马承源由宁波市文化局文物处处长董贻安陪同前来保国寺视察。

11月11日，解决消防用水不足，引慈江河水上山试泵成功。

12月10日，举行引水上山竣工暨大殿维修开工庆典，宁波市人大常委会副主任陈泰声出席。

1998年

1月1日，继续大殿维修。上下檐瓦陇校正，砌筑戗角。

1月18日，国际友谊博物馆调运珍贵礼品32件，换回30件展品，至此共计展出珍品103件。

3月31日，宁波市召开文化档案会议，保国寺文物保管所档案目标管理，获浙江省三级达标合格、发证。

5月26日，中国文物研究所科技部徐毓明、刘育玲、贾克俭等同志到保国寺，就科技保护、油漆稳定剂等问题开展研讨，并试用新油漆。

6月11日，保国寺举行全员消防演练。

7月5日，国家文物局文物保护司司长孟宪民来保国寺检查指导大殿维修、引水上山工程，并就白蚁防治、避雷装置、疏通下水道作指示。

9月14日，国家文物局文物保护司司长晋宏魁等来保国寺检查总体维修实施情况。经费使用通过审计。

11月22日，宁波市冶金勘察设计院实施大殿柱子倾斜第四次科技监测。

12月8日，国家文物局、全国省厅级文物系统领导39人前来保国寺视察，仙人桥恢复落成暨"国际友谊珍品展"调整，陈列开放。

1999年

1月2日，浙江省省委副书记刘枫等前来视察。

1月28日，疏通下水道工程竣工，寺内全长600米，耗资15万元。

3月9日，国家文物局副局长郑欣淼前来视察、指导工作，并指示将对大殿维修组织验收。浙江省文物局副局长陈文锦、宁波市文化局副局长孟建耀陪同。

5月31日，选举余如龙、邬兆康、郑彭龄3人为新一届支部成员，当时有党员8名。

7月2日，国家文物局文物保护司司长孟宪民、叶春，国家财政部工作人员、浙江省文物局陈文锦、梅可锐等前来视察，检查国家文物专项经费使用情况。

7月11日，保国寺文物保管所所长余如龙带业务骨干去天台国清寺，考察该寺与保国寺的渊源，并获悉该寺十七祖法智大师为保国寺德贤尊者之师。得《国清寺志》。

7月20日，宁波市江北土管局核准保国寺土地面积，签发北国用（1999）字第3855号国有土地使用证。

8月10日，维修观音殿，建造山门两旁值班房两间，耗资28万元。

8月15日，晚6时许，保国寺围墙东面芙蓉树（距大殿50米处）遭受雷击。

10月29日，《保国寺》画册由中国摄影出版社出版。

2000年

1月26日，从中国文物流通协调中心引进130尊历代铜观音艺术造像，专供观音殿陈列；同时从中国科技馆引进《二十世纪科学技术的重大发现和发明》展览版面80块，在寺内展出。

5月22日，上海同济大学教授李铮生、宁波远见旅游研究事务所袁健由宁波市江北区宣传部部长孔玮玮、洪塘镇党委书记尹文德，陪同考察保国寺旅游资源和发展规划。

5月22日，寺院西面竹林内发掘出一块圆六边形塔基一座，下有一50×30厘米长方形石柜，中空，柜四边由石板竖立在岩基上。据民国版《保国寺志》卷《古迹》条，为德贤尊者墓塔残件。

7月13日，宁波市市委书记黄兴国，市委秘书长王思哲，副市长魏建明、宋小六，宁波市江北区区委书记潘志东、区长梁黎明，宁波市文化局长周时奋、副书记陶志良等前来视察，调研如何开发保国寺。

8月20日，冶金工业部宁波勘查研究院史玉成等对大殿柱子倾斜进行科学监测。

9月13日，"桑美"台风暴雨造成灾害，损失严重。

10月19日，美国加州苏浙沪同乡会会长徐大卫由宁波市江北区副区长王伯宁、杨争陪同到保国寺参观，并留墨宝。

10月28日，国家文物局古建专家罗哲文，日本友人等在浙江省文物局张书恒陪同下参观保国寺。

12月11日，保国寺保护与发展研讨会召开，宁波市市府政策研究室、市政协等领导及专家、学者28人出席。

2001年

1月13日，《保国寺分配制度改革方案》出台，宁波市文化局局长办公会议通过。

6月4日，中共浙江省委办公厅和浙江省人民政府办公厅批准保国寺为"省级爱国主义教育基地"。

7月23日，上海博物馆副馆长费钦生、大唐艺术研究所李玉棠来保国寺商讨策划"浙东佛教文化博物苑"陈列方案。

8月19日，北京市政协委员陈醉、郑墨在国际友谊博物馆陆琼夫妇陪同下前来保国寺视察，留墨"藏经阁"及抱对等。

12月10日，《保国寺砖雕与石刻》，由文物出版社出版发行，首次印刷5000册。

2002年

2月2日，宁波市市长张蔚文前来保国寺视察。

3月15日，文物出版社副总编张闽生及编辑部主任张广然前来考察，商量再版《保国寺》事宜并策划"保国寺建殿990周年国际学术研讨会"。

3月19日，上海大唐艺术研究所李玉棠到保国寺，商议新景点筹资、浙东佛教文化博物苑陈列设计规划等事宜，并策划大殿建殿990周年纪念活动。

4月8日，安装避雷系统设计方案论证。浙江省文物局文物处杨新平、姚仲元，上海防雷中心技术人员，浙江省防雷中心专家及华盾防雷工程公司和宁波市文化局文物处领导等参加。

4月，浙江省古建筑研究设计院编制的《保国寺东西侧轴线建筑一期——西厢房维修方案》获国家文物局批准。

5月14日，购入清嘉庆版《保国寺志》原版上下合订本一册。

6月23日，在钟楼以东、南北两处，迎薰楼西侧，鼓楼西侧各安装一支预放电式避雷针。避雷针保护范围以大殿为中心，涵盖整个古建筑群。

6月底，完成水库清污和防渗维修。

10月16日，全国政协副主席原最高人民检察院检察长张思卿到保国寺视察。

10月19日，国家文物局局长单霁翔前来视察，浙江省文物局局长鲍贤伦，宁波市文化局局长史小华、副局长孟建耀等陪同。

12月29日，叠锦台改造工程竣工。

2003年

1月24日，由宁波市避雷中心主任胡余斌请来北京两位防雷专家，验收避雷系统装置，合格。

2月6日，国家文物局文物保护司司长杨子军前来视察，调研西厢房建筑。

3月18～25日，清华大学建筑系教授郭黛姮、廖慧农老师带7名研究生对古建筑群全面进行测绘，并商讨书籍出版和大殿建成990周年研讨会事宜。

3月25日，保国寺引进的"二十世纪科技展"赴宁波江东庆安会馆巡展。

3月28日，中国林业科学院木材工业研究所陈允适研究员、刘秀英研究员，对保国寺古建筑群木构件材质损残情况进行调研勘测，并撰写《保国寺木结构材质状况及对策》一文。

4月12日，国家文物局文物保护司司长郭旃到保国寺视察。

同日，编印《古今名人咏保国寺诗联选》一书完成。

4月14日，浙江省古建筑研究设计院完成西厢房二期——东西僧房维修以及排水系统整治方案文本，并向国家文物局申报。

6月12日，宁波市副市长成岳冲在宁波市文化局听取保国寺情况汇报。

8月16～18日，"纪念宋《营造法式》刊行900周年暨保国寺大殿建成990周年国际学术研讨会"在宁波饭店召开。

8月28日，《东来第一山——保国寺》一书由文物出版社正式出版发行。

9月15日，镇海网通线路铺设、安装，保国寺联网成功。

11月20日，宁波市文明景区评选活动办公室前来检查。

同日，湖北随州编钟运至宁波，布置古乐器演示陈列展览。

12月7日，全国政协常委、中国社会科学院历史研究所陈高华研究员来保国寺考察。

12月13日，保国寺全体员工赴宁波市图书馆参加国家文物局办公室主任彭常新关于《新文物法》的报告；下午，彭常新主任在宁波市文化局文物处处长董贻安陪同下视察保国寺。

2004年

2月3日，为明确产权归属，余如龙、郑彭龄赴余姚档案馆查阅保国寺有关历史资料。

2月9日，邬兆康、李永法、徐学敏、符映红等分赴余姚、江北、慈溪查寻有关保国寺历史档案资料。

同日，江北区森林警察大队，在保国寺山林建野生动植物生态保护区、放飞画眉等珍贵鸟类区，"江北区野生动植物保护中心"正式成立。

3月7日，浙江省省委常委、宁波市市委书记巴音朝鲁前来保国寺视察，总体评价尚好。

3月26日，保国寺文物保管所邀请宁波市文化局、江北区森林防办、区公安局治安大队、区消防大队、洪塘派出所、庄桥派出所、庄桥镇防火办及灵山、鞍山、苏湖村委会参加安全联防会议，重点协调清明期间的安全问题。

4月15日起，根据宁波市文化局要求，对未成年人集体参观、家长带未成年子女参观实行免票；学生实行半票；同时对现役军人、70岁以上老人、具有30年教龄的教师、特困市民、残疾人继续执行免票。

6月7～8日，邬兆康、郑彭龄赴宁波市档案馆查找到1953年土地分户清册和慈溪县公安局劳改队房产登记册，了解土地改革时保国寺土地与寺产的处理情况。

7月9日，"宁波大学建筑与环境学院校外实习基地"在保国寺成立并揭牌，宁波市文化局文物处处长董贻安和宁波大学建筑与环境学院副院长周航出席。保国寺文物保管所向宁波大学图书馆赠送《东来第一山——保国寺》等书籍。

7月10日，联合国教科文组织下属的国际古迹遗址理事会协调员尤葛·尤基莱托（荷兰籍）偕家人在宁波考察"海上丝绸之路"遗存期间，由宁波市文化局副局长孟建耀陪同，面对保国寺北宋大殿赞叹"宁波人很有创造力"。

7月27日，与宁波市江北区保安总公司签订合同，委托江北区保安总公司承担夜间保安巡逻值班。在寺内安装巡更系统。

8月2日，在纪念邓小平诞辰100周年暨"把全世界宁波帮团结起来建设宁波"指示发表20周年活动期间，中国科学院6位院士（湾头、慈城、宁波籍）偕夫人在宁波市科学技术委员会、宁波市江北区科学技术委员会同志陪同下前来保国寺参观。

8月3日，全国人大常委会副委员长韩启德一行经河姆渡、慈城到保国寺视察并题字。

8月16~20日，宁波电视台"发现保国寺"摄制组进行拍摄。

9月5日，西厢房维修工程经招投标后进场施工。

9月10日，国家文物局副局长董保华来甬，与宁波市市委书记巴音朝鲁协调有关保国寺产权归属问题，宁波市文化局局长史小华、副局长孟建耀在座。

10月5日，国务院原副总理李岚清在浙江省副省长盛昌黎，宁波市市委书记巴音朝鲁、副书记徐福宁，宁波市文化局局长史小华、副局长孟建耀等陪同下前来考察保国寺。

11月4日，接受宁波市书法家协会陈启元先生捐赠的《历代名人咏保国寺诗联选》15幅墨稿，并向其颁发收藏证书。

同日，宁波市文化局政治处郦宝夫、胡文权来保国寺召开职工大会，对提名副所长人选进行群众民主测评，经无记名投票，选举徐学敏为该职务人选。

11月20日，古建筑群安装周界防盗监控系统，建立监控室。此为保国寺技防工程的一期实施项目。

12月24日，保国寺党支部举行换届选举。选举余如龙、邬兆康、徐学敏为新一届党支部委员，并报宁波市文化局党委批准。

12月30日，国家文物局专家组组长、古建专家罗哲文率历史文化名城专家等一行6人在宁波七塔寺方丈可祥法师陪同下前来保国寺视察。

2005年

2月11日，宁波市政协主席王卓辉陪同全国人大常委会副委员长张思卿前来视察。

4月6日，在天一阁昼锦堂，召开保国寺博物馆基本陈列方案意见征求会。

5月，完成《文物保护维修情况调研》终稿。

6月22~26日，清华大学建筑学院郭黛姮教授一行4人赴保国寺就《总体保护规划》进行实地勘察，商议编制具体事项；同济大学建筑与城市规划学院城市规划与设计现代技术国家实验室汤众副主任（高级工程师）使用最新三维激光扫描对保国寺大殿进行倾斜检测测量。

7月24日，国家文物局副局长董保华、云南省文物局局长熊正益率领的2005年国家文物局文物行政执法专项督查组来保国寺文物保管所进行检查，浙江省文物局局长鲍贤伦、宁波市市政府副秘书长陆勇、浙江省文物监察总队队长吕可平、浙江省古建设计研究院副院长黄滋、宁波市文化广电新闻出版局局长柴英、副局长孟建耀和文物处处长助理徐建成陪同，并在保国寺召开了宁波市文物执法情况汇报会。

10 月 13 日，完成"四有档案"（主卷·文字部分）。四有档案指有保护范围和建设控制地带、有标志说明牌、有专人或专职机构管理、有科学的记录档案。

上海创超展示设计有限公司进场，开始陈列布展施工，至 12 月 8 日基本完成。

12 月 2 日，保国寺文物保管所与浙江永安消防有限公司宁波分公司签订消防报警设施安装（观音殿、机房设备）施工合同，开始施工。

12 月 8 日，举行第五届宁波"海上丝绸之路"文化周开幕式暨保国寺古建筑博物馆开馆仪式。

12 月 19 日，保国寺山脚竖立保护标志碑。

2006 年

4 月 9 日，原全国政协副主席王文元在宁波市政协副主席李秀琍、宁波市文化广电新闻出版局副局长舒月明等陪同下，前来保国寺参观视察。

4 月 11 日，中央文明办专职副主席翟明华由宁波市市委副书记唐一军，市委宣传部副部长、市文明办副主任耀康陪同下到保国寺视察。

4 月 26 日，宁波市机构编制委员会办公室批准保国寺文物保管所更名为"宁波市保国寺古建筑博物馆"。

5 月 20～21 日，清华大学建筑学院对大殿进行三维激光扫描测绘。

7 月 4 日，浙江省省委副书记夏宝龙在浙江省委常委、宁波市委书记巴音朝鲁，市委副书记唐一军，市委常委、宣传部长卓祥来，副市长成岳冲，文化广电新闻出版局局长柴英陪同下视察保国寺古建筑博物馆。调研听取汇报后，对保国寺古建筑博物馆充分挖掘文物本体的历史、艺术和科学价值，建设江南地区首家古建筑主题博物馆，展示本地域古建筑文化，增加文化遗产的历史厚重感，提升公共服务能力的做法给予了肯定。

8 月 22 日，因受强雷击，监控、有线、程控电话、网络等出现了不同程度的破坏，及时与各相关部门联系进行抢修。

9 月 1 日，清华大学建筑学院郭黛姮教授来甬，在新芝宾馆与宁波市市规划局副局长沈磊、市文化广电新闻出版局文物与博物馆处的同志就保国寺文物保护规划编制开展交流，征求意见。

10 月 19 日，向浙江省文物局上报保国寺古建筑博物馆"国保濒危建筑调查材料"。

10 月 29 日，国家文物局文物保护司文物处处长许言等一行在浙江省文物局文物处副处长杨新平、省考古研究所所长李小宁和省古建筑研究设计院院长黄滋等人陪同下，来保国寺古建筑博物馆检查文物维修工程情况（总体维修、西厢房抢救性维修）。

11 月 7 日，浙江省旅游局来馆评审国家 AAAA 级旅游景区创建工作。

11 月 27 日，宁波市物价局核定保国寺古建筑博物馆门票价格为 20 元/人（甬价费〔2006〕158 号），12 月 15 日施行。

11 月 28 日，更换土地证，甬北林字（2006）第国 H02 号国有土地使用权证。

12 月 12 日，在保国寺古建筑博物馆内举办砖屏艺术主题陈列馆开放仪式。

12 月 13 日，保国寺古建筑博物馆创建 AAAA 级旅游景区通过国家评审组检查。

12 月 14 日，国家文物局财务处组织的"十五"国拨文物保护专项资金检查组对保国寺古建筑博物馆"十五"期间实施的文物保护项目经费使用情况进行检查。

同日，保国寺古建筑博物馆送交的《伯牙操琴》砖屏动漫片获"爱国者杯"首届中国文化遗产动漫作品大赛入围奖。

12月16日，保国寺作为宁波"海上丝绸之路"重要史迹之一，列入《中国世界文化遗产预备名单》。

12月25～28日，经国家文物局批准，中央电视台《气象与建筑》摄制组来保国寺古建筑博物馆拍摄。

2007年

4月2日，北京市文物局王世仁等一行10余人由宁波市文化广电新闻出版局文物处处长邬向东陪同，前来保国寺考察。

5月8日，保国寺与同济大学签订《宁波保国寺大殿历史建筑信息采集与展示技术方案设计》合同。

6月，建立文物安全防范系统。主要包括闭路电视、监控系统、防盗报警系统和巡更系统。17日，对《宁波保国寺北宋大殿保护信息采集与展示方案设计》进行专家评审。

7月25日，浙江省文物局文物处、博物馆处评审保国寺技防设计方案。

8月15日，浙江省文物局组织有关人员对保国寺文物总体保护规划评审论证（地点：新兴宾馆）。

8月16日，浙江省文物局组织有关人员对保国寺西厢房和浙海关的维修进行验收。

9月11日，中国社会科学院史金波教授、陕西省图书馆古籍部主任杨居让先生、国家图书馆古籍保护中心刘明先生等古籍监督组人员查看大藏经等纸质文物。

10月24日，浙江永安公司为科技展厅共安装了三台探测器，一个报警按钮。

11月18日，宁波冶金勘察设计研究股份有限公司提供《宁波保国寺大雄宝殿变形监测技术报告》（第一次）。

12月16日，科技陈列展厅开放，由保国寺古建筑博物馆编著、文物出版社出版的《东方建筑遗产》首卷举行首发仪式。

2008年

1月15日，由保国寺古建筑博物馆选送的《构筑"科技保护监测体系"提升文物建筑保护力度》，在宁波市首届文化工作创新评奖中获得"文化工作创新三等奖"。

2月2日，党支部召开紧急会议，部署抗雪救灾工作，启动预防自然灾害应急预案。动员全馆员工集中清除积雪，竖警示牌，确保游客人身、文物建筑和安全消防监控等设施设备的安全。

3月3日，保国寺古建筑博物馆启动"浙海关陈列大纲"编撰工作，陈列设计方案开始委托。

3月20日，保国寺古建筑博物馆申报博物馆等级工作启动。

3月22日，保国寺古建筑博物馆与宁波东胜物业发展有限公司白蚁防治所联合启动白蚁防治工作。

4月10日，宁波冶金勘察设计研究院对大殿倾斜、下沉及保护规划红线放样进行测量。

5月19日，浙江省文物局专家组审核宁波浙海关技防监控设计方案。

5月23日，宁波市避雷中心检测避雷装置。

6月21～22日，召开保国寺大殿科学保护与研究学术研讨会。

7 月 19 日，中国工程院副院长潘云鹤一行在宁波市副市长余红艺、江北区区长张南芬等有关领导陪同前来保国寺考察。

9 月 10 日，浙江省旅游局组织的 AAAA 级旅游景区质量等级复核领导小组与金炳雄、吴葆春、刘艳平、张路在宁波市旅游局、江北区旅游局和宁波市文化局领导的陪同下前来保国寺进行复核。

10 月 18 日，由浙江省文物局原副局长、省博物馆学会会长陈文锦率领的国家二级博物馆评估团一行，在天一阁博物馆副馆长贺宇红陪同下对保国寺古建筑博物馆进行实地考察评估。

10 月 19 日，中国林业科学研究院木材工业研究所一行 4 人开始对保国寺大殿主要承重木构件材质状况进行为期 10 天的勘查调研。

11 月 28 日，据《浙文物发〔2008〕304 号文件》，保国寺古建筑博物馆"保国寺大殿科技保护展"获 2008 年度浙江省陈列展览精品奖。

12 月 4 日，由保国寺古建筑博物馆承办的第八届宁波海上丝绸之路文化周开幕暨浙海关旧址博物馆开馆仪式在浙海关旧址博物馆隆重举行，浙江省文化厅副厅长、省文物局局长鲍贤伦等有关领导出席；《东方建筑遗产》2008 卷正式出版发行。

12 月 6 日，国际博物馆协会主席阿莉珊德拉·卡明斯女士会同参加宁波国际博物馆高峰论坛的国内外博物馆学知名专家学者一行考察保国寺古建筑博物馆。

12 月 30 日，中国海关协会会长原中国海关总署副署长赵光华，前来浙海关旧址博物馆考察。

2009 年

1 月 9 日，中国美术家协会会员、中国作家协会会员、文化促进会兼市长书画艺术中心主任鲁光一行考察保国寺古建筑博物馆。

2 月 19 日，中国北京林业科学院专家一行 3 人对保国寺大殿进行检测。

3 月 17 日，浙江省公安厅、浙江省文物局领导、专家等前来浙海关旧址博物馆验收技防监控工程。

3 月 21 日，宁波博物馆党支部书记董贻安陪同英国维多利亚与艾伯特博物院远东部总馆长、李约瑟研究所荣誉研究员、前英国东方陶瓷学会主席柯玫瑰女士与李约瑟研究所东亚科学史基金会主席尤德夫人及、香港著名收藏家庄贵仑先生前来保国寺古建筑博物馆参观考察。

4 月 18 日，保国寺古建筑博物馆承办的第四届宁波"国际古迹遗址日"系列活动开幕式、保国寺古建筑群白蚁及其他有害生物防治国际研讨会、宁波市文化遗产"大课堂"启动仪式在保国寺举行。

4 月 24 日，河北省石家庄海关副关长吴华一行考察浙海关旧址博物馆。

4 月 29 日，宁波市副市长成岳冲在宁波市文化广电新闻出版局副局长孟建耀陪同下考察浙海关旧址博物馆。

4 月 30 日，余如龙馆长赴北京参加中央电视台 10 频道《百科探秘》栏目录制保国寺专题片《深山奇寺》，并与清华大学建筑学院郭黛姮教授商洽保国寺总体保护规划事宜。

5 月 18 日，保国寺古建筑博物馆承办的第九届宁波"海上丝绸之路"文化节系列活动之"宁波海上丝绸之路航标展"暨宁波历史文化遗产"大课堂"在浙海关旧址博物馆召开。

5 月 30 日，保国寺古建筑博物馆承办的第九届宁波"海上丝绸之路"文化节系列活动之"宁波海关发展史"座谈会在浙海关旧址博物馆召开。

6月1日，保国寺古建筑博物馆获得"江北区首批学生社会实践基地"称号。

6月3日，在宁波市政府主办，甬（宁波）绍（绍兴）嘉（嘉兴）舟（舟山）四市生态办旅游局和《东南商报》等媒体协办的颁奖会上，保国寺景区被授予"宁波市十佳生态旅游景区"荣誉称号。

6月13日，保国寺古建筑博物馆承办的第九届"海上丝绸之路"文化节系列活动之"探寻保国寺相关古迹遗址暨《探秘保国寺：100个为什么》"在保国寺举行；国家文物局文物保护司、遗产研究院专家、学者一行前来保国寺古建筑博物馆考察。

6月15日，根据浙文物发〔2009〕151号《关于公布二、三级博物馆名单的通知》，保国寺古建筑博物馆被审定为国家二级博物馆。

8月19日，保国寺古建筑博物馆委托宁波冶金勘察设计院进行第三次大殿变形检测，并签订合同。

9月16日，建立安装五要素（温度、湿度、风速、风向、雨量）自动气象站。

10月3日，保国寺古建筑博物馆举办"庆祝建国60周年保国寺第十届桂馥兰香金秋笔会"。

10月12日~27日，东南大学张十庆教授带领8名研究生来到保国寺古建筑博物馆，启动大殿基础测绘勘查工作。

11月27日，原浙江省省委书记李泽民偕夫人一行前来保国寺参观考察。

12月13日，由保国寺古建筑博物馆承办的首届"宁波历史文化名城保护日"系列活动之"保国寺千年大庆'问计于民'暨琴棋书画雅集保国寺群众文化活动"在保国寺召开。

2010年

3月13日，与《东南商报》共同举办"保国寺古建筑博物馆《东南商报》少年作家创作基地揭牌暨公园植树节'护绿小使者'活动"。

5月18日，宁波市政协领导关注《保国寺千年大庆活动策划方案》，并以建议件形式报市政府主要领导。

6月9日，浙江省省委常委、宁波市市委书记巴音朝鲁一行在全市第五个"文化遗产日"活动期间到保国寺古建筑博物馆进行调研，宁波市委常委、市委秘书长王剑波，副市长成岳冲、苏利冕等领导随行。

7月3~7日，宁波冶金勘察设计研究院前来保国寺古建筑博物馆进行大殿岩土工程勘察。

7月20日，由宁波市文化广电新闻出版局副局长孟建耀主持的保国寺整体功能提升专题会议在天一阁会议室举行，余如龙、李永法参加。

7月25日，同济大学建筑城规学院教授、中国历史文化名城保护专家委员会委员阮仪三一行前来保国寺古建筑博物馆调研。

7月28日，国家文物局局长单霁翔一行前来浙海关旧址博物馆考察。

10月10日，举办"公布千年大庆主题口号和形象标志暨金秋书法笔会"活动；召开保国寺整体功能改造提升恳谈会。

11月4日，中共宁波市委常委、宣传部部长宋伟在宁波市文化广电新闻出版局局长陈佳强等陪同下，视察保国寺古建筑博物馆。

12月16日，在宁波远洲大酒店召开《保国寺文化旅游总体规划概念设计方案》评审会，评审专家由宁波市发展和改革委员会、市规划局、市文化广电新闻出版局、市财政局、市旅游局、市园林局等组成。

12月17日，保国寺党支部召开年终总结大会，选举新一届支委，选举余如龙、李永法、邬兆康为新一届支委成员。

2011 年

1月27日，与宁波国际投资咨询有限公司签订《保国寺古建筑博物馆主体陈列改造项目工程咨询合同》，委托其编制项目建议书和可行性研究报告。7月12日，保国寺陈列改造工程获宁波市发展和改革委员会立项。

2月25日，与宁波东方旅游规划研究院有限公司签订《宁波保国寺古建筑博物馆旅游规划深化设计方案编制委托合同书》、《宁波保国寺古建筑博物馆主体陈列设计方案编制委托合同书》、《浙海关博物馆整体功能提升方案编制委托合同书》。

3月21日，《保国寺古建筑博物馆整体功能提升改造项目建议书》编制完成，上报宁波市文化广电新闻出版局并送呈宁波市发展和改革委员会。

5月6日，宁波市副市长成岳冲视察保国寺陈列改造项目和整体功能提升项目有关进展情况。

6月17日，《保国寺古建筑博物馆陈列改造项目建议书》正式上报宁波市文化广电新闻出版局并转呈宁波市发展和改革委员会，请求批准立项。

7月5日，宁波市发展和改革委员会同意该项目立项（甬发改审批函［2011］116号）。

8月26日，宁波市发展和改革委员会主持召开了"保国寺古建筑博物馆陈列改造项目可行性研究报告评审会"，并通过该项报告。

9月16日，保国寺千年庆典活动筹备办公室召开第一次会议，宁波市文化广电新闻出版局副局长孟建耀、办公室副主任徐学敏、计划财务处调研员谢秋潮、文物与博物馆处副处长王玉琦、保国寺古建筑博物馆馆长余如龙等人参加。

9月20日，宁波市发展和改革委员会发文《关于同意宁波市保国寺古建筑博物馆陈列改造项目可行性研究报告的复函》（甬发改审批函［2011］163号），批复同意保国寺陈列改造项目可行性研究报告。

10月8日，保国寺古建筑博物馆陈列改造项目设计招标公示。

10月15日，千年庆典方案策划务虚会在保国寺召开，宁波市文化广电新闻出版局局长陈佳强、副局长孟建耀、市人民政府副秘书长陈国强、市旅游局副局长陈民宪、宁波博物馆书记董贻安、保国寺古建筑博物馆馆长余如龙等人参加会议。

10月28日，开标，宁波市建筑设计研究院有限公司/宁波市风景园林设计研究院有限公司（联合体）中标。

11月2日，浙江省省委常委、宁波市市委书记王辉忠一行在宁波市文化广电新闻出版局局长陈佳强、副局长孟建耀等人的陪同下，视察保国寺。

11月12日，浙江省省委常委、宁波市市委书记王辉忠私访保国寺；市政府秘书长陈国强、市文化广电新闻出版局副局长孟建耀前来洽谈千年大庆相关事宜；文物出版社编辑李飏前来洽谈2011～2012年图书出版事宜。

12月20日，宁波博物馆馆长助理涂师平调入保国寺古建筑博物馆任馆长助理一职。

12月29日，保国寺古建筑博物馆陈列改造项目招标领导小组在宁波市文化广电新闻出版局召开施工、监理招标工作会议。

12月30日，监理单位招标公示，12月31日项目施工单位招标公示。2012年1月20日，项目监理、施工单位开标，温州三凯监理有限公司和浙江临海古建筑工程公司分别中标。

12月31日，宁波市发展和改革委员会《关于同意宁波保国寺古建筑博物馆陈列改造工程初步设计的复函》（甬发改审批函〔2011〕241号文件），同意项目初步设计，总投资3011.99万元。

2012年

1月4~7日，浙江大学布设保国寺结构监测传感器和无线温湿度传感器，并进行系统调试和初始数据的读取。

1月5日，保国寺古建筑博物馆大殿宋氏模型采购项目开标，宁波市鄞州百代红木工艺厂中标。

1月20日，保国寺古建筑博物馆陈列改造项目施工单位招标开标，浙江省临海市古建筑工程公司中标。陈列改造项目监理单位招标开标，温州三凯建设监理有限公司中标。

1月20日，展出历代观音造像陈列，木版年画展展出。

2月12日，保国寺千年大典活动筹备办第三次会议在保国寺古建筑博物馆朝元阁召开。

2月17日，保国寺古建筑博物馆陈列改造项目第一次施工协调会在保国寺召开。

3月4日，宁波市发展和改革委员会批准保国寺古建筑博物馆陈列改造项目开工报告。

3月11日，宁波保国寺古建筑博物馆启动以"千年保国寺、万年常青树"为主题的"宁波市保国寺古建筑千年大典"植树纪念活动，100多名志愿者参加了义务植树活动。

3月13日，在宁波市保国寺古建筑博物馆的骠骑堂前大院内，广东汕头大学的古琴演奏老师邓伟强，应馆方邀请，为100多名文化志愿者作体验式文化遗产讲坛《古琴与唐诗宋词吟唱》。

3月26日，宁波市保国寺古建筑博物馆和宁波市江北区农林水利局、江北区洪塘街道团工委一起，联合举办了"迎千年大典、倡生态文化"活动。

3月30日，宁波市保国寺古建筑博物馆推出野生动物保护科普展。

4月12~20日，宁波冶金勘查设计研究股份有限公司对保国寺大殿进行第六次变形监测。

4月18日，"事事如意——宁波古代袖珍石雕展"开展，同日，中国汉字发展史图片展展出。

4月19~25日，宁波冶金勘查设计研究股份有限公司对大殿岩土工程勘查，5月出勘查报告。

4月23日，浙江省人民政府文件（浙政函〔2012〕63号）《浙江省人民政府关于全国重点文物保护单位宁波保国寺文物保护规划的批复》，原则同意保国寺文物保护规划。

5月14日，保国寺古建筑博物馆场景陈列采购项目开标，宁波市鄞州百代红木工艺厂中标。

5月18日，宁波古建筑构件展开展。

5月19日，保国寺千年大典活动筹备办第四次会议在保国寺古建筑博物馆朝元阁召开，与中央电视台有关人员协商大典直播事宜。

5月25日，保国寺与灵山村安全围墙基础建设协调会议在保国寺召开，江北区农林水利局林特站、区森林警察大队主持。

6月2日，保国寺千年大典活动筹备办第五次会议在宁波月湖盛园召开。

6月7日，下午，宁波市文化广电新闻出版局副局长孟建耀带队，对保国寺陈列改造提升工程上半年建设进展情况进行了工作检查。

6月14日，宁波市市长刘奇，副市长王仁州，副市长张明华，市委秘书长王建社等领导同志视察保国寺古建筑博物馆。

6月16日，中央文明办志愿者服务工作组副组长崔海教一行视察保国寺古建筑博物馆，由浙江省文明办副主任陈海良、省文明办副主任科员刘永成、市文明办农村处处长余自东陪同。

6月19日，国家文物局《关于保国寺环境整治项目方案的批复》原则同意保国寺环境整治项目。

6月28日~7月1日，浙江大学对大殿结构进行检测，7月25日，出检测报告。

7月18日，保国寺千年大典活动筹备办第六次会议在宁波市文化广电新闻出版局召开。

7月21日，宁波江东东胜白蚁防治有限公司在保国寺内安装白蚁监测系统芯片，以便更好的管理。

7月26日，宁波市发展和改革委员会批复同意保国寺功能环境提升工程项目建议书。

8月6~9日，浙江大学对大殿结构进行检测，同时安装地下水监测传感器。

8月8日，上午，宁波市文化广电新闻出版局副局长孟建耀和文物与博物馆处调研员祝来生一行前来保国寺古建筑博物馆检查对台风"海葵"的抗台情况。

8月10日，保国寺古建筑博物馆推出"历史的记忆—粮票展览"。

8月20~25日，余如龙、王伟、郑雨、符映红赴日本考察东大寺、元兴寺等建筑。

8月23日，国家文物局复函，同意其作为保国寺千年大典系列活动的支持单位。

8月30日，宁波市建设工程造价管理处审查同意了保国寺功能环境提升工程项目概算。

9月9日，上午，第十届全国政协副主席、中国工程院院士、原中国工程院院长徐匡迪一行，在宁波市市长刘奇等人的陪同下，视察了保国寺古建筑博物馆。

9月14日，保国寺文化志愿者们以"弘扬雷锋精神，传播先进文化"为目的，为宁波市江北灵峰学校送去了一堂生动有趣的课外讲座"历史的记忆—粮票"，并与粮票展览同期举行。

9月20日，宁波市发展和改革委员会批复同意保国寺功能环境提升工程初步设计。

9月21日，古建古迹白蚁及有害生物防治国际研讨会在保国寺召开。

9月26日，由宁波市文化广电新闻出版局主办，保国寺古建筑博物馆、宁波市书法家协会承办的"千米画卷迎千年大典"活动在保国寺风景区隆重举行。

10月22日，国家文物局副局长宋新潮、浙江省文化厅副巡视员陶月彪等一行，在宁波市文化广电新闻出版局副局长孟建耀陪同下视察了保国寺古建筑博物馆。

10月28日，保国寺千年大典活动筹备办第七次会议在宁波市召开。

10月29日，下午，宁波市市政协民盟界别组和科技一组开展联组活动，考察了保国寺古建筑博物馆，并进行了座谈交流。

11月13日，保国寺千年大典筹备办与中央电视台有关人员在宁波市华侨豪生酒店，就"千年之约·人类文明的盛典"合作筹办事宜召开协商会议。

12月7日，中国工程院机械与运载工程学部院士，中国工程院工程管理学部院士，刘仁怀院士在宁波市江北区科协主席叶五进的陪同下参观保国寺。

12月10日，保国寺千年大典活动筹备办第八次会议在保国寺朝元阁召开，宁波市文化广电新闻出版局局长陈佳强听取大典策划方案汇报。

12 月 12 日，宁波市保国寺功能环境提升工程施工单位招标开标，浙江省临海市古建筑工程公司中标。

12 月 19 日，保国寺千年大典筹备组人员余如龙、董贻安、曾楠一行，赴北京与中国博协副理事长安来顺在北京新文化运动纪念馆商讨国际文化遗产论坛策划合作事宜。

12 月 25 日，宁波市市委书记王辉忠、市长刘奇、市委秘书长王建社等市领导批示了《关于"2013 保国寺千年大典"筹备工作情况的报告》。

2013 年

1 月 18 日，保国寺上报 2013 年度宁波市科协科普资助项目。

2 月 8 日，保国寺举办"国家文津图书获奖展"临时陈列。

3 月 4 日，保国寺举办"慈城钢笔画风景展"。

4 月 3 日，国家文物局创新联盟课题——"木构古建筑健康状态分析评估方法"项目在浙江大学召开启动会，由课题负责人浙江大学计算机学院副教授董亚波召集，课题参与单位浙江省古建筑设计研究院高级工程师蒋双议，浙江大学宁波理工学院博士毛江鸿，博士崔磊，宁波市保国寺古建筑博物馆馆员符映红参加。

4 月 8 日，保国寺 2010～2012 年度文物保护专项补助经费使用情况调查表上报宁波市文化广电新闻出版局。

4 月 12 日，保国寺大讲堂获宁波市科协技术协会 2013 年度宁波市科协科普资助项目。

4 月 18 日，国际古迹遗址日，保国寺举办历史文化大课堂——"名著经典图书捐赠暨读书漂流活动"。

同日，保国寺古建筑博物馆副馆长徐学敏、馆员符映红参加第一次全国可移动文物普查电视电话会议。

4 月 22 日，文化部副部长、国家文物局局长励小捷等一行在浙江省文化厅、浙江省文物局、宁波市文化广电新闻出版局等领导陪同下视察保国寺古建筑博物馆。

4 月 30 日，保国寺举办行走在"世界第三极"——张柯自驾游滇藏（阿里）新疆摄影作品展。

5 月 6～11 日，宁波冶金勘查设计研究股份有限公司对保国寺大殿进行第七次测绘。16 日，出报告。

5 月 11 日，浙江大学项隆元教授带学生参观考察保国寺。

5 月 18 日，国际博物馆日，在宁波图书馆举办"天一讲堂·木构华夏——保国寺大殿与中国古建筑"讲座。

6 月 5 日，浙海关旧址博物馆布展。6 日，试开馆。

6 月 7 日，海协会会长陈德铭一行到保国寺参观考察。

6 月 14 日，宁波市委副书记王勇一行到保国寺参观考察调研。

6 月 20 日，全国科普活动表上报宁波市科协。

同日，在观音殿莲花柱础上发现"锯立叶文花一片"等两行题记。

6 月 27 日，临时陈列"建筑构件展"撤展。

6 月 28 日，与中国香港大学饶宗颐学术馆签订《四明保国寺大殿千年纪念碑》委托创作协议。

7 月 9 日，临时陈列"观音造像展"布展。

7月10日，"宁波野生鸟类摄影展"布展。

8月23～24日，"宁波保国寺大殿建成1000周年学术研讨会暨中国建筑史学分会2013年会"在宁波金港大酒店召开。通过《宁波倡议》。

7月10～11日，孟建耀、董贻安、徐学敏、胡军等赴京就"文化遗产可持续发展论坛"、"国际建筑师宁波论坛"等相关事宜与中国文物学会、中国建筑工业出版社、中国文化遗产研究院进行对接沟通。

7月18日，中央电视台纪录片制片人时间（北京发现之旅文化发展有限公司）、社会新闻部制片人宋宁等来甬磋商"千年之约·人类文明的盛典"直播、纪录片拍摄等工作。宁波市文化广电新闻出版局陈佳强局长、孟建耀副局长、舒月明副局长、何华军及保国寺古建筑博物馆余如龙馆长、徐学敏书记、曾楠等参与协商。

7月19日，"新认知　新理念　新实践——文化遗产可持续发展宁波论坛"征稿公告在《中国文物报》刊登。

同日，中央电视台纪录片制片人时间参观保国寺古建筑博物馆，签订纪录片制播协议。

7月22～28日，中央电视台《地理中国》栏目组在保国寺拍摄专题节目。

8月1～4日，慈江亭结构形变电线、正弦传感器等设备铺设、安装。

8月9日，上午，由宁波市文化广电新闻出版局文博处、审批处、市文保所等相关部门单位领导、专家组成的工程初步验收小组，对保国寺古建筑博物馆陈列改造、环境功能提升工程、山林围墙以及浙海关陈列提升等四个项目进行了资料审查、现场踏勘的初步验收。

8月14日，宁波市文化广电新闻出版局局长办公会议，听取保国寺大殿建成1000周年系列纪念活动筹备进展情况。陈佳强局长、孟建耀副局长、舒月明副局长、徐建成处长、李哈曼处长及余如龙馆长、李永法副馆长、徐学敏副馆长、曾楠等参会。

8月19～22日，慈江亭结构形变监测。

8月22日，宁波市代市长卢子跃到保国寺调研，对千年纪念活动作出指示："要聚焦学术、注重普及，抓紧筹备、厉行节俭，通过千年纪念活动，把宁波建筑之优、港城形象之美充分展示给全中国、全世界"。

8月28日，文化遗产可持续发展宁波论坛和国际建筑师宁波论坛筹备推进会，在宁波市文化广电新闻出版局6楼召开，孟建耀、董贻安、胡军、徐学敏、曾楠等参加。

9月9日，中央电视台《探索发现》栏目保国寺专题纪录片脚本意见征求会议在宁波市文化广电新闻出版局11楼会议室召开，舒月明、徐建成、董贻安、林红、徐学敏、曾楠等参会。

9月12～13日，符映红、郑雨参加"宁波市第一次全国可移动文物普查培训班"学习。

9月15日，关于要求对保国寺大殿编制保护维修工程设计方案项目予以立项的请示上报。

9月17日，国有单位收藏情况调查登记表填写，并上报。下午，杭州参加二、三级博物馆运行评估工作部署。

9月20日，与宁波三和印刷有限公司签订书画集、设计集印刷合同。

9月25日下午，保国寺文化志愿者服务队以2013巡讲（展）季活动为切入，进一步整合社会文化资源，为江北灵峰学校送去了一堂生动有趣的课外讲座"保国寺历史大课堂·野生动植物保护"，并与《宁波野生鸟类摄影展》同期举行。

9月27日,宁波市文化广电新闻出版局工程检查小组检查保国寺陈改项目、功能环境提升项目、浙海关整体功能提升项目等,李哈曼、谢秋潮、丁建华及宁波市文化广电新闻出版局工程顾问2人出席,代建单位、监理单位参会。

9月29日,由宁波市文化广电新闻出版局主办,保国寺古建筑博物馆承办,宁波市书法家协会、宁波市美术家协会、宁波市四眼碶中学、大红鹰学院协办的"纪念保国寺大殿建成1000周年金秋书画雅集"活动在保国寺大殿前举办。活动中,灵山书院揭幕并向宁波著名山水画家铁足颁发书院院长聘书,"风雨千年保国寺"十米长卷开笔。

10月11日,保国寺古建筑博物馆"二级博物馆运行评估申报书"纸质文本上报。

10月,保博旅游服务部(山脚、叠锦台)餐饮馆开业。

11月,《保国寺书画集》、《保国寺摄影集》出版。

11月底,《保国寺新志》、《东方建筑遗产》2013年卷出版。

11月,保国寺千年纪念碑落成。

12月,千年纪念庆典活动"一式二坛"举行。

跋

　　《保国寺新志》经四年搜集整理资料，终于可以付梓了。回首往事，依然诚惶诚恐：一是资料匮乏；二是水平有限，唯恐有负领导和同志们的嘱托。因为修志是一项负有特殊使命的工作，它同时承担起对过去、现在和未来的三重对话。

　　保国寺是宗教寺院。新中国成立后，寺院经历了翻天覆地的变化，由于单位变迁多，所有资料丧失殆尽。清嘉庆版《保国寺志》关于建筑的记述只有"宋祥符辛亥，德贤尊者建，升斗昂棋，结构甚奇"18个字，对于它的设计和制造，只字未提。

　　2008年9月起，保国寺古建筑博物馆全体同仁登书府、摘资料、翻寺志，查碑碣。到档案馆寻找原始材料，走访老一辈知情人。值得一提的是净峰法师（原保国寺僧人，后任宁波七塔寺住持）、陈克亚先生（全国重点文物保护单位获批后，文化系统派员进驻保国寺）、刘明和先生（宁波市园林部门保国寺小组负责人）、虞逸仲先生（原宁波市文物管理会副主任）等提供了宝贵的新中国成立初期的保国寺史料，这些资料正是我们所缺乏的。

　　编写过程中得到周时奋、林士民、李思牧先生大力帮助，对内容的取舍、段落安排、文字润色都做了指导，终于使新志有了可圈可点之处。清华大学建筑学院郭黛姮教授对其中"建筑"、"保护"两章作了非常详尽的修改，增加了知识性和权威性；浙江省文物局杨新平先生对篇目结构作了调整。参照《专业志编纂手册》，纲举目张，结构更趋合理。在此一并表示衷心的感谢。已故老支书陈敬赓先生为写寺志积累资料，做了基础工作，令我们铭记。

　　正是：创业最难，今日毋忘前日德；守成不易，先人犹望后人贤。保国寺文物事业继往开来，克绍前谟，事在来贤。

　　2013年适逢保国寺大殿建成千年之际，谨以此书向千年大庆献礼。

郑彭龄

2013 年 10 月